NEUE PHÄNOMENOLOGIE

Die Sozialisationsbedingungen von Kindern haben sich verändert. Einerseits verbringen Kinder ihre ersten Lebensjahre zunehmend in Organisationen der Elementarpädagogik wie Krippe und Kindertagesstätte, wo sie häufiger den ganzen Tag untergebracht sind. Aber auch dort finden sie einen gewandelten Alltag vor. Die Fachkräfte verbringen ihre Zeit weniger in gemeinsamen Situationen mit den Kindern, wo sie in leiblich vermittelten Wechselprozessen Normen, Werte, Sinn und Bedeutung sozialen Handelns übermitteln. Vielmehr fokussiert sich ihre Aufmerksamkeit vermehrt auf Konstellationen wie Konzepte und Qualitätsprogramme, die Analyse, Evaluation und Dokumentation kindlichen Verhaltens in den Vordergrund stellen. Die qualitative Studie zeigt in einem historischen Abriss die Entwicklung unterschiedlicher Formen der Kinderbetreuung, stellt exemplarisch drei politische Bildungsinitiativen im Elementarbereich vor und untersucht die Auswirkungen dieser Vorgaben auf den Betreuungsalltag von Kindern in Kindertagesstätten. Dabei wird in einer gesellschaftstheoretischen Analyse der Interviews ein Zusammenhang hergestellt zur Tendenz der Ökonomisierung des Sozialen in allen Teilbereichen der Gesellschaft. Weiterhin zeigt die leibphänomenologische Analyse auf, welche Schwierigkeiten es den Fachkräften bereitet, den Verlust intersubjektiver Wechselbeziehungen mit Kindern zu beschreiben und versucht, anhand der Konzepte der ›leiblichen Kommunikation‹ und der ›Situationen und Konstellationen‹ von Hermann Schmitz adäquate Begriffe anzubieten. Das Buch soll in den Fokus rücken, wie bedeutsam gemeinsame Situationen von Kindern und Erwachsenen für die Individuation sind.

Die Autorin:

Barbara Wolf, geb 1965, nach langjähriger Berufserfahrung im pädagogischen Elementarbereich Studium der Erziehungswissenschaften in Koblenz, Promotion 2012 in Erziehungswissenschaften und Soziologie, seit 2008 wissenschaftliche Mitarbeiterin an der Universität Koblenz.

Barbara Wolf

Bildung, Erziehung und Sozialisation in der frühen Kindheit

Neue Phänomenologie

Herausgegeben von der
Gesellschaft für Neue Phänomenologie

Band 17

Barbara Wolf

Bildung, Erziehung und Sozialisation in der frühen Kindheit

Eine qualitative Studie
unter Einbeziehung von
Richard Sennetts Flexibilitätskonzept und
Hermann Schmitz' Neuer Phänomenologie

Verlag Karl Alber Freiburg/München

Originalausgabe

© VERLAG KARL ALBER
in der Verlag Herder GmbH, Freiburg im Breisgau 2012
Alle Rechte vorbehalten
www.verlag-alber.de

Satz: SatzWeise, Föhren
Herstellung: AZ Druck und Datentechnik, Kempten

Gedruckt auf alterungsbeständigem Papier (säurefrei)
Printed on acid-free paper
Printed in Germany

ISBN 978-3-495-48536-1

Inhalt

1. Einleitung 11
2. Generativität und Generationenverhältnis 27
   2.1 Notwendigkeit und Alternativen der Kinderbetreuung . 27
   2.2 Personale Betreuung innerhalb der erweiterten
       Sozialgruppe 29
       2.2.1 Vorindustrielle Lebensformen 29
       2.2.2 Landwirtschaftliche und gewerbliche
             Hausgemeinschaften 31
       2.2.3 Die bürgerliche Familie 36
       2.2.4 Funktion und Wandel der erweiterten
             Sozialgruppe 40
   2.3 Personale Betreuung in der modernen Kleinfamilie .. 41
       2.3.1 Ausdifferenzierung der Familie 41
       2.3.2 Funktionswandel der Familie 46
       2.3.3 Familienalltag heute 49
   2.4 Institutionelle Betreuung in Organisationen der
       öffentlichen Erziehung 53
       2.4.1 Etablierung des Kindergartens in der BRD 53
       2.4.2 Kinderbetreuung in der DDR 58
       2.4.3 Kindergarten im 21. Jahrhundert 61
       2.4.4 Kindergarten als Organisation 68
   2.5 Veränderte Anforderungen an Kinderbetreuung 72

3. Umstrukturierung der Elementarpädagogik in
   Rheinland Pfalz seit 2001 76
   3.1 Zum Begriff der Reform 76
   3.2 Reformen als Dauerdiskurs in der Elementarpädagogik 79

7

Inhalt

3.3 Die Bildungsinitiativen für Kindertageseinrichtungen in
Rheinland-Pfalz 81
3.3.1 Die Bildungs- und Erziehungsempfehlungen für
Kindertagesstätten in Rheinland-Pfalz 82
3.3.2 Zukunftschance Kinder – Bildung von Anfang an 96
3.3.3 Qualitätsmanagement im Kindergarten 101
3.4 Mögliche Konsequenzen für Erzieherinnen und Kinder 118

4. Intersubjektive Voraussetzungen bei der Sozialisation
von Kindern 122
4.1 Erkenntnisinteresse der Forschungsarbeit 122
4.2 Theorie des sozialen Rahmens 127
4.3 Nutzen einer heuristischen Theorie 137

5. Die qualitative Studie 140
5.1 Methodische Vorüberlegungen 140
5.2 Planung und Durchführung der Interviews 146
5.3 Das Analyseraster 153
5.4 Typisierung der Analyseeinheiten 159
5.5 Empirisch erfasste Gesamtergebnisse 166
5.5.1 Klassifizierung 167
5.5.2 Erläuterung der für Sozialisationsbedingungen
von Kindern förderlichen Faktoren 172
5.5.3 Erläuterung der für Sozialisationsbedingungen
von Kindern hemmenden Faktoren 179
5.5.4 Wirkungsneutrale Faktoren der Bildungsinitiativen 187
5.5.5 Tendenzen der Auswirkung der Reformen 191

6. Transformation der Forschungsergebnisse auf weitere
Theorieebenen 195
6.1 Ambivalenzen der Expertenaussagen 195
6.2 Gesellschaftstheoretische und sozialisationstheoretische
Ebenen der Studie 205

7. Die makrosoziologische Perspektive –
   Gesellschaftstheoretische Reflexion 214
7.1 Flexibilität als gesellschaftstheoretisches
    Deutungskonzept 214
7.2 Über den Wandel eines Berufsbildes 217
    7.2.1 Prekäre Beschäftigungsverhältnisse 218
    7.2.2 Inkonsistentes Berufsbild 221
    7.2.3 Flexibilität der Arbeitsbedingungen 225
    7.2.4 Routinen am Arbeitsplatz 229
    7.2.5 Ambivalenz irreversibler Veränderungen 236
    7.2.6 Reformdruck und Reformpermanenz 248
    7.2.7 Dialektik der Qualitätssicherung 253
    7.2.8 Strategien zur Bewältigung der Ambivalenzen .. 258
7.3 Fortschritt und Entfremdung 264

8. Die mikrosoziologische Perspektive –
   Leibphänomenologische Reflexion 271
8.1 Relevanz von Leiblichkeit für die Sozialität 271
8.2 Probleme der Beschreibung qualitativer Veränderungen
    von Sozialisationsprozessen im Elementarbereich 278
8.3 Ansatzpunkte der Leibphänomenologie im Kinder-
    gartenalltag 285
    8.3.1 Die persönliche Situation des Kindes 285
    8.3.2 Gemeinsame Situationen 292
    8.3.3 Zwischen Autonomie und Abhängigkeit 302
    8.3.4 Leibliche Austauschprozesse 309
8.4 Einschränkungen wechselseitiger Interaktion im
    Kindergartenalltag 324
    8.4.1 Situation Sprachförderung 330
    8.4.2 Grenzsituationen 336
    8.4.3 Beobachtung und Dokumentation 343
    8.4.4 Mit Kinderbetreuung konkurrierende
          Anforderungen 355
8.5 Auswege aus dem Labyrinth 364
8.6 Mögliche Modalitäten von Sozialformen 368

Inhalt

8.7 Die Rehabilitation der gemeinsamen Situation 371

9. **Ergebnisse und Hypothesen** 373
9.1 Wie vollzieht sich künftig Generativität? 374
9.2 Über das Verhältnis von Bildung, Erziehung und Sozialisation 376
9.3 Über das Verhältnis von Politik, Ökonomie und Pädagogik 379
9.4 Zur Komplexität empirischer Erfassung sozialen Wandels 386
9.5 Folgen der Ökonomisierung sozialer Lebensbereiche . . 390
9.6 Individuelle und gesellschaftliche Relevanz leibvermittelter Interaktion 396

10. **Schluss – Auf dem Weg zum neuen Kind** 404

11. **Literaturverzeichnis** 420

12. **Anhang** 435
    Sachregister 439
    Personenregister 441

1. Einleitung

Eine zentrale Aufgabe einer jeden Gesellschaft ist ihre Reproduktion. Gesellschaften können beachtliche Leistungen vollbringen, raffinierte Fortbewegungsmittel erfinden, gewaltige Gebäude errichten, technische Errungenschaften entwickeln, literarische Wunderwerke kreieren und exorbitante wissenschaftliche Erkenntnisse produzieren, aber ohne ihre soziale Reproduktion wären all diese Errungenschaften vergebens. Die Reproduktion vollzieht sich vorwiegend innerhalb von intergenerationellen Beziehungen, durch die in wechselseitiger Aushandlung von Sinn und Bedeutung kulturelle Eigenheiten und Besonderheiten wie Sitten, Bräuche, Normen und Werte überliefert, erneuert und gestaltet werden. Daher bildet die Fertilität und Generativität eines Kollektivs die Voraussetzung für den Fortbestand seiner Kultur. Der Tatbestand einer weltweit verminderten Fertilität ist bekannt. Ob sich auch die Generativität verändert, also die Bereitschaft, für den Nachwuchs zu sorgen und das kulturelle Erbe zu tradieren, ist eine spannende Frage.

Der Mensch ist als »sekundärer Nesthocker« eine physiologische Frühgeburt, die in den ersten Jahren auf die soziale Gruppe angewiesen ist, um zu überleben.[1] Diese soziale Gruppe gestaltet ihre Generativität in den verschiedenen Kulturen und Epochen sehr unterschiedlich. In traditionalen Kulturen, wie beispielsweise den zentralafrikanischen Stämmen der Efe und der Aka, ist es allgemein üblich, dass Kinder bereits im Alter weniger Wochen im Tagesablauf auch von anderen Frauen, Vätern oder Geschwistern der

---

[1] Helmuth Plessner, Die Frage nach der Conditio Humana, Aufsätze zur philosophischen Anthropologie, Frankfurt a. M. 1976, S. 33.

Einleitung

Gruppe betreut werden.[2] Die Sippe übernimmt gemeinsam die Aufgabe der Kinderbetreuung.

Eine moderne, funktional ausdifferenzierte Gesellschaft bildet in dieser Frage unterschiedliche Strukturen aus, die eine Spezialisierung der Nachwuchsversorgung mit sich bringt. In Deutschland unterliegt das Grundmodell der Sozialgruppe seit den letzten 200 Jahren einem stetigen gesellschaftlichen Wandel. Die Betreuung der Kinder erfolgte bis ins 19. Jahrhundert noch weitgehend innerhalb einer erweiterten Sozialgruppe, etwa dem ganzen Haus oder der bürgerlichen Familie mit ihrem Gesinde. Im 20. Jahrhundert wurde diese dann zunehmend von der modernen Kleinfamilie abgelöst, bevor zur Jahrtausendwende die Versorgung des Nachwuchses über einen beträchtlichen Anteil der Wachzeit in institutionelle Einrichtungen überging.

Heute gilt es als selbstverständlich, dass Kinder im Alter von drei Jahren in den Kindergarten gehen und die Tendenz, Kinder unter drei Jahren in eine Einrichtung zu geben, steigt. Ob die Sozialisation in Organisationen der Erziehung die für Kinder angemessene Form des Aufwachsens darstellt, wurde bereits breit diskutiert, und dieser Diskurs kann im zweiten Kapitel dieser Arbeit betrachtet werden. Im Grunde geht die Frage auf den sozialwissenschaftlichen Streit zwischen Ferdinand Tönnies, Max Scheler, Alfred Vierkant und Herman Schmalenbach zu Beginn des 20. Jahrhundert zurück, ob Gemeinschaft oder Gesellschaft die anthropologisch angemessene Sozialform sei. Tönnies schrieb der Sozialform Gemeinschaft die Unmittelbarkeit des gemeinsamen Erlebens und Fühlens zu und belegte sie mit der Metapher der »Wärme«.[3] Die Gesellschaft hingegen beruht nach Tönnies auf Egoismus, Begierde, Furcht und einer »vernunftmäßigen Berechnung von Nutzen und Annehmlichkeit« und wurde mit dem Bild

---

[2] Lieselotte Ahnert, Theorien und Tatsachen bei der Erforschung außerfamiliärer Kleinkindbetreuung, in: Lieselotte Ahnert (Hrsg.), Tagesbetreuung für Kinder unter drei Jahren, Bern 1998, S. 203.
[3] Vergl. Winfried Gebhardt, »Warme Gemeinschaft« und »kalte Gesellschaft«, in: Günter Meuter, Henrique Ricardo Otten (Hrsg), Der Aufstand gegen den Bürger, Würzburg 1999, S. 169.

der »Kälte« bedacht.[4] Doch Helmuth Plessner rehabilitierte diese einseitige Darstellung des Begriffs Gesellschaft, die unter anderem durch Sozialwissenschaftler wie Winfried Gebhard und Richard Sennett, aber auch den Philosophen Hermann Schmitz bestätigt wurde.[5]

In Anbetracht der Tatsache, dass Kindheit heute nicht nur in einem früheren Lebensabschnitt, sondern auch über einen längeren Zeitraum des Tages in Institutionen stattfindet, kann es weniger darum gehen, welche Sozialform die geeignetere für die Sozialisation und die Personalisation des Kindes darstellt, die Gemeinschaft der Familie oder die Gesellschaft der Erziehungsinstitution. Vielmehr wird es von elementarer Tragweite sein zu ergründen, welche Bedingungen erforderlich sind, die einen günstigen Verlauf der frühkindlichen Entwicklung ermöglichen, unabhängig von der historisch kontingenten Sozialform. Die Frage lautet somit nicht: Ist Familie oder Kindergarten die angemessene Bezugsgruppe, sondern welche Prämissen müssen gegeben sein, um Kindern eine günstige Ausgangslage des Aufwachsens bereitzustellen. Somit sollte eine die Ebene der Sozialformen überschreitende Perspektive entwickelt werden. Solchen Bedingungen gelingender Sozialisation auf die Spur zu kommen, gilt das zentrale Erkenntnisinteresse dieser Forschungsarbeit.

Besonders günstige Voraussetzungen, um auf scheinbar so selbstverständliche Erkenntnisse wie förderliche oder hemmende Bedingungen menschlichen Aufwachsens zu stoßen, sind immer dann gegeben, wenn in der sozialen Wirklichkeit Umbrüche zu beobachten sind. Dass sich institutionelle Kinderbetreuung im Vorschulalter auch in Deutschland etabliert hat, muss nicht diskutiert

---

[4] Ferdinand Tönnies, Gemeinschaft und Gesellschaft, Grundbegriffe der Soziologie, Nachdruck der 8. Auflage von 1935, Darmstadt 1979, S. 34.
[5] Vergl. Helmuth Plessner, Grenzen der Gemeinschaft, Frankfurt a. M. 2002 (Bonn 1924) S. 47 ff.; vergl. Winfried Gebhardt, »Warme Gemeinschaft« und »kalte Gesellschaft«, in: Günter Meuter, Henrique Ricardo Otten (Hrsg.), Der Aufstand gegen den Bürger, Würzburg 1999, S. 169; Richard Sennett, Verfall und Ende des öffentlichen Lebens. Die Tyrannei der Intimität, Frankfurt a. M. 1983, S. 297; Hermann Schmitz, Situationen und Konstellationen, Freiburg i. B. /München 2005, S. 18 ff.

Einleitung

werden. Interessant ist aber, wie sich die Sozialisationsbedingungen für Kinder in Einrichtungen der Kindertagesbetreuung verändern, wenn sich aus dem gesellschaftlichen Diskurs neue Leitmotive, Anforderungen, Begründungen und Ziele ergeben, die sich auf die unmittelbare Gestaltung des Alltags im Kindergarten und das Erleben des Kindes auswirken. Diese Modifikationen zu entdecken und soziologisch zu deuten ist Ziel dieser Arbeit. Denn an solchen gesellschaftlichen Scheitelpunkten besteht die Chance, Ambivalenzen zwischen politisch erwünschten, pädagogisch vertretbaren, entwicklungspsychologisch angemessenen, phänomenologisch beschreibbaren und soziologisch erklärbaren Aspekten kindlichen Aufwachsens aufzudecken.

Eine derartige Zäsur ist bei der institutionellen Kinderbetreuung seit der Veröffentlichung der PISA-Studie 2001 festzustellen, die sich unter anderem durch eine Vielzahl von Bildungsinitiativen, Entwicklung neuer Curricula und Systematisierung der Evaluation von Bildungsprozessen manifestiert. Solche kostspieligen politischen Instrumente haben zum Ziel, die Betreuungssituation für die Familien, die Erziehung in Institutionen, aber auch die Bildungssituation des einzelnen Kindes zu verbessern.

Als auffällig im aktuellen Diskurs über Kindertagesbetreuung zeigt sich dabei, dass die verschiedenen Paradigmen der Sozialisation, Erziehung und Bildung mit unterschiedlicher Gewichtung in ihrer Bedeutung für die Personalisation des Individuums und die kulturelle Reproduktion diskutiert werden. Da Sozialisation der umfassendste Begriff ist, der sämtliche materiellen und sozialen Bedingungen der menschlichen Entwicklung umfasst, wird er gleichzeitig auch unspezifisch, weil letztlich alles, was auf das Subjekt trifft, als Sozialisationsfaktoren beschrieben werden kann, die in ihrer komplexen Wechselwirkung nicht eindeutig zu identifizieren sind. Somit entzieht sich dieser Begriff weitestgehend einer bewussten Planbarkeit und sowohl politischem als auch pädagogischem Einwirken und wird relativ unattraktiv für entsprechend innovative Zielsetzungen und Evaluationen.

Der Erziehungsbegriff konzentriert sich vor allem auf das intentionale Verhältnis von Erzieher und Zögling, das im Rahmen einer bestimmten Institution auf bestimmte Bewusstseinsinhalte Einfluss nehmen soll.[6] Doch bereits im ersten Drittel des 20. Jahrhundert flammten Zweifel hinsichtlich der Machbarkeit von Erziehung auf.[7] Durch die Professionalisierung wird die pädagogische Beziehung auf eine partikulare, funktionale Wechselwirkung reduziert und der Begriff der Erziehung zunehmend durch den Lernbegriff abgelöst.[8] Der Prozess der Selbstbildung tritt in den Vordergrund, durch den das Subjekt zum Konstrukteur des eigenen Bildungsprozesses aufsteigt.[9]

Bildung beruht auf der Vorstellung der Perfektibilität des Menschen, der Fähigkeit, selbst Fähigkeiten zu entwickeln.[10] Diese auf die Zukunft gerichtete Möglichkeit der Selbstverwirklichung mit all ihren Facetten von Selbstverantwortung, Leistungsbereitschaft und Disziplin bleibt bis heute eine faszinierende Idee. So muss es nicht verwundern, dass seit Veröffentlichung der PISA-Studie 2001 auch im Elementarbereich hinsichtlich der Begriffe der Sozialisation und Erziehung eine gewisse Zurückhaltung besteht, während im Fokus des öffentlichen Diskurses die Bildung steht. Wie sehr das Paradigma Bildung den erziehungswissenschaftlichen Diskurs beherrscht, verdeutlicht Norbert Ricken aus der Perspektive der historisch-vergleichenden und systematischen Bildungsforschung in seinem Werk »Die Ordnung der Bildung«: »(...) kaum ein anderes gesellschaftliches Thema kann sich derzeit einer solch verdichteten, breit gestreuten und inzwischen durchaus anhaltenden Aufmerksamkeit erfreuen; und kaum ein anderes Thema provoziert soviel Streit und Ermüdung zugleich«.[11]

Daher erscheint es durchaus nachvollziehbar, dass gerade die Bildungspolitik mit zahlreichen Bildungsinitiativen auf diesen Trend reagiert. Die Schaffung des G8-Gymnasiums, der Realschule

---

[6] Vergl. Dieter Lenzen, Pädagogische Grundbegriffe, Hamburg 2007, S. 1410.
[7] Vergl. Ernst Krieg, Philosophie der Erziehung, Jena 1930, S. 46 ff.
[8] Vergl. Hermann Giesecke, Pädagogik als Beruf, Weinheim/München 1987, S. 116.
[9] Vergl. Horst Siebert, Lernen als Konstruktion von Lebenswelten, Frankfurt a. M. 1994, S. 36 f.
[10] Vergl. Dietrich Benner/Herwart Kemper, Theorie und Geschichte der Reformpädagogik, Bd. 1, Weinheim/Basel 2003, S. 21.
[11] Norbert Ricken, Die Ordnung der Bildung, Wiesbaden 2006, S. 9.

Einleitung

Plus und der universitären Bachelor- und Masterstudiengänge im Rahmen des Bologna-Prozesses sind nur wenige populäre Beispiele der unentwegten Reformbemühungen. Im pädagogischen Elementarbereich wurden seit 2001 Bildungsempfehlungen erarbeitet. Rheinland-Pfalz schuf 2005 beispielhaft die Initiative »Zukunftschance Kinder – Bildung von Anfang an«, die Fortbildung für Erzieherinnen, Sprachprogramme für Fünfjährige, Kooperation von Schule und Kindergarten und Krippenplätze für unter Dreijährige vorsieht. Die Bundesfamilienministerin initiierte 2007 eine Offensive für 750 000 neue Krippenplätze, um bundesweit ein Drittel der unter Dreijährigen nicht nur mit institutionellen Betreuungsplätzen zu versorgen, sondern Kinder so früh wie möglich an Bildung heranzuführen. Kindertagesstätten implementieren in aufwändigen, mehrstufigen Projekten Qualitätsmanagementkonzepte zur Sicherung und Kontrolle der Bildungsprozesse. Bereits in der frühen Kindheit wird somit vorwiegend auf Bildung gesetzt. Wie ist eine solche Hypostasierung des Bildungsbegriffes zu begründen?

Emile Durkheim prognostiziert die Tendenz einer modernen Gesellschaft, vorwiegend in die Zukunft ausgerichtet zu sein. Das Streben nach Erfolg erfülle sich nicht im Jetzt, sondern immer erst in der Zukunft.[12] Auch Bildung ist stets auf die Zukunft gerichtet und wirkt wie ein Heilsversprechen: »Bildung rechtfertigt die Erfolgreichen, beflügelt die Aufsteiger, tröstet die Noch-nicht-Aufsteiger, erklärt den aktuellen Generationen ihre Lage und macht die zukünftigen Generationen hoffnungsvoll«.[13] Daher bildet sie in Zeiten gesellschaftlicher Krisen auch eine wichtige Legitimierungsfunktion für die gesellschaftliche Ordnung.

Durch die freudianische Vorstellung einer signifikanten Bedeutung der frühen Kindheit für die spätere Entwicklung zum erwachsenen Menschen und durch Zeitfenster-Theorien der modernen Hirnforschung wird die Vorstellung geweckt, je früher Kinder lernen, desto besser oder wie man im Volksmund sagt: »Was ein Häkchen werden will, krümmt sich bei Zeiten«. Daher wächst die aktuelle Bedeutung der institutionellen Kindertagesbetreuung enorm

---

[12] Emile Durkheim, Der Selbstmord, Neuwied/Berlin 1973 (1897), S. 281 ff.
[13] Manfred Prisching, Bildungsideologien, Wiesbaden 2008, S. 11.

und die Bildungspolitik reagiert mit spezifischen Reformen im Elementarbereich. Unbestreitbar kann mit Clemens Albrecht von einer Tendenz gesprochen werden, »die primäre Sozialisation aus den Familien auszulagern und sie zu einem sehr stark differierenden, im Einzelfall aber beträchtlichen Anteil professionellen Institutionen zu überlassen«.[14] Das heißt, immer mehr Kinder besuchen immer früher und zu einem größeren Anteil ihrer Wachzeit Organisationen der Kindertagesbetreuung.

Doch wenn die Generativität der Gesellschaft so wesentlich ist für ihren Fortbestand, lohnt es sich zu hinterfragen, ob tatsächlich spezifische Bildungsangebote, neue Methoden, innovative Zielsetzungen, moderne Evaluationstechniken und umfassende Dokumentation erforderlich sind, um adäquate Sozialisationsbedingungen für Kinder bereitzustellen. Sind diese kostenträchtigen, politisch initiierten Maßnahmen die richtigen Mittel, um das Ziel einer verbesserten Betreuung, Erziehung und Bildung zu erreichen, und sind solche häufig aus anderen gesellschaftlichen Teilbereichen importierten Instrumente ohne Weiteres auf den Bereich der Elementarpädagogik übertragbar? Zugleich taucht die Frage auf, ob es nicht auch Konstanten in der Kinderbetreuung gibt, die angesichts einer Welle umfassenden Wandels womöglich in Vergessenheit geraten.

Wenn nun innerhalb der letzten zehn Jahre infolge der PISA-Studie umfassende bildungspolitische Maßnahmen initiiert wurden, die zu einer Verbesserung der frühkindlichen Bildungs-, Erziehungs- und Betreuungssituation beitragen sollen, taucht die Frage auf, inwieweit solche Programme die Sozialisationsbedingungen der Kinder in Kindertagesstätten tatsächlich beeinflussen. Wie verändern sich aktuelle Situationen in der Kindergartengruppe, wenn neue Inhalte, Methoden und Zugangsweisen zum Kind entwickelt werden? Wie wandelt sich der Alltag, wenn andere Altersgruppen, insbesondere Kinder unter drei Jahren, in der Einrichtung aufgenommen werden und zunehmend Ganztagsbetreuung erforder-

---

[14] Clemens Albrecht, Vermarktlichung der Familie? Formen der Auslagerung von Erziehung; in: Ökonomie und Gesellschaft, Jahrbuch 18, »Alles käuflich«, Marburg 2002, S. 250.

lich wird? Wie wird die Interaktion zwischen Erzieherin und Kind durch neue Anforderungen beeinflusst und welche Konsequenzen hat dies für die Personalisation von Kindern? Können Hypothesen darüber gebildet werden, ob aus diesen mikrosoziologischen Entwicklungen auch makrosoziologische Folgen resultieren? Wie bereits angedeutet, generiert die Umbruchsituation in der Kindertagesbetreuung eine besondere Chance einerseits Veränderungen festzustellen und andererseits durch die Reflexion auf den Ausgangszustand Vor- und Nachteile der Innovationen abzuwägen und womöglich einen Hinweis auf unverzichtbare Konstanten der kindlichen Sozialisation zu identifizieren. Eine besondere Schwierigkeit stellt in diesem Bereich der Zugang zum Forschungsfeld dar. Wie erhält man relevante Informationen und Daten zu veränderten Sozialisationsbedingungen von Kindern? Der mediale gesellschaftliche Diskurs bedient vor allem die Erwartungen der Wirtschaft hinsichtlich weiblicher Arbeitskräfte, das Bedürfnis der Vereinbarkeit von Familie und Beruf in den Familien und den normativen Imperativ, die Bildungssituation des Nachwuchses angesichts der Ergebnisse der PISA-Studie möglichst bereits in der frühen Kindheit zu verbessern. Eine Diskursanalyse aktueller Texte und Diskussionen zum Thema Kinderbetreuung kann somit kaum einen Zugang zur Situation von Kindern in Kindertagesstätten, ihrem konkreten Alltag und den sie umgebenden Sozialisationsbedingungen verschaffen.[15]

Ein Einstieg in das Thema über die Kinder selbst ist gerade in der Altersgruppe unter sechs Jahren besonders schwierig, da sie im Sinne Piagets kognitiver Entwicklung noch nicht in der Lage sind, abstrakte Zusammenhänge zu erfassen und zu verbalisieren.[16] Für konkrete Einzelfragen über kindliches Erleben im Alltag wäre es unter Umständen möglich, sich mithilfe innovativer Methoden aus der Kindheitsforschung direkt an Kinder zu wenden, doch um den komplexen Zusammenhang von veränderten Sozialisations-

---

[15] Vergl. z. B. Rainer Keller, Diskursforschung, Wiesbaden 2007, S. 33.
[16] Jutta Ecarius, Kinder ernst nehmen, in: Michael Sebastian Honig, Andreas Lange, Hans Rudolf Leu (Hrsg.), Aus der Perspektive von Kindern? – Zur Methodologie von Kindheitsforschung, München 1999, S. 137.

bedingungen aufgrund von politisch eingeleiteten Bildungsinitiativen zu erklären, wären sie als Informanten überfordert.[17] Durch Beobachtungen sollte es zwar möglich sein, sozialisierende Situationen der Interaktion und der Exploration von Kindern im Kindergarten zu erfassen, jedoch wäre eine Rekonstruktion der Bedingungen vor den Bildungsinitiativen nicht möglich. Somit scheidet auch dieser Zugang zum Alltag des Kindes aus. Es bleibt jedoch wünschenswert, für vertiefende Studien auch die Perspektive des Kindes einzubeziehen.

Schließlich können Personen befragt werden, die unmittelbar den Alltag mit Kindern in Kindertagesstätten erleben und mitgestalten. Dies sind vor allem die dort tätigen Erzieherinnen und die Kindergartenleiterinnen. Sie sind aktive Interaktionspartner der Kinder, die ausgehend von einer wechselseitigen pädagogischen Beziehung die Kinder im Betreuungsalltag in ihren vielfältigen Bedürfnissen begleiten, durch ihr Vorbild und ihre verbalisierten Forderungen erzieherisch beeinflussen und mit geeigneten Bildungsimpulsen anregen. Sie kennen nicht nur die Situation der Kinder, sondern auch die räumlichen, zeitlichen, personellen und materiellen Ressourcen der Einrichtung. Vor dem Hintergrund gesellschaftlicher Erwartungen und pädagogischer Anforderungen entwickeln sie Konzepte elementarpädagogischer Arbeit und bilden sich fort. Erzieherinnen sind somit mit allen Ebenen kindlicher Sozialisation konfrontiert, sowohl mit den Kindern selbst und der unmittelbaren sozialen Umgebung, den psychischen und sozialen Handlungsdimensionen dieser Umgebung, als auch mit der übergeordneten sozialen Struktur mit ihren normativen Ansprüchen.[18]

Obgleich der Zugang der Erzieherinnen zum Alltag der Kinder nur indirekt möglich ist und damit einen gewissen Entfremdungscharakter mit sich bringt, ist dieser in Kauf zu nehmen angesichts der Schwierigkeit, auf andere Weise wesentliche Daten zu erheben. Trotz der unbefriedigenden Ausgangslage, keinen direkten Zugang

---

[17] Vera Bamler, Jillian Werner, Cornelia Wustmann, Lehrbuch Kindheitsforschung, München 2010, S. 78 ff.
[18] Urie Bronfenbrenner, Ökologische Sozialisationsforschung, Stuttgart 1976, S. 203 ff.

zu Informationen über Sozialisationsbedingungen der Kinder zu erhalten, ist die Perspektive dennoch als wertvoll anzusehen, da die Betreuungskräfte innerhalb der pädagogischen Beziehung einen wesentlichen Part spielen, der gleichsam als Spiegel der Situation des Kindes dienen kann.

In der vorliegenden qualitativen Studie wurde mit den Methoden des Experteninterviews und der qualitativen Inhaltsanalyse nach Jochen Gläser und Grit Laudel gearbeitet, die Philipp Mayrings Methodologie weiterentwickelt haben.[19] Intention der Untersuchung war dabei zunächst, Veränderungen aus der Perspektive von Erwachsenen, die direkt oder indirekt mit der Kinderbetreuung betraut sind, zu erfassen. Dies war notwendig, um zunächst der Komplexität der Zusammenhänge gerecht zu werden und eine Systematik über förderliche und hemmende Aspekte der Bildungsinitiativen für Sozialisationsbedingungen von Kindern entwickeln zu können. Damit konnten Basisinformationen über aktuell beobachtete Veränderungen der Kinderbetreuung im Elementarbereich gesammelt werden und Kategorien geschaffen werden, auf die in weiteren Studien aufgebaut werden kann.

Für die Experteninterviews wurde folgende übergreifende Fragestellung entwickelt, die dann anhand eines Interviewleitfadens weiter operationalisiert wurde: Wie wirken sich öffentliche Bildungsinitiativen
a) Bildungs- und Erziehungsempfehlungen für Kindertagesstätten in Rheinland-Pfalz,
b) »Zukunftschance Kinder – Bildung von Anfang an« und
c) Implementierung von Qualitätssicherungssystemen
auf Sozialisationsbedingungen von Kindern in pädagogischen Tageseinrichtungen im Elementarbereich im nördlichen Rheinland Pfalz aus?

Die Frage zielt auf die Entwicklungsphase der frühen Kindheit, die im Folgenden für das Alter zwischen null und sechs Jahren definiert wird. Die Begriffe primäre und sekundäre Sozialisation wer-

---

[19] Jochen Gläser, Grit Laudel, Experteninterviews und qualitative Inhaltsanalyse, Wiesbaden 2009; Philipp Mayring, Einführung in die qualitative Sozialforschung, München 1990.

den im Sinne Peter Bergers und Thomas Luckmanns dialektischer Definition verwendet. Die primäre Sozialisation ist grundlegend, findet in der Familie statt und vollzieht sich durch eine »Dialektik zwischen Identifizierung durch Andere und Selbstidentifikation«.[20] Die sekundäre Sozialisation baut auf entwickelte Relevanzstrukturen der primären Sozialisation auf und wird durch spezialisierte Institutionen mit hauptberuflichem Personal vermittelt. Sie führt im Kontrast zur »Grundwelt« der primären Gruppe in spezialisierte »Subwelten« mit »normativen, kognitiven und affektiven Komponenten« der ausdifferenzierten Gesellschaft ein, die allmählich internalisiert werden.[21]

Diese Definition deckt sich auch mit den drei Grundannahmen der modernen Kindheitsforschung, die Sozialisation als Wechselspiel von Anlage und Umwelt, als Verarbeitung von innerer und äußerer Realität und als produktive Realitätsverarbeitung beschreiben.[22] Sozialisation ist somit »der Prozess der Entstehung und Entwicklung der Persönlichkeit in wechselseitiger Abhängigkeit von der gesellschaftlich vermittelten sozialen und materiellen Umwelt. Vorrangig ist dabei, wie sich der Mensch zu einem gesellschaftlich handlungsfähigen Subjekt bildet«.[23]

Die Sozialisationsbedingungen werden im Sinne der drei Parameter der Ökologie menschlicher Entwicklung nach Urie Bronfenbrenner definiert.[24] Dies sind:
- die räumlich-stoffliche Anordnung der Umgebung, die Personen und ihre Tätigkeiten
- psychische und soziale Handlungsdimensionen und informelle Netzwerke
- übergreifende soziale Strukturen und ideologisches Systeme, die all diese Netzwerke umfassen

---

[20] Vergl. Peter Berger, Thomas Luckmann, Die gesellschaftliche Konstruktion der Wirklichkeit, Frankfurt a. M. 1980, S. 142.
[21] Ebd., S. 149.
[22] Vergl. Klaus Hurrelmann, Heidrun Bründel, Einführung in die Kindheitsforschung, Weinheim/Basel/Berlin 2003, S. 14 ff.
[23] Ebd., S. 12.
[24] Urie Bronfenbrenner, Ökologische Sozialisationsforschung, Stuttgart 1976, S. 203 ff.

Einleitung

Im Verlauf dieser Arbeit werden zunächst in Kapitel zwei die unterschiedlichen Betreuungsformen von Kindern in ihrer historischen Gewordenheit erörtert, um einen Überblick über den Forschungsstand zu verschaffen. Von der Sozialform des ganzen Hauses mit seinen unterschiedlichen Ausprägungen über die moderne Kleinfamilie bis hin zur Betreuung in Kindertageseinrichtungen werden unterschiedliche Formen der Kinderbetreuung beschrieben. Dabei geht es nicht um eine normative Rangordnung, welche Sozialform die bessere sei, sondern um eine pragmatische Betrachtung des sich entwickelnden Status Quo von Kinderbetreuung.

Das dritte Kapitel informiert über die wesentlichen Inhalte der unterschiedlichen Bildungsinitiativen, die durch die Gesetzgebung und landespolitische Vorstöße in Rheinland-Pfalz aktuell in den Kindergärten umgesetzt werden und in der Forschungsfrage bereits benannt wurden. Diese Ausführungen sollen verdeutlichen, welche Veränderungen im Einzelnen auf Kinder, Erzieherinnen und Eltern in den Kindertagesstätten zukommen. Hier wird die Fülle der inhaltlichen, methodischen, organisatorischen, konzeptionellen und administrativen Innovationen dargestellt.

Um das Erkenntnisinteresse der Forscherin zu explizieren und entsprechend der Methode Gläser/Laudels eine theoriegeleitete Vorgehensweise zu ermöglichen, wird im vierten Kapitel Erving Goffmans Konzept des sozialen Rahmens vorgestellt, das mit der Notwendigkeit korrespondiert, dass vor allem Erzieherinnen als Quelle der Informationen für die Studie angesprochen werden.[25] Hier wird ihre bedeutsame Rolle im Interaktionsprozess mit dem Kind hervorgehoben und ihre besondere Perspektive auf das Kind verdeutlicht. Wie weit diese Theorie ausreicht, um spezifische Veränderungen durch die Bildungsinitiativen differenziert zu beschreiben und ob nach der Phase der Datengewinnung im Sinne des Paradigmas der Offenheit qualitativer Forschung auf weitere Theorien zurückgegriffen werden muss, soll im Laufe der Arbeit entwickelt werden.

Das fünfte Kapitel erörtert die Methodik und die Ergebnisse der qualitativen Studie. Es handelt sich dabei um 29 leitfadengestützte

---

[25] Vergl. Erving Goffman, Rahmenanalyse, Frankfurt a. M. 1980, S. 377.

Experteninterviews mit Erzieherinnen, Leiterinnen, Fachberatern, pastoralen Begleitern, Fachschullehrern und einer Mitarbeiterin des Landesjugendamtes, die anhand der qualitativen Inhaltsanalyse ausgewertet wurden. Hier werden das Analyseraster zur Auswertung der Interviewtexte, die inhaltliche Typisierung und das abschließende Klassifizierungssystem der Expertenaussagen dargestellt. Dabei werden sowohl für die Sozialisationsbedingungen von Kindern förderliche als auch hemmende Faktoren identifiziert, die ein widersprüchliches Gesamtbild der Ergebnisse aufweisen.

Bei der Interpretation der Antwortmuster, die sich aus den in den Interviews auftretenden Widersprüchen ergeben, entsteht nun jedoch das Problem, dass die Forschungsergebnisse nicht allein in Goffmans Konzept des sozialen Rahmens aufgehen. Denn die Auswirkungen der Reformen lassen sich nicht einfach auf der mikrosoziologischen Ebene der sozialen Beziehungen zwischen Erzieherin und Kind, beziehungsweise mit den Entfremdungskategorien Goffmans, erklären, sondern aus den Antworten der Befragten geht hervor, dass hier auch Zusammenhänge zu gesamtgesellschaftlichen Entwicklungen bestehen und somit makrosoziologische Faktoren zu berücksichtigen sind, die wiederum Folgen für mikrosoziologische Prozesse haben. Diese Problematik wird in Kapitel sechs beschrieben. Um die Widerspruchsmuster der Expertenaussagen interpretieren und deuten zu können, wird somit die Einführung weiterer Theorien erforderlich, welche ermöglichen, die beschriebenen Reformauswirkungen gesellschaftstheoretisch einzuordnen und die spezifischen Auswirkungen auf die soziale Interaktion zu erklären.

Um die Expertenaussagen in ihrer unerwarteten Breite und ihrer Widersprüchlichkeit, die durch makrosoziologische Prämissen und mikrosoziologische Folgen gekennzeichnet sind, analysieren zu können, wird in Kapitel sieben und acht auf weitere aktuelle Theorien rekurriert.[26] Da in den Antwortprofilen Informationen von gesellschaftstheoretischer Dimension zur Sprache kommen, werden in Kapitel sieben daher entsprechende Aussagen der Experten in

---

[26] Jochen Gläser, Grit Laudel, Experteninterviews und qualitative Inhaltsanalyse, Wiesbaden 2009, S. 265 bzw. 267.

ihrer qualitativen Bedeutsamkeit auf der Grundlage aktueller gesellschaftstheoretischer Reflexionen, insbesondere im Hinblick auf Richard Sennetts Flexibilitätsbegriff, reflektiert und interpretiert.[27] Hier steht vor allem die Erzieherin als Interaktionspartnerin des Kindes im Fokus, die eine wesentliche Konstante der Sozialisationsbedingungen im Kindergarten bildet. Es soll gezeigt werden, inwieweit die Bildungsinitiativen ihr Berufsverständnis, ihren Habitus und ihr Verhalten verändern und dadurch die Ausgestaltung der intergenerationellen Beziehung mit dem Kind, die wechselseitigen Aushandlungsprozesse von Sinn und Bedeutung kultureller Handlungsformen und die Generativität insgesamt beeinflussen.

Im achten Kapitel werden Expertenaussagen hinsichtlich der Situation des Kindes expliziert. Hier werden ausgehend von den Relevanzsystemen der Befragten spezifische Bedürfnisse der Kinder und die Chancen ihrer adäquaten Befriedigung erörtert. Dies verdeutlicht, wie durch unterschiedliche Anforderungen der Bildungsinitiativen an die Fachkräfte die direkte Interaktion mit dem Kind beeinträchtigt wird. Dabei wird vor allem auf leiblich vermittelte intersubjektive Prozesse der pädagogischen Beziehung hingewiesen. Diese gewinnen gerade aufgrund ihres durch die Fachkräfte beobachteten Verlustes an Bedeutung, obwohl sie kaum begrifflich zu fassen sind und daher mithilfe der Konzepte der »persönlichen Situation« und der »leiblichen Kommunikation« der *Neuen Phänomenologie* nach Hermann Schmitz auf den Begriff gebracht werden.[28] Hier kommen Widersprüche zwischen formalen Anforderungen der Bildungsinitiativen, elementarer kindlicher Bedürfnisse und der leiblichen Vermitteltheit von kindlicher Individuation zur Sprache.

Die Reihenfolge der Kapitel sieben und acht ist der soziologischen Perspektive Max Webers geschuldet, den stets die Auswirkungen makrosoziologischer Entwicklungen auf mikrosoziologische Prozesse interessiert haben. Die Frage »was für Menschen« durch bestimmte gesellschaftliche Entwicklungen geprägt werden und

---

[27] Vergl. Richard Sennett, Der flexible Mensch, Berlin 2006, S. 57 ff.
[28] Vergl. Hermann Schmitz, Der unerschöpfliche Gegenstand, Bonn 2007, S. 135 ff. und 166 ff.

welches »Schicksal« sie aufgrund der Umstände ereilt, leiteten sein Erkenntnisinteresse.[29] So soll auch diese Untersuchung am Ende Hypothesen darüber entwickeln, welcher Menschentypus womöglich entsteht, wenn sich die Bedingungen der sozialen Reproduktion wandeln und die Voraussetzungen kultureller Transmission innerhalb pädagogischer Beziehungen beeinträchtigt werden.

In Kapitel neun werden aufgrund der durch die Experten beobachteten Veränderungen der Sozialisationsprozesse auf der Mikroebene verallgemeinernde Hypothesen über makrosoziologische Folgen und Konsequenzen für die Generativität und Reproduktion der Kultur generiert. Abschließend wird noch einmal Bezug auf die Frage nach einer die Sozialform von Gemeinschaft und Gesellschaft überschreitenden Perspektive genommen, um künftige Grundvoraussetzungen gelingender Sozialisation aufzuzeigen. Im Schlusskapitel werden die Ergebnisse zusammengefasst und mit der Perspektive auf das mögliche Bild eines »neuen Kindes« abgerundet.

Insgesamt konzentriert sich die Arbeit nicht auf die im Diskurs über Kindertagesbetreuung häufig benannte Problematik der mäßigen Rahmenbedingungen von institutioneller Erziehung, die durchaus auch im Verlauf der Interviews thematisiert wurden. Für solche Fragestellungen eignen sich eher quantitative Untersuchungen mit breit angelegten repräsentativen Studien und zusätzlicher Methodentriangulation. In der vorliegenden Arbeit soll vielmehr der Einfluss veränderter gesellschaftlicher Normensysteme auf Niveau, Ausgestaltung und Beschaffenheit institutioneller Kinderbetreuung betrachtet werden. Diese ist vor allem durch die direkte Interaktion mit dem Kind, die Intensität der Zuwendung, die Güte der Fürsorge und die Sensibilität intersubjektiver Prozesse gekennzeichnet.[30] Die Frage ist, ob gewandelte Zielsetzungen und Anforderungen im Elementarbereich die Wahrnehmung der Fachkräfte hinsichtlich bedeutsamer Situationen der Kinder beeinträchtigen und inwieweit solche Irritationen zu reflektieren und zu bewältigen

---

[29] Wilhelm Hennis, Max Webers Fragestellung, Tübingen 1987, S. 49.
[30] Auf den Begriff der »Betreuungsqualität« wird im Folgenden verzichtet, da er bereits als ökonomisierte Variante die Beschaffenheit der pädagogischen Beziehung verfremdet.

sind. Dies geschieht nicht mit der Intention, alle Schwierigkeiten, die bei der Kinderbetreuung entstehen, den äußeren Bedingungen des Berufsfeldes anzulasten, sondern mit dem Ziel, unter gegebenen Verhältnissen Klarheit über eine angemessene pädagogische Haltung zu gewinnen, Prioritäten zu setzen und Sicherheit bei der Ausgestaltung der Berufsrolle zu finden. Diese Reflexion kann jedoch nicht nur Aufgabe der einzelnen Fachkraft sein, sondern vielmehr des Erziehungssystems insgesamt.[31]

Der Anspruch dieser Arbeit besteht darin, im Anschluss an theoretische Vorüberlegungen Elemente qualitativen Wandels der Sozialisationsbedingungen von Kindern in pädagogischen Tageseinrichtungen des Elementarbereichs aus der Perspektive der Experten zu identifizieren, darzustellen, fachlich zu reflektieren und sie mithilfe von gesellschaftstheoretischen und sozialisationstheoretischen Konzepten weiterzuinterpretieren. Am Ende können dann Hypothesen gebildet werden hinsichtlich der Relevanz der Forschungsergebnisse für die Sozialisation von Kindern auf der Mikroebene und mögliche makrosoziologische Auswirkungen auf gesamtgesellschaftliche Entwicklungen. Die Ergebnisse können dann eine Ausgangsbasis für weitere vertiefende Studien bilden.

---

[31] Im Folgenden wird das Fachpersonal der Kindertagesstätten Erzieherinnen genannt, wissend, dass selbstverständlich auch vereinzelt männliche Mitarbeiter in Kindergärten angestellt sind. Aus rein pragmatischen Gründen, wegen der Häufigkeit des Gebrauches der Berufsbezeichnung und der Vereinfachung der Schreibweise verzichte ich auf die doppelte Aufzählung von Erzieherinnen und Erziehern oder auf Wort-Hybriden wie ErzieherIn oder Erzieher/in, ohne dadurch männliche Erzieher diskriminieren zu wollen.

2. Generativität und Generationenverhältnis

2.1 Notwendigkeit und Alternativen der Kinderbetreuung

Das Thema Kinderbetreuung ist so alt wie die Menschheit. Da der Mensch, ethologisch betrachtet, bei den Fortpflanzungsstrategien der K-Strategie unterliegt, die ein ausgeprägtes Brutverhalten bei geringer Vermehrungsrate und langer Lebensdauer vorsieht, im Gegensatz zur R-Strategie, die mit geringer elterlicher Fürsorge, hoher Vermehrungsrate und kurzer Lebensspanne auskommt, bedeutete die Kinderbetreuung schon immer eine besondere Herausforderung für das Überleben der Spezies.[1] Nicht nur die Hospitalismusforschung hat gezeigt, wie sehr Kinder von einer feinfühligen Bindung abhängig sind, um eine Objektbeziehung herstellen zu können, sondern auch die Bindungsforschung[2] und die philosophi-

---

[1] Karin Grossmann, Klaus E. Grossmann, Bindungen – das Gefüge psychischer Sicherheit, Stuttgart 2005, S. 37; vergl. Robert MacArthur, Edward Osborne Wilson: The Theory of Island Biogeography, Princeton, NJ 1967 (2001 Reprint); Ulrike Zach, Familie und Kindheit. Perspektiven der psychologischen Familienforschung und Evolutionsbiologie, S. 303, in: Heidi Keller, Handbuch der Kleinkindforschung; Bern/Göttingen/Toronto/Seattle 1997.

[2] Vergl. René A. Spitz, Vom Säugling zum Kleinkind. Naturgeschichte der Mutter-Kind-Beziehung im ersten Lebensjahr, Stuttgart 2005; René A. Spitz, Hospitalismus I & II, in: Günther Bittner, Edda Harms (Hrsg.), Erziehung in früher Kindheit. Pädagogische, psychologische und psychoanalytische Texte, München 1985; Jean Itard, Gutachten und Bericht über Victor von Aveyron, in: Lucien Malson, Die wilden Kinder, Frankfurt a.M. 2001; Harry Harlow, The developement of affectional patterns in infant monkeys. Determinants of infant behaviour, London 1961; John Bowlby; Bindung, München 1975; John Bowlby, Elternbindung und Persönlichkeitsentwicklung. Therapeutische Aspekte der Bindungstheorie, Heidelberg 1988; Karin Grossmann, Klaus E. Grossmann, Bindungen – das Gefüge psychischer Sicherheit, Stuttgart 2005.

sche Anthropologie haben hier wertvolle Beiträge geleistet.³ Die Soziologie als Wissenschaft der Gesellschaft setzt die Eingebundenheit des Individuums in ein Kollektiv konstitutiv voraus, sei es im Verständnis der Solidarität der modernen Gesellschaft bei Emile Durkheim: »der Mensch ist in der Tat nur Mensch, weil er in Gesellschaft lebt«, sei es unter dem Paradigma der Wechselwirkung bei Georg Simmel, sei es in der Vorstellung einer Selbst- und Fremdreflexion des Sozialbehaviorismus nach George Herbert Mead oder in Form einer Handlungs- und Rollentheorie bei Talcott Parsons.⁴

Wenngleich es im historischen und interkulturellen Vergleich sehr unterschiedliche Modelle der Kinderbetreuung gibt, sind sie im Zeitalter der modernen, ausdifferenzierten Gesellschaft grundsätzlich auf drei Grundmodelle reduzierbar.⁵ Dies sind einmal die personale Betreuung innerhalb der erweiterten Sozialgruppe, wie sie im Modell des »Ganzen Hauses« stattgefunden hat oder in der bürgerlichen Familie des 19. Jahrhunderts, später die personale Betreuung in der modernen Kleinfamilie und schließlich die Betreuung in Institutionen der Erziehung. Das erste Modell zeichnet sich dadurch aus, dass der primären sozialen Gruppe eine Vielzahl erwachsener Personen und Kinder angehört, die nicht alle durch Blutsverwandtschaft, sondern auch aufgrund von Dienstverhältnissen der Gemeinschaft angehörten. In wechselnder Zuständigkeit kümmerten sich Eltern, Geschwister, Verwandte, Hausmädchen (in der bürgerlichen Familie) oder Knechte, Mägde und Gesellen

---

³ Franz Hargasser, Mensch und Kultur, Die pädagogische Dimension der Anthropologie Arnold Gehlens, Bad Heilbrunn 1976, S. 29; Helmuth Plessner, Die Frage nach der Conditio Humana, in: Aufsätze zur philosophischen Anthropologie, Frankfurt a. M. 1976, S. 34; Max Scheler, Die Stellung des Menschen im Kosmos, Bern 1983, S. 38; Adolf Portmann, Vom Lebendigen, Frankfurt a. M. 1979, S. 81.
⁴ Vergl. Emile Durkheim, Erziehung und Soziologie, Düsseldorf 1972, S. 34; Emile Durkheim, Der Selbstmord, Frankfurt a. M. 1995, S. 273; Georg Simmel, Das individuelle Gesetz, Frankfurt a. M. 1987, S. 63; George Herbert Mead, Sozialpsychologie, Neuwied 1969, S. 263 f.; Talcott Parsons, Soziastruktur und Persönlichkeit, Frankfurt a. M. 1977, S. 46 ff.
⁵ Vergl. Helga Unger-Heitsch, Das Fremde verstehen, Münster/Hamburg/London 2003, S. 61 ff.; Philipp Ariès, Geschichte der Kindheit, München/Wien 1975, S. 403; Rüdiger Peuckert, Familienformen im sozialen Wandel, Wiesbaden 2008, S. 16 ff.

(Bauern und Handwerker) um den Nachwuchs. In der modernen Kleinfamilie schrumpft der Kreis der Kinder betreuenden Personen vornehmlich auf die Eltern, allenfalls auf Geschwister. Großeltern wirken zwar im Erziehungsprozess mit, leben jedoch durch die Ausbreitung der »Neolokalität« meist nicht mehr im gemeinsamen Haushalt.[6] Die Betreuung in Institutionen der Erziehung beginnt für die Mehrzahl der Kinder erst mit dem allmählichen Einsetzen der allgemeinen Schulpflicht und dem Beginn der Kindertagesbetreuung im 19. Jahrhundert. Die unterschiedlichen Formen der Kinderbetreuung sollen im Folgenden kurz beschrieben werden. Dabei wurde die Reihenfolge der historischen Entwicklung angeglichen.

2.2 Personale Betreuung innerhalb der erweiterten Sozialgruppe

2.2.1 Vorindustrielle Lebensformen

Im vorindustriellen Zeitalter lebten die Menschen vor allem in wirtschaftlichen Produktions- und Sozialverbänden. Sie entsprechen der Sozialform der Gemeinschaft, die sich seit der neolithischen Revolution und der agrarischen Periode als adäquate Lebensform etablierte.[7] Erst zum Ende des 17. und mit Beginn des 18. Jahrhunderts verwendete man das Wort »Familie«, das sich aus dem französischen Begriff »famille« ableitet und erst allmählich in die deutsche Alltagssprache eindrang.[8] In der Familiensoziologie spricht man vorwiegend von der Sozialform des »Ganzen Hauses«, in dem nah-, fern- und nichtverwandte Personen miteinander in

---

[6] Gunilla-Friederike Budde, Auf dem Weg ins Bürgerleben, Göttingen 1994, S. 270.
[7] Vergl. Arnold Gehlen, Die gesellschaftliche Situation in unserer Zeit, in: Anthropologische und sozialpsychologische Untersuchungen, Reinbek 1986, S. 129; Arnold Gehlen, Die Situation der Familie in der industriellen Gesellschaft, in: Gesamtausgabe Bd. 6, (1964), Frankfurt a. M. 2004, S. 467 ff.
[8] Andreas Gestrich, Geschichte der Familie im 19. und 20. Jahrhundert, München 1999, S. 4.

Gemeinschaft lebten.⁹ Diese Lebensform erfüllte die Funktionen der Produktion, Sozialisation, Konsumtion, Gesundheits- und Altersvorsorge. Anneliese Mannzmann spricht von »familialen Verbänden mit öffentlichen Aufgaben«, da Privatsphäre und ökonomisches Handeln kaum zu trennen waren.¹⁰ Diesem Rechts-, Arbeits-, Konsum- und Wirtschaftsverband gehörten somit nicht nur Blutsverwandte, sondern auch Gesinde oder Hauspersonal an. In den entsprechenden Gesindeordnungen wurde zwischen drei Berufsgruppen unterschieden, dem häuslichen, dem landwirtschaftlichen und dem gewerblichen Gesinde.¹¹ Wie selbstverständlich der Einsatz von und das Zusammenleben mit Gesinde war, zeigt ein Beispiel aus Baden (1882), wo einer Gesamtbevölkerung von 1,5 Millionen die Anzahl von 3 131 gewerblichen Dienstboten, 41 328 landwirtschaftlichen Knechten und Mägden und 41 440 häuslichen Dienstmädchen gegenüberstanden.¹² Als häusliche Dienstboten verdingten sich in der Regel Töchter von Kleinbauern, Tagelöhnern und Kleingewerbebetreibenden im Alter von etwa 15 bis 20 Jahren.¹³ Die Beziehungen zu den Kindern wurden in der Sozialform des ganzen Hauses weniger durch die Mutter-Kind-Dyade geprägt, da Kindern eine Vielzahl von erwachsenen Bezugspersonen gegenüberstanden, die eine implizite Erziehung tätigten. Dabei war es durchaus üblich, dass Kinder bereits ab dem siebenten Lebensjahr in sogenannte »Lehrverhältnisse« gegeben wurden, in benachbarte oder verwandte Häuser, wo sie als Page, Gehilfe oder Hausmädchen dienten.¹⁴ Kinder waren Teil einer größeren Sozialform, deren Beziehungen weniger auf Intimität und Individualität

---

[9] Vergl. Rüdiger Peuckert, Familienformen im sozialen Wandel, Wiesbaden 2008, S. 21.
[10] Anneliese Mannzmann, Familiengeschichten sind pädagogisch gesehen die Geschichte der Familie, in: Anneliese Mannzmann, Geschichte der Familie oder Familiengeschichten, Königstein/Ts. 1981, S. 16.
[11] Heidi Müller, Dienstbare Geister, Leben und Arbeitswelt städtischer Dienstboten, Berlin 1985, S. 9.
[12] Ebd., S. 10
[13] Karin Walser, Dienstmädchen – Frauenarbeit und Weiblichkeitsbilder um 1900, Frankfurt a. M. 1986, S. 18.
[14] Philippe Ariès, Geschichte der Kindheit, München/Wien 1975, S. 46.

ausgelegt waren als auf pragmatische Arbeits- und Sozialverhältnisse in der Wirtschaftsgemeinschaft des ganzen Hauses.

2.2.2 Landwirtschaftliche und gewerbliche Hausgemeinschaften

Das Ziel der bäuerlichen Familienwirtschaft war vor allem die Bereitstellung von Lebensmitteln und die Aufrechterhaltung des sozialen Status. Alle Bemühungen waren auf die Weitergabe von Haus und Hof an die nächste Generation zur Sicherung deren Existenz gerichtet. »Diesen Zielen wurden die Leistungen und Bedürfnisse der einzelnen Familienmitglieder untergeordnet«.[15] Bis ins 19. Jahrhundert wirtschaftete die bäuerliche Hausgemeinschaft im Sinne einer vorkapitalistischen Subsistenzökonomie vor allem für den Eigenbedarf und dies umfasste nicht nur die Produktion von Nahrung, sondern auch von Kleidung und Gebrauchsgegenständen. Somit wurden sehr unterschiedliche Gewerbe, wie beispielsweise Töpfern, Weben, Spinnen, Nähen, Flechten, Schnitzen usw. von der Hausgemeinschaft ausgeübt. Kern der bäuerlichen Gemeinschaft bildete die »genealogische Eltern-Kind-Gruppe«, die durch lediges Gesinde, Tagelöhner und teilweise auch weitere Eltern-Kind-Gruppen ergänzt wurde.[16]

Kinder nahmen in der landwirtschaftlichen Produktionsgemeinschaft keine Sonderstellung ein. Sie hatten ihren Rang im sozialen Gefüge wie auch Mägde und Knechte. Ihre Bedeutung für die erweiterte Sozialgruppe ergab sich vor allem aus »ihrem Nutzen als Arbeitskraft«.[17] Erziehung erfolgte nicht mit dem Ziel der Förderung individueller Potenziale, vielmehr wurden relevante Alltagstechniken vermittelt, damit sich Kinder früh in den Produktionsprozess und die bestehende Ordnung integrieren konnten.[18] Von einer eigenen Lebensphase Kindheit kann daher in der bäuer-

---

[15] Andreas Gestrich, Geschichte der Familie im 19. und 20. Jahrhundert, München 1999, S. 11.
[16] Reinhard Sieder, Sozialgeschichte der Familie, Frankfurt a. M. 1987, S. 17.
[17] Heinz Reif, Die Familie in der Geschichte, Göttingen 1982, S. 116.
[18] Vergl. Andreas Gestrich, Geschichte der Familie im 19. und 20. Jahrhundert, München 1999, S. 37.

lichen Gemeinschaft bis ins 19. Jahrhundert nicht die Rede sein. Die Kinder wuchsen in enger Verflochtenheit mit der Landschaft, den Tieren und der Hausgemeinschaft auf, die wenig mit den Standards heutiger Erziehungsvorstellungen gemein haben. Die Kinderbetreuung wurde nicht eigens organisiert, sondern sie war im Alltag integriert. Damit die Mutter möglichst ungehindert ihrer Arbeit nachgehen konnte, wurden die Säuglinge eng gewickelt, um ihren Bewegungsraum einzuschränken.[19] Sie wurden an dem Ort abgelegt, an dem sich gerade die Arbeit der Hausgemeinschaft abspielte. Ausgiebige spielerische und körperliche Interaktionen zwischen Mutter und Kind fanden eher selten statt. Häufig beaufsichtigten ältere Geschwister oder auch das Gesinde die Kleinkinder und Säuglinge. In Erntezeiten stieg nachweislich die Säuglingssterblichkeit, da in diesen Phasen alle verfügbaren Arbeitskräfte in der Produktion eingesetzt werden mussten und Kinderbetreuung zunächst zweitrangig war.[20]

Solche Bedingungen des Aufwachsens sind kaum mit aktuellen Vorstellungen von kindgerechter Erziehung zu vergleichen. Dennoch kann nicht behauptet werden, dass Eltern ihren Kindern keine Emotionalität oder Zuneigung entgegengebracht hätten. Im Mittelpunkt der bäuerlichen Gesellschaft stand jedoch das Kollektiv, nicht das Individuum und daher wurden Gefühle weniger über empathisches Verhalten und Sprache vermittelt als durch rituelle Handlungen.[21] Andreas Gestrich spricht von einer verstärkten »Ambivalenz gegenüber dem Nachwuchs«, da Eltern einerseits großes Engagement bei Krankheit oder Tod ihrer Kinder zeigten, andererseits jedoch ständig überlastet waren durch die Verantwortung für eine große Anzahl von Kindern.[22]

Für die Sozialisation der Kinder spielte unter anderem die Konkurrenz untereinander eine Rolle, da sie sich vor allem über ihre

---

[19] Vergl. Reinhard Sieder, Sozialgeschichte der Familie, Frankfurt a. M. 1987, S. 40.
[20] Vergl. ebd., S. 40.
[21] Vergl. Reinhard Sieder, Sozialgeschichte der Familie, Frankfurt a. M. 1987, S. 43.
[22] Andreas Gestrich, Geschichte der Familie im 19. und 20. Jahrhundert, München 1999, S. 36.

Leistungsfähigkeit im Arbeitsleben definierten. Die individuelle Arbeitsleistung führte nicht nur zu einer symbolischen Rangordnung unter den Kindern, sondern sie verschaffte auch »innerhäusliches Prestige« und wirkte sich auf die zugeteilte Nahrungsmenge aus.[23] Somit hatte die heute so genannte Peergruppe schon damals eine bedeutsame Funktion. Aber auch ältere Knechte und Mägde hatten eine autoritative Rolle gegenüber jüngeren Bauernkindern und wirkten bei der Sozialisation und Betreuung der Kinder mit, was sich in Rangordnungen bei Tisch, beim Kirchgang usw. auswirkte.

Bis zum Beginn des 19. Jahrhunderts konnten aufgrund des Kinderreichtums aus ökonomischen Gründen nicht alle Kinder in der bäuerlichen Hausgemeinschaft verbleiben und wurden früh als Gesinde in anderen Höfen verpflichtet. Nicht selten wurden sie bereits mit zehn Jahren in Dienst genommen. Die Mutter brachte das Kind auf den fremden Hof und übergab es im Verlauf eines Integrationsrituals in Form einer gemeinsamen Mahlzeit dem Bauern. Die Hofherren übten häufig noch elterliche Rollen aus: »Des öfteren sprachen die jüngsten Dienstboten Bauer und Bäuerin auch mit ›Vater‹ und ›Mutter‹ an«.[24] Erst im Zuge der Agrarreform verblieben Kinder länger im Elternhaus, da es zu einem großen Fachkräftemangel kam und Gesinde schwerer zu finden und zu entlohnen war.[25] So wurden eigene Kinder bereits mit dem fünften Lebensjahr an der landwirtschaftlichen Arbeit beteiligt.

Auch der städtische Handwerksbetrieb war bis ins 19. Jahrhundert als erweiterte Sozialform des »Ganzen Hauses« organisiert. Er kann als »patriarchalisch strukturierte Einheit von Kernfamilie und Gesinde als einer Arbeits-, Wohn- und Konsumgemeinschaft« bezeichnet werden.[26] Der Haushalt bestand aus einer Eltern-Kind-

---

[23] Reinhard Sieder, Sozialgeschichte der Familie, Frankfurt a.M. 1987, S. 44.
[24] Ebd., S. 57.
[25] Vergl. Michael Mitterauer, Zur Kritik von Familienideologien aus historischer Sicht, in: Anneliese Mannzmann, Geschichte der Familie oder Familiengeschichten, Königstein/Ts. 1981, S. 52.
[26] Andreas Gestrich, Geschichte der Familie im 19. und 20. Jahrhundert, München 1999, S. 13.

Gruppe, der Gesellen und Lehrlinge angeschlossen waren. Dies hatte den Vorteil, dass Kost und Logis der Angestellten mit dem Arbeitslohn verrechnet werden konnte und die Arbeitskräfte jederzeit zur Verfügung standen. Bis ins 18. Jahrhundert hatte der Alltag im Handwerk noch einen eher »ganzheitlichen« Charakter, ein Tatbestand, der sich nicht nur auf eine geringe Zergliederung und Ausdifferenzierung der Arbeitsprozesse bezieht. Die langen Arbeitstage waren durch häufige Unterbrechungen der Arbeit zwecks spontaner Geselligkeit gekennzeichnet, die durchaus Zeit für vergemeinschaftende Begegnungen im Sinne des guten »alten Handwerks« boten.[27]

Meister und Meisterin hatten nicht nur Erziehungsautorität gegenüber den eigenen Kindern, sondern auch gegenüber den Lehrlingen. Das gesellschaftliche Ansehen des Handwerkers gründete sich auf den »Berufsstolz«, die »ehrliche Geburt« und eine »ehrbare Lebensführung«.[28] Daher wurde der sittliche Lebenswandel der im Haushalt lebenden Personen sehr ernst genommen. Eine strenge soziale Kontrolle der Kinder durch die gesamte Hausgemeinschaft kann daher angenommen werden, denn der Ruf des Hauses hatte eine hohe soziale und ökonomische Relevanz. So wurden Lehrjungen auch häufig zur Beaufsichtigung der Kinder herangezogen.

Insgesamt kann davon ausgegangen werden, dass die Geburtenrate in Handwerkerfamilien geringer war als in Bauernfamilien und durchschnittlich nur zwei bis drei Kinder betrug.[29] Einer der Gründe lag in der hohen finanziellen Belastung, die damit verbunden war, dass für die Söhne bei der Ausbildung in einem fremden Betrieb Lehrgeld und hohe Ausrüstungskosten bezahlt werden mussten. Daher verließen Söhne den Handwerkerhaushalt auch früher als die Töchter. Da Meistersöhne bereits über eine primäre Berufssozialisation verfügten, konnte ihre Lehrzeit verkürzt werden. Diese Tatsache lässt vermuten, dass die Söhne bereits früh in den Produktionsprozess einbezogen wurden. Die Mädchen hingegen verrichteten vor allem hauswirtschaftliche Tätigkeiten.

---

[27] Vergl. Reinhard Sieder, Sozialgeschichte der Familie, Frankfurt a.M. 1987, S. 104.
[28] Reinhard Sieder, Sozialgeschichte der Familie, Frankfurt a.M. 1987, S. 108.
[29] Ebd., S. 116

Personale Betreuung innerhalb der erweiterten Sozialgruppe

Wie in der bäuerlichen Gemeinschaft erfolgte also auch in der Handwerkerfamilie die Kinderbetreuung vor allem in Form einer allgemeinen Einführung in Produktions- und Reproduktionstätigkeiten. Dabei kam auch Dienstmädchen, Lehrlingen und Gesellen eine bedeutsame sozialisatorische Funktion zu. Da Handwerksbetriebe häufig noch eigene Äcker zur Versorgung mit Lebensmitteln bewirtschafteten, halfen Kinder auch in der Garten- und Feldarbeit, beim Viehhüten und Ernten mit. Allerdings stand die Bedeutung der Kinder als Arbeitkraft nicht so sehr im Vordergrund, wie in der bäuerlichen Familie.[30] Immerhin besuchten Handwerkerkinder häufig sogar die Schule. Die Erziehung war weniger auf die Fortführung der eigenen Hauswirtschaft gerichtet, als auf eine Laufbahn außerhalb der Herkunftsfamilie. Insgesamt stand weniger die individuelle Erziehung im Vordergrund als eine Vorbereitung auf die soziale Position in der Zunftordnung.

Die Säuglinge wurden lange von der Mutter gestillt, um die Säuglingssterblichkeit zu vermindern und eine erneute Schwangerschaft so lange als möglich herauszuzögern. Auch in der handwerklichen Hausgemeinschaft wurden Kinder ruhiggestellt, in dem ihre Bewegungsfreiheit durch enges Wickeln eingeschränkt wurde. Sie verbrachten die Schlaf- und Wachzeit meist im gleichen Raum wie die Eltern. Dabei war der gemeinsame Umgang nicht von einem pädagogisierten Verhältnis geprägt, sondern von der pragmatischen Alltagswelt.[31] Um die hierarchische Ordnung zu sichern, bildete die Prügelstrafe ein gewöhnliches Erziehungsmittel. Obwohl Eltern durchaus eine Zuneigung zu ihren Kindern verspürten, wurde diese nicht expressiv gezeigt. Dieser zurückhaltende Umgang mit Gefühlen kann auf die besondere Leistungs- und Berufsorientierung im Handwerkerhaushalt zurückgeführt werden.

Handwerkerkinder durften im Gegensatz zu Bürgerkindern den Freiraum der Straße genießen. Sie wurden für einen Teil des Tages zum freien Spiel im Stadtviertel entlassen. So bestand ein Teil ihrer Sozialisation auch in der unbeobachteten spielerischen Erfahrung

---

[30] Reinhard Sieder, Sozialgeschichte der Familie, Frankfurt a. M. 1987, S. 118.
[31] Ebd., S. 119.

und Auseinandersetzung mit Kindern anderer Hausgemeinschaften.[32] Erst bürgerlichen Pädagogen des 19. und 20. Jahrhunderts vermuteten hinter diesen Aktivitäten Gefahren für die Sittlichkeit der Kinder, was dann später zu einer »Verhäuslichung« der Kindererziehung führte.

2.2.3 Die bürgerliche Familie

Eine besondere Form der erweiterten Sozialgruppe bildete die bürgerliche Familie, eine Sozialform, die im 19. Jahrhundert den Zenit ihres Einflusses und ihrer Bedeutung erreichte. Während die frühbürgerliche Ideologie sich noch stark vom Adel abzugrenzen suchte durch Ideale der Bescheidenheit, des Maßhaltens und der Abkehr von Eitelkeit, orientierte sich das Bürgertum im Kaiserreich stärker an der Lebensführung des Adels.[33] Besonders der Müßiggang der Ehefrau und die Finanzierung von Dienstboten bildeten wesentliche Symbole des Wohlstands. Die bürgerliche Ehe basierte auf dem Ideal der »auf Neigung gründenden Ehebeziehung«, der räumlichen Trennung von Erwerbsarbeit und Privatsphäre, und der Entdeckung der Kindheit als eigene Lebensphase.[34] Obgleich die bürgerliche Ehe nicht, wie beim europäischen Adel, der politischen und ökonomischen Herrschaftssicherung dienen sollte, sondern einer von sachlichen Interessen freien emotionalen Bindung, konnte sich das Bildungsbürgertum »kaum leisten, materielle Überlegungen gänzlich außer acht zu lassen«.[35] Und so wurden trotz vermeintlichen Vorrangs des Gefühls doch meist Konvenienzehen abgeschlossen. Die Durchschnittskinderzahl in Bürgerfamilien betrug Mitte des 19. Jahrhunderts sechs bis sieben, 1880 immerhin

---

[32] Ebd., S. 120.
[33] Vergl. Heidi Rosenbaum, Formen der Familie. Untersuchungen zum Zusammenhang von Familienverhältnissen, Sozialstruktur und sozialem Wandel in der deutschen Gesellschaft des 19. Jahrhunderts, Frankfurt a. M. 1982, S. 252 ff.
[34] Gunilla-Friederike Budde, Auf dem Weg ins Bürgerleben, Göttingen 1994, S. 25.
[35] Ebd., S. 28.

noch drei bis vier Kinder.[36] Zur saturierten Bürgerexistenz gehörte ein überdurchschnittliches Einkommen, das allein durch die außerhäusige Tätigkeit des Mannes gewonnen wurde, und die Einstellung mindestens eines Dienstmädchens. Die Differenzierung der Wohnräume ermöglichte auch die Entstehung der »Kinderstube«, die eine Distanzierung des Kindes von der Erwachsenenwelt bedeutete, einerseits zur Schonung der Erwachsenen, andererseits zur Bewahrung der Kinder vor »Geheimnissen« der Erwachsenen.[37] Wenn auch das deutsche Bürgertum nur etwa 5 bis 16 Prozent der Bevölkerung ausmachte, hatte es eine außergewöhnliche Prägungskraft auf das Idealbild der Lebensform Familie. Obwohl die Beziehung zu den Eltern, insbesondere der Mutter, gestützt durch neue Erkenntnisse der Psychologie und Pädagogik,[38] als wesentlich eingeschätzt wurde, erfolgte die alltägliche Betreuung der Kinder weniger durch die leiblichen Eltern, als vielmehr durch das Gesinde, da der Vater durch Beruf und gesellschaftliche Verantwortung und die Mutter als Haushaltsvorstand und Gesellschafterin eine Fülle von Pflichten zu erfüllen hatten und die Sorge und Pflege der Kinder eher als sekundär empfunden wurde.

»Den größten Teil des Tages gehören die Kinder der Kinderfrau oder dem Fräulein. Die Mutter stattet nur Besuche im Kinderzimmer ab, das Kind nur Besuche im Wohnzimmer. So ist es«.[39]

Die Beziehung der Väter zu ihren Kindern war insbesondere durch respektvolle Distanz geprägt und der Austausch von Zärtlichkeiten zwischen Vätern und Kindern ist als ausgesprochen selten zu beschreiben. Sie berieten Kinder vornehmlich in der Wahl ihrer Lite-

---

[36] In England und Deutschland, vergl. Gunilla-Friederike Budde, Auf dem Weg ins Bürgerleben, Göttingen 1994, S. 50.
[37] Gunilla-Friederike Budde, Auf dem Weg ins Bürgerleben, Göttingen 1994, S. 79, und Neil Postman, Das Verschwinden der Kindheit, New York 1982, S. 61.
[38] Z. B. Jean Jacques Rousseau, Über die Erziehung, Paris 1762; Johann Heinrich Campe, Väterlicher Rath für meine Tochter, Braunschweig 1787; Johann Heinrich Pestalozzi, Buch der Mütter oder Anleitung für Mütter, Leipzig 1913.
[39] Hedwig Dohm, Die Mütter. Beitrag zur Erziehungsfrage, Berlin 1903, S. 19, in: Jutta Becher, Kindermädchen, Frankfurt a. M. 1993, S. 85.

ratur und beteiligten sie an Ratespielen zu Fragen der Hochkultur. Mütter erlebten eine Professionalisierung und Verwissenschaftlichung der Mutter- und Hausfrauenrolle durch entsprechende Fachliteratur. Sie wirkten als Organisatorinnen des Haushaltes, als emotionale Brücke für den familialen Zusammenhalt und als Gesellschaftsdame. Erziehung manifestierte sich in einer pädagogischen »Buchführung«, in der Mütter die Entwicklungsfortschritte der Kinder aufzeichneten.[40] Sie gaben sprachliche Anregungen durch Geschichten, Lieder und Gedichte. Für die Töchter waren sie das Vorbild der opferbereiten Gattin, den Söhnen brachten sie bedingungslose Liebe entgegen. Bürgerkinder erlebten meist eine behütete Kindheit, die jedoch stark von den Erwartungen der Eltern bezüglich ihrer zukünftigen Entwicklung geprägt war.

Körperliche Nähe, Intimität und Zärtlichkeit wurden zunächst weniger durch die innige Beziehung zu den Eltern, als vielmehr durch die Dienstmädchen vermittelt.

»In den deutschen und englischen Bürgerfamilien, wo Gefühle oft verborgen wurden und Körperkontakte selten waren, war das Gesicht, die Stimme, der Körper und der Geruch des Dienstmädchens den Kindern oft vertrauter als die der Eltern«.[41]

Folgende Kindheitserinnerungen illustrieren die Bedeutung von Kindermädchen für die Sozialisation von Bürgerkindern: »Sie war da, seit ich denken konnte (...) Sie war ein Teil dieser warmen Geborgenheit meiner Kindheit«. Gerade die leibliche Komponente der Erziehung scheint hier ein besonders wesentlicher Aspekt zu sein: »Meine Welt bestand aus Frau Beincke, die mich mit ihrer gütigen Fülle und derben Zärtlichkeit vor allem Ungemach schützte«.[42] Die Kommunikation mit dem Hausgesinde gestaltete sich meist spontaner und natürlicher, weil sie weniger von pädagogischen und moralischen Zielen beeinflusst war. Geringe Altersunterschiede, mystische Denkweisen oder Aberglaube und die volkstüm-

---

[40] Gunilla-Friederike Budde, Auf dem Weg ins Bürgerleben, Göttingen 1994, S. 174.
[41] Ebd., S. 297.
[42] Brigitte B. Fischer: Sie schrieben mir oder was aus meinem Poesiealbum wurde, München 1986, S. 21, in: Jutta Becher, Kindermädchen, Frankfurt a. M. 1993.

liche Gegenkultur führte zu einer besonderen Anziehungskraft der Hausmädchen auf die Bürgerkinder.

»Die Küche bildete eine Nische und Gegenwelt, in der die bürgerlichen Werte außer Kraft gesetzt waren. Hier herrschte Vertraulichkeit, hier gab es andere Speisen als auf dem bürgerlichen Mittagstisch, hier konnten die Bürgerkinder unabhängig von ihrem Geschlecht ihre Gefühle und Stimmungen zum Ausdruck bringen«.[43]

Kindermädchen führten ihre Schützlinge häufig in die Welt außerhalb des Elternhauses ein und bei gemeinsamen Spaziergängen lernten diese die Straße, den Park und diverse Geschäfte kennen. Schmerzlich war insbesondere der Abschied für die Kinder bei Personalwechsel, der häufig schon nach zwei bis drei Jahren erfolgte. Doch die Intimität zwischen Bürgerkindern und Dienstmädchen wurde zum Ende des 19. Jahrhunderts weitestgehend unterbunden. Durch räumliche und emotionale Trennung wurde die Schichtzugehörigkeit zunehmend manifestiert. Mit der wachsenden Unzufriedenheit der Bürgerfrauen mit ihrem Hauspersonal und der Verwissenschaftlichung von Erziehung begann eine Ausbildung der Hausmädchen in hauswirtschaftlichen Fächern und zum Thema Kinderbetreuung.[44] Doch spätestens seit der Weltwirtschaftskrise von 1929 reduzierte sich der Wohlstand vieler Bürgerfamilien so weit, dass sie sich Hauspersonal nicht mehr leisten konnten. Diese Tendenz setzte sich auch in gewerblichen und landwirtschaftlichen Hausgemeinschaften fort, ein Bereich, der bezüglich Fragen der Kinderbetreuung weniger erforscht ist, da hier nur Mägde und Gehilfen in impliziter Erziehung wirkten, jedoch keine speziellen Kindermädchen eingestellt wurden. Der Exkurs in die Welt der Bürgerfamilie birgt daher einen lohnenden Einblick in die Vielfalt der Sozialkontakte innerhalb der erweiterten Sozialgruppe.

---

[43] Gunilla-Friederike Budde, Auf dem Weg ins Bürgerleben, Göttingen 1994, S. 298.
[44] Vergl. Helene Lange, Handbuch der Frauenbewegung, IV. Teil, Berlin 1906, S. 144, oder Oscar Pache, Handbuch des deutschen Fortbildungswesens, 4. Teil, Wittenberg 1899, S. 36 ff.

2.2.4 Funktion und Wandel der erweiterten Sozialgruppe

Die Lebensform der erweiterten Sozialgruppe des »Ganzen Hauses« war bis zum Beginn des 19. Jahrhunderts die zentrale Sozialisationsinstanz, deren Sonderform die bürgerliche Familie mit ihrem Hauspersonal bildete, die noch bis zum ersten Drittel des 20. Jahrhunderts weiter fortwirkte. Die spezifischen Aufgaben der erweiterten Sozialgruppe waren sehr umfangreich und können mit folgenden Funktionen beschrieben werden:

a) Die Hausgemeinschaft sorgte für die Betreuung, Erziehung und Grundbildung der Kinder. Da von einer kontinuierlichen Anwesenheit erwachsener Personen im Haushalt ausgegangen werden kann, waren eine ausreichende Aufsicht des Nachwuchses sowie eine implizite Erziehung regelmäßig gewährleistet. In bürgerlichen Familien kam möglicherweise die Anstellung eines Hauslehrers hinzu, der für die Vermittlung von Bildungsgütern der Hochkultur zuständig war.

b) Kinder und Jugendliche wurden frühzeitig in gesellschaftliche und wirtschaftliche Verhaltensformen eingeführt, da die Sozialform des Ganzen Hauses vorwiegend eine Wirtschaftsgemeinschaft war, die für die gemeinsame Subsistenz zu sorgen hatte. Sobald Kinder fähig waren, erste Handgriffe zu verrichten, erfuhren sie eine Einweisung in manuelle Tätigkeiten und wirkten in angemessener Form bei der Produktion mit.

c) In der gewerblichen und landwirtschaftlichen Hausgemeinschaft erfolgte sukzessiv eine berufliche Ausbildung in dem Handwerk oder in dem Produktionsbereich, den der elterliche Haushalt zu bieten hatte. Durch die enge Verflochtenheit der sozialen und ökonomischen Bezüge entstand eine starke Berufsidentität.

d) Durch die Vielzahl der im Hause lebenden Personen war auch eine regelmäßige Alten- und Krankenpflege gewährleistet. Nicht nur Gesinde, sondern auch ältere Kinder konnten Tätigkeiten der Fürsorge wie Waschen, Füttern und Geselligkeit verrichten.

e) Insgesamt war durch die alters- und geschlechtsgemischte Vergemeinschaftung ein soziales Miteinander der Generationen selbstverständlich. Eine Tradierung kultureller Überlieferungen,

Normen, Werte und Errungenschaften war relativ bruchlos möglich. Eine Ausdifferenzierung der Lebenswelten von Kindern, Erwachsenen und Alten, wie dies heute üblich ist, war damals noch nicht vorhanden.

Diese umfangreichen Funktionen der erweiterten Sozialgruppe reduzierten und veränderten sich mit der Entstehung der modernen Kleinfamilie. Tendenzen der gesellschaftlichen Differenzierung führten zu einer weitgehenden Auslagerung der spezifischen Bereiche von Erziehung, Bildung, Berufsbildung und Pflege aus der primären Sozialgruppe. Damit wurde nicht nur die Einheit von Wohnen und Arbeiten aufgebrochen, sondern auch die Prägekraft vielfältiger intergenerationeller Beziehungen relativiert und möglicherweise reduziert. Damit wird deutlich, dass die sozialen Umbrüche der industriellen Revolution im 19. Jahrhundert sich besonders stark auf die Sozialisation, Erziehung und Bildung von Kindern auswirkten.

Aufgrund veränderter Strukturen der primären Sozialgruppe wurde die ergänzende Betreuung der Kinder durch Hauspersonal und Gesinde im 20. Jahrhundert deutlich seltener und später abgelöst durch Konzepte der Tagespflege, die eine zeitbegrenzte Tagesbetreuung in einer fremden Familie vorsieht oder durch Betreuung in Institutionen. In der Mehrzahl der Familien setzte sich jedoch die Kinderbetreuung durch die leiblichen Eltern, insbesondere der Mutter, durch.

2.3 Personale Betreuung in der modernen Kleinfamilie

2.3.1 Ausdifferenzierung der Familie

Die moderne Kleinfamilie ist ein Produkt gesellschaftlicher Differenzierungsprozesse, die mit der Ausbreitung kapitalistischer Produktionsweisen, mit der Industrialisierung, der Technisierung, Verstädterung und damit der Sprengung etablierter Lebensformen einhergehen. Die oben beschriebene bürgerliche Familie mit ihren spezifischen Normen und Werten und ihrem romantischen Liebesideal bildete das Vorläufermodell für die moderne Kleinfamilie.

Generativität und Generationenverhältnis

Die normative Orientierung an der bürgerlichen Familie wird zum Ende des 19. Jahrhunderts ein für alle Schichten geltendes Leitbild.[45] Doch erst in Zeiten umfassenden, schichtübergreifenden Wohlstandes, wie er erstmals in den 50er und 60er Jahren des 20. Jahrhunderts auftrat, konnte sich im Rahmen eines »Fahrstuhleffektes«, der durch Verbesserung der Einkommensverhältnisse, die Absicherung durch den Ausbau des Sozialversicherungssystems und optimistische Lebensperspektiven gekennzeichnet war, das Modell der modernen Kleinfamilie in allen Schichten durchsetzen.[46] An die Stelle des Gesindes traten Haushaltsgeräte, die die Instandhaltung des Haushaltes und die Bewältigung des Familienalltags erleichterten. Das Leitbild der monogamen, lebenslangen Ehe wurde für die kurze Epoche Ende der 50er und Anfang der 60er Jahre zur bestimmenden Lebensform. Die moderne Kleinfamilie erwarb gleichzeitig das Reproduktionsmonopol der Gesellschaft, da mehr als 90 Prozent der Kinder mit den leiblichen Eltern zusammenlebten.[47]

Die Erziehung der Kinder wurde im Westen der Republik zur ureigensten Aufgabe der Mutter erklärt. Noch 1965 besuchten in der Bundesrepublik nur 28 Prozent der Kinder zwischen drei und sechs Jahren einen Kindergarten.[48] Da in der DDR aufgrund der marxistischen Ideologie Arbeit für Männer und Frauen als zentrale Lebenssphäre galt, wurde Kinderbetreuung als Angelegenheit des Staates betrachtet und Kinder wurden flächendeckend in Erziehungsinstitutionen versorgt.[49] Die gegensätzlichen normativen Weltanschauungen im Hinblick auf Kinderbetreuung prallten bei der Wiedervereinigung zunächst aufeinander. Inzwischen kann je-

---

[45] Vergl. Rüdiger Peuckert, Familienformen im sozialen Wandel, Wiesbaden 2008, S. 24.
[46] Vergl. Ulrich Beck, Risikogesellschaft. Auf dem Weg in eine andere Moderne. Frankfurt a. M. 1986.
[47] Vergl. Rüdiger Peuckert, Familienformen im sozialen Wandel, Wiesbaden 2008, S. 26.
[48] Vergl. Jürgen Reyer, Einführung in die Geschichte des Kindergartens und der Grundschule, Bad Heilbrunn 2006, S. 195 ff.
[49] Die Situation der Kinderkrippen und Kindertagesstätten in der DDR wird weiter unten noch ausgeführt.

doch konstatiert werden, dass sich das ostdeutsche Modell zunehmend auch im Westen etabliert, da die institutionelle Betreuung von Kindern ab drei Jahren bundesweit bei durchschnittlich über 90 Prozent liegt und die öffentliche Versorgung der Kinder unter drei Jahren im neuen Jahrtausend vehement durch bildungspolitische Maßnahmen vorangetrieben wird.[50] Durch Pluralisierung der Lebensformen wurde das Monopol der modernen Kleinfamilie bald erschüttert. Wurzeln dieser Tendenz sind unter anderem in den Folgen der »Kulturrevolution« der Studentenbewegung und ihrer Kritik der bürgerlichen Lebensweise zu suchen. Diese stützen sich unter anderem auf kulturkritische Erkenntnisse der Kritischen Theorie, die unter der Prämisse, dass »Auschwitz sich nicht wiederhole«, Strukturen der bürgerlichen Familie näher untersuchte.[51] Im Rahmen der Vergangenheitsbewältigung entwickelten Max Horkheimer und Theodor W. Adorno anhand der Studie »Studies in Prejudice« (1949/1950) die sogenannte F-Skala, die präfaschistische Neigungen von Individuen identifizieren sollte.[52] Man ging davon aus, dass Erziehung in der Familie unter ungünstigen Bedingungen die Entwicklung eines faschistischen Charakters begünstigen könnte, Thesen, die später von der Studentenbewegung aufgegriffen wurden. Die »protestierende Generation« (geb. nach 1938) richtete ihre Kritik gegen die eigenen Väter und vollzog damit einen doppelten Generationenkonflikt, einerseits gegen ihre Eltern als Vertreter der bürgerlichen Elterngeneration, andererseits als Repräsentanten des Faschismus.[53] Diese kritische Haltung gegenüber der modernen Kleinfamilie wurde noch unterstützt durch Psychologen wie Alice Miller, die vor der Isolation der Kleinfamilie warnte, weil die Ausschließlichkeit der Bindung die Gefahr berge, dass Eltern ihre unerfüllten Bedürfnisse

---

[50] Ministerium für Bildung, Wissenschaft, Jugend und Kultur, 1. Kinder- und Jugend-Bericht Rheinland-Pfalz, Mainz 2010, S. 132.
[51] Theodor W. Adorno, Erziehung zur Mündigkeit, Vorträge und Gespräche mit Hellmut Becker 1959–1969, Frankfurt a. M. 1970.
[52] Theodor W. Adorno, Studien zum autoritären Charakter, Frankfurt a. M. 1999.
[53] Vergl. Clemens Albrecht (Hrsg.), Die intellektuelle Gründung der Bundesrepublik Deutschland, Frankfurt a. M. 1999, S. 517 ff.

bei den eigenen Kindern zu befriedigen suchten.[54] Damit verhinderten sie aber geradezu, dass Kinder ihre eigenen Gefühle und Bedürfnisse wahrnähmen (falsches Selbst), aus Furcht, die Erwartungen der Eltern zu enttäuschen. Dies könne zu Neurosen und Psychosen führen, da Kinder ihren Eltern aus Mangel an alternativen Bezugspersonen ausgeliefert seien.

Weitere Hintergründe für den Wandel der Familie sind in der zweiten Welle der Frauenbewegung der 70er Jahre und ihren Forderungen nach der Emanzipation der Frau zu suchen, in der Novelle des Scheidungsrechtes (1977), das vom Schuldprinzip zum Zerrüttungsprinzip überging und damit Ehescheidungen erleichterte, aber auch in der Ölkrise, die die Fortführung des »Wirtschaftswunders« beendete. Insgesamt setzte seit den 70er Jahren ein Prozess gesellschaftlicher Individualisierungstendenzen ein, der traditionellen Bindungen in primären und sekundären Gruppen eine verstärkte Selbstbestimmung des Individuums gegenüberstellt und bereits von soziologischen Klassikern wie Emile Durkheim, Georg Simmel und Norbert Elias prognostiziert wurde.[55] Befreit von deterministischen Ordnungen wird der Mensch in die Lage versetzt selbst über seine künftige Bestimmung zu entscheiden, aus der Normalbiographie wird die Wahlbiographie.

Infolgedessen bildeten sich unterschiedliche Lebensformen aus, wie beispielsweise Einpersonenhaushalte, kinderlose Ehepaare, Ein-Eltern-Familien, kinderlose nichteheliche Lebensgemeinschaften, unverheiratete Paare mit Kindern, multiple Elternschaft in Patchwork-Familien, Stieffamilien, Adoptivfamilien, Commuter-Ehen, binationale Paare, nicht-exklusive Partnerschaften, gleichgeschlechtliche Lebenspartnerschaften und schließlich Wohngemeinschaften, die ein Miteinander all dieser Existenzweisen ermöglichen.[56] Diese

---

[54] Vergl. etwa Alice Miller, Das Drama des begabten Kindes, Frankfurt a. M. 1997, S. 27, oder Alice Miller, Am Anfang war Erziehung, Frankfurt a. M. 1983, S. 18 ff.
[55] Vergl. Norbert Elias, Die Gesellschaft der Individuen, Frankfurt a. M. 2001; Georg Simmel, Die Philosophie des Geldes, Berlin 1956; Emile Durkheim, Über die Teilung der sozialen Arbeit, Frankfurt a. M. 1977; Ulrich Beck, Risikogesellschaft. Auf dem Weg in eine andere Moderne, Frankfurt a. M., 1986.
[56] Vergl. Rüdiger Peuckert, Familienformen im sozialen Wandel, Wiesbaden 2008, S. 31–36.

Diversität der Lebensformen existierte jedoch nicht erst in den 70er Jahren des 20. Jahrhunderts, sondern bereits vor der Industrialisierung.

»Faktisch alle heute auftretenden Lebensformen dürften schon in dieser historischen Phase existiert haben, auch wenn sie im Hinblick auf die Lebenslage der Menschen und der kulturellen Bedeutung mit den heutigen Lebensformen nur bedingt vergleichbar sind«.[57]

Mit der Ausdifferenzierung der Lebensformen ging gleichzeitig ein massiver Geburtenrückgang einher, der jedoch auch mit der Entwicklung der Anti-Baby-Pille und weiterer Verbesserungen der Verhütungsmethoden zu begründen ist. Während die Geburtenrate (Lebendgeborene je Frau) in Gesamtdeutschland 1965 noch 2,5 betrug, sank diese im Verlauf der 70er Jahre auf 1,4 und lag im Jahre 2009 bei 1,37.[58]

Marbach und Franz beobachten, dass die Erprobung neuer Lebensformen meist nur im frühen Erwachsenenalter vorgenommen wird. Bis zum Alter von 40 Jahren stabilisieren sich die Beziehungsmuster und 70 Prozent aller Lebensgemeinschaften mit Kindern münden schließlich in der Ehe.[59] Wenn das erste Kind geboren wird, sind 80 Prozent der Paare verheiratet. Dabei steigt das durchschnittliche Erstgebäralter auf zwischen 30 und 35 Jahre an. Die durchschnittlichen Kinderzahlen in deutschen Familien betragen bei über 50 Prozent 2 Kinder, knapp 25 Prozent bekommen je ein oder drei Kinder und nur 3 Prozent der Familien vier Kinder oder mehr.[60] Kinderlosigkeit besteht teilweise aus medizinischen Gründen, häufig wurde aber auch der passende Zeitpunkt verpasst oder

---

[57] Rüdiger Peuckert, Familienformen im sozialen Wandel, Wiesbaden 2008, S. 21.
[58] Statistisches Bundesamt 2009, 25.08.2010. http://www.destatis.de/jetspeed/portal/cms/Sites/destatis/Internet/DE/Grafiken/Bevoelkerung/Diagramme/Geb.
[59] Jan H. Marbach, Franz Neyer, Wechsel zwischen Lebensformen. Persönlichkeit und Beziehungsnetze im Westen, in: Walter Bien (Hrsg.), Familie an der Schwelle zum neuen Jahrtausend, Opladen 1996, S. 38.
[60] Gudrun Henze, Constanze Klar, Sabine Sardei-Biermann, Kerstin Schreier, Die Lebensbedingungen von Familien. Chancen und Risiken von Phasen der Familienentwicklung, in: Walter Bien (Hrsg.), Familie an der Schwelle zum neuen Jahrtausend, Opladen 1996, S. 121 ff.; vergl. Rosemarie Nave-Herz, Familie heute, Darmstadt 2007, S. 70.

eine bewusste Entscheidung gegen Kinder getroffen. Als förderliche Bedingungen für Fertilität bezeichnen Marbach/Neyer die Vereinbarkeit von Familie und Beruf, wirtschaftliche Unabhängigkeit und Verringerung der Karrierenachteile für Mütter.[61] Insgesamt ist die Mehrheit der Mütter mit Kindern bis zum 14. Lebensjahr berufstätig und die überwältigende Mehrheit der Männer übernimmt durch Berufstätigkeit weiterhin die Ernährerrolle.[62]

2.3.2 Funktionswandel der Familie

Durch den strukturellen Wandel der Familie hat sich eine Funktionsveränderung angebahnt. Parsons spricht von einem Funktionsverlust bezüglich ökonomischer und pädagogischer Aufgaben und meint damit die Auslagerung von Produktion und Erziehung in ökonomische und pädagogische Organisationen.[63] Berger und Berger insistieren jedoch auf die Potenziale der Individualisierung und Selbstverwirklichung, die sich erst im Dunstkreis der *petite bourgeoisie* entwickeln konnten, durch religiöse Orientierungen des Puritanismus, Calvinismus und Pietismus verstärkt wurden und die erst eine Modernisierung der Gesellschaft ermöglicht haben, indem sich die Dialektik von Tradition und Innovation zugunsten sozialen Wandels entfaltet.[64] Durch die Stärkung des Individuums reduzierte sich die patriarchale Macht in der Familie und die elterliche Autorität nahm zugunsten symmetrischer Verhandlungen mit dem Nachwuchs ab. Kindheit wurde als spezifische Entwicklungsphase wahrgenommen, die Eltern durch Zuwendung

---

[61] Hiltrud Beyer, Walter Bien, Renate Bauereiß, Clemens Dannenbeck, Familiale Lebensformen im Wandel, in: Walter Bien (Hrsg.), Familie an der Schwelle zum neuen Jahrtausend, Opladen 1996, S. 104.
[62] Kerstin Schreier, Die Lebensbedingungen von Familien – Chancen und Risiken von Phasen der Familienentwicklung, in: Walter Bien (Hrsg.), Familie an der Schwelle zum neuen Jahrtausend, Opladen 1996, S. 156 ff.
[63] Vergl. Brigitte Berger, Peter L. Berger, In Verteidigung der bürgerlichen Familie, Frankfurt a. M. 1984, S. 23.
[64] Vergl. Brigitte Berger, Peter L. Berger, In Verteidigung der bürgerlichen Familie, Frankfurt a. M. 1984, S. 135.

und Förderung begleiten sollten. Mit dem Übergang von der bürgerlichen Familie zur modernen Kleinfamilie konzentrierte sich Erziehung auf dyadische Beziehungen des Kindes zur Mutter bzw. zum Vater. Familiale Erziehung zeichnete sich von nun an vor allem durch Versorgung, Kommunikation, Interaktion, Stabilität der Beziehungen und gegenseitige Liebe aus.[65] Die Beziehungen innerhalb der Familie sind von hoher Intimität geprägt und mit hohen Erwartungen an ein gemeinsam erlebtes privates Glück behaftet.

Die Notwendigkeit einer feinfühligen Beziehung zwischen Eltern bzw. Mutter und Kind wurde durch psychoanalytische, entwicklungspsychologische und bindungstheoretische Erkenntnisse des 20. Jahrhunderts unterstützt.[66] Sigmund Freud spezifizierte die Relevanz frühkindlicher Beziehungen zu den Eltern für die spätere Entwicklung zum Erwachsenen anhand seines Modells der psychosexuellen Phasen. Diese Sichtweise kindlicher Entwicklung erweiterte Erik Erikson mit seinem Stufenmodell der psychosozialen Entwicklung, das die normative Vorstellung einer »gesunden Persönlichkeit« voraussetzt und durch acht Entwicklungsphasen, auch als Lebenskrisen bezeichnet, gekennzeichnet ist, die der Mensch im Laufe seines Lebens zu bewältigen hat.[67] John Bowlby entwarf mit seiner Bindungstheorie einen differenzierten Blick auf die Bedeutung der sozialen Beziehung zwischen Eltern und Kind und betrachtete den Aufbau einer Bindung als Voraussetzung für jegliches Explorationsverhalten. Die Theorie wurde in der Zusammenarbeit mit Marie Ainsworth durch eine Typologie der Bindungsqualitäten noch vertieft.[68] Gemeinsam ist diesen Ansätzen, dass sie frühkindliche Erfahrungen mit der späteren Identitätsentwicklung in Relation setzen und damit den Eltern eine eindeutige Erziehungsverantwortung zusprechen. Diese geht im Falle Bowlbys sogar so weit,

---

[65] Ebd., S. 182.
[66] Vergl. Sigmund Freud, Drei Abhandlungen zur Sexualtheorie, Frankfurt a. M. 1971; John Bowlby, Bindung, München 1975; Erik Erikson, Identität und Lebenszyklus, Frankfurt a. M. 1971; Karin Grossmann, Klaus E. Grossmann, Bindungen – das Gefüge psychischer Sicherheit, Stuttgart 2005.
[67] Erik Erikson, Identität und Lebenszyklus, Frankfurt a. M. 1971, S. 57 ff.
[68] M. Ainsworth, M. C. Blehar, E. Waters, S. Wall, Patterns of Attachment. A psychological study of strange situation, New York 1978.

dass die ersten drei Lebensjahre fast ausschließlich der primären Bindung zur Mutter vorbehalten sind.[69] Neuere Untersuchungen relativieren jedoch diese Sichtweise und weisen nach, dass ein Kind unter günstigen Bedingungen in der Lage ist, zu mehreren Personen relevante Bindungen aufzubauen.[70] William James Kontextualismus (1950) geht sogar soweit, Entwicklung nicht notwendig auf Vorerfahrungen aufbauend zu betrachten, sondern dem Kontext der aktuellen Lebensbedingungen zuzuschreiben und ein Kausalverhältnis zwischen Vergangenheit und Gegenwart weitgehend zu negieren.[71] Insgesamt wird aber der Bedeutung der Familie für die Sozialisation des Kindes ein hoher Stellenwert zugeschrieben.

Seit den 80er Jahren des 20. Jahrhunderts wird Familie als dynamisches System verstanden, in dem sich nicht nur Kinder, sondern auch Erwachsene weiterentwickeln.[72] Als besonders kritisch gelten jene Phasen der Familienentwicklung, in der das Ehepaar zum ersten Mal Eltern wird, in den Zeiten der Ablösung des Nachwuchses vom Elternhaus und wenn Erwachsene die Pflege ihrer eigenen Eltern zu übernehmen haben. Diese Krisen werden von der neueren Familiensoziologie als normale Transitionsleistungen betrachtet, die jedoch bei fehlender Konfliktkompetenz scheitern und zu Ehescheidungen führen können.[73] Doch nicht nur der Sozialisationsstil einer Familie insgesamt ist entscheidend für das Aufwachsen, denn sonst würden die Erziehungsmaßnahmen der Eltern auf alle Kinder gleich wirken. Innerhalb des Familiensystems entsteht für jedes einzelne Kind eine individuelle ökologische Nische, die von Faktoren wie Geschwisterfolge, soziale Lage der Familie, Beziehung der El-

---

[69] Vergl. John Bowlby, Frühe Bindung und kindliche Entwicklung, München 2001, S. 11 f.

[70] Lieselotte Ahnert, Bindungsbeziehungen außerhalb der Familie: Tagesbetreuung und Erzieherinnen-Kind-Bindung, in: Lieselotte Ahnert (Hrsg.), Frühe Bindung, Entstehung und Entwicklung, München 2004, S. 263.

[71] Michael Lewis, Entwicklung, Geschichte und andere Probleme des Wandels, in: Wolfgang Tietze (Hrsg.), Früherziehung – Trends, internationale Forschungsergebnisse, Praxisorientierungen, Neuwied, 1996, S. 58 f.

[72] Kurt Kreppner, Sozialisation in der Familie, in: Klaus Hurrelmann, Dieter Ulich, (Hrsg.), Neues Handbuch der Sozialisationsforschung, Weinheim/Basel 1991, S. 322.

[73] Ebd., S. 334.

tern, Einbindung ins soziale Umfeld und weiteren Faktoren abhängig ist.

2.3.3 Familienalltag heute

Doch wie gestaltet sich nun Betreuung des Kindes im Alltag der Familie? Alltag ist weit mehr als ein regelmäßiger Ist-Zustand, er ist

»die fundamentale und vorprädikative Wissensordnung und implizite Hintergrundstruktur schlechthin, die den Versuch von Kindern leitet, das ganz normale Chaos des Kinderalltags in eine gewisse zeitliche, räumliche, sachliche und soziale Ordnung zu bringen«.[74]

Soziologische Untersuchungen darüber, wie sich das Aufwachsen und der Alltag des Kindes in der Familie gestalten, liegen bisher kaum vor. In diesem Bereich steht vor allem die Sozialberichterstattung zu Lebenslagen der Kinder im Vordergrund. In Deutschland wurde seit 1965 in jeder Legislaturperiode ein Kinder- und Jugendbericht erstellt.[75] Bis in die 90er Jahre bezogen sich die meisten Studien auf einzelne sozialstrukturelle Daten wie Medien, Scheidung, fehlende Geschwister, Kinderarmut, Einkommen, Bildung, Wohnen, Gesundheit, Migration, Gewalt und Freizeit. Doch wie Kinder den Alltag in der Familie tatsächlich erleben, blieb eher unterbelichtet.[76] Erst im 10. Kinder- und Jugendbericht (1998) wur-

---

[74] Herbert Schweizer, Soziologie der Kindheit. Verletzlicher Eigensinn, Wiesbaden 2007, S. 443.
[75] Ministerium für Bildung, Wissenschaft, Jugend und Kultur, 1. Kinder- und Jugend-Bericht Rheinland-Pfalz, Mainz 2010, S. 254.
[76] Vergl. Urie Bronfenbrenner, Ökologische Sozialisationsforschung, Stuttgart 1976, S. 23–32; Hans-Günter Rolff, Peter Zimmermann, Kindheit im Wandel. Eine Einführung in die Sozialisation im Kindesalter, Weinheim 1990, S. 122–141; Armin Krenz, Der Situationsorientierte Ansatz im Kindergarten, Freiburg i. B. 1994, S. 17–24; Neill Postman, Das Verschwinden der Kindheit, New York 1982, 137 ff.; Peter Jogschies, Hanna Permien, Gabriele Zink, Straßenkinder. Zur Vielschichtigkeit eines sozialen Phänomens, in DJI-Bulletin, Heft 35/1995, S. 7 ff.; Lothar Krappmann, Misslingende Aushandlungen – Gewalt und andere Rücksichtslosigkeiten unter Kindern im Grundschulalter, in: Zeitschrift für Sozialforschung und Erziehungssoziologie, 1994, Heft 2/1994, S. 102 ff.; Deutsches Jugendinstitut

den die Lebenssituation und die Sinnhorizonte des Kindes berücksichtigt. Im Kinderpanel des Deutschen Jugendinstituts wurden 2005 erstmals auch Kinder nach ihrem subjektiven Wohlbefinden befragt, jedoch zunächst nur im Alter von 8 bis 9 Jahren.[77] Die erste World Vision Kinderstudie »Kinder in Deutschland 2007« erhob mithilfe eines quantitativen Fragebogens bei über 1 500 Kindern Informationen darüber, was es heute bedeutet, »ein Kind zu sein«.[78] Auch hier stehen sozialstrukturelle Daten im Vordergrund, doch wurden immerhin zwölf individuelle Fallstudien qualitativ erhoben. International kann seit 2005 von einer Bewegung des Child Well-being gesprochen werden. Diese Forschungsrichtung versucht, theoretische Konzepte der Kinderrechte und der Kindheit als eigene Lebensphase, sowie ökologische Theorien der Kindheitsentwicklung zu vereinbaren mit Methoden, die eine subjektive Perspektive auf das Kind ermöglichen. Das Kind gilt hier als eigene Analyseeinheit und zusätzlich werden noch amtlich erfasste Daten genutzt.[79] Es existieren noch keine konsistenten Ziele und Methoden dieser Forschungsrichtung und die Richtlinien hinsichtlich der Berücksichtigung der Perspektive von Kindern sind noch nicht eindeutig. Weiterhin ist die Studie des Deutschen Jugendinstituts mit dem Titel »Stark und stabil – Familie als Solidargemeinschaft« zu nennen, in der die solidarische Alltagsgestaltung von Familien be-

---

(Hrsg.), Was tun Kinder nach der Schule? München 1992; Andreas Mielck (Hrsg.), Krankheit und soziale Ungleichheit. Ergebnisse der sozialepidemiologischen Forschung in Deutschland, Opladen 1993; Angelika Engelbert, Alois Herlth, Sozialökologie der Kindheit: Wohnung, Spielplatz und Straße, in: Manfred Markefka, Bernhard Nauck (Hrsg.), Handbuch der Kindheitsforschung, Neuwied 1993, S. 403 ff.; Reinhilde Hockauf-Schneider, Kinder als Armutsursache von Lohnempfängern?, in: Zeitschrift für Bevölkerungswissenschaft, Heft 1/1988, S. 23 ff.; Peter Büchner (Hrsg.), Kindliche Lebenswelten: Bildung und innerfamiliale Beziehungen, München 1994; Angelika Engelbert, Kinderalltag und Familienumwelt. Eine Studie über die Lebenssituation von Vorschulkindern, Frankfurt a. M. 1986
[77] Ministerium für Bildung, Wissenschaft, Jugend und Kultur, 1. Kinder- und Jugend-Bericht Rheinland-Pfalz, Mainz 2010, S. 258.
[78] Ebd., S. 259.
[79] Ministerium für Bildung, Wissenschaft, Jugend und Kultur, 1. Kinder- und Jugend-Bericht Rheinland-Pfalz, Mainz 2010, S. 262.

schrieben wird.[80] Das Forschungsgebiet der Lebenssituationen von Kindern ist ein innovatives Forschungsgebiet, das künftig differenzierte Perspektiven auf den Alltag von Kindern eröffnet, die über eine Sammlung statistischer Daten hinausgehen und auch qualitative Aussagen über Betreuung in der Familie ermöglichen.

Rosemarie Nave-Herz berichtet allgemein von einem kindzentrierten Verhalten im Verhandlungshaushalt der modernen Kleinfamilie.[81] Kinder werden in Verhandlungen einbezogen und ihre Bedürfnisse ernst genommen. Diese partnerschaftliche Einstellung zu den Kindern bestätigen auch Klaus Hurrelmann und Heidrun Bündel. Die Eltern »möchten ein Verhältnis finden, das durch Vertrauen, Ehrlichkeit und Offenheit gekennzeichnet ist. Sie möchten ihr Kind als Individuum behandeln«.[82] Dies hat jedoch auch zur Folge, dass Erziehen anstrengender wird, als noch in der Unterordnungsbeziehung der 60er Jahre, da kommunikative Kompetenzen, Geduld, Kompromissfähigkeit und ein partizipativer Erziehungsstil gefragt sind. Durch erhöhte Erwartungen bezüglich der eigenen Elternkompetenz und überdimensionalen »Selbstentfaltungs-Wertorientierungen« kann es zu negativen Eltern-Kind-Beziehungen kommen, die zu »erhöhter elterlicher Frustration« und »negativer Stimmungslage des Kindes« führen können, Krisen, die jedoch von der Mehrheit der Familien überwunden werden.[83] Diese Ambivalenzen beziehen sich vor allem auf von Schülein so genannte »moderne Eltern«, die zwar nicht als repräsentativ gelten, jedoch aufgrund ihres hohen Bildungsniveaus als Trendsetter wirken.[84]

Zusammenfassend kann konstatiert werden, dass sich die moderne Kleinfamilie im Laufe des 20. Jahrhunderts etabliert und die

---

[80] Susanne John, Stark und stabil – Familie als Solidargemeinschaft, in: Deutsches Jugendinstitut (Hrsg.), Der: DJI-Survey AID:A 2009, Aufwachsen in Deutschland: Alltagswelten, München 6/2010.
[81] Rosemarie Nave-Herz, Familie heute, Darmstadt 2007, S. 70.
[82] Klaus Hurrelmann, Heidrun Bündel, Einführung in die Kindheitsforschung, Weinheim 2003, S. 105.
[83] Rosemarie Nave-Herz, Familie heute, Darmstadt 2007, S. 70ff.
[84] Johann A. Schülein, Die Geburt der Eltern – Über die Entstehung der modernen Elternposition und dem Prozess ihrer Aneignung und Vermittlung; Opladen 1990, S. 133ff.

Aufgabe der Kinderbetreuung von der Sozialform des ganzen Hauses übernommen hat. In der Intimität von personalen dyadischen Beziehungen zwischen Kind und Mutter, bzw. Kind und Vater vollzieht sich die primäre Sozialisation. Das Kind erfährt in der von hoher Emotionalität geprägten Kleingruppe soziale Kontrolle und gemeinsam geteilte Werte und Normen. Familie bildet somit einen »ganzheitlichen« Erfahrungs- und Lernraum, der noch durch Geschwister, Großeltern und Verwandte auf ein Gesamtgefüge erweiterbar ist.[85]

Erst durch weitere Ausdifferenzierung der Lebensformen wurden Betreuungsalternativen durch weitere Personen oder Institutionen nötig. Mit Zunahme der Erwerbstätigkeit der Frauen nimmt seit Beginn der 80er Jahre die Kindzentrierung des Familienlebens relational ab, da weit mehr Zeit und Konzentration in das Berufsleben investiert werden muss und die Bereitschaft zur Generativität abnimmt. Immer mehr Frauen verpassen den Zeitpunkt zum Kinderkriegen oder verzichten generell auf den Lebensentwurf als Mutter. Kinder werden in einem früheren Lebensalter (Tendenz ein bis drei Jahre) in Betreuungseinrichtungen gebracht und verbringen einen größeren Anteil des Tages in Erziehungsinstitutionen. Die gemeinsam verbrachte Zeit von Kindern und Eltern innerhalb der Familie wird knapper und kann nicht mehr alle grundlegenden Erfahrungen primärer Sozialisation vermitteln. Die verkürzte Familienzeit wird umso rationeller geplant und häufig mit sinnvollen und pädagogisch wertvollen Aktivitäten überfrachtet. Erzieherinnen beobachten daher auch immer häufiger Überforderung der Eltern, die froh sind, wenn sie ihr Kind für eine gewisse Zeit des Tages im Kindergarten abgeben können. Auf der anderen Seite berichten die Fachkräfte jedoch über eine zunehmende Ignoranz der Eltern und Tendenzen der Verwahrlosung von Kindern, Zustände, auf die im Verlauf dieser Arbeit noch näher eingegangen wird.

Doppelte Berufstätigkeit, zunehmende Selbstverwirklichung der Eltern oder der Status, allein erziehend zu sein, erfordern somit

---

[85] Kurt Kreppner, Sozialisation in der Familie, in: Klaus Hurrelmann, Dieter Ulich (Hrsg.), Neues Handbuch der Sozialisationsforschung, Weinheim/Basel 1991, S. 325.

verlässliche Alternativen der Kinderbetreuung. Ein Ausbau von Krippenplätzen scheint angesichts der zunehmenden Belastung von Eltern immer notwendiger, wenn sie sich nicht mit einem Leben ohne (weitere) Kinder abfinden oder erhebliche finanzielle Einbußen durch Verzicht auf ein zweites Einkommen in Kauf nehmen sollen. Aus diesem Grund wurde auch das Betreuungsmodell der ehemaligen DDR, das noch in den 90er Jahren als das normativ Unterlegene betrachtet wurde, durch die Hintertür im neuen Jahrtausend wieder eingeführt. Dies hat zur Folge, dass sich Kindheit in Deutschland grundlegend verändert und Sozialisationsbedingungen von Kindern sich seit dem neuen Jahrtausend in einem massiven Wandel befinden, deren Hintergründe, Bedingungen und Konsequenzen unbedingt näher betrachtet werden müssen, da sie sowohl Folgen für die kindliche Entwicklung und das Aufwachsen haben können als auch gesamtgesellschaftliche Auswirkungen nach sich ziehen könnten.

Durch das Grundgesetz ist die Kinderbetreuung noch immer als ureigenste Aufgabe der Familie definiert: »Pflege und Erziehung der Kinder sind das natürliche Recht der Eltern und die zuvörderst ihnen obliegende Pflicht. Über ihre Betätigung wacht die staatliche Gemeinschaft« (GG Art. 6).[86] Ob sich diese Funktion erhalten kann und inwieweit sie durch zunehmende institutionelle Betreuung verändert wird, bleibt abzuwarten.

2.4 Institutionelle Betreuung in Organisationen der öffentlichen Erziehung

2.4.1 Etablierung des Kindergartens in der BRD

Durch gesellschaftliche Strukturwandlungs- und Differenzierungsprozesse, insbesondere die Trennung von Wohn- und Arbeitsstätte und die Auflösung der erweiterten Sozialgruppe des »Ganzen Hau-

---

[86] BRD, Grundgesetz für die Bundesrepublik Deutschland, 48. Auflage, Mainz 2006, S. 11.

ses«, entstand im 19. Jahrhundert die Notwendigkeit institutioneller Kinderbetreuung, sowohl aus bürgerlich-emanzipatorischen, als auch aus sozial-karitativen Motiven.[87] In bürgerlichen Kreisen entstand die Vorstellung einer anspruchsvollen frühkindlichen Beschäftigung in Kindergruppen, welche die Mutter stundenweise von der Erziehungsarbeit entlastet. Die Landbevölkerung siedelte sich zunehmend in den Ballungszentren der Industriegebiete an, um dort ihre Subsistenz zu erwirtschaften. Da Mütter und Väter gleichermaßen zur Berufstätigkeit außer Hause gezwungen waren, entwickelte sich die Betreuung der Kinder zum Problem. Der Kindergarten entstand im ersten Drittel des 19. Jahrhunderts, als der Staat Preußen die Einrichtung von öffentlicher Kindertagesbetreuung forderte (1827), um der Verwahrlosung von Arbeiterkindern vorzubeugen.[88] So richtete man zu Beginn der 30er Jahre des 19. Jahrhunderts die ersten Einrichtungen für Kleinkinder in Deutschland ein, deren Trägerschaft durch Einzelpersonen, aber auch unterschiedliche Wohltätigkeitsvereine sichergestellt wurde. Die Betreuung erfolgte häufig in Wohnräumen nicht pädagogisch ausgebildeter Witwen, die bis zu 50 Kinder verwahrten und beschäftigten in Arrangements, die mit Bezeichnungen wie »Verwahr- und Bewahrschulen, Sitz-, Strick- und Warteschulen, (…) Kleinkinderbewahranstalten, Kleinkinderschulen, (…) und Kindergärten« versehen wurden.[89]

Friedrich Fröbel schuf das erste frühpädagogische Konzept und eröffnete 1840 eine »Anstalt zur Pflege des Beschäftigungstriebes der Kindheit und Jugend« in Blankenburg.[90] Er stellte die Bedeutung des kindlichen Spiels, die Notwendigkeit einer ganzheitlichen Erziehung von Körper, Geist und Seele und die schul- und lebens-

---

[87] Hedi Colberg-Schrader, Dietrich von Derschau, Sozialisationsfeld Kindergarten, in: Klaus Hurrelmann, Dieter Ulich (Hrsg.), Neues Handbuch der Sozialisationsforschung, Weinheim/Basel 1991, S. 335.
[88] Günther Erning, Karl Neumann, Jürgen Reyer (Hrsg.), Geschichte des Kindergartens, Band II, Freiburg i. B. 1987, S. 18.
[89] Günther Erning, Karl Neumann, Jürgen Reyer (Hrsg.), Geschichte des Kindergartens, Band II, Freiburg i. B. 1987, S. 19.
[90] Ebd. S. 22.

vorbereitende Funktion des Kindergartens in den Mittelpunkt.[91] Außerdem forderte er eine pädagogische Ausbildung für Erzieherinnen in Fächern wie Mathematik, Naturwissenschaften, Anthropologie, Psychologie, Gymnastik, Musik und Kunst. Sein Kindergartenkonzept verbreitete sich – trotz vorübergehenden Verbotes – durch engagierte Frauen wie Baronin Bertha von Marenholtz-Bülow, Henriette Schrader-Breymann, Lina Morgenstern, Henriette Goldschmidt und Louise Fröbel, die das Konzept publizierten und weiterentwickelten, bis zur Jahrhundertwende vom 19. zum 20. Jahrhunderts nicht nur in ganz Deutschland, sondern auch international, und es bildet noch heute die Grundlage deutscher Elementarpädagogik. Durch neu gegründete Vereine, wie beispielsweise den »Berliner Frauenverein zur Beförderung Fröbelscher Kindergärten« etablierte sich die Institution Kindergarten allmählich zu Beginn des 20. Jahrhunderts in vielen deutschen Großstädten.

Die Reichsschulkonferenz von 1920 sprach erstmals jedem Kind das Recht auf Erziehung zu, das im Reichsjugendwohlfahrtsgesetz von 1924 verankert wurde. Das Subsidiaritätsprinzip sorgte dafür, dass private Träger den Vorzug vor öffentlichen Trägern in der Kindertagesbetreuung erhielten und eine große Trägervielfalt sichergestellt wurde, die den Zugriff des Staates auf die öffentliche Kleinkindererziehung reduzierte. Im Dezember 1930 wurde dann offiziell die Bezeichnung »Kindergarten« für die öffentliche Kinderbetreuung gewählt und unter dem Paragraphen § 29 RJWG folgende Richtlinien dazu bestimmt:[92]
– geeignete hygienische Räume und Materialien für Kinderbetreuung
– fachlich geschultes Personal
– staatliche Aufsicht in dreijährigem Rhythmus
Doch nicht nur rechtlich, sondern auch inhaltlich und konzeptionell entwickelte sich der Kindergarten weiter, da nach Fröbels Ideen

---

[91] Eugen Pappenheim, Grundriss der Kleinkinder- und Kindergartenpädagogik Friedrich Fröbels, Berlin 1928, S. 43.
[92] Amtsblatt des preußischen Ministeriums für Volkswohlfahrt, 11. Jahrgang, Nr. 24, Preußischer Erlaß über Kindergärten, Berlin 1930, S. 1018.

Generativität und Generationenverhältnis

auch Konzepte von Reformpädagogen wie Ellen Key, Maria Montessori, Janusz Korczak und Rudolf Steiner in einzelnen Elementen mit in die Elementarpädagogik einflossen. Dennoch besuchten im Jahre 1910 lediglich 13 Prozent der drei- bis sechsjährigen Kinder im deutschen Reich einen Kindergarten im Sinne einer institutionellen Tageseinrichtung.[93] Während des dritten Reiches wurde der Kindergarten dann zu einer staatlich kontrollierten Einrichtung, die versuchte, bereits in der frühen Kindheit politischen Einfluss zu nehmen und die Kinder auf die Ideologie des Nationalsozialismus einzuschwören.

»Wie die Erziehung im nationalsozialistischen Deutschland selbst, so ist auch der Kindergarten ein wesentlich politisches Erziehungsmittel geworden, in dem alle Grundsätze nationalsozialistischer Menschenführung ihre Verwirklichung finden«.[94]

Da Frauen zunehmend die Rollen der Männer im Produktionsprozess einnehmen mussten, welche in der Kriegsmaschinerie aufgerieben wurden, wuchs der Bedarf an öffentlicher Kindertagesbetreuung. Dieser Zustand erstreckte sich noch über die ersten Nachkriegsjahre des Wiederaufbaus. Doch diese emanzipative Phase blieb nur ein kurzes Intermezzo, das spätestens mit Beginn der 50er Jahre abgelöst wurde durch das neu erwachte Ideal der modernen Kleinfamilie. Den Kindergarten besuchten dann in der Regel nur Kinder aus sozial benachteiligten Schichten, die es sich nicht leisten konnten, die Mutter ausschließlich für die Ausgestaltung des privaten Lebens freizustellen. Noch 1965 wurden in der BRD lediglich 28 Prozent der Kinder zwischen drei und sechs Jahren in einem Kindergarten betreut.[95]

Diese Situation änderte sich erst mit dem Sputnik-Schock, der 1957 einen Bedeutungswandel der Elementarpädagogik einläutete. Angestachelt durch den Wettbewerb des Ost-West-Konfliktes, nicht nur in der Rüstungsindustrie, sondern auch in gesellschaftli-

---

[93] Jürgen Reyer, Einführung in die Geschichte des Kindergartens und der Grundschule, Bad Heilbrunn 2006, S. 117
[94] Ebd. S. 75.
[95] Vergl. Jürgen Reyer, Einführung in die Geschichte des Kindergartens und der Grundschule, Bad Heilbrunn 2006, S. 195.

chen Teilbereichen wie Sport, Wirtschaft, Bildung und Forschung die überlegene Weltmacht darzustellen, konkurrierten die NATO und der Warschauer Pakt um die Vormachtstellung.[96] Mit dem Sputnikschock wurden Unterschiede in den Bildungssystemen der beiden Blöcke offengelegt. Der Ostblock betrieb systematische Sichtung und Förderung von Talenten in allen kulturellen Bereichen des gesellschaftlichen Lebens durch gezielte Förderprogramme, Kaderschmieden und staatliche Subventionen ab der frühen Kindheit. Im Westen hingegen steckte der Gedanke der Frühförderung bis zu diesem Zeitpunkt noch in den Kinderschuhen. Erst jetzt entwickelte man in den USA fieberhaft Bildungs- und Förderungsprogramme (z. B. Head-Start-Programm), um Kinder, insbesondere aus sozial benachteiligten Schichten, frühzeitig zu fördern und ungenutzte Potenziale zu entdecken. »Die Programme orientierten sich methodisch an der behavioristischen Lernforschung und inhaltlich an Aufgaben, wie sie in Intelligenztests zu lösen waren.«[97]

Diese Welle schwappte rasch auch auf die Bundesrepublik über und seit den 70er Jahren befasste sich der deutsche Bildungsrat mit der Frage der Frühförderung. Nicht nur die potentielle Einschulung ab fünf Jahren wurde diskutiert, sondern auch unterschiedliche pädagogische Ansätze, wie der wissenschaftsorientierte, der funktionsorientierte und der situationsorientierte Ansatz.[98] Kindergarten etablierte sich endgültig als Bildungsinstitution. Dies manifestierte sich 1994 in der novellierten Fassung des KJHG, das die Verpflichtung expliziert »… die Entwicklung des Kindes zu einer eigenverantwortlichen und gemeinschaftsfähigen Persönlichkeit« zu ermöglichen, sowie die »Betreuung, Erziehung und Bildung des Kindes« zu gewährleisten.[99]

---

[96] Vergl. Manfred Vogelsberger, Kindertagesbetreuung. Konzepte und Perspektiven, Paderborn 2002, S. 44.
[97] Vergl. Manfred Vogelsberger, Kindertagesbetreuung. Konzepte und Perspektiven, Paderborn 2002, S. 45 f.
[98] Vergl. ebd., S. 54 ff., und Günther Erning, Karl Neumann, Jürgen Reyer, Geschichte des Kindergartens II, Freiburg i. B. 1987, S. 116 ff.
[99] Beides in: Bundesministerium für Familie und Jugend, § 22 KJHG, Bonn 1994, S. 62.

Doch nicht allein die möglichst frühe Förderung des Kindes stand im Mittelpunkt des Interesses. Infolge der Bildungsexplosion und der zweiten Frauenbewegung in den 70er Jahren absolvierten immer mehr Frauen eine qualifizierte Ausbildung oder ein Studium. Dadurch wuchs der Wunsch, eine adäquate Arbeitsstelle anzunehmen gleichzeitig mit dem Bedarf an Kindertagesbetreuung, denn es galt die Vereinbarung von Beruf und Familie zu ermöglichen. Die Politik erkannte die Bedeutung gut ausgebildeter Frauen für den Arbeitsmarkt und baute die institutionelle Tagesbetreuung für Kinder aus. 1994 wurde gesetzlich der Anspruch auf einen Kindergartenplatz ab drei Jahren garantiert.

Während in der ehemaligen DDR bereits seit den 50er Jahren ein umfassendes öffentliches Betreuungsangebot für Kinder bestand, etablierte sich im Westen Deutschlands der Kindergarten erst seit den 90er Jahren des 20. Jahrhunderts zur selbstverständlichen familienergänzenden Betreuungsform für Kinder von drei bis sechs Jahren. Dabei wurde stets die Bildungssituation der Kinder in den Vordergrund gestellt, obwohl die Interessen von Eltern, Politik und Ökonomie womöglich die gewichtigeren Argumente für den Ausbau der Kindertagesbetreuung darstellten.

2.4.2 Kinderbetreuung in der DDR

In der DDR stand die marxistische Ideologie der gesellschaftlichen Ausrichtung auf Arbeit als höchstes Ziel menschlicher Existenz im Vordergrund. Daher konzentrierte man sich schon früh auf institutionelle Erziehung, um Väter und Mütter für die Berufstätigkeit freizustellen.

> »Hauptziel der Bildung und Erziehung in der DDR insgesamt ist die allseitig entwickelte sozialistische Persönlichkeit, die in der Lage und bereit ist, die sozialistische Gesellschaftsordnung in der DDR aufzubauen und zu verwirklichen sowie die wissenschaftlich-technische Revolution zu meistern«.[100]

---

[100] Hartmut Vogt, Bildung und Erziehung in der DDR, Stuttgart 1969, S. 11.

Institutionelle Betreuung in Organisationen der öffentlichen Erziehung

Diese Forderung geht auf Marx' Kritik der bürgerlichen Familie zurück.[101] Es herrschte die Auffassung vor, dass die mangelhafte oder unvollständige Erziehung der Familie durch öffentliche Erziehung kompensiert werden müsse.[102] Wesentliche Grundlage war die Kollektiverziehung, die drei Grundsätze umfasste.[103] Die erste Prämisse »Wir und immer alle« beschreibt das Ziel, dass immer alle das Gleiche tun, dass individuelle Eigenheiten oder Befindlichkeiten wenig Berücksichtigung finden und Individualerziehung keine Bedeutung hat: »Das Wort Ich kam fast überhaupt nicht vor«.[104] Der zweite Grundsatz der »Gefühlsentwicklung« bezieht sich fast ausschließlich auf die Ausbildung von Mitgefühl und Solidarität für die anderen Gruppenmitglieder. Drittens beschreibt der »Versuch, alle gleich zu machen« eine außerordentlich formale Vorgehensweise der Erzieherinnen, die wenig Eigenständigkeit des kindlichen Spiels ermöglichte. »Man sollte das Spiel lenken, Beschäftigung lenken, große Eigentätigkeit ist in meinen Augen da nicht viel zu sehen gewesen«.[105]

Noch 1950 war die Intention der Einrichtung von Krippen auf Maßnahmen der Hygiene, Kleidung, Ernährung und Aufsicht von benachteiligten Kindern beschränkt.[106] Erst allmählich reduzierten sich Dauerheime und Wochenkrippen zugunsten von Tageskrippen. Mit dem Einzug entwicklungspsychologischer Erkenntnisse wurden schließlich bedürfnisorientierte Konzepte entwickelt. Das zweite Betreuungsmodell (Schmidt-Kolmer 1983/86) forderte die individuelle Vergesellschaftung des Kindes.[107] Die totale Abschot-

---

[101] Vergl. unter anderem Karl Marx, Das kommunistische Manifest, Hamburg 1999, S. 65 ff.
[102] Dieter Sturzbecher, Situation und Perspektiven der vorschulischen Erziehung in Ostdeutschland, in: Peter Büchner, Heinz-Hermann Krüger (Hrsg.), Aufwachsen Hüben und Drüben, Opladen 1991, S. 133.
[103] Dieter Hölterschinken, Hilmar Hoffmann, Gudrun Prüfer, Kindergarten und Kindergärtnerin in der DDR, Berlin 1997, S. 56 ff.
[104] Ebd., S. 56.
[105] Ebd., S. 60.
[106] Karl Zwiener, Geschichte und Zukunft der Krippenerziehung in Ostdeutschland, in: Peter Büchner, Heinz-Hermann Krüger, Aufwachsen Hüben und Drüben, Opladen 1991, S. 107.
[107] Lieselotte Ahnert, Die Betreuungssituation von Kleinkindern im Osten

tung der Eltern von der Einrichtung wurde durch die Vorstellung einer gemeinsamen Erziehungsverantwortung etwas gelockert. Doch unterschiedliche Wert- und Verhaltensvorstellungen wurden kaum reflektiert und feste Zeitabläufe, Rituale und Ordnungsstrukturen standen weiter im Vordergrund. Durch die Überforderung der Erzieherinnen erfolgte eine starke Personalfluktuation. Erst mit der Verabschiedung des dritten Betreuungsmodells (Ministerrat DDR, 1986) sollten flexiblere Tagesabläufe und Binnendifferenzierung der Gruppen möglich sein. Emotionale, individuelle Zuwendung sowie Beobachtung und freies Spiel wurde zunehmend bedeutungsvoller. Der Eigenanteil des Kindes am Lernprozess wurde stärker betont und die Erzieher-Kind-Beziehung ernster genommen.[108]

Als Besonderheit des Erziehungssystems der DDR muss hervorgehoben werden, dass die Kinderbetreuung tagsüber fast flächendeckend in die Hand von staatlichen Institutionen übergeben wurde (86 Prozent kommunale, 11 Prozent betriebliche und 3 Prozent konfessionelle Einrichtungen) und damit die Sozialisation aus der Familie ausgelagert wurde. 1989 besuchten 60 Prozent der unter Dreijährigen (80 Prozent der 2 bis 3-Jährigen) eine Tagesstätte, für Kinder von drei bis sechs Jahren bestand sogar eine Überversorgung von 113 Prozent.[109] Die durchschnittliche Verweildauer in der Einrichtung betrug 8,3 Stunden täglich.[110] Weiterhin war die Ganztagsbetreuung der Kinder in der DDR kostenlos und die Mahlzeiten wurden staatlich subventioniert. Kinderbetreuung wurde als eine selbstverständliche Aufgabe des Staates angesehen.

Nach der Wiedervereinigung erfolgte keine echte Auseinandersetzung um Vor- und Nachteile der unterschiedlichen Betreuungs-

---

Deutschlands vor und nach der Wende, in: Lieselotte Ahnert (Hrsg.), Tagesbetreuung für Kinder unter drei Jahren, Bern 1998, S. 34.
[108] Ebd., S. 36.
[109] Vergl. Dieter Hölterschinken, Hilmar Hoffmann, Gudrun Prüfer, Kindergarten und Kindergärtnerin in der DDR, Berlin 1997, S. 24 und Karl Zwiener, Kinderkrippen in der DDR, München 1994, S. 15.
[110] Karl Zwiener, Geschichte und Zukunft der Krippenerziehung in Ostdeutschland, in: Peter Büchner, Heinz-Hermann Krüger (Hrsg.), Aufwachsen Hüben und Drüben, Opladen 1991, S. 109 ff.

modelle, um womöglich ein innovatives Betreuungssystem für Gesamtdeutschland zu entwickeln, sondern das westliche Leitbild der vorrangigen Betreuung des Kindes in der Familie und die Mutterideologie wurden gegenüber der institutionellen Betreuung eindeutig bevorzugt. Durch erhöhte Emigration und Sinken der Geburtenraten in den neuen Bundesländern erfolgte nach der Wiedervereinigung ein drastischer Abbau der Betreuungssysteme, dennoch war die Krippenversorgung 1998 noch bedarfsgerecht.[111] Die Krippenbetreuung in den neuen Ländern wurde diffamiert, was zu Verunsicherung der Erzieherinnen im Osten führte.[112] So wurden die Fachkräfte zu Fortbildungen verpflichtet und die westlichen Modelle weitestgehend übernommen. Das gesamte Krippensystem in Ostdeutschland musste neu konzipiert werden, ein Vorgang, der schließlich doch zu Impulsen für Gesamtdeutschland führte. Denn durch die zunehmende Doppelorientierung der Frauen an Familie und Beruf geriet gerade die Krippenbetreuung ins Zentrum der Diskussion, die noch vor wenigen Jahren auf das Schärfste kritisiert worden war.

2.4.3 Kindergarten im 21. Jahrhundert

Öffentliche Kinderbetreuung erfuhr nach der Wende in den 90er Jahren auch in den alten Bundesländern eine breite gesellschaftliche Akzeptanz. Aufgrund der Versorgungslücke, die dadurch entsteht, dass Eltern ein Jahr Elterngeld erhalten, aber erst zum dritten Lebensjahr ein garantierter Betreuungsplatz für Kinder angeboten wird, verstärkte sich die Forderung nach mehr Betreuungsplätzen für Kinder unter drei Jahren. Bundesfamilienministerin von der Leyen setzte daher im Jahr 2007 den Plan der Schaffung von 750 000 Krippenplätzen in Gesamtdeutschland bis 2013 (jedes

---

[111] Lieselotte Ahnert, Die Betreuungssituation von Kleinkindern im Osten Deutschlands vor und nach der Wende, in: Lieselotte Ahnert (Hrsg.), Tagesbetreuung für Kinder unter drei Jahren, Bern 1998, S. 37 ff.
[112] Vergl. die Diskussion um den Kriminologen Christian Pfeiffer, der frühe Krippenbetreuung mit Jugendkriminalität in Zusammenhang brachte. Vergl.: Zeit online, Der deutsche Muttermythos, 30. 07. 2009, 11.48h.

dritte Kind) durch.[113] Dies wurde auch durch Landesinitiativen wie »Zukunftschance Kinder – Bildung von Anfang an« in Rheinland Pfalz (2005) vorangetrieben. So hat sich innerhalb von weniger als zwei Jahrzehnten das Leitbild von der familienorientierten und mutterzentrierten Erziehung – vor allem in den ersten drei Lebensjahren – fundamental gewandelt, hin zu einer institutionellen Erziehung von Anfang an.

Heute ist institutionelle Kinderbetreuung im Alter von drei bis sechs Jahren in Gesamtdeutschland ein selbstverständlicher Lebensabschnitt geworden und Kinder, die keinen Kindergarten besuchen, bilden die Ausnahme. Die Bedeutung der Elementarpädagogik für Selbst-, Sozial- und Sachkompetenz wird zunehmend anerkannt:

> »Die pädagogische Bedeutung des Kindergartens besteht darin, spielerische Interaktionen anzustiften und das Potential an sozialen Lernmöglichkeiten in vielfältigen Situationen zu entfalten.«[114]

In der Kindheitsforschung werden keine eindeutigen Empfehlungen zugunsten der familialen oder der institutionellen Betreuungsform ausgesprochen, obwohl für beide Vorzüge und Nachteile entdeckt wurden. Abgesehen davon bleibt die institutionelle Betreuung schließlich immer ein ergänzendes Angebot der Familienerziehung. Neuere Forschungsergebnisse, vor allem die umfangreichen amerikanischen NICHD-Studien, konnten keine Belege dafür liefern, dass eine Betreuung von Kleinkindern durch andere Personen als die Eltern grundsätzlich zu problematischen Mutter-Kind-Beziehungen führt (Karsh 2000; NICHD Early Child Care Research Network 1997).[115] Das Fürsorgeverhalten bleibt auch dann die dominierende Einflussgröße in der Mutter-Kind-Beziehung, wenn das Kind viele Stunden am Tag eine zusätzliche Betreu-

---

[113] Manfred Spieker, Betreuungsbedarf. Ein Krippenplatz für jedes dritte Kind? Frankfurter Allgemeine Zeitung, Frankfurt a. M. 16.04.2007.
[114] Hedi Colberg-Schrader, Dietrich von Derschau, Sozialisationsfeld Kindergarten, in: Klaus Hurrelmann, Dieter Ulich (Hrsg.), Neues Handbuch der Sozialisationsforschung, Weinheim/Basel 1991, S. 344.
[115] Bundesministerium für Familie, Senioren, Frauen und Jugend, 12. Kinder- und Jugendbericht, München 2005, S. 178.

ung erfährt, soweit das Verhalten der Mutter in der verbleibenden Zeit dem Kind gegenüber von emotionaler Zugewandtheit geprägt ist. Bezüglich der tragfähigen Bindung des Kindes zu einer älteren und weiseren Bezugsperson weisen Barnas und Cannings (1994) nach, dass Erzieherinnen im Kontext stabiler Tagesbetreuung sicherheitsgebende Bindungspersonen sein können.[116] Nach Wolfgang Tietze kann es für Kinder aus schwierigen sozialen Verhältnissen eine Chance sein, möglichst früh in eine Kindertageseinrichtung zu kommen, weil sie hier konstruktive Verhaltensmuster erlernen und vielfältigere Anregungen erhalten als Zuhause.[117] Dabei ist ein empathisches, gruppenbezogenes Erzieherverhalten, das wichtige soziale Bedürfnisse des Kindes befriedigt, konstitutiv für die Bindungssicherheit des Kindes.

Neben positiven Auswirkungen auf die kognitive und soziale Entwicklung werden dem Kindergarten weitere förderliche Einflussmöglichkeiten zugeschrieben. Krappmann (1980, 1989) weist in diesem Zusammenhang auf die Bedeutung der Gruppe von Gleichaltrigen hin. Kinder brauchen Freiräume, in denen sie eigene Vorstellungen entwickeln und ohne die Vorleistung von Erwachsenen selbständig Ziele, Normen und Regeln entwickeln können.[118] Die sozialisatorische Bedeutung des Kindergartens liegt also auch in der Begegnung mit anderen Kindern und Erfahrungen, die ohne ständige Kontrolle der Erwachsenen gemacht werden können.

Aus neurobiologischer Sichtweise wird häufig die Notwendigkeit geeigneter Anregungen signalisiert, die eine gute Kinderbetreuung bieten sollte. So werden Metaphern bedient, dass bei mangelnder emotionaler Stimulanz die »Festplatte« im Gehirn nicht ausreichend »programmiert« werde, sodass Nachbesserungen später

---

[116] Lieselotte Ahnert, Bindungsbeziehungen außerhalb der Familie: Tagesbetreuung und Erzieherinnen-Kind-Bindung, in: Lieselotte Ahnert (Hrsg.), Frühe Bindung. Entstehung und Entwicklung, München 2004, S. 263.
[117] Wolfgang Tietze, Krippenerfahrung und Bindungsentwicklung, in: Wolfgang Tietze (Hrsg.), Früherziehung – Trends, internationale Forschungsergebnisse, Praxisorientierungen, Neuwied/Kriftel/ Berlin 1996, S. 111.
[118] Hedi Colberg-Schrader, Dietrich von Derschau, Sozialisationsfeld Kindergarten, in: Klaus Hurrelmann, Dieter Ulich (Hrsg.), Neues Handbuch der Sozialisationsforschung, Weinheim/Basel 1991, S. 343.

limitiert seien.[119] Der Befürchtung mangelnder Anregung setzten jedoch gerade Hirnforscher die Warnung entgegen, Kinder nicht zu früh mit zu vielen Reizen zu stimulieren. Wolf Singer konstatiert:

»Wenig hilfreich dürfte es sein, die Kleinen mit Angeboten zu überschütten. Hier vermischt sich oft Elternehrgeiz mit missverstandenen Botschaften über die Bedeutung kritischer Entwicklungsphasen. Es macht keinen Sinn, Entwicklung forcieren zu wollen«.[120]

Auch der amerikanische Hirnforscher John Bruer warnt davor, Neurobiologie für ehrgeizige Ziele frühkindlicher Pädagogik nutzbar zu machen. Für ihn gibt es – entgegen des Mythos der frühen Jahre – nicht *die* kritische Phase in der Hirnentwicklung. Kritische Phasen reichen weit bis in synaptische Plateauphasen, also bis ins zweite Lebensjahrzehnt hinein. Die ersten drei Jahre sind bedeutungsvoll für soziales, kognitives und emotionales Verhalten, aber sie sind formal keine kritische Phase.[121] Ein Überangebot an Bildungsmaßnahmen ist somit aus Sicht der Hirnforschung nicht notwendig.

Unbestritten kann, bedingt durch die höhere Exposition, das Krankheitsrisiko als ein Manko der Gruppenbetreuung in Institutionen bezeichnet werden, denn Krippenkinder werden zweieinhalb Mal häufiger krank als familiär betreute Kinder.[122] Für infektanfällige Kinder kann die ständige Ansteckungsgefahr daher eine Belastung darstellen. Weiterhin schreiben Kritiker institutioneller Kinderbetreuung dem Kindergarten, insbesondere bei der Aufnahme von Kindern unter drei Jahren, ein gewisses Risiko für die Bin-

---

[119] Katarina Braun, Carina Helmeke, Neurobiologie des Entwicklungsverhaltens, in: Lieselotte Ahnert (Hrsg.), Frühe Bindung. Entstehung und Entwicklung, München 2004, S. 288.
[120] Wolf Singer, Was kann ein Mensch wann lernen?, in: W. E. Fthenakis (Hrsg.), Elementarpädagogik nach PISA, Freiburg i. B. 2003, S. 74.
[121] John Bruer, Der Mythos der frühen Jahre – warum wir lebenslang lernen, Weinheim/Basel 2000, S. 164.
[122] Werner Friedrich, Erkrankungsgefährdung und Infektabwehr im frühen Kindesalter unter Krippenbetreuung, in: Lieselotte Ahnert (Hrsg.), Tagesbetreuung für Kinder unter drei Jahren, Bern 1998, S. 159.

dungssicherheit zu.[123] Kinder benötigen vor allem in der Zeit der Eingewöhnung eine sichere Ausgangsbasis, engen Körperkontakt und eine feste Bezugsperson. Für eine gelungene Eingewöhnung des Kindes ist ein sanfter Übergang von der Mutter-Kind-Dyade zur Erzieher-Kind-Dyade, bzw. später zu einer gelungenen Triade notwendig.[124] Auch wenn eine sensible Eingewöhnung unter optimalen Bedingungen vorgesehen ist, besteht immer noch die Gefahr, dass durch strukturelle Defizite in der Einrichtung, wie beispielsweise überfüllte Gruppen, fehlendes Personal und beengte Räume Erzieherinnen nicht immer angemessen auf die Bedürfnisse der Kinder reagieren können. So räumt Liselotte Ahnert ein, dass durch gewisse Umstände, wie häufig wechselndes Personal, emotional unzugängliche Erzieherinnen und restriktive Erziehungsmaßnahmen die gesunde körperliche, emotionale und geistige Entwicklung der Kinder beeinträchtigt werden können.[125]

Nach Ijzendoorn (1992) kann bei positiver Genese jedoch die Erzieher-Kind-Bindung nicht nur eine zusätzliche Bindung darstellen (Additionshypothese), sondern auch die Kompensation für eine fehlende Bindung bedeuten (Kompensationshypothese).[126] Eine Voraussetzung für entsprechende Bindungsbeziehungen sind jedoch die geeigneten Rahmenbedingungen, wie beispielsweise die Strukturqualität. Wassilos E. Fthenakis weist unmissverständlich darauf hin, dass sich die Gruppengröße und der Personalschlüssel deutlich auf die Entwicklung der Kinder und das Verhalten der Erzieherinnen auswirken.

»Die Kinder sind [bei kleinen Gruppen, B. W.] kooperativer und weniger feindselig; sie zeigen ein besseres Verständnis für soziales Verhal-

---

[123] Karin Grossmann, Klaus E. Grossmann, Bindungstheoretische Überlegungen zur Krippenbetreuung, in: Lieselotte Ahnert (Hrsg.), Tagesbetreuung für Kinder unter drei Jahren, Bern 1998, S. 79.
[124] Vergl. Blaise Pierrehumbert, Entwicklungskonsequenzen aus der Erweiterung der Mutter-Kind-Dyade, in: Lieselotte Ahnert (Hrsg.), Tagesbetreuung für Kinder unter drei Jahren, Bern 1998, S. 103.
[125] Lieselotte Ahnert, Bindungsbeziehungen außerhalb der Familie: Tagesbetreuung und Erzieherinnen-Kind-Bindung, in: Lieselotte Ahnert (Hrsg.), Frühe Bindung. Entstehung und Entwicklung, München 2004, S. 258f.
[126] Ebd., 275.

ten; sie sprechen und spielen mehr mit Peers; sie sind häufiger in Aktivitäten involviert«.[127] Eine höhere Zahl von Betreuungspersonen führt weiterhin zu verbesserten sozialen Interaktionen, sicherer Bindung zur Bezugsperson, Differenziertheit des Spiels und höherer Leistungsfähigkeit. Erzieherinnen verhalten sich bei günstigem Personalschlüssel fürsorglicher, sensibler, weniger restriktiv und stärker responsiv. Auch eine verbesserte Ausbildung der Erzieher/innen wirke sich positiv auf die empathische Begleitung der Kinder aus.

Diese Auffassung wird noch unterstützt von Stellungnahmen der Gewerkschaft Erziehung und Wissenschaft (GEW), die davon ausgeht, dass »die Qualität der Arbeit [...] nicht nur abhängig [ist, B. W.] vom inhaltlichen und methodischen Konzept, sondern auch von Strukturen und Rahmenbedingungen.«[128] Die OECD fordert nach einer internationalen Vergleichsstudie die Notwendigkeit höherer Ausbildungsstandards, Verbesserung der Qualität der pädagogischen Arbeit, verbesserte Arbeitsbedingungen für Erzieherinnen, stärkere Förderung benachteiligter Kinder und Intensivierung von Forschung und Datensammlung.[129]

Doch neben der Strukturqualität spielt auch die Prozessqualität eine erhebliche Rolle. Einen wesentlichen Einfluss auf die Betreuungsqualität und Geborgenheit der Kinder haben nach Holger Wessels das sensitive Erzieherverhalten und die individuelle Einfühlung auf die Bedürfnisse des einzelnen Kindes.[130] Dazu sind

---

[127] Wassilios E. Fthenakis, Pädagogische Qualität in Tageseinrichtungen für Kinder, in: Wassilios E. Fthenakis (Hrsg.), Elementarpädagogik nach PISA, Freiburg i. B. 2003, S. 217 f.
[128] Gewerkschaft Erziehung und Wissenschaft (Hrsg.), Diskussionsentwurf der GEW für einen Rahmenplan frühkindlicher Bildung, Frankfurt a. M. 2002, S. 13.
[129] Organisation für Wirtschaftliche Zusammenarbeit und Entwicklung [OECD] (Hrsg.), Die Politik der frühkindlichen Betreuung, Bildung und Erziehung in der Bundesrepublik Deutschland. Ein Länderbericht der Organisation für wirtschaftliche Zusammenarbeit und Entwicklung, Berlin 2004, S. 66 ff.
[130] Vergl. Holger Wessels, Verhaltensaspekte von Betreuerinnen und Kindern in Tageseinrichtungen für Kinder unter drei Jahren, in: Wolfgang Tietze (Hrsg.), Früherziehung – Trends, internationale Forschungsergebnisse, Praxisorientierungen, Neuwied/ Kriftel/Berlin, 1996, S. 115.

kleine Gruppen, ein guter Personalschlüssel und stressarme Bedingungen nötig. Ronald Lally kritisiert, dass Kindergartenpädagogik vor allem auf die Bedürfnisse von drei- bis fünfjährigen Kindern ausgerichtet ist, für jüngere Kinder aber keine geeigneten Konzepte vorhanden seien. Es bestehe die verbreitete Auffassung, die Betreuung von Kleinkindern sei von »jedermann« leistbar, eine Einstellung, die keine besondere berufliche Eignung erfordere.[131] Hinsichtlich der Altersstufe von drei bis sechs Jahren wird insgesamt jedoch eine positive Auswirkung der Kindertagesbetreuung auf kognitive Leistungen bestätigt, wenn die Betreuungsqualität stimmt, weiterhin haben Kinder in der Gruppenerziehung früh die Möglichkeit, prosoziales Verhalten zu erlernen.[132] Eine Entwicklungsgefährdung oder Schädigung der Eltern-Kind-Beziehung durch institutionelle Betreuung per se kann nicht bestätigt werden.[133] Langzeitstudien (Lamb 1986, Lamb & Sternberg 1990) konnten keine Überlegenheit von mütterlicher, väterlicher oder außerfamiliärer Kinderbetreuung feststellen.[134] Ausschlaggebend ist jeweils die Qualität der entwicklungsbedingten und individuellen Einfühlsamkeit auf die Situation des Kindes.

Zur Sicherung oder Steigerung der Qualität der Kindertagesbetreuung wurden auf Initiative der »Nationalen Qualitätsoffensive« des Bundesfamilienministeriums 1999 unterschiedliche Messinstrumente zur Evaluation von Struktur-, Prozess- und Ergebnisqualität in Kindertageseinrichtungen entwickelt. Die Skalen

---

[131] Ronald Lally, Die Auswirkungen von Regelungen und Praktiken in der Kleinkindbetreuung auf die frühkindliche Identitätsentwicklung, in: Wolfgang Tietze (Hrsg.), Früherziehung – Trends, internationale Forschungsergebnisse, Praxisorientierungen, Neuwied/Kriftel/Berlin 1996, S. 140.
[132] Ivo Raschke, Christine Weber, Frühe Sozialbeziehungen in altershomogenen Kleinkindgruppen, in: Lieselotte Ahnert (Hrsg.), Tagesbetreuung für Kinder unter drei Jahren, Bern 1998, S. 117.
[133] Michael E. Lamb, Holger Wessels, Tagesbetreuung, in: Heidi Keller (Hrsg.), Handbuch der Kleinkindforschung; Bern/Göttingen/Toronto/Seattle 1997 S. 715f.
[134] Michael Lamb, Cathleen J. Sternberg, Tagesbetreuung von Kleinkindern im kulturellen Kontext, in: Lieselotte Ahnert (Hrsg.), Tagesbetreuung für Kinder unter drei Jahren, Bern 1998, S. 25.

(KES-R, KRIPS, TAS, HUGS, Tietze 2005/2007) dienen der Selbst- und Fremdevaluation und wurden zunächst als Reflexionshilfe für Personal und Träger der Einrichtungen eingesetzt, konnten sich aber auf Grund der Fülle von Bildungsinitiativen, Qualitätsimpulsen und massiver struktureller Wandlungsprozesse des Elementarbereichs nicht etablieren.[135]

Die Bedeutung der Betreuungsqualität bestätigt auch die NICHD-Studie, die Sensitivität als dominierende Einflussgröße für die Bindungssicherheit in der Mutter-Kind-Beziehung beschreibt, unabhängig davon, ob sich das Kind ausschließlich zu Hause oder in nicht-mütterlicher Betreuung befindet.[136] Wie eine positive Beschaffenheit der Erzieher-Zöglings-Beziehung, eine ausreichende Intensität der Zuwendung und eine adäquate Güte der Fürsorge auch jenseits von Evaluation, Einschätzskalen und Qualitätsmanagement erreicht werden kann, soll im Verlauf der Arbeit näher betrachtet werden.

2.4.4 Kindergarten als Organisation

Wenn auch aus pädagogischer Sicht die unterschiedlichen Betreuungsformen gleichermaßen Chancen und Risiken bergen, bestehen aus soziologischer Perspektive deutliche strukturelle Unterschiede

---

[135] Das sind die Kindergartenskala KES-R, die Krippenskala KRIPS, die Tagespflegeskala TAS und die Ganztagsbetreuungsskala HUGS; vergl. Wolfgang Tietze, Early Childhood Environment Rating Scale ⟨dt.⟩ Kindergarten-Skala (KES-R), Feststellung und Unterstützung pädagogischer Qualität in Kindergärten, Berlin 2007; Wolfgang Tietze, Infant/Toddler Environment Rating Scale ⟨dt.⟩ Krippen-Skala (KRIPS-R), Revidierte Fassung, Feststellung und Unterstützung pädagogischer Qualität in Krippen, Weinheim 2005; Wolfgang Tietze, School-age care environment rating scale ⟨dt.⟩ Hort- und Ganztagsangebote-Skala (HUGS), Feststellung und Unterstützung pädagogischer Qualität in Horten und außerunterrichtlichen Angeboten, Weinheim 2005; Tietze, Wolfgang: Family Day Care Rating Scale ⟨dt.⟩ Tagespflege-Skala (TAS), Feststellung und Unterstützung pädagogischer Qualität in der Kindertagespflege, Weinheim 2005.
[136] Bundesministerium für Familie, Senioren, Frauen und Jugend, 12. Kinder- und Jugendbericht, München 2005, S. 175.

zwischen der Betreuung in der Familie (bzw. der erweiterten Sozialgruppe) und der Organisation. Diese liegen in der Sozialform der Organisation begründet. Während Familie eine primäre Gruppe bildet, wird die *Organisation* als sekundäre Gruppe definiert, die nach Abraham Büschgens durch vier Merkmale gekennzeichnet ist:[137]

a) spezifische Zweckbestimmung, die durch die Zusammenlegung von Ressourcen erreicht wird
b) eine an den Zwecken orientierte arbeitsteilige Gliederung
c) eine Leitungsinstanz steuert den Einsatz der Ressourcen, lenkt die Kooperation nach innen und vertritt den Zusammenschluss nach außen
d) Es besteht eine formale Verfassung, in der die hierarchische Ordnung, die Rechte und Pflichten der Akteure geregelt sind.

Der Zweck a) des Kindergartens ist die Erziehung, Bildung und Betreuung von Kindern und die Förderung der Entwicklung zu einer eigenverantwortlichen und gemeinschaftsfähigen Persönlichkeit (KJHG, § 22, 1,2).[138] Weiterhin stehen die Unterstützung der Familien und die Vereinbarung von Familie und Beruf durch institutionelle Kinderbetreuung im Vordergrund. Die Arbeitsteilung b) innerhalb des Kindergartens erfolgt über die Ausdifferenzierung von Funktionen. So umfasst das Organigramm eines Kindergartens die Kindergartenleitung, die Gruppenleitung, die Mitarbeiterstelle, die Praktikantenstelle, hauswirtschaftliche Kräfte und bei der Organisation einer gGmbH noch eine Gesamtleitung. Die Leiterin c) leitet auf der Grundlage der pädagogischen Konzeption und mit dem Instrument der Qualitätssicherung den Kindergarten. Eine formale Verfassung d) liegt in Form einer pädagogischen Konzeption und häufig bereits eines Qualitätshandbuchs vor. Ein Kindergarten erfüllt also heute alle Merkmale einer modernen Organisation. Für den Elementarbereich haben sich nachstehende

---

[137] Martin Abraham, Günter Büschges, Einführung in die Organisationssoziologie, Wiesbaden 2009, S. 21 f.
[138] Bundesministerium für Frauen und Jugend, Kinder- und Jugendhilfegesetz (Achtes Buch Sozialgesetzbuch) § 22, Abs. 1 und 2, Bonn 1994 (6. Auflage), S. 62.

Organisationsformen etabliert, die in Rheinland-Pfalz folgenden Bestimmungen unterliegen:[139]

Die Kinderkrippe ist ein familienergänzendes pädagogisches Angebot für Kinder unter drei Jahren, vor allem mit berufstätigen oder allein erziehenden Eltern. Die Gruppen bestehen aus zehn Kindern zwischen null und drei Jahren unter Aufsicht von 1,75 Erzieherinnen.

Der Kindergarten dient der familienergänzenden Betreuung, Erziehung und Bildung von Kindern im Alter von drei bis sechs Jahren. In der Gruppe werden 25 Kinder von 1,75 Erzieherinnen für maximal sieben Stunden täglich betreut. Bei Ganztagsbetreuung (bis zu zehn Stunden) stehen zwei Erzieherinnen 20 Kindern gegenüber.

Der Kinderhort ist eine sozialpädagogische Einrichtung für Kinder von sechs bis zehn (14) Jahren zur Betreuung vor und nach der Schule und in den Ferien. Üblicherweise werden ein warmes Mittagessen, pädagogische Angebote und Hausaufgabenbetreuung angeboten. 20 Kinder werden von 1,5 Erzieherinnen betreut.

Das Haus des Kindes bezeichnet eine Kindertagesbetreuung mit erweiterter Altersmischung (null bis zehn, bzw. 14 Jahre) und familienähnlichem Charakter durch Lernen in verschiedenen Altersstufen. Die Gruppen umfassen 20 Kinder bei zwei Erzieherinnen.

Diese Betreuungsformen bieten unterschiedliche Möglichkeiten der altersheterogenen und koedukativen Betreuung und werden, wie in Kapitel 4 noch gezeigt wird, durch die Integration von unter Dreijährigen in die Kindergartengruppen noch weiter ergänzt.

Erziehung in Organisationen ist insgesamt durch spezifische Merkmale gekennzeichnet. Zum einen besteht eine professionelle Beziehung zwischen Erzieherin und Kind, die durch einen partikularen Charakter gekennzeichnet ist, da die Fachkraft nur im Hinblick auf

---

[139] Freya Pausewang, Ziele suchen – Wege finden, Berlin 1994, S. 17 ff.; Ministerium für Bildung, Frauen und Jugend, Kindertagesstättengesetz für Rheinland-Pfalz, Mainz 1991, S. 1–3.

Institutionelle Betreuung in Organisationen der öffentlichen Erziehung

einen bestimmten Zeitraum und definierte Erziehungsziele für das Kind zuständig ist.[140] Die Vorraussetzung für das pädagogische Verhältnis bildet zunächst eine finanzielle Transferleistung, denn die Erzieherin arbeitet in einem öffentlichen Dienstleistungsverhältnis für ihr Gehalt. Implizit steht erst an zweiter Stelle das pädagogische Interesse am einzelnen Kind.

Durch das Verhältnis von Gruppengröße und Personalschlüssel steht im Vordergrund der Interaktion zwischen Erwachsenen und Kindern eindeutig die Gruppe. Die Fachkraft ist zunächst für das Wohlergehen, die Unversehrtheit, die angemessene Beschäftigung und Förderung der Gesamtgruppe verantwortlich. Erst in zweiter Linie können auf individuelle Bedürfnisse und Vorlieben eingegangen werden. Das soziale Lernen in der Gruppe hat grundsätzlichen einen hohen Stellenwert, daher wird dem Einfluss der Peergruppe eine große Bedeutung beigemessen. Das Spiel unter Gleichaltrigen als Erfahrungsanreiz wird im Elementarbereich als entwicklungspsychologisch angemessene Lernform betrachtet.[141]

Trotz der gesellschaftlichen Anerkennung des Kindergartens als wichtiges Bildungsangebot in der frühen Kindheit muss eingeräumt werden, dass die Relevanz der Betreuung von Kindern in Organisationen vor allem auch in der Notwendigkeit der Vereinbarung von Familie und Beruf begründet liegt. Das Erfordernis einer zuverlässigen Kinderbetreuung außerhalb der Familie führt daher zu einer zunehmenden Auslagerung von Kindheit aus der Erwachsenenwelt in spezielle pädagogische Arrangements.[142]

Institutionelle Kinderbetreuung in der frühen Kindheit ist heute selbstverständlich. Diese Entwicklung hebt die Bedeutung des pädagogischen Elementarbereiches enorm an und erfordert gerade deshalb eine genaue Untersuchung der Sozialisationsbedingungen,

---

[140] Vergl. Hermann Giesecke, Die professionelle »pädagogische Beziehung«, in: Hermann Giesecke, Pädagogik als Beruf, Weinheim/München 2000, S. 112f.
[141] Ministerium für Bildung, Frauen und Jugend Rheinland-Pfalz, Bildungs- und Erziehungsempfehlungen für Kindertagesstätten in Rheinland-Pfalz, Berlin/Düsseldorf/Mannheim 2007, S. 84f.
[142] Hedi Kohlberg-Schrader, Dietrich von Derschau, Sozialisationsfeld Kindergarten, in: Klaus Hurrelmann, Dieter Ulich (Hrsg.), Neues Handbuch der Sozialisationsforschung, Weinheim/Basel 1991, S. 352.

wie sie sich für die Kinder als erlebte Alltagssituationen gestalten. Es wird interessant sein zu betrachten, wie sich Sozialisationsprozesse für Kinder durch die Innovationen in der Kinderbetreuung verändern und ob die neuen Prämissen und Anforderungen angemessene Voraussetzungen für die Personalisation und Individuation der Kinder mit sich bringen.

2.5 Veränderte Anforderungen an Kinderbetreuung

Nachdem nun die unterschiedlichen Betreuungsformen präsentiert wurden, stellt sich die Frage, welche gesellschaftlichen Konsequenzen sich aus dem Wandel der Formen der Kinderbetreuung ergeben. Es macht keinen Sinn, einen der Betreuungsmodi zu idealisieren oder vergangenen Zeiten und ihren Strukturen und Bedingungen nachzutrauern. Zu allen Zeiten und in jeder Kultur bestanden unterschiedliche Ausformungen und Gepräge der Fürsorge für die folgende Generation in Eigen- oder Fremdbetreuung. Neu ist lediglich, dass es sich dabei um Organisationen der Erziehung handelt, statt um informelle Gruppen oder private Personen.

Wie wirkt sich die Lebenswelt einer Organisation Kindergarten nun auf Kinder aus? Eine Besonderheit ist, dass die Beziehung zwischen Pädagoge und Kind zunächst durch einen Finanztransfer geregelt wird. Dabei tritt die Erzieherin dem Kind zeitlich und räumlich partikular gegenüber und begegnet ihm vor allem innerhalb ihrer Rolle.[143] Nach Hermann Giesecke verhindert die pädagogische Professionalität eine Wahrnehmung des Kindes als ganze Person, da stets Lernziele zu erreichen, Kompetenzen zu erwerben und Ressourcen oder Defizite festzustellen, also instrumentelle Ziele zu erreichen sind. Durch Zweckorientierung könne der Lehrende nur als Lernhelfer bezeichnet werden, der keine persönliche Beziehung im engeren Sinne zu den Lernenden aufbauen kann. Eine solche Versachlichung der Lernbeziehung ist für die *sekundäre* Sozialisation ein typisches Merkmal, da eine grundsätzliche Austauschbarkeit

---

[143] Vergl. Hermann Giesecke, Die professionelle »pädagogische Beziehung«, in: Hermann Giesecke, Pädagogik als Beruf, Weinheim/München 2000, S. 112 f.

der Lehrperson vorgesehen ist. Nach einer gelungenen *primären* Sozialisation sind diese formalen Bedingungen *sekundärer* Sozialisation von Kindern meist ohne weiteres zu bewältigen und ermöglichen gerade eine Vielfalt von Rollenbildung und Sozialkontakten.

Demgegenüber sind bei der *primären* Sozialisation nach Berger und Luckmann gerade enge zwischenmenschliche Beziehungen erforderlich, um eine Gefühlsbindung aufzubauen, die den wechselseitigen Internalisierungsprozess ermöglicht und Identität entwickelt.[144] Bisher fand dieser Prozess vorwiegend in personalen Bezügen, vor allem in der Familie statt. Durch eine Kindergartenplatzgarantie ab zwei (2010) oder einem (2013) Jahr(en) in Rheinland-Pfalz, längere Verweilzeiten der Kinder bis zu acht oder zehn Stunden täglich und zunehmende erziehungsersetzende Funktionen des Kindergartens verlagern sich indessen erhebliche Anteile der *primären Sozialisation* in Organisationen der Erziehung. Kinder sind vermehrt darauf angewiesen, elementare Erfahrungen der Sozialisation in sozialen Einrichtungen zu machen, die jedoch unter der Prämisse *sekundärer Sozialisation* eingerichtet wurden. Dies bedeutet, dass pädagogische Organisationen der frühen Kindheit und ihre Fachkräfte sich nicht auf professionelle Distanz zurückziehen können, wenn grundlegende Prozesse der Internalisierung und Externalisierung von den Kindern zu bewältigen sind, die eine wechselseitige Identifizierung in stabilen Beziehungen voraussetzen.

Obwohl der Bildungsbegriff der Bildungs- und Erziehungsempfehlungen für Kindertagesstätten in Rheinland-Pfalz (BEE) von einem sehr autonomen Bild vom Kind ausgeht, werden dem Kind im Krippenalter nicht nur »intensive emotionale und Sicherheit vermittelnde Beziehungen« zugestanden, sondern auch eine angemessene Eingewöhnung.[145] Die Bedeutung von zwischenmenschlichen Prozessen wird somit, zumindest beim Kleinkind, auch in den BEE gewürdigt, aber vor allem in den von den Erzieherinnen

---

[144] Vergl. Peter Berger, Thomas Luckmann, Die gesellschaftliche Konstruktion der Wirklichkeit, Frankfurt a. M. 1980, S. 139 ff.
[145] Ministerium für Bildung, Frauen und Jugend Rheinland-Pfalz, Bildungs- und Erziehungsempfehlungen für Kindertagesstätten in Rheinland-Pfalz, Berlin/Düsseldorf/Mannheim 2007, S. 68 ff.

selbst verfassten Konzeptionen der Kindergärten, die längst ausgereifte Eingewöhnungskonzepte, wie beispielsweise Kuno Bellers »Berliner Modell«, vorgesehen haben.[146] Erzieherinnen sehen die pädagogische Beziehung zum Kind als elementare Voraussetzung für ihre Arbeit an.

Dennoch muss an dieser Stelle aufgrund der Bedeutsamkeit der Tatsache wiederholt werden, dass Kinder aus soziologischer Perspektive in der Kindertageseinrichtung keine individuelle, personale Betreuung im engeren Sinne erfahren können, da die Kindertagesbetreuung faktisch eine Gruppenbetreuung innerhalb von Organisationsstrukturen darstellt. Wenn auch einzelne Interessen oder Wünsche des individuellen Kindes immer wieder Beachtung finden können, so liegt die vorrangige Aufgabe der Erzieherin in der Betreuung der Gruppe, ein Tatbestand, der sich allein schon am Erzieher-Kind-Schlüssel von 1,75:25 ablesen lässt. Die Rahmenbedingungen der Organisation Kindergarten beinhalten also, dass hier vor allem die Gruppensituation im Vordergrund steht und individuelle Betreuung nur partiell stattfinden kann. Als Institution der *sekundären* Sozialisation für Kinder ist genau diese Gruppenerziehung erwünscht, weil gerade der Gedanke der Sozialerziehung eine wesentliche Aufgabe des Kindergartens ist.

Schwierig wird die Situation erst dann, wenn Kindertagesstätten zunehmend *primäre* Sozialisation leisten müssen, sei es, weil immer jüngere Kinder in die Einrichtung kommen, weil der Aufenthalt im Kindergarten acht Stunden übersteigt – dies entspricht dem Arbeitstag eines Erwachsenen – oder wenn Aufgaben der Erziehung und Sozialisation im Elternhaus teilweise nicht mehr geleistet werden können. Die so genannte »Grundwelt« der *primären* Sozialisation ist dann noch nicht vorhanden bzw. stabilisiert und muss familienersetzend in der Einrichtung mühevoll aufgebaut werden.[147] Diese Situation ist eine neue Herausforderung für die Einrichtungen, die in der Tat eine besondere Intensität der Betreuung erfordert.

---

[146] Hans-Joachim Laewen, Beate Andres, Eva Hedervari, Die ersten Tage – Ein Modell zur Eingewöhnung in Krippe und Tagespflege, Neuwied/Berlin 2003.
[147] Vergl. Peter Berger, Thomas Luckmann, Die gesellschaftliche Konstruktion der Wirklichkeit, Frankfurt a.M. 1980, S. 149.

Die Frage ist nun, ob neue Bildungsinitiativen wie die Bildungs- und Erziehungsempfehlungen für Kindertagesstätten in Rheinland-Pfalz, »Zukunftschance Kinder – Bildung von Anfang an« oder die Qualitätssicherung nach der DIN EN ISO 9000:2000 dazu beitragen, die Betreuungssituation der Kinder so zu verbessern, dass diese in der Dialektik von Bindung und Autonomie, von Geborgenheit und Selbständigkeit, von Annahme und Anforderung ihre Identität entwickeln und entfalten können. Es wird notwendig zu betrachten, wie aufgrund der unterschiedlichen Vorgaben für Bildung, Erziehung und Betreuung Qualitätsmerkmale operationalisiert werden und welche Aspekte als relevant erhoben bzw. als marginal abgetan werden.

Ein besonderes Augenmerk soll im Rahmen dieser Arbeit darauf gerichtet sein, ob die mit guter Absicht initiierten bildungspolitischen Maßnahmen an der richtigen Stelle greifen, nämlich beim Kind, und sie in ihrer tatsächlichen, intendierten oder nicht-intendierten Wirkung die Sozialisationsprozesse von Kindern unterstützen oder hemmen. *Primäre Sozialisation* ist ein sensibler Prozess, der in seiner Komplexität leicht aus dem Gleichgewicht geraten kann, wenn zu viele, zu wenige oder zu widersprüchliche Reize und Botschaften der Umwelt auf das Kind wirken. Diesen elementaren Prozessen auf die Spur zu kommen und sowohl förderliche als auch hinderliche Faktoren zu identifizieren, soll Ziel dieser Arbeit sein. Um die Veränderungen im Elementarbereich beurteilen zu können, müssen die unterschiedlichen Bildungsinitiativen zunächst dezidiert beschrieben werden.

3. Umstrukturierung der Elementarpädagogik in Rheinland Pfalz seit 2001

3.1 Zum Begriff der Reform

Seit der Veröffentlichung der PISA-Studie 2001 wurden in Rheinland-Pfalz verschiedene Umgestaltungen im Elementarbereich vorgenommen. Inwieweit dies nun Reformen im pädagogischen Sinne sind oder eher politische Zugriffe auf das Erziehungssystem der Gesellschaft wird im Folgenden erörtert.[1] Die etymologische Bedeutung des Begriffes Reform lässt sich aus dem Lateinischen »reformare«, umgestalten oder verwandeln, ableiten.[2] Es geht also im weitesten Sinne um eine Veränderung bestehender Gegebenheiten, Umstände oder Verhältnisse. Diese Umbildungen können aber in zweierlei Hinsicht vorgenommen werden. Entweder erfolgt eine Rückbesinnung auf einen Ursprungszustand, der als der eigentlich wahre, richtige und angemessene wiederentdeckt wird und ontologisch oder gar metaphysisch begründet wird. Weiterhin können Innovationen erdacht und entwickelt werden, die nicht in der Vergangenheit oder der Metaphysik ihre Letztbegründung erhalten, sondern durch Schlussfolgerungen der Vernunft erstellt werden.

»Reformen im modernen Sinne beschränken sich keineswegs darauf, einen ursprünglichen, vorübergehend in Vergessenheit geratenen Sinn oder Anspruch wieder in sein Recht zu setzen, sondern zielen darauf, Zukunft nach Maßstäben zu gestalten, die den Menschen nicht heils-

---

[1] Vergl. die systemische Sichtweise auf Teilsysteme der ausdifferenzierten Gesellschaft und ihre »Irritationen« bei Niklas Luhmann, beispielsweise: Das Erziehungssystem der Gesellschaft, Frankfurt a. M. 2002, S. 102–141.
[2] Dietrich Benner, Herwart Kemper, Theorie und Geschichte der Reformpädagogik, Band 1, Weinheim/Basel 2003, S. 13.

Zum Begriff der Reform

geschichtlich (…) vorgegeben sind, sondern von ihnen erdacht, gesetzt, erfunden, begründet und gewählt werden.«[3]

Im Falle der Bildungsinitiativen im Kindergarten handelt es sich offenbar um solche der zweiten Kategorie. Dass es sich dabei um Bildungsreformen im klassischen Sinne der Reformpädagogik handelt, muss bezweifelt werden. Benner und Kemper gehen davon aus, dass Reformpädagogik dann in Erscheinung tritt, wenn Pädagogik selbst, ihre Methoden, Inhalte und ihr Verhältnis zu anderen gesellschaftlichen Teilbereichen oder Institutionen sich in einer Krise befinden. Sie entsteht in gesellschaftlichen Sondersituationen, »die mit traditionellen Mitteln nicht mehr bewältigt werden können«.[4] Eine solche Situation erfordert außerordentliche Entwürfe, experimentelle Arrangements, revolutionäre Konzepte, die aus dem Erziehungssystem selbst entwickelt werden und dem gültigen Verständnis von Pädagogik widersprechen. Dies ist jedoch bei den aktuellen Bildungsinitiativen nicht der Fall, sondern es handelt sich hier vielmehr um eine normalpädagogische Aushandlung von Innovationen zwischen politischem System und Erziehungssystem innerhalb sozial akzeptierter Normen und Regeln bezüglich der Bildungspolitik im Elementarbereich. Benner und Kemper sprechen dann von Normalpädagogik, wenn ein Zusammenwirken von Bildungspolitik und Pädagogik erfolgt, das lediglich durch Anpassungsprozesse an veränderte Bedürfnisse und Erfordernisse der Gesellschaft gekennzeichnet ist, nicht aber durch eine radikale Modifizierung des Bildungssystems selbst.[5]

Was hier als Bildungsreform deklariert wird, kann daher lediglich als ein besonderer Bereich staatlicher Reform bezeichnet werden. Denn die Reformen – und das gilt für alle drei der hier zu beschreibenden Initiativen – die Bildungs- und Erziehungsempfehlungen, »Zukunftschance Kinder – Bildung von Anfang an« und

---
[3] Ebd., S. 15.
[4] Ebd., S. 17f.
[5] Dietrich Benner, Herwart Kemper, Theorie und Geschichte der Reformpädagogik, Band 1, Weinheim/Basel 2003, S. 17f.

die Umsetzung eines Rahmenleitbildes durch Qualitätssicherung, sind nicht innerhalb des Erziehungssystems aus pädagogischen, normativen oder pragmatischen Gründen entstanden, um dann durch entsprechende Experimente in gültige pädagogische Handlungsformen umgeformt zu werden. Sie sind aus politischen Motiven entstanden, sind innerhalb des Politiksystems etabliert und dann der pädagogischen Praxis auferlegt worden. Daher darf streng genommen nach der Definition von Benner und Kemper im Folgenden nicht von Reformen gesprochen werden, sondern lediglich von Umstrukturierungen der Bildungspolitik. Zwar bestanden unterschiedliche Aushandlungsprozesse zwischen dem Bildungsministerium und einzelnen Vertretern der Kindertageseinrichtungen, bzw. ihren Trägern, doch diese hatten lediglich Auswirkungen auf der operativen Ebene. Die normative Entscheidung und strategische Planung, wie die Reformen umzusetzen sind, waren bereits verbindlich gefällt. Dies entspricht fachlichen Einschätzungen der Sozialisationsforschung über die Umsetzungsstrategien von Reformen:

> »Entscheidungen über Maßnahmen zur Gestaltung der Lebensverhältnisse von Kindern werden vorwiegend auf der Grundlage politischer Optionen getroffen, die Kindergartenpraxis muss je nach gesellschaftlichen Herausforderungen Lösungen entwickeln, die zumeist erst im nachhinein – wenn überhaupt – von der Wissenschaft auf grundlegende Zusammenhänge hin überprüft werden.«[6]

Wenn in dieser Arbeit Auswirkungen von politisch initiierten Innovationen in der Kindertagesbetreuung auf die Sozialisationsbedingungen von Kindern untersucht werden sollen, müssen zunächst die unterschiedlichen Bildungsinitiativen näher beschrieben werden, um mögliche Veränderungen verstehen und nachvollziehen zu können.

---

[6] Hedi Colberg-Schrader, Dietrich von Derschau, Sozialisationsfeld Kindergarten, in: Klaus Hurrelmann, Dieter Ulich (Hrsg.), Neues Handbuch der Sozialisationsforschung, Weinheim/Basel 1991, S. 336.

3.2 Reformen als Dauerdiskurs in der Elementarpädagogik

Seit dem Sputnikschock 1957 kann von einem Dauerdiskurs um die frühkindliche Bildung gesprochen werden. Dabei ging es vor allem um die Konzepte des situationsorientierten Ansatzes, des funktionsorientierten Ansatzes und des wissenschaftsorientierten Ansatzes, um verbindliche Vorgaben für die Elementarpädagogik zu entwickeln.[7] Da diese Konzepte der Elementarbildung auch bei den aktuellen innovativen Maßnahmen ihre Spuren hinterlassen, soll kurz auf die Grundidee dieser drei Ansätze verwiesen werden.

Der funktionsorientierte Ansatz sollte kompensatorisch Defizite von benachteiligten Kindern ausgleichen und ungenutzte Potenziale ans Tageslicht befördern. Ausgangspunkt des Funktionsansatzes sind die einzelnen Fähigkeiten und Defizite des Kindes.

»Fähigkeiten, die das Kind für sein Leben entwickeln und ausformen muss, um die Probleme seines Alltags und die späteren gesellschaftlichen und beruflichen Anforderungen zu bewältigen, werden in systematischen Schulungsprogrammen gefördert«.[8]

So werden beispielsweise kognitive Kompetenzen wie Zuordnung, Begriffsbildung, Erkennen von Mustern aber auch feinmotorische Fähigkeiten, wie Ausschneiden, Weben und Falten isoliert und überprüfbar geschult. Die Erzieherin entwickelt Wochen- und Rahmenpläne, nach denen die einzelnen Kompetenzen der Kinder systematisch anhand von Richt-, Grob- und Feinzielen gefördert werden. Die Lernziele sind meist überprüfbar, da Ergebnisse und nicht individuelle Lernprozesse im Vordergrund stehen, die für Eltern nachvollziehbar sind.[9] Erzieherinnen planen für die Kinder, die als lern- und weisungsbedürftig angesehen werden.

Der wissenschaftsorientierte Ansatz orientiert sich an wissenschaftlichen Disziplinen wie Germanistik, Mathematik und Naturwissenschaften. Man ging von der Prämisse aus, dass wissenschaft-

---

[7] Vergl. Manfred Vogelsberger, Kindertagesbetreuung, Paderborn 2002, 54 ff., und Günther Erning, Karl Neumann, Jürgen Reyer, Geschichte des Kindergartens, Band II, Freiburg i. B. 1987, S. 116 ff.
[8] Freya Pausewang, Ziele suchen – Wege finden, Berlin 1994, S. 198.
[9] Ebd., S. 198 ff.

liche Inhalte soweit differenzierbar und reduzierbar seien, dass man sie auch auf der Sprachebene von fünf- bis sechsjährigen Kindern vermitteln könne. Der Ansatz konzentrierte sich auf kognitive Förderung intellektueller Fähigkeiten und ging von geschlossenen Curricula aus.[10] Der wissenschaftsorientierte Ansatz war insgesamt eine Vorverlegung schulischer Inhalte und Methoden in den Elementarbereich, um den Übergang vom Kindergarten in die Schule zu erleichtern. Die erhoffte Wirkung solcher kognitiven Förderprogramme konnte in zahlreichen Evaluationsstudien nicht bestätigt werden.[11]

Der situationsorientierte Ansatz wurde anhand der durch den deutschen Bildungsrat 1973 veröffentlichten Empfehlungen »Zur Errichtung eines Modellprogramms für Curriculum-Entwicklung im Elementarbereich« konzipiert.[12] Die vorrangigen Erziehungsziele dieser Curricula waren Kompetenz, Solidarität und Autonomie des Kindes.[13] Dabei sollte die Lebenssituation des Kindes Ausgangspunkt der pädagogischen Arbeit als Verknüpfung von Leben und Lernen im Kindergarten sein. Nicht marginale Anlässe, sondern bedeutsame Schlüsselsituationen der Kinder wurden zum Ausgangspunkt von Projekten. Die Einrichtung sollte sich nach außen öffnen und statt einer pädagogischen Insel ein gemeinwesenorientierter sozialer Treffpunkt werden.[14] Die Planung der Angebote erfolgte mit den Kindern und die Erzieherin nahm eine Haltung der nachgehenden Führung ein.

Seit den 80er Jahren hat sich der situationsorientierte Ansatz allmählich durchgesetzt, obwohl er wegen seiner Komplexität und Flexibilität schwerer vermittelbar ist als Funktionslernen und eine

---

[10] Manfred Vogelsberger, Kindertagesbetreuung, Paderborn 2002, S. 54f.
[11] Hedi Colberg-Schrader, Dietrich von Derschau, Sozialisationsfeld Kindergarten, in: Klaus Hurrelmann, Dieter Ulich (Hrsg.), Neues Handbuch der Sozialisationsforschung, Weinheim/Basel 1991, S. 336.
[12] Günter Erning, Karl Neumann, Jürgen Reyer, Geschichte des Kindergartens, Band II, Freiburg i. B. 1987, S. 117.
[13] Freya Pausewang, Ziele suchen – Wege finden, Berlin 1994, S. 204.
[14] Vergl. Manfred Vogelsberger, Kindertagesbetreuung, Paderborn 2002, S. 55ff.; Günter Erning, Karl Neumann, Jürgen Reyer, Geschichte des Kindergartens, Band II, Freiburg i. B. 1987, S. 118.

intensive pädagogische Reflexion der Fachkräfte erfordert. Das Konzept versucht, aus der Perspektive des Kindes an Lerngegenstände heranzutreten, indem seine individuelle Lebenssituation Berücksichtigung findet, das spielerische Lernen in Projekten wird bevorzugt und formales Lernen dabei weitgehend ausgeklammert. Soziale Bezüge zwischen Erzieher und Kind bzw. unter den Kindern werden sehr ernst genommen und Zeit und Raum für Begegnung eingeräumt.

Bei den beiden zuvor genannten Ansätzen steht durch die Ergebnisorientierung der individuelle Lernprozess im Hintergrund, es zählt der vergleichbare Lernerfolg. Der funktionsorientierte und der wissenschaftsorientierte Ansatz gehen weniger auf Prinzipien des kindlichen Lernens ein, wie Anschauung, Selbstaktivität, Lebensnähe, Individualisierung (Comenius) und berücksichtigen kaum entwicklungspsychologische Erkenntnisse etwa Piagets, der Sinneserfahrung, Bewegung und Handeln als Voraussetzung für kognitives Lernen identifiziert hat.[15] Sie reagieren vielmehr auf gesellschaftliche Anforderungen mit frühem formalem Lernen, ohne zu reflektieren, wie Kinder im Vorschulalter lernen und ob diese Formen des Lernens für Kinder im Alter von null bis sechs Jahren angemessen sind. Doch alle drei Konzepte finden in unterschiedlichen Bereichen der frühen Kindheit und der Sozialpädagogik noch immer Anwendung und es wird interessant sein zu betrachten, wie sich seit der Veröffentlichung der PISA-Studie die Bedeutung der Ansätze verschoben hat. Zunächst sollen jedoch nun die Bildungsinitiativen in Rheinland-Pfalz erörtert werden.

3.3 Die Bildungsinitiativen für Kindertageseinrichtungen in Rheinland-Pfalz

In Rheinland-Pfalz wurden seit der Veröffentlichung der PISA-Studie innerhalb kurzer Zeit verschiedene Bildungsinitiativen vom Bildungsministerium angeregt, die mit hoher Verbindlichkeit in den

---

[15] Vergl. Renate Zimmer, Handbuch der Bewegungserziehung, Freiburg i. B./Basel/Wien S. 38 ff.

Kindergärten eingeführt wurden. Die empirische Studie dieser Arbeit bezieht sich auf die Bildungs- und Erziehungsempfehlungen für Kindertagesstätten in Rheinland-Pfalz (BEE), die im August 2004 in Kraft traten, auf das Programm »Zukunftschance Kinder – Bildung von Anfang an« oder »Fünf-Punkte-Programm« (ZKBA), das seit Januar 2005 Gültigkeit besitzt und auf das Rahmenleitbild für katholische Kindertageseinrichtungen im Bistum Trier (August 2007), welches anhand des Qualitätsmanagementsystems (QM)[16] der DIN EN ISO 9001:2000, bzw. ihre weiterentwickelten Formen, umgesetzt wird. Die beiden ersten Initiativen beziehen sich auf alle Kindertageseinrichtungen und ihre Träger. Das Rahmenleitbild des Bistums Trier wurde exemplarisch ausgewählt, weil zwar alle Kindergärten laut Kindertagesstättengesetz verpflichtet sind, ein System der Qualitätssicherung einzuführen,[17] es aber zu weit führen würde, sämtliche Modelle anzuführen. Da katholische Einrichtungen in Rheinland-Pfalz am stärksten vertreten sind, kann das Modell des Bistums Trier stellvertretend für andere QM-Systeme angeführt werden. Im Folgenden sollen Ziele und Inhalte der einzelnen Bildungsinitiativen dezidiert dargelegt werden, um das Ausmaß von Veränderungen, das im pädagogischen Elementarbereich vonstatten geht, zu verdeutlichen und grundlegende Informationen bereitzustellen, auf die sich der Interviewleitfaden der empirischen Studie und entsprechend die befragten Experten in den Interviews beziehen.

3.3.1 Die Bildungs- und Erziehungsempfehlungen für Kindertagesstätten in Rheinland-Pfalz

In der Präambel der BEE wird verdeutlicht, dass sich im April 2002 Vertreter des Ministeriums für Bildung, Frauen und Jugend, der katholischen Bistümer und evangelischen Landeskirchen, der LIGA

---

[16] Abkürzungen wurden von Verfasserin, Barbara Wolf, aus pragmatischen Gründen eingeführt.
[17] Vergl. Ministerium für Bildung, Wissenschaft, Jugend und Kultur, § 9a, Kindertagesstättengesetz von Rheinland-Pfalz, Mainz 15. März 1991, S. 13.

der Spitzenverbände der freien Wohlfahrtspflege, der kommunalen Spitzenverbände und des Landeselternausschusses geeinigt haben, »dass in Folge der Ergebnisse der PISA-Studie Bildungs- und Erziehungsempfehlungen neu erarbeitet werden«.[18] Die Kultusministerkonferenz habe daraufhin einen »Gemeinsamen Rahmen der Länder für die frühe Bildung in Kindertageseinrichtungen« (2004) vorgelegt.[19] Dieser Rahmen wurde dann von den einzelnen Ländern in Bildungs- oder Orientierungsplänen interpretiert und ausgelegt, wobei graduelle Unterschiede in der Auffassung von frühkindlicher Bildung zu beobachten sind.[20] In den BEE von Rheinland-Pfalz wird die Notwendigkeit eines curricularen Rahmens damit begründet, dass es neue »Herausforderungen an die Förderung von Kindern« gebe.[21] Implizit wird ein Zusammenhang zwischen einem guten Abschneiden bei der PISA-Studie und der jeweils nationalen Bedeutung von Elementarerziehung hergestellt.[22]

Die BEE sind in dreizehn Kapitel unterteilt, die wesentliche Aspekte der Elementarpädagogik erörtern. Ihre Funktion wird einleitend mit der Notwendigkeit der »Transparenz und Verbindlichkeit« für Bildungsprozesse, aber auch als »Grundlage für die träger- und einrichtungsspezifische Ausgestaltung der jeweiligen pädagogischen Konzeption« beschrieben, die maßgeblich ist für alle Kinder-

---

[18] Ministerium für Bildung, Frauen und Jugend Rheinland-Pfalz, Bildungs- und Erziehungsempfehlungen für Kindertagesstätten in Rheinland-Pfalz, Berlin/Düsseldorf/Mannheim 2007, S. 9.
[19] Ebd., S. 18.
[20] Beispielhaft sei hier der Orientierungsplan von Baden-Württemberg genannt, in dem ganzheitliche Bildungsbereiche im Vordergrund stehen, sowie eine Balance zwischen solipsistischer Aneignung von Wissen und sozialer Erziehung angestrebt wird: Ministerium für Kultus, Jugend und Sport Baden-Württemberg, Orientierungsplan für Bildung und Erziehung in baden-württembergischen Kindergärten und weiteren Kindertageseinrichtungen, Stuttgart 2009, S. 45–51.
[21] Ministerium für Bildung, Frauen und Jugend Rheinland-Pfalz, Bildungs- und Erziehungsempfehlungen für Kindertagesstätten in Rheinland-Pfalz, Berlin/Düsseldorf/Mannheim 2007, S. 18.
[22] Max-Planck-Institut für Bildungsforschung, PISA 2000, Zusammenfassung zentraler Befunde, Berlin 2001, S. 42.

gärten.[23] Diesen Formulierungen liegt die Vorstellung zugrunde, dass sich Bildungsprozesse evaluieren und Bildungserfolge rückverfolgen und eindeutig identifizieren lassen. Dies bedeutet, dass durch verbindliche Vorgaben von Lernzielen eine Kontrolle von Lernergebnissen ermöglicht werden soll. Es geht also um Nachvollziehbarkeit, Dokumentation und Kontrolle von Bildungserfolg.

Im ersten Kapitel zum Bildungs- und Erziehungsverständnis wird der Kindergarten als anregungsreicher Lernort vorgestellt, an dem Kinder durch Eigenaktivität zahlreiche nützliche Bildungserfahrungen sammeln können. Das Bild vom Kind ist geprägt von der Vorstellung einer Person von Anfang an, mit eigenen Ressourcen, Defiziten und individuellen Ausprägungen. Es wird nicht etwa als tabula rasa beschrieben, die durch den größeren und weiseren Erwachsenen erst mit Inhalten angefüllt werden muss, sondern im interaktionistischen Sinne als ein aktiv sich mit seiner Umwelt auseinandersetzendes Wesen, welches von sich aus Sinn und Bedeutung in den Phänomenen der es jeweils umgebenden Umwelt sucht.

»Darum sind Kinder als Subjekt von Bildung und Erziehung zu denken, die sich durch ihre natürliche Ausstattung und im Rahmen kultureller Gegebenheiten ihre Welt durch Eigenaktivität nach und nach aneignen.«[24]

Das Kind hat somit eine stets aktive Rolle im Bildungs- und Erziehungsprozess und bestimmt dessen Tempo, Inhalt und Umfang selbst. Es trifft wesentliche Entscheidungen darüber, was es wann und wie lernen möchte und bringt die entsprechende intrinsische Motivation und Eigenaktivität jederzeit von selbst mit. Zusammengefasst wird der Absatz zum Menschenbild durch den Satz:

---

[23] Ministerium für Bildung, Frauen und Jugend Rheinland-Pfalz, Bildungs- und Erziehungsempfehlungen für Kindertagesstätten in Rheinland-Pfalz, Berlin/Düsseldorf/Mannheim 2007, S. 21.
[24] Ministerium für Bildung, Frauen und Jugend Rheinland-Pfalz, Bildungs- und Erziehungsempfehlungen für Kindertagesstätten in Rheinland-Pfalz, Berlin/Düsseldorf/Mannheim 2007, S. 23.

Die Bildungsinitiativen für Kindertageseinrichtungen in Rheinland-Pfalz

»Ausgangspunkt ist das Bild vom Kind als aktiv Lernendem, das in seiner Auseinandersetzung mit der Umwelt Sinn und Bedeutung sucht.«[25]

Dieses Bild vom Kind zeigt sowohl Züge konstruktivistischer Pädagogik[26], aber es ist vor allem geprägt durch Prämissen der neuen Kindheitsforschung, die das Kind als »Konstrukteur der eigenen Persönlichkeit«[27] betrachten und die »Eigenaktivität des Subjektes« in den Mittelpunkt stellen.[28] Erzieherinnen dienen dabei als unterstützender, herausfordernder und ermutigender Rahmen, um Wahrnehmung zu sensibilisieren, Spielräume zu eröffnen und Werte zu vermitteln. Die Beziehungen der Erzieherinnen zum Kind erschöpfen sich in einer Funktion des Rückhalts bei der Erforschung der Welt.[29] Fachkräfte erhöhen die Sensibilität der Wahrnehmung und ermutigen die Kinder bei ihren Entdeckungen. Die Rolle des Erwachsenen als Überlieferer von Kulturgütern, als Vorbild oder als Orientierungspunkt für Normen und Werte wird jedoch wenig reflektiert, ebenso wie die Relevanz des Generationenverhältnisses.[30]

Die pädagogische Arbeit soll sich »am einzelnen Kind und seinem spezifischen Entwicklungsstand« orientieren, Gruppenerziehung findet zunächst kaum Erwähnung.[31] Der Lernbegriff wird

---

[25] Ebd., S. 23.
[26] Holger Lindemann, Konstruktivismus und Pädagogik, München 2006, S. 34.
[27] Klaus Hurrelmann, Heidrun Bründel, Einführung in die Kindheitsforschung, Weinheim/Basel/Berlin 2003, S. 44.
[28] Lilian Fried, Barbara Dippelhofer-Stiem, Michael Sebastian Honig, Ludwig Liegle, Pädagogik der frühen Kindheit, Weinheim/Basel/Berlin 2003, S. 17.
[29] Ministerium für Bildung, Frauen und Jugend Rheinland-Pfalz, Bildungs- und Erziehungsempfehlungen für Kindertagesstätten in Rheinland-Pfalz, Berlin/Düsseldorf/Mannheim 2007, S. 25.
[30] Vergl. Kurt Lüscher, Ludwig Liegle, Generationenbeziehungen in Familie und Gesellschaft, Konstanz 2003, S. 42; Karl Mannheim, Wissenssoziologie, Neuwied/Berlin, 1970, S. 517; Jutta Ecarius, Generationenbeziehungen und Generationenverhältnisse. Analyse zur Entwicklung des Generationenbegriffs, in: Jutta Ecarius (Hrsg.), Was will die jüngere Generation mit der älteren? Generationenbeziehungen in der Erziehungswissenschaft, Opladen 1998, S. 45; Vergl. Friedrich Tenbruck, Jugend und Gesellschaft, Freiburg i. B. 1962, S. 113.
[31] Ministerium für Bildung, Frauen und Jugend Rheinland-Pfalz, Bildungs- und Erziehungsempfehlungen für Kindertagesstätten in Rheinland-Pfalz, Berlin/Düsseldorf/Mannheim 2007, S. 26.

als Kausalzusammenhang dargestellt, der besagt, dass Kinder, je früher sie komplexer Welt-Erfahrung ausgesetzt sind, umso schneller lernen, mit der erhöhten Komplexität umzugehen, die ihnen die Wissensgesellschaft abverlangt.[32] Die Kindertagesstätte wird als Chance für die frühkindliche Entwicklung beschrieben, die nicht nur Kompetenzen für künftige Lebenssituationen stärkt und auf die Schule vorbereitet, sondern gleichzeitig Interesse am lebenslangen Lernen weckt. Die BEE gehen insgesamt von einem konstruktivistischen Bildungsbegriff aus, der sich auf die »Selbstbildungspotenziale« des Kindes stützt und die Bedeutung des pädagogischen Verhältnisses zur Erzieherin und der sozialen Bezüge auf einen äußeren Rahmen reduziert, der zur Ausbildung von Kompetenzen bereitgestellt wird.[33]

Im zweiten Kapitel werden die Querschnittsthemen vorgestellt, die sich als roter Faden durch die gesamte Bildungs- und Erziehungsarbeit ziehen sollen. Zunächst erfolgt eine Beschreibung des Begriffes Resilienz, der eine Widerstandsfähigkeit des Kindes gegenüber äußeren Belastungen beschreibt. Er umfasst Basiskompetenzen wie »positives Selbstkonzept«, »Selbstwirksamkeit«, »Fähigkeit, Konflikte gewaltlos zu bewältigen«, »Anpassungsfähigkeit«, »Regelbewusstsein« und »Kreativität und Explorationslust«.[34] Diese Kompetenzen sollen dadurch beim Kind entwickelt werden, dass Fachkräfte in der Einrichtung die Bildungs- und Erziehungsbereiche an das Kind herantragen und ihm eine Auseinandersetzung damit ermöglichen. Zur Stärkung der Resilienz wird eine Zurückhaltung der Erwachsenen gegenüber den Kindern empfohlen, die nur im Notfall nach Hilfe fragen sollen.

Ein weiteres Querschnittsthema ist die lernmethodische Kompetenz. Kinder sind anzuhalten, etwa ab dem Alter von vier Jahren die eigenen Lernprozesse zu reflektieren und zu erkennen, wie sie selbst am besten lernen. Kinder sollen das Lernen als eigenständige Kompetenz identifizieren, die über reines Handeln hinausgeht. Durch diese Reflexion auf einer Meta-Ebene soll die Fähigkeit

---

[32] Ebd., S. 26.
[33] Ebd., S. 24.
[34] Ebd., S. 30.

und die Effektivität des Lernens erhöht werden. Dabei besteht das Lernziel für die Kinder darin, zu erfassen, dass Lernen der Erwerb von Wissen bedeutet und »dass sie selbst für ihre Lernerfolge verantwortlich sind«.[35] Dies erfordert eine frühe Reflexion des Kindes darüber, wie es welche Inhalte durch welche Methode lernt und überschreitet die Ebene rein spielerischen Lernens.

Als Drittes kommt noch die geschlechtssensible Gestaltung von pädagogischen Prozessen der Kinder zur Sprache, um Benachteiligungen aufgrund des Geschlechts zu reduzieren und damit die Bedeutung der Genderperspektive in der Elementarpädagogik herauszustellen. Insbesondere sollen Geschlechterstereotype aufgebrochen werden, um Erfahrungen zu ermöglichen, die über die üblichen Geschlechterrollen hinausgehen. Dabei sollen auch die Fachkräfte als Vorbild dienen, wenngleich die männliche Geschlechterrolle im Kindergarten unterrepräsentiert ist.

Einen breiten Raum nehmen die Bildungs- und Erziehungsbereiche im dritten Kapitel ein. Einleitend wird konstatiert, dass die 14 aufgezählten Bildungsbereiche nicht als Fächerkanon zu verstehen seien, sondern als Bildungsbereiche, die sich gegenseitig durchdringen. Im Folgenden werden die Bereiche Wahrnehmung, Sprache, Bewegung, künstlerischer und gestalterischer Ausdruck, musikalischer Bereich, Theater, religiöse Bildung, Gestaltung von Gemeinschaft, interkulturelles Lernen, Mathematik-Naturwissenschaft-Technik, Medien, Naturerfahrung, und Körper-Gesundheit-Sexualität in ihrer Bedeutung für das frühkindliche Lernen angeführt.[36] Dabei werden Methoden und Handlungsweisen, wie diese Bildungsbereiche im Kindergartenalltag verwirklicht werden können, in Form von Spiegelstrichen aufgeführt. Diese rezeptartige Aufzählung von Handlungsformen mündet dann in einer Erörterung der pädagogisch relevanten und erwünschten Erziehungsziele, die dem jeweiligen Bildungsbereich zugrunde liegen.

Das vierte Kapitel ist den Altersgruppen der unter Dreijährigen

---

[35] Ministerium für Bildung, Frauen und Jugend Rheinland-Pfalz, Bildungs- und Erziehungsempfehlungen für Kindertagesstätten in Rheinland-Pfalz, Berlin/Düsseldorf/Mannheim 2007, S. 33.
[36] Vergl. ebd. S. 37–65.

und der Schulkinder gewidmet. Dahinter steckt die Idee einer großen Altersmischung, die sowohl Kinder im Krippenalter als auch im Hortalter in die Kindergartengruppe integriert. Durch diese Altersheterogenität sollen familienähnliche Bedingungen geschaffen werden, in denen jüngere und ältere Kinder voneinander lernen können. Hier werden jeweils die unterschiedlichen Entwicklungsaufgaben und Lebenssituationen der entsprechenden Altersstufen vorgestellt. Bei Kindern im Krippenalter wird besonders auf die Bedeutung der sensiblen Eingewöhnung und einer emotionalen Resonanz hingewiesen und weiter auf die Notwendigkeit, Sprache, Sinneserfahrung und Bewegung anzuregen.[37] Für Schulkinder im Hortbereich wird das Bedürfnis der erhöhten Selbständigkeit bei der Gestaltung ihrer Zeit und ihrer Räume betont. Neben der Begleitung bei schulischen Aufgaben steht vor allem die Unterstützung bei der Entwicklung eigener Interessen und Freundschaften der Kinder im Vordergrund. Die Gewährung von Freiraum erhält jedoch ein ebenso großes Gewicht wie die Setzung notwendiger Grenzen.[38]

Unter dem Titel »Teilhabe an Bildungsprozessen« verbergen sich im fünften Kapitel nicht etwa Methoden der Partizipation, sondern ein kurzer Abriss bezüglich der Chancengleichheit von Kindern mit gesellschaftlichen Beeinträchtigungen wie Behinderung, Migrationshintergrund oder Armut.[39] Dabei wird der Teilhabe an Bildungsangeboten ein herausragender Stellenwert zum Erreichen von Lebenschancen zugesprochen. Daher habe gerade die Kindertagesstätte »in besonderer Weise die Chance, sich abzeichnende Benachteiligungen frühzeitig zu erkennen, diesen entgegenzuwirken oder sie zu verhindern«.[40] Teilhabechancen an Bildungsangeboten sollen durch gezielte Förderung und Aufbau von Selbstbewusstsein verbessert werden, um Nachteile der sozialen Herkunft zu kompensieren.

---

[37] Vergl. Ministerium für Bildung, Frauen und Jugend Rheinland-Pfalz, Bildungs- und Erziehungsempfehlungen für Kindertagesstätten in Rheinland-Pfalz, Berlin/Düsseldorf/Mannheim 2007, S. 67–74.
[38] Ebd., S. 72.
[39] Ebd., S. 76.
[40] Ebd., S. 75.

Das sechste Kapitel behandelt methodische Aspekte, wie Raumgestaltung, Spielflächen im Freien, Lernmöglichkeiten in altersgemischten Gruppen, das spielerische Lernen, Partizipation an Entscheidungen, situationsorientiertes Lernen und Lernen in Projekten. Hier erfolgt ein deutliches Bekenntnis zum situationsorientierten Ansatz, der vor allem ein ganzheitliches Lernen in Sinnzusammenhängen vorsieht. Wesentlich ist das Erkennen von Schlüsselsituationen, die für Kinder eine besondere gegenwärtige oder zukünftige Bedeutung haben und sich aus ihrem Lebenszusammenhang, ihren aktuellen Interessen und Befindlichkeiten ergeben. Dennoch findet sich in den BEE die Forderung, dass bei den einzelnen Projekten »alle für die Kinder wichtigen Förderbereiche« zur Geltung kommen.[41] Anhand von Spiegelstrichen werden detaillierte Anregungen gegeben, wie Raumgestaltung durchgeführt und Außengelände gestaltet werden können. Dem Spiel als geeignete Lernform für Null- bis Sechsjährige wird oberste Priorität eingeräumt, wobei Leben und Lernen in altersgemischten Gruppen den Umgang mit Heterogenität anregen und erleichtern soll. Die Partizipation von Kindern an möglichst vielen Entscheidungen des Alltags soll Kinder früh an demokratisches und verantwortliches Handeln heranführen. Innerhalb regelmäßiger Kinderkonferenzen dürfen Kinder Projekte planen, Regeln aufstellen und über Art und Dauer einzelner Aktivitäten entscheiden. Das Lernen in Projekten ermöglicht Kindern, sich über einen längeren Zeitraum mit einem Thema ihrer Wahl zu beschäftigen und den Horizont der Kindertagesstätte durch Zusammenarbeit mit Experten zu überschreiten.

Über die Notwendigkeit der Beobachtung und Dokumentation von Bildungs- und Lernprozessen des Kindes geben Kapitel sieben und acht Auskunft. Strukturierte und unstrukturierte Beobachtung werden dabei als Verfahren angegeben, die zur bewussten Wahrnehmung der Kinder und ihrer Lernprozesse beitragen und pädagogisches Handeln anleiten sollen. Das heißt, Erzieherinnen beobachten, welche Interessen Kinder verfolgen, wie sie diese zum Ausdruck bringen, mit welcher Beharrlichkeit sie daran arbeiten

---

[41] Ebd., S. 87.

und wie sie in Interaktion mit anderen Kindern treten. Aus diesen Beobachtungen sollen dann Impulse für pädagogisches Handeln entwickelt und die Aktivitäten der Kinder unterstützt werden. Es werden regelmäßige Beobachtungen von 10 bis 30 Minuten empfohlen, »doch bei allem sollte das Tun der Kinder nicht vorschnell bewertet werden«.[42] Eine Stigmatisierung der Kinder durch Beobachtung habe zu unterbleiben, der Einsatz von bestimmten Beobachtungs- und Dokumentationsvorlagen wird jedoch empfohlen. Einzelne Beobachtungen sollen möglichst unmittelbar zu Papier gebracht werden als Arbeitsgrundlage für pädagogische Angebote und Fallbesprechungen mit Kolleginnen.

Die Dokumentation dient zunächst als Instrument der Qualitätssicherung für die Einrichtung, um Bildungs- und Lernerfolge nachvollziehbar zu machen. Weiterhin geht es um eine ressourcenorientierte Einschätzung des Kindes in seiner »intra-individuelle(n) Entwicklung«.[43] Der professionelle Blick auf die Hypothesen und Handlungsweisen der Kinder soll geschärft werden, um einen systematischeren Blick auf die Lernschritte des Kindes zu erhalten. Eltern seien in den Prozess einzubeziehen, doch laut §62 und §63 SGB VIII kann auch ohne Einwilligung der Eltern dokumentiert werden. In beiden Kapiteln wird auf Fachliteratur als Umsetzungshilfe hingewiesen. Deutlich wird die Notwendigkeit eines angemessenen und professionellen Umgangs mit dem Instrumentarium von Beobachtung und Dokumentation hervorgehoben, ein Tatbestand, der die Gefahr von Anwendungsfehlern bei der Verwendung von Dokumenten der Beobachtung andeutet.

In Abschnitt neun werden die Anforderungen an pädagogische Fachkräfte beschrieben, wobei klar zu erkennen ist, dass nicht allein der Umgang mit Kindern, sondern auch die Kooperation mit Eltern, Kollegen, anderen Institutionen und der Öffentlichkeit im Vordergrund steht. Anhand von Spiegelstrichen werden besondere Kompetenzen der Erzieherin aufgelistet, wie beispielsweise Fach-

---

[42] Ministerium für Bildung, Frauen und Jugend Rheinland-Pfalz, Bildungs- und Erziehungsempfehlungen für Kindertagesstätten in Rheinland-Pfalz, Berlin/Düsseldorf/Mannheim 2007, S. 92.
[43] Ebd., S. 97.

wissen, Kontaktfähigkeit zu Kindern, Verantwortlichkeit, Konfliktfähigkeit und Selbstreflexion. Die besonderen Aufgaben der Leitung liegen in der Unterstützung des Teams und der Personalentwicklung sowie in der Herstellung eines bildungsorientierten Klimas für alle Beteiligten in der Einrichtung. Für die Zusammenarbeit des Arbeitsteams werden unterschiedliche Elemente der Kooperation, Kommunikation und Koordination benannt. Umfangreiche Gespräche über Konzeption, Organisation, Reflexion der pädagogischen Arbeit bilden einen Schwerpunkt der Zusammenarbeit des Kindergartenteams. Hinzu kommen Aspekte des Qualitätsmanagements, die durch Verteilung von Aufgaben, Festlegung von Abläufen und Evaluation von Ergebnissen gekennzeichnet sind.[44] Die regelmäßigen Dienstgespräche dienen nicht nur der gegenseitigen Information der Erzieherinnen, sondern sie beziehen auch Eltern, Lehrer und andere für die pädagogische Arbeit relevante Personen ein.

Der umfassenden Zusammenarbeit mit den Eltern ist das zehnte Kapitel gewidmet. Die partnerschaftliche Kooperation zwischen den Institutionen Familie und Kindergarten zum Wohle der kindlichen Entwicklung erhält einen besonderen Stellenwert in den BEE.

»Die Erziehungs- und Bildungspartnerschaft zwischen den Eltern und der Kindertagesstätte ist die Grundlage für eine auf Dauer angelegte, partnerschaftliche Bildungs- und Erziehungsarbeit mit dem Kind«.[45]

Als Grundlage dieser engen Kooperation wird Vertrauen genannt, regelmäßige Information der Eltern über alle wesentlichen Aspekte der Kindergartenarbeit und die Einbindung der Eltern in die pädagogische Arbeit. Regelmäßige Elterngespräche, die sich nicht nur auf die Situation des Kindes, sondern auch auf die Konzeption der Einrichtung beziehen, werden als grundlegendes Instrument gelungener Kommunikation empfohlen. Hinzu kommt eine »Unterstützung in Erziehungsfragen«, die eine Erziehungsberatung bei Tür-

---

[44] Ministerium für Bildung, Frauen und Jugend Rheinland-Pfalz, Bildungs- und Erziehungsempfehlungen für Kindertagesstätten in Rheinland-Pfalz, Berlin/Düsseldorf/Mannheim 2007, S. 103.
[45] Ebd., S. 109.

und Angelgesprächen bis hin zu Veranstaltungen von Elternschulungen beinhaltet.[46]

Als Zukunftsperspektive für den Elementarbereich wird in Kapitel elf die Kindertagesstätte als vernetztes Nachbarschaftszentrum vorgestellt. Die Einrichtung soll nicht nur mit anderen Kindergärten, der Grundschule und örtlichen Bildungs- und Kultureinrichtungen zusammenarbeiten, sondern auch als sozialer Treffpunkt fungieren, soziale Dienste unter ihrem Dach beherbergen und an regionaler Gremienarbeit der Jugendhilfe mitwirken. So wird eine enge Kooperation mit Kinderärzten, Therapeuten, Jugendamt, schulpsychologischem Dienst, Erziehungsberatungsstellen und anderen sozialen Diensten angestrebt.[47] Der Kindergarten soll der Isolation von benachteiligten Familien vorbeugen und das Interesse für ein Engagement im Gemeinwesen fördern. Somit werden der Kindertagesstätte gesellschaftliche Aufgaben zugeordnet, die weit über die Funktion der Kinderbetreuung hinausgehen.

Der Abschnitt zwölf liefert die Ankündigung einer besonderen Relevanz der Zusammenarbeit zwischen dem Kindergarten und der Grundschule. Kinder sollen beim Übergang vom Elternhaus über den Kindergarten bis zur Schule mehr Kontinuität in ihrer Bildungsbiographie erleben. Transitionsprozesse sind im Sinne des Kindes zur Erleichterung von Neuanfängen zu gestalten und werden durch regelmäßige Kooperation des Kindergartens mit der Grundschule ermöglicht. Dabei spielt die Vorbereitung auf die Lernformen der Schule, wie Sprache, rhythmisierter Tagesablauf und Konzentration eine große Rolle. Auch diese Zusammenarbeit wird anhand von praktischen Ratschlägen hinsichtlich gegenseitiger Hospitationen, konzeptionellen Gesprächen und gemeinsamen Ritualen durch aufklärende Spiegelstriche dezidiert beschrieben. Dabei findet auch der Aspekt der Qualitätssicherung im Grundschulrahmenplan bezüglich der Koordination von Bildungsgängen Erwähnung.[48]

---

[46] Ministerium für Bildung, Frauen und Jugend Rheinland-Pfalz, Bildungs- und Erziehungsempfehlungen für Kindertagesstätten in Rheinland-Pfalz, Berlin/Düsseldorf/Mannheim 2007, S. 113.
[47] Ebd., S. 118.
[48] Ebd., S. 125.

Die Bildungsinitiativen für Kindertageseinrichtungen in Rheinland-Pfalz

Zum Schluss wird noch die Entstehung der BEE beschrieben. Inhaltlich knüpft sie an rheinland-pfälzischen Bildungs- und Erziehungsempfehlungen der 70er Jahre an. Zur Rückbindung an die berufliche Praxis wurde der Entwurf auch ausgewählten Kindertageseinrichtungen zugänglich gemacht. Anhand von 2 000 standardisierten Rückmeldungen und 1 500 inhaltlichen Stellungnahmen aus der pädagogischen Praxis sowie 50 Positionierungen aus Wissenschaft, Fachverbänden und Gremien wurden inhaltliche Korrekturen vorgenommen.[49] Um dem aktuellen Fachdiskurs gerecht zu werden, erfolgte auch eine Auseinandersetzung mit bereits vorhandenen Entwürfen der unterschiedlichen Bundesländer zur Bildung in Kindertagesstätten. Die Kooperationspartner und verwendete Fachliteratur werden im letzten Kapitel ebenso angegeben, wie das Redaktionsteam, in dem jedoch keine Erzieherin vertreten ist.

Die BEE kündigen somit ein bestimmtes Bild vom Kind, ein verbindliches Curriculum, neue Formen der Beobachtung und Dokumentation und zusätzliche Anforderungen der Elementarpädagogik an die Erzieherinnen an. Eher kursorisch wird die Bedeutung von Erzieherinnen-Kind-Bindung angesprochen, etwa im Sinne einer Voraussetzung für das Explorationsverhalten des Kindes, weniger als anthropologische Konstante, wie dies in der Bindungstheorie nach John Bowlby oder durch die philosophische Anthropologie nach Max Scheler, Arnold Gehlen, Helmut Plessner und Adolf Portmann vertreten wird.[50] Ein dezidierter Erziehungsbegriff kommt in den Ausführungen nicht vor und damit fehlt auch die genaue Bestimmung der pädagogischen Beziehung als asymmetri-

---

[49] Ebd., S. 131.
[50] Vergl. Max Scheler, Die Stellung des Menschen im Kosmos, Bern 1983; Adolf Portmann, Vom Lebendigen, Frankfurt a. M. 1979; Helmuth Plessner, Die Frage nach der Conditio Humana, in: Aufsätze zur philosophischen Anthropologie, Frankfurt 1976; Franz Hargasser, Mensch und Kultur. Die pädagogische Dimension der Anthropologie Arnold Gehlens, Bad Heilbrunn 1976, John Bowlby, Bindung, München 1975, oder ders., Elternbindung und Persönlichkeitsentwicklung. Therapeutische Aspekte der Bindungstheorie, Heidelberg 1988, oder Karin und Klaus E. Grossmann: Bindungen – das Gefüge psychischer Sicherheit, Stuttgart 2005.

sches Verhältnis zwischen Erwachsenen und Kind, der eine Generationenbeziehung voraussetzt.[51] Ebenso werden sozialisierende Aspekte der Kindertagesbetreuung, die durch die Umwelt und die bestehenden Bedingungen geprägt sind und häufig auch ohne erzieherische Absicht wirken, selten erwähnt. Die Peergruppe als erziehende Sozialisationsinstanz findet kaum Beachtung und der Begriff der Sozialerziehung kommt im Kapitel über das Bildungs- und Erziehungsverständnis in Kindertagesstätten nicht vor und wird später lediglich unter dem Stichwort »Gestaltung von Gemeinschaft und Beziehungen« als einer von vielen anderen Erziehungsbereichen in einem kurzen Kapitel angeführt.[52]

Eindeutig steht in den BEE der Bildungsbegriff im Vordergrund, der ein ressourcenorientiertes Bild vom Kind propagiert. Dieser individualistische und kompetenzorientierte Zugang zum Kind ist sicher von hohem Respekt gegenüber der kindlichen Persönlichkeit geprägt, aber er marginalisiert Aspekte der Bedürftigkeit, Abhängigkeit und des Leides von Kindern, sowie die Erfahrung von Solidarität und Interdependenz des Menschen.[53] Der beschriebenen Problematik ist bereits Helmuth Plessner auf den Grund gegangen, der die Reduktion des Selbst auf rein kognitive Dimensionen kritisch betrachtet und als zentrale Dimensionen der menschlichen Existenz gerade auch seine leibliche Verfasstheit und seine Verwiesenheit auf andere reflektiert.[54]

---

[51] Vergl. Wolfgang Brezinka, Über Erziehungsbegriffe, in: Zeitschrift für Pädagogik, 1971, S. 567 ff.; Niklas Luhmann, Das Erziehungssystem der Gesellschaft, Frankfurt a. M. 2002, S. 160; Willy Strzelewicz, Erziehung und Sozialisation, in: Klaus Kippert (Hrsg.), Einführung in die Soziologie der Erziehung, Freiburg i. B. 1970, S. 71; Hermann Giesecke, Einführung in die Pädagogik, Weinheim 1990, S. 70.
[52] Ministerium für Bildung, Frauen und Jugend Rheinland-Pfalz, Bildungs- und Erziehungsempfehlungen für Kindertagesstätten in Rheinland-Pfalz, Berlin/Düsseldorf/Mannheim 2007, S. 54.
[53] Vergl. Herbert Schweizer, Soziologie der Kindheit. Verletzlicher Eigensinn, Wiesbaden 2007, S. 140 ff.
[54] Vergl. Thorsten Kubitza, Identität Verkörperung Bildung. Pädagogische Perspektiven der Philosophischen Anthropologie Helmuth Plessners, Bielefeld 2005, S. 14.

Die Bildungsinitiativen für Kindertageseinrichtungen in Rheinland-Pfalz

Auffällig ist, dass in jedem Kapitel Aufforderungssätze stehen, die beim Thema »Sprache« sogar in blauer Schrift hervorgehoben sind und die jeweils mit der Formel »Kindern soll die Möglichkeit gegeben werden« oder »Kindern soll ermöglicht werden« beginnen.[55] Der Charakter dieser Aufzählung von Inhalten wirkt nicht rein beschreibend und empfehlend, sondern auch handlungsanleitend. Die umfangreiche Beschreibung von pädagogischen Maßnahmen und Impulsen kann daher unter Umständen als verbindliches Curriculum missverstanden werden, welches in allen Einzelheiten durchgearbeitet werden soll. Die Differenzierung der einzelnen Lernbereiche steht zudem im Widerspruch zum Postulat des ganzheitlichen Lernens nach dem Situationsorientierten Ansatz und der Methode der Projektarbeit.

Alle aufgeführten Anforderungen sollen unter der Voraussetzung erfüllt werden, dass »keine neuen Standards gesetzt, keine gegebenen Rahmenbedingungen verändert und keine zusätzlichen finanziellen Verpflichtungen geschaffen« werden.[56] Dies bedeutet, es werden keine zusätzlichen finanziellen, personellen oder räumlichen Ressourcen für Organisationen im Elementarbereich bereitgestellt. Einerseits beinhalten die BEE also einen fundamentalen Wandel des Berufsbildes der Erzieherin, weg von der Dame, die gut mit Kindern kann, hin zur multifunktionalen, gesellschaftsfähigen Kommunikations- und Konfliktmanagement-Spezialistin. Andererseits erfährt aber die individuelle Perspektive auf das einzelne Kind und seine Bedürfnisse eine enorme Aufwertung, die von zeitintensiven Bildungsangeboten, Beobachtungs- und Dokumentationsaufgaben flankiert ist. Dieser Spagat zwischen sensitiver Zuwendung und professionellem Organisationsmanagement soll demnach möglichst kosten- und ressourcenneutral bewältigt werden. Das Gesamtwerk der BEE enthält keine Prognosen darüber, wie sich dieser massive Wandel auf die Sozialisationsbedingungen von Kindern auswirkt, obwohl man sich auf die »Verantwortung

---

[55] Ministerium für Bildung, Frauen und Jugend Rheinland-Pfalz, Bildungs- und Erziehungsempfehlungen für Kindertagesstätten in Rheinland-Pfalz, Berlin/Düsseldorf/Mannheim 2007, S. 42, 45, 49.
[56] Ebd., S. 10.

für die Kinder in Rheinland-Pfalz« und das »Bildungsbedürfnis« der Kinder beruft.[57] Wie diese differierenden und zum Teil auch gegenläufigen Anforderungen im Kindergartenalltag konstruktiv umgesetzt werden können und wo die Grenzen liegen, wird in den folgenden Kapiteln bei der Beschreibung und Auswertung der qualitativen Interviews zu den Sozialisationsprozessen von Kindern in der institutionellen Elementarerziehung in Rheinland-Pfalz betrachtet werden.

3.3.2 Zukunftschance Kinder – Bildung von Anfang an

Das Bildungsministerium von Rheinland-Pfalz hat mit Inkrafttreten des Tagesbetreuungsausbaugesetzes am 1. Januar 2005 die Bildungsoffensive »Zukunftschance Kinder – Bildung von Anfang an« (im Folgenden abgekürzt ZKBA) initiiert.

> »Mit dem neuen und umfassenden Konzept für Kindertagesstätten wollen wir dazu beitragen, dass Kinder noch besser und früher gefördert, zugleich soziale Benachteiligungen bei den Bildungschancen abgebaut und vor allem junge Familien gezielt unterstützt werden«,[58]

schreiben Kurt Beck und Doris Ahnen in das Vorwort der zwölf Seiten umfassenden Werbebroschüre des Fünf-Punkte-Programms. Als erster Punkt wird der Ausbau der Betreuungsangebote für unter Dreijährige propagiert. Durch eine deutliche Zunahme von Kindergartenplätzen für diese Altersstufe soll die Vereinbarung von Familie und Beruf ermöglicht werden. Nach dem Vorstoß von Ursula von der Leyen auf dem Krippengipfel 2007 hat der Bund 4 Milliarden Euro für den Ausbau von Krippenplätzen zur Verfügung gestellt, um eine Versorgungsquote von 35 Prozent zu erreichen.[59]

---

[57] Ministerium für Bildung, Frauen und Jugend Rheinland-Pfalz, Bildungs- und Erziehungsempfehlungen für Kindertagesstätten in Rheinland-Pfalz, Berlin/Düsseldorf/Mannheim 2007, S. 107, S. 109.
[58] Ministerium für Bildung, Frauen und Jugend Rheinland-Pfalz, Zukunftschance Kinder – Bildung von Anfang an. Eine Offensive der Landesregierung Rheinland-Pfalz, Mainz 2005, S. 1.
[59] Ausbau der U-3 Plätze: http://kita.bildung-rp.de/Ausbau-U3.325.0.html, 22.06.2010, 13.10h.

Die Bildungsinitiativen für Kindertageseinrichtungen in Rheinland-Pfalz

Das Land übernimmt dabei 45 Prozent der Personalkosten, um die Träger der Einrichtungen zu unterstützen. Der zweite Förderaspekt ist die Öffnung des Kindergartens für Zweijährige und der Rechtsanspruch auf einen Kindergartenplatz für diese Altersstufe seit August 2010. Damit soll einerseits der demographischen Entwicklung Rechnung getragen werden (rückläufige Geburtenzahlen), andererseits berufstätige Eltern bei der Kinderbetreuung unterstützt werden.[60] Vorher war die »Geringfügigkeitsregelung« üblich, die eine Eingliederung von bis zu zwei Kindern im Alter von 2¾ Jahren in die Kindergartengruppe ermöglichte. Um die Integration der unter Zweijährigen zusätzlich zu unterstützen, wurde nun die »geöffnete Kindergartengruppe« konzipiert, in der bei einer Anzahl von 25 Kindern insgesamt bis zu sechs Zweijährige aufgenommen werden dürfen.[61] Hier ist eine Personalaufstockung von 0,25 bei Aufnahme von drei bis vier U3 Kindern und von 0,5 bei Aufnahme von fünf bis sechs U3 Kindern möglich.[62] Viele Kindergärten arbeiten jedoch bevorzugt mit einer Nestgruppe, in der bis zu acht unter Dreijährige und bis zu sieben ältere Kinder aufgenommen werden. In diesen Gruppen gibt es keine Personalaufstockung, aber durch die geringere Kinderzahl von 15 Kindern sind sie überschaubarer. Die Plätze für unter Dreijährige konnten seither von 9,4 Prozent (2006) auf 17,5 Prozent (2009) in Rheinland-Pfalz gesteigert werden.[63]

Der dritte Punkt des Förderprogramms ZKBA bezieht sich auf die Beitragsfreiheit des letzten Kindergartenjahres.[64] Damit soll ein Anreiz geschaffen werden, alle Kinder im Kindergarten anzumel-

---

[60] Ministerium für Bildung, Frauen und Jugend Rheinland-Pfalz, Zukunftschance Kinder – Bildung von Anfang an. Eine Offensive der Landesregierung Rheinland-Pfalz, Mainz 2005, S. 5.
[61] Ministerium für Bildung, Frauen und Jugend Rheinland-Pfalz, Zukunftschance Kinder – Bildung von Anfang an, Arbeitshilfe zur Umsetzung, II Anforderungen und Abläufe bei Zweijährigenaufnahme, Mainz 2005, S. 2.
[62] Ministerium für Bildung, Frauen und Jugend Rheinland-Pfalz, Kindertagesstättengesetz von Rheinland-Pfalz, § 2 Absatz 3 Ziffer b und c LVO n. F., Mainz 15. März 1991.
[63] Ministerium für Bildung, Wissenschaft, Weiterbildung und Kultur (MBWJK), 1. Kinder- und Jugend-Bericht Rheinland-Pfalz, Mainz 2010, S. 135.
[64] Inzwischen besteht in Rheinland-Pfalz die Beitragsfreiheit von zwei – sechs Jah-

den, auch solche aus sozial schwachen Familien. Bevor diese Neuerung am 1. Januar 2006 in Kraft getreten ist, hat das Jugendamt die Kindergartenbeiträge bei sozial benachteiligten Familien entweder partiell oder ganz getragen. Nun übernimmt die Landesregierung die jährlichen Elternbeiträge von 25 Millionen Euro.[65] Insgesamt soll durch diese Maßnahme die Bedeutung der Bildungsinstitution Kindergarten befördert, die Vorbereitung aller Kinder auf die Schule verbessert und eine Integration jener Kinder erreicht werden, die bisher noch nicht an der Betreuung im Kindergarten partizipieren konnten.

Ein weiteres Anliegen des Bildungsministeriums bildet die Sprachförderung im Elementarbereich, mit dem Versprechen: »Jedes Kind mit Sprachproblemen erhält vor dem Schuleintritt eine spezielle Förderung.«[66] Zur Sprachförderung werden Basiskurse (100 Förderstunden pro Kind) und Intensivkurse (200 Förderstunden pro Kind) eingerichtet, die mit 2000 bzw. 4000 Euro kalkuliert werden. Zur Bewilligung eines Antrages auf einen Basiskurs müssen mindestens fünf Kinder mit Förderbedarf in einer Einrichtung vorhanden sein, beim Intensivkurs vier bis höchstens sechs Kinder.[67] In Kleingruppen werden demnach von eigens eingestellten Förderkräften spezielle didaktische Einheiten zur Sprachförderung angeboten. Anhand spezieller Einschätzverfahren können Erzieherinnen den Förderbedarf erheben. Dazu werden Beobachtungs- und Dokumentationsverfahren wie SELDAK und SISMIK eingesetzt, um Fachkräften die Einschätzung der Sprachkompetenz von Kindern zu erleichtern. Durch eine trägerübergreifende Rahmenvereinbarung wurde die Qualifizierung von Sprachförderkräften in rheinland-pfälzischen Kindertagesstätten im Januar 2008 reglementiert. Da zunächst sehr unterschiedlich ausgebildete Per-

---

ren (Stand: August 2010), vergl. http://www.mbwjk.rlp.de/einzelansicht/archive/2010/july/article/kindergarten-beitragsfrei-ab-18-schon-ab-zwei-2.
[65] Ministerium für Bildung, Frauen und Jugend Rheinland-Pfalz, Zukunftschance Kinder – Bildung von Anfang an. Eine Offensive der Landesregierung Rheinland-Pfalz, Mainz 2005, S. 7.
[66] Ebd., S. 9.
[67] Vergl. Verwaltungsvorschrift des Ministeriums für Bildung, Wissenschaft, Weiterbildung und Kultur (MBWJK), Mainz 27.12.2007, S. 1, 2.1.1 bzw. 2.1.2.

sonen die Sprachförderkurse für Kinder in den Kindertagestätten anboten (Studenten, Erzieherinnen, Eltern, Lehrer, etc.), soll dadurch eine vergleichbare Qualität geschaffen werden. Der Anteil der Kinder, die an Sprachfördermaßnahmen teilnehmen, liegt zwischen 19 Prozent (Landau Stadt) über 33 Prozent (Mainz Stadt) bis hin zu 54 Prozent (Speyer Stadt).[68]

Abschließend wird im Fünf-Punkte-Programm ZKBA die Verbesserung des Übergangs vom Kindergarten in die Schule gefordert, die durch eine gesetzliche Verankerung im Kindertagesstätten- und Schulgesetz festgesetzt wurde. »Voraussetzung für einen problemlosen Schuleintritt ist die Zusammenarbeit zwischen Kindertagesstätten und Grundschulen.«[69] Die Ausgestaltung dieser Zusammenarbeit soll durch Aspekte wie konzeptioneller Austausch, Hospitationen von Lehrern und Schülern in der jeweiligen Partnereinrichtung, gegenseitige Besuche von Kindern aus den unterschiedlichen Institutionen und gemeinsame Fortbildungen von Lehrern und Erzieherinnen befördert werden. Ziel ist es, gelungene Transitionsprozesse für Kinder und Eltern einzuleiten, für die der Übergang vom Kindergarten in die Grundschule ein besonderer Lebensabschnitt darstellt. Eine weitere Veränderung sieht Punkt fünf bei den Einschulungskriterien vor: Während bisher alle Kinder einschulungspflichtig waren, die bis zum 1. Juli eines jeden Jahres sechs Jahre alt wurden, wird der Stichtag auf den 1. September verlegt, wodurch der Eintritt in die Schule durchschnittlich früher erfolgt. Die Voraussetzungen des einzelnen Kindes sollen aber bei der Entscheidung der Einschulung oberste Priorität haben.

Flankiert wird das Fünf-Punkte-Programm von der Einführung eines Fortbildungs-Zertifikates für Erzieherinnen. Um die Fachkräfte auf die Innovationen vorzubereiten oder nachzuschulen, müssen sie neun bzw. sieben von 25 Modulen absolvieren. Die Fortbildungsveranstaltungen gliedern sich erstens in Pflichtmodu-

---

[68] Ministerium für Wissenschaft, Bildung, Weiterbildung und Kultur (MBWJK), 1. Kinder- und Jugend-Bericht Rheinland-Pfalz, Mainz 2010, S. 345.
[69] Ministerium für Bildung, Frauen und Jugend Rheinland-Pfalz, Zukunftschance Kinder – Bildung von Anfang an. Eine Offensive der Landesregierung Rheinland-Pfalz, Mainz 2005, S. 11.

le, die wesentliche Themen wie Beobachtung und Dokumentation, Interkulturelle Kompetenz, lernmethodische Kompetenz, Kommunikation und Kooperation sowie Arbeit mit Zweijährigen umfassen. Weiterhin werden Wahlmodule angeboten, wie beispielsweise geschlechtssensible Pädagogik, Arbeit mit altersgemischten Gruppen und Unterstützung der Teilhabegerechtigkeit von Kindern. Schließlich gibt es 14 Themenmodule zur Auswahl, die sich auf die verschiedenen Bildungsbereiche der BEE (Sprache, Bewegung, Musik, Religion, Natur, Medien, etc.) beziehen. Das Zertifikat erwirbt die Erzieherin, indem sie fünf Pflichtmodule, zwei Wahlmodule und zwei Themenmodule absolviert oder wenn sie bei Abschluss des Moduls Praxisanleitung (Ausbildung des beruflichen Nachwuchses) zusätzlich vier Pflichtmodule, ein Wahlmodul und ein Themenmodul abgeschlossen hat. Die Pflichtmodule erstrecken sich über zwei bis drei Tage, die Wahl- bzw. Themenmodule sind eintägige Fortbildungen. Die Fachkräfte erhalten ein Zertifikatsheft, in welches die einzelnen Fortbildungen mit Unterschrift und Stempel des jeweiligen Bildungsträgers eingetragen werden. Wenn alle Anforderungen erfüllt sind, wird das Zertifikat verliehen. Durch das Fortbildungszertifikat sollen Erzieherinnen flächendeckend auf den neuesten Stand des Berufsbildes gebracht werden. Ob dies innerhalb weniger oder einzelner Tage möglich ist, insbesondere bei Themen wie Zweijährige in der Kindertagesstätte oder Kinder im Krippen- und Hortalter, ist diskutabel.

Insgesamt hat die Landesregierung weit über 30 Millionen Euro für die Offensive »Zukunftschance Kinder – Bildung von Anfang an« investiert, die jährlichen Folgekosten sind durch den Ausbau von Krippenplätzen ungleich höher. Das Fünf-Punkte-Programm setzt zusätzlich Akzente bezüglich der Bildungs- und Erziehungsempfehlungen und liefert finanzielle Unterstützung für einzelne Aspekte dieses Curriculums. Die Initiative hat umfangreiche Folgen für die Arbeit in Kindertagesstätten, da allein die Aufnahme von unter Dreijährigen die konzeptionelle und alltägliche pädagogische Arbeit massiv verändert. Die jüngere Altersgruppe benötigt nicht nur umfassende Pflege, wie Füttern, Wickeln, Umziehen, Schlafen und Getragen-werden, sondern auch spezifische sensomotorische Erfahrungen zur Entwicklung der Wahrnehmung. Diese Aufgaben müssen ohne echte Personalerhöhung mit der Förderung älterer Kinder und ihrer Vorbereitung auf die Schule vereinbart werden.

Die Sprachförderkurse sind als formale Lernangebote durch externe Fachkräfte in die Konzeption und vor allem in den Kindergartenalltag zu integrieren. Dies erfordert außer der zusätzlichen Organisation auch entsprechende Vor- und Nachbereitung, da die Lernforschritte dokumentiert und kommuniziert werden müssen, um das Angebot sinnvoll in das pädagogische Arrangement einzufügen.

Auch die Zusammenarbeit mit der Schule muss geplant, organisiert und umgesetzt werden und ist auch abhängig von der Kooperationsbereitschaft der betreffenden Kollegen. Entsprechende Zeitressourcen werden von anderen Aktivitäten abgezweigt, um die nötige Kommunikation und entsprechende Interaktionen zwischen beiden Einrichtungen zu ermöglichen.

3.3.3 Qualitätsmanagement im Kindergarten

Da die Kassen der öffentlichen und privaten Träger stark belastet sind, wird schon lange über eine effizientere Gestaltung der sozialen Arbeit auch im Elementarbereich nachgedacht. Nach den Bestimmungen des Kindertagesstättengesetztes (KTG), aber auch der Bildungs- und Erziehungsempfehlungen für Kindertagesstätten in Rheinland-Pfalz (BEE), sind alle Träger von Kindertageseinrichtungen dazu verpflichtet, ein Konzept der Qualitätssicherung zu implementieren. Katholische, evangelische und kommunale Träger setzen unterschiedliche Instrumente in verschiedenen Zeitrahmen ein. Das Ministerium hat erst 2011 eine verbindliche »Empfehlung zur Qualität der Erziehung, Bildung und Betreuung in Kindertagesstätten in Rheinland-Pfalz« herausgegeben.[70] Um die Übersicht zu bewahren, soll hier exemplarisch die Implementierung

---

[70] Ministerium für Bildung, Wissenschaft, Weiterbildung und Kultur (MBWJK), Empfehlung zur Qualität der Erziehung, Bildung und Betreuung in Kindertagesstätten in Rheinland-Pfalz, Mainz 2011.

von Qualitätsmanagement (QM) im Bistum Trier dargestellt werden. Die katholischen Kindertagesstätten im Bistum Trier führen in Zusammenarbeit mit dem Unternehmen Colibri Management Service seit 2008 ein fünfjähriges Projekt (Tri QM elementar) zur Umsetzung des Rahmenleitbildes mit dem Instrument des Qualitätsmanagements in den Kindertagesstätten durch. Die Umsetzung orientiert sich am Qualitätsmanagementsystem der DIN EN ISO 9000:2000, der DIN EN ISO 9001:2000 und an der DIN EN ISO 19011:2002. Für die Umsetzung von QM in der beruflichen Praxis wurde das KTK-Gütesiegel entwickelt, das Rahmenhandbuch des Verbandes katholischer Tageseinrichtungen (Bundesverband), das 2007 seine zweite veränderte Auflage erhielt (2003).[71] Diese unterschiedlichen Instrumente sollen im Folgenden vorgestellt werden.

a) Das Rahmenleitbild für katholische Kindertageseinrichtungen im Bistum Trier

Das Rahmenleitbild bildet den ideellen Überbau, auf den sich alle weiteren Bemühungen um Sicherung der Qualität von Betreuung, Erziehung und Bildung in Kindertagesstätten richten. Laut des Begleitbriefes des bischöflichen Generalvikariats zur Einführung der Broschüre ist sie »für alle katholischen Kindertageseinrichtungen verbindlich« und »in die alltägliche Arbeit umzusetzen«.[72] Das Leitbild setzt sich aus einem Vorwort, der Präambel und sieben Leitsätzen zusammen, welche auf der normativen Ebene die ideelle Grundorientierung katholischer Kindertageseinrichtungen repräsentieren soll. Ähnliche Leitbilder werden für evangelische und kommunale Träger entwickelt. Laut Vorwort von Bischof Marx (a. D.) bildet das neue Rahmenleitbild »verbindliche Orientierungen, lässt andererseits Raum für Spezialisierungen und Konkretisierungen« auf der operativen Ebene der Betreuungsorganisationen und ist vor allem auf die Weiterentwicklung des Arbeitsfeldes ge-

---

[71] Verband katholischer Tageseinrichtungen für Kinder (KTK) – Bundesverband e. V., Dr. Werner Gatzweiler, KTK Gütesiegel, Freiburg 2007 (2003).
[72] Aus dem Brief des bischöflichen Generalvikars an alle Kirchengemeinden im Bistum Trier, Dr. Georg Holkenbrink, 20. 08. 2007, S. 1.

richtet.[73] In der Präambel wird deutlich ein Bezug zum Evangelium und zur Verbindung von pastoraler und diakonischer Arbeit hergestellt. Kinder und Familien sollen in ihrer Entwicklung und in ihrem Alltag begleitet werden. Betont werden die Offenheit gegenüber Menschen aus anderen Kulturen und Religionen und die Akzeptanz der Individualität jedes einzelnen Kindes.

Die Leistsätze thematisieren die Bereiche Kinder, Eltern, Mitarbeiter, Träger, Verbindung von Leben und Glauben, Kooperation mit Pfarreien und Qualitätsentwicklung. Kinder sollen vor allem als Person in ihrer Würde angenommen sein und im Mittelpunkt der Einrichtung stehen. Die »kindgemäße Entwicklung« sei besonders zu beachten, sowie die Erschließung von »Sinnhintergründen«, philosophischen und religiösen Normen über »gut und böse« und Fragen nach Leben und Tod.[74] Kinder sollen sich aufgrund des emotionalen Rückhalts in verlässlichen Bindungen angenommen fühlen und sich auf dieser Basis die Welt aneignen. Das soziale Umfeld der Kinder sei wahrzunehmen und einzubeziehen, um bei der individuellen Lebenswelt des Kindes anzusetzen.

Eltern werden als »erste Erzieher ihrer Kinder« eingeführt, mit welchen die Mitarbeiter eine wertschätzende Erziehungspartnerschaft zu gestalten haben.[75] Einerseits sollen Kompetenzen und Ressourcen der Eltern genutzt, andererseits intensive Beratung und Unterstützung für die Eltern angeboten werden. Kindertageseinrichtungen dienen der Unterstützung von Familien mit ihren Bedürfnissen und sollen so weit als möglich Eltern in die Lage versetzen, Partizipation und Mitsprache zu erhalten.

Im Mitarbeiterleitsatz stehen die persönliche Kompetenz und Fachlichkeit der Erzieherinnen im Vordergrund, die in ihrer »herausragende(n) Bedeutung« hervorgehoben werden.[76] Augenfällig erscheint, dass die Fachkräfte dezidiert als Personen beschrieben werden, die am pastoralen Auftrag der katholischen Kirche Anteil

---

[73] Bistum Trier (Hrsg.), Rahmenleitbild für katholische Kindertageseinrichtungen im Bistum Trier, Trier 2007, S. 3
[74] Ebd., S. 6.
[75] Bistum Trier (Hrsg.), Rahmenleitbild für katholische Kindertageseinrichtungen im Bistum Trier, Trier 2007, S. 8.
[76] Ebd., S. 9.

haben, der auch in Situationen des Konfliktes in Loyalität zum Träger zu verwirklichen sei. Die Kooperation mit Kindern, Eltern, Träger und Fachkollegen sowie eine Sensibilisierung für die fachliche Weiterentwicklung werden als wesentliche Bestandteile der pädagogischen Arbeit benannt. Die Träger, die als Kirchengemeinde oder gemeinnützige GmbH auftreten, sind vor allem für die Personalführung und -entwicklung verantwortlich und stellen personelle und finanzielle Ressourcen zur Verfügung. Auch der pastorale Auftrag obliegt ihrer Verantwortung, indem geistliche, persönliche und fachliche Begleitung und Fachberatung in allen Lebenslagen angeboten wird.

Unter dem Aspekt der Verbindung von Leben und Glauben werden vor allem die Vermittlung von Werten wie Nächstenliebe, Toleranz und Solidarität ausgeführt, um eine gesellschaftliche Verantwortung aus einer christlichen Grundhaltung zu verdeutlichen. Der Glaube an Gott wird explizit als Grundlage für gemeinsame Beziehungen dargestellt. Vor diesem Hintergrund sollen Kinder die Erfahrung von »Liebe und Angenommensein machen können«, um gestärkt durch liebevolle Zuwendung sich aktiv an der verantwortlichen Gestaltung von Kirche und Gesellschaft zu beteiligen.[77] Dieser Gedanke wird fortgeführt im sechsten Leitsatz, in dem die Kindertageseinrichtung als »lebendiger Teil der Pfarreien« bezeichnet wird.[78] Die Partizipation am Kirchengemeindeleben und an Gottesdiensten soll ebenso ermöglicht werden wie das Erleben der Räume der Kirche und des Gotteshauses als alltägliche Erfahrungsräume für Kinder. Dabei sei die Heilige Schrift und das Vorbild der Mitarbeiter der Maßstab für das Zusammenleben von Pfarrgemeinde und Kindergarten. Darüber hinaus werden katholische Kindertagesstätten in ihrer Funktion als Anwalt für die Bedürfnisse der Kinder hervorgehoben, die in Zusammenarbeit mit Eltern und Institutionen des Sozialraums »essentielle Dimensionen des Menschseins« eröffnen.[79]

---

[77] Ebd., S. 11.
[78] Ebd., S. 12 f.
[79] Bistum Trier (Hrsg.), Rahmenleitbild für katholische Kindertageseinrichtungen im Bistum Trier, Trier 2007, S. 12 f.

Im letzten Leitsatz zum Thema Weiterentwicklung und Zukunftssicherung wird das Spannungsfeld zwischen Erwartungen an die katholischen Kindertagesstätten und ökonomischen Ressourcen thematisiert. Aufgabe der Beetreuungseinrichtungen sei es, sich diesen Herausforderungen zum Wohle aller Beteiligten zu stellen. Durch Professionalisierung und Wirtschaftlichkeit soll diese Diskrepanz bewältigt werden. Ständige Überarbeitung der pädagogischen Konzeption und der »Aufbau eines wertorientierten Qualitätsmanagements« sicherten, so Leitsatz sieben, die Qualität der Arbeit und entwickle sie weiter.[80] Diese Prozesse seien in einem gelingenden Miteinander auszuhandeln.

Eine hohe Relevanz besitzt in diesem Leitbild das katholische Profil für Kindertageseinrichtungen mit dem pastoralen Auftrag und der starken Vernetzung mit kirchlichen Strukturen. Weiterhin werden die individuelle und liebevolle Wahrnehmung des einzelnen Kindes und die Erziehungspartnerschaft mit den Eltern betont. Die Bedeutung der Fachkräfte wertet das Bild der Erzieherin auf, beinhaltet aber auch hohe Anforderungen an das Berufsbild, von professionellen Kompetenzen bis hin zur pastoralen Weisung. Das Erfordernis eines Qualitätsmanagements wird im letzten Leitsatz vorsichtig und nicht bereits in der Überschrift eingeführt. Dabei wird der Zusammenhang zwischen Erziehungs- und Bildungsauftrag, pastoraler Sendung und wirtschaftlichen Sachzwängen nur peripher durch den Ausdruck »Knappheit der Ressourcen« umschrieben.[81] Diese Knappheit steht in deutlichem Widerspruch zu dem Zitat in der Präambel aus dem neuen Testament: »Ich bin gekommen, damit sie das Leben haben und es in Fülle haben«.[82] Doch gerade dies bildet den Spannungsbogen, unter dem das gesamte Leitbild steht, das als idealler Überbau die Notwendigkeit und Relevanz des Qualitätsmanagementsystems legitimieren soll. Die Leitsätze sind prägnant und kurz formuliert und prinzipiell leicht auf die soziale Wirklichkeit herunterzubrechen. Mit welchen konkreten Instru-

---
[80] Ebd., S. 14.
[81] Ebd., S. 14.
[82] Ebd., S. 5.

menten sie zur Umsetzung kommen sollen, wird durch den Begriff »wertorientiertes Qualitätsmanagement« allenfalls vage angedeutet und in Informationsveranstaltungen für Leitungskräfte mit plausiblen Visualisierungen veranschaulicht.[83]

Wertorientiertes Qualitätsmanagement

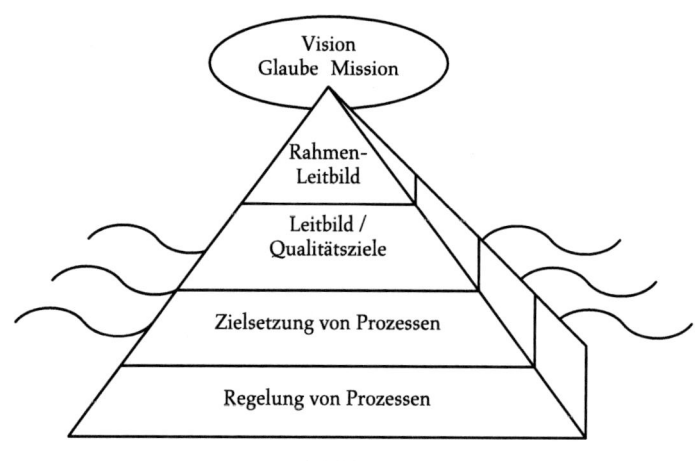

Pyramide von oben nach unten:
- Vision / Glaube / Mission
- Rahmen-Leitbild
- Leitbild / Qualitätsziele
- Zielsetzung von Prozessen
- Regelung von Prozessen

Abbildung 1

Anhand dieses Schaubildes wird deutlich, dass das Leitbild des Bistums Trier der normativen Ebene von Vision, Glaube und Mission zuzuordnen ist, in die es an der Spitze der Pyramide hineinragt. Die pragmatische Umsetzung des QM-Systems erfolgt dann über die Formulierung konkreter Qualitätsziele auf strategischer Ebene und anhand von Aushandlung der Prozessregelungen auf der operativen Ebene. Diese Ebenen der pragmatischen Implementierung werden im Folgenden ausführlich erörtert, da sie sowohl im Bereich der internen und einrichtungsübergreifenden Kommunikation der Fachkräfte als auch bei der Gestaltung von pädagogischen Arrangements mit Kindern deutlich in den Kindergartenalltag hineinwirken und diesen möglicherweise verändern.

---

[83] Abbildung aus einem Schulungs-Vortrag, Caritas-Verband für die Diözese Trier e. V., Abteilung Kindertageseinrichtungen, Colibri-Management-Service, Trier 2008.

b) Die DIN EN ISO Norm

Zum allgemeinen Verständnis sollen zunächst die in der Überschrift verwendeten Abkürzungen erklärt werden. So bedeutet DIN Deutsche Industrie Norm, EN ist das Kürzel für European Norm und ISO steht für International Standard Organisation.[84] Die Qualitätsmanagementsysteme, die sich hinter diesen Abkürzungen verbergen, stammen aus der Industrie und sind somit einem ökonomischen Denk- und Begriffssystem entlehnt. Qualitätsmanagement (QM) ermöglicht die Konvergenz von Absicht, Zweck und Handeln oder umgangssprachlich ausgedrückt: »Sage was du machst und mache, was du sagst«.[85]

Jede Organisation wird hinsichtlich ihrer Strukturqualität, Prozessqualität und Ergebnisqualität evaluiert, überprüft und kontrolliert, wobei die gewonnenen Ergebnisse reflektiert werden und die daraus entwickelten Erkenntnisse in einem immer wiederkehrenden Kreislauf in das Planen und Handeln eingespeist werden (Plan – Do – Check – Act).[86] Das QM System ist operationalisiert in 20 unterschiedliche Kategorien, die als ISO Elemente bezeichnet werden. Für den sozialen Bereich wurden diese gegenüber ökonomischen Berufsfeldern modifiziert und zum Teil an die unterschiedlichen Erfordernisse angepasst. Im Qualitätshandbuch der Diözese Trier ist ein Inhaltsverzeichnis zu finden, das folgende Elemente als der Qualitätskontrolle zugänglich auflistet (Stand 08.01.2008):

1. Allgemeine Darlegungen zum QM-System
2. Verantwortung der Leitung
3. Lenkung von Dokumenten und Aufzeichnungen
4. Personalentwicklung
5. Mittel
6. Qualitätslenkung
7. Pädagogische Planung und Dokumentation

---

[84] Regina Rugor, Gundula v. Studzinski, Qualitätsmanagement in sozialen Einrichtungen, Berlin 2000, S. 39
[85] Ebd., S. 32.
[86] W. E. Deming, Out of the Crisis, Massachusetts Institute of Technology, Cambridge 1982, S. 88; Regina Rugor, Gundula v. Studzinski, Qualitätsmanagement in sozialen Einrichtungen, Berlin 2000, S. 22.

8. Zusammenarbeit mit Eltern
9. Bestimmung des Dienstleistungsprofils
10. Zusammenarbeit mit der (Kirchen-) Gemeinde
11. Beschaffung/Einkauf
12. Lagerung und Transport
13. Schutz des Kundeneigentums
14. Beurteilung der Dienstleistungsqualität
15. Fehlerkultur
16. Korrektur- und Vorbeugungsmaßnahmen
17. Internes Audit / Begutachtung / Evaluation
18. Messung, Analyse, Verbesserung / Qualitätskonferenz
19. Formulare
20. Kooperation Kindertageseinrichtung und Grundschule

Es würde an dieser Stelle zu weit führen, auf jedes einzelne der Elemente einzugehen. Dennoch ist auf den ersten Blick erkennbar, dass nicht etwa nur die pädagogische Arbeit, sondern sämtliche Arbeitsprozesse, die innerhalb der Organisation einer Kindertagesstätte vorkommen, analysiert und qualitätssichernd überprüft werden.

Von Bedeutung sind im Rahmen des gesamten Prozesses der Qualitätssicherung die verwendeten Begriffe. In den allgemeinen Darlegungen des Handbuchs der Diözese Trier wird explizit darauf hingewiesen, dass innerhalb des Qualitätsmanagements ebenso eine eigene Fachsprache verwendet wird, wie in der Pädagogik oder in der Justiz. Überraschend erscheint jedoch, dass die unterschiedlichen Fachsprachen jeweils parallelisiert werden sollen.

»Soweit als möglich benutzen wir in dieser Dokumentation Fachbegriffe der Pädagogik und Fachbegriffe des Qualitätsmanagements parallel, um größtmögliche Verständlichkeit innerhalb und außerhalb des Aufgabenfeldes zu erreichen«.[87]

Die Fachsprache des QM ist in der DIN EN ISO 9001:2000 anhand einzelner Termini exakt definiert. Dabei besteht die grund-

---

[87] Colibri Management Service, Tri QM elementar, Allgemeine Darlegung des Qualitätsmanagement-Systems, 1.3 Begriffserläuterungen, Abkürzungen, Zeichenerklärung, Koblenz 2008, S. 4.

sätzliche Zielsetzung von QM darin, eine Organisation in »systematischer und klarer Weise« zu lenken, die auf »ständige Leistungsverbesserung ausgerichtet ist.«[88] Das bedeutet, alle Arbeitsprozesse der Kindertagesstätte zu reflektieren, um aus Fehlern zu lernen und eine möglichst optimale Dienstleistung anbieten zu können.

Ein wesentliches Ziel, das an erster Stelle aufgelistet wird, bildet die Kundenzufriedenheit. Die Kundenorientierung wird im QM wie folgt definiert:

»Organisationen hängen von ihren Kunden ab und sollten daher gegenwärtige und zukünftige Erfordernisse der Kunden verstehen, deren Anforderungen erfüllen und danach streben, deren Erwartungen zu übertreffen«.[89]

Der Kunde wird bezeichnet als »Organisation oder Person, die ein Produkt empfängt«.[90] Das Produkt ist im Elementarbereich die Erziehung, Bildung und Betreuung von Kindern. Als Kunde können sowohl das Kind als auch die Eltern, die Schule und die Gesellschaft bezeichnet werden. Der Kindertagesstätte fällt somit die Aufgabe zu, die Erwartungen dieser Gruppen nicht nur zu befriedigen, sondern sogar zu übertreffen.

Im QM wird die Relevanz von Hierarchien besonders durch die Verantwortung der Leitung betont, die sämtliche Prozesse zu überschauen und zu lenken hat. Weiterhin wird die Dokumentation als wichtiges Kontrollinstrument eingeführt. Die Dokumentation dient der Rückverfolgbarkeit von Prozessen, die definiert ist als »Fähigkeit, den Werdegang, die Verwendung oder den Ort des Betrachteten zu verfolgen«.[91] Die Pflicht zur Dokumentation bezieht sich auf Dienstgespräche, Elterngespräche, Beobachtung von Kindern, pädagogische Aktivitäten aber auch hauswirtschaftliche Tätigkeiten, wie beispielsweise Bestellung von Mahlzeiten. Diese Rückverfolgbarkeit kann sich laut der DIN ISO auf »die Herkunft

---

[88] Deutsches Institut für Industrienormen, DIN EN ISO 9000:2000, Grundlagen und Begriffe, Berlin 2000, S. 6.
[89] Deutsches Institut für Industrienormen, DIN EN ISO 9000:2000, Grundlagen und Begriffe, Berlin 2000, S. 7.
[90] Ebd., S. 23.
[91] Ebd., S. 26.

von Werkstoffen und Teilen«, »den Ablauf der Verarbeitung« und »die Verteilung und Position des Produkts nach Auslieferung« beziehen.[92] Inwieweit sich diese Begriffe auf Bildung, Erziehung und Betreuung von Kindern übertragen und anwenden lassen, soll an dieser Stelle zunächst offen bleiben.

Am Ende des fünfjährigen QM-Projektes findet in jeder Kindertagesstätte ein Audit statt, bei dem die erfolgreiche Implementierung des Instrumentes Tri QM elementar überprüft wird. In der Bewertung des QM-Systems durch interne oder externe Auditoren wird kontrolliert, ob die wesentlichen Arbeitsprozesse beschrieben sind, Verantwortlichkeiten zugeordnet, das Verfahren umgesetzt und der Prozess im Bezug zum geforderten Ergebnis wirksam wurde. Ein Audit gilt dabei als »systematischer, unabhängiger und dokumentierter Prozess zur Erlangung von Auditnachweisen und zu deren objektiver Auswertung, um zu ermitteln, inwieweit Auditkriterien erfüllt sind«.[93] Die Audits werden von den Fachkräften der Fachberatung für Kindertagesstätten (Caritas) durchgeführt, die im Vorfeld umfassende Schulungen als Qualitätsbeauftragte und als Auditoren durchlaufen haben.

Anhand der zitierten Definitionen kann vermutet werden, dass die Vereinbarung von pädagogischer und ökonomischer Sprache nicht immer ohne Verständigungsprobleme für die Erzieherinnen erfolgen kann. Eine Übersetzung der QM-Sprache auf die alltägliche Handlungsebene der Fachkräfte wird im KTK-Gütesiegel vollzogen, auf das weiter unten noch eingegangen wird.

Die Inhalte der unterschiedlichen DIN EN ISO Elemente und die Formen der Umsetzung werden in Zusammenarbeit mit dem Caritasverband für die Diözese Trier durch das Unternehmen Kolibri im Auftrag des Bistums Trier anhand des fünfjährigen Projektes »Tri QM elementar« im Rahmen von Projekt-Kollegs (PK) an die Leitungen der Kindertagesstätten und ihre pastoralen Begleiter übermittelt.[94]

---

[92] Ebd., S. 26.
[93] Ebd., S. 31.
[94] Zeichnung aus Power-Point-Vortrag, Abteilung Kindertageseinrichtungen, Caritas-Verband für die Diözese Trier e. V., Colibri-Management-Service, Trier 2008.

Die Bildungsinitiativen für Kindertageseinrichtungen in Rheinland-Pfalz

Umsetzung des Rahmenleitbilds
mit Qualitätsmanagement (KTK-Gütesiegel)

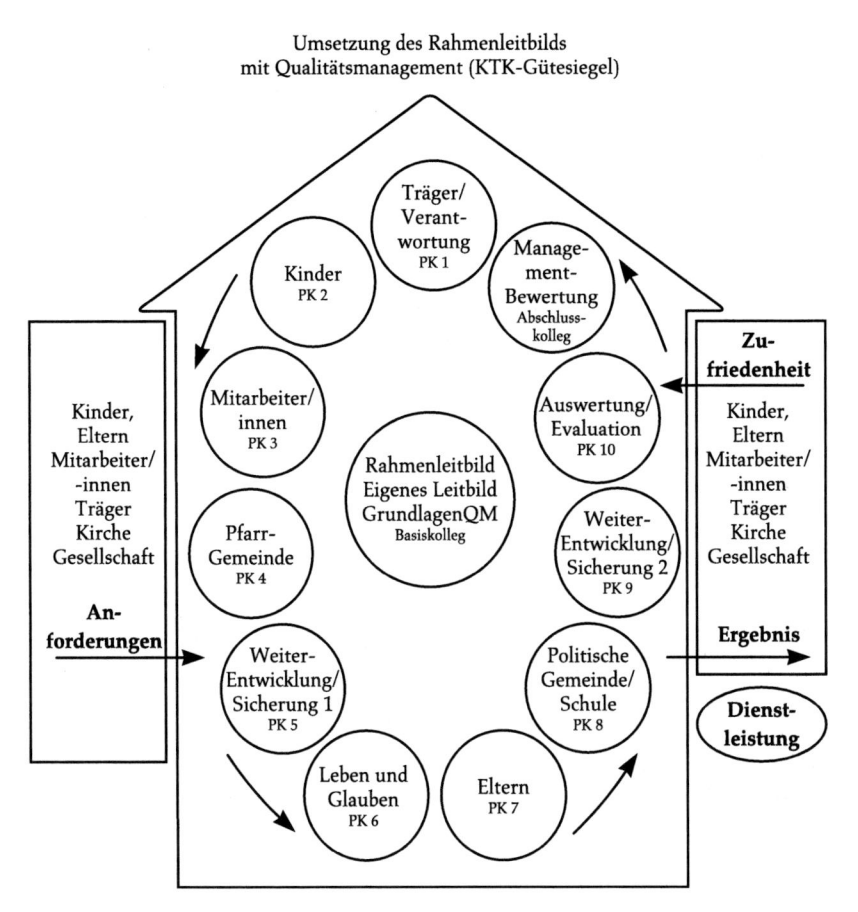

- Träger/Verantwortung PK 1
- Kinder PK 2
- Management-Bewertung Abschlusskolleg
- Mitarbeiter/innen PK 3
- Auswertung/Evaluation PK 10
- Rahmenleitbild Eigenes Leitbild GrundlagenQM Basiskolleg
- Pfarr-Gemeinde PK 4
- Weiter-Entwicklung/Sicherung 2 PK 9
- Weiter-Entwicklung/Sicherung 1 PK 5
- Politische Gemeinde/Schule PK 8
- Leben und Glauben PK 6
- Eltern PK 7

Anforderungen: Kinder, Eltern, Mitarbeiter/-innen, Träger, Kirche, Gesellschaft

Zufriedenheit: Kinder, Eltern, Mitarbeiter/-innen, Träger, Kirche, Gesellschaft

Ergebnis: Dienstleistung

Abbildung 2

Dies geschieht in Veranstaltungen mit etwa 60 bis 80 Personen im Rhythmus von etwa vier Monaten zu den Themen, die in dem Schaubild erkennbar sind. Die Leiterinnen dienen als Multiplikatoren und geben die unterschiedlichen Inputs in ihrer Einrichtung jeweils an die Mitarbeiter weiter, wo sie in spezifische Prozessbeschreibungen transformiert werden. Ungefähr sechs Wochen später findet jeweils ein Leitungs-Kolleg statt, in dem im kleineren Rahmen von etwa 15 bis 20 Personen Entwürfe der jeweiligen Prozessbeschreibungen vorgestellt werden und Fragen bezüglich der

Umsetzung gestellt werden können. Bis zum nächsten Projekt-Kolleg sollen Unklarheiten beseitigt und die Prozessbeschreibungen nicht nur dokumentiert, sondern auch umgesetzt werden. Das Ziel von »Tri QM elementar« ist zunächst die Entwicklung eines einrichtungsspezifischen Leitbildes für jeden Kindergarten, das auf der Basis des Rahmenleitbildes in Zusammenarbeit mit dem Träger erstellt wird. Über die Kernprozesse der pädagogischen Arbeit – dies sind jene Prozesse, die sich direkt auf die Arbeit mit Kindern und Eltern beziehen – werden Prozessbeschreibungen formuliert, die verbindliche Vorgehensweisen festlegen. Alle weiteren Prozesse werden als Unterstützungsprozesse bezeichnet und nur bei besonderer Relevanz für die jeweilige Einrichtung als Prozessbeschreibung ausgearbeitet. Die unterschiedlichen Aufgaben und Entscheidungskompetenzen müssen eindeutig den einzelnen Mitarbeitern zugeschrieben werden. Alle Teilnehmer des Projektes erlernen den Umgang mit den unterschiedlichen Instrumenten der Selbstevaluation. Der Umgang mit Fehlern wird durch verbindliche Verfahren geregelt, die nicht nach Schuldigen suchen, sondern der Problemlösung verpflichtet sind. Auch die Eltern müssen über das Projekt informiert werden und die Zusammenarbeit wird entsprechend geregelt.[95] Nach Abschluss des Projektes »Tri QM elementar« im Jahre 2012 soll der Prozess der ständigen Verbesserung weitergeführt werden. Insgesamt kann das fünfjährige Qualitätssicherungsprojekt als umfangreiche Neugestaltung des Elementarbereichs betrachtet werden, welche sich nicht nur auf pädagogische Prozesse bezieht, sondern auch ökonomische und politische Aspekte inkludiert.

c) Das KTK-Gütesiegel

Die Tatsache, dass bereits im Dezember 2003 eine erste Version des KTK-Gütesiegels vorlag, zeigt, dass der Bundesverband der katholischen Tageseinrichtungen für Kinder (KTK) frühzeitig und vorausschauend reagiert hat, um angesichts der gesetzlichen Ver-

---

[95] Vergl. CoLibri Management Service, Tri QM elementar, Allgemeine Darlegung des Qualitätsmanagement-Systems, Koblenz 2008, S. 1–38.

pflichtung zur Qualitätssicherung[96] ein Instrument zu entwickeln, durch welches das Profil für katholische Kindergärten geschärft wird. Als »roter Faden« zieht sich daher als »wertorientiertes Fundament« der Gedanke der »Gotteskindschaft« unter dem Stichwort »Qualität mit Religion« durch das gesamte Qualitätshandbuch hindurch.[97] In der Einleitung wird vermieden zu definieren, was das spezifisch Katholische sei, weil man weder die enge Perspektive moralischer und hierarchischer Normen (z. B. Unfehlbarkeit des Papstes, Sexualmoral) noch die weite Sichtweise des Allumfassenden des christlichen Glaubens einnehmen möchte. Daher wird auf eine Auflistung einzelner Kriterien, was katholisch sei, verzichtet.

Als allgemeine Ziele des KTK-Gütesiegels werden folgende Aspekte angegeben:[98]
- Hilfe zur Umsetzung des kirchlichen Auftrages in allen katholischen Kindertageseinrichtungen
- Eine Rückkopplung aller Praxisindikatoren an den pastoralen Auftrag
- Schärfung des Profils katholischer Kindertageseinrichtungen
- Förderung der je individuellen Ausgestaltung der Elementarpädagogik in den einzelnen Einrichtungen und Orientierung an den spezifischen Lebenslagen der Familien
- Weiterentwicklung und ständige Verbesserung des KTK-Gütesiegels durch Reflexion und Rückmeldung der Fachkräfte in den Kindertageseinrichtungen

Das KTK-Gütesiegel wird nicht nur als Bekenntnis zu katholischen Werten verstanden, sondern auch als Zertifizierungsgrundlage für Qualitätssicherung.

---

[96] Das Landesjugendamt von Rheinland Pfalz beabsichtigt 2011 eine Ergänzung des KJHG bei § 74, 79 und § 79 a) bezüglich der Qualitätssicherung für örtliche Träger der öffentlichen Jungendhilfe auf der Basis von Leitlinien des Jugendamtes.
[97] Verband katholischer Tageseinrichtungen für Kinder (KTK), KTK – Gütesiegel, Bundesrahmenhandbuch, Freiburg i. B. 2007 (2003), S. 3, Einleitung.
[98] Ebd., S. 10, Einleitung.

»Das KTK-Gütesiegel ist eine Kombination aus inhaltlichen Anforderungen, die sich aus dem Auftrag der katholischen Kirche und den Anforderungen des Qualitätsmanagementsystems gemäß DIN EN ISO 9001:2000 ableiten. Eine Trennung beider Bereiche ist nicht möglich«.[99]

Das Qualitätshandbuch ist unter *Fach zwei*[100] in neun Qualitätsbereiche unterteilt und zwar Kinder, Eltern, Kirchengemeinde, politische Gemeinde, Glaube, Träger und Leitung, Personal, Mittel und Qualitätssicherung. Hier sind deutlich Parallelen zum Leitbild des Bistums Trier feststellbar. Für jeden Bereich werden Qualitätsanforderungen zugrunde gelegt, die durch Praxisindikatoren konkretisiert werden. Dabei erfolgt in einem Dreischritt die Darstellung der *Wahrnehmung* des Bereiches durch die Fachkräfte, der *theologischen Reflexion*, die den kirchlichen Auftrag expliziert und der *Handlungsmöglichkeiten*, die zur Verbesserung der Qualität beitragen können.

Für die konkrete Handlungsebene werden erstens *Anforderungen* formuliert, wie beispielsweise für den Bereich »Kinder«, dass diese einen großen Teil des Tages im Kindergarten verbringen und Mitarbeiterinnen hierauf angemessen regieren, »in dem sie die Lebenswelt der Kinder, ihren unverwechselbaren Stellenwert und ihre Übergänge im Leben berücksichtigen«.[101] Zweitens werden als überprüfbare *Praxisindikatoren* zum Beispiel die Förderung der Begegnung von unterschiedlichen Kulturen durch entsprechende Projekte, das gemeinsame Essen in der Kindergruppe und das Angebot von sicherheitsbietenden Ritualen angeführt. Weiterhin wird ausformuliert, dass in katholischen Kindertageseinrichtungen »die Beobachtung von Kindern und die Analyse ihrer Bedürfnisse eine unverzichtbare Grundlage für die pädagogische Planung« sei.[102] Im Anschluss an die Praxisindikatoren werden drittens jeweils konkrete *Nachweismöglichkeiten* angegeben, die eine tatsächliche Durchfüh-

---

[99] Ebd., S. 11, Einleitung.
[100] »Fach« ist eine Bezeichnung, die statt »Kapitel« verwendet wird.
[101] Verband katholischer Tageseinrichtungen für Kinder (KTK), KTK – Gütesiegel, Bundesrahmenhandbuch, Freiburg i. B. 2007 (2003), S. 3, Kinder.
[102] Ebd. S. 3, Kinder.

rung der Maßnahmen kontrollierbar und rückverfolgbar machen sollen. Zum Beispiel gelten für alle Fachkräfte verbindliche Beobachtungskriterien als Maßstab, um den Entwicklungsstand von Kindern einschätzen zu können.

Anhand dieser kleinschrittigen Verfahrensweise werden nun alle Qualitätsbereiche von Eltern über Träger, Glaube usw. bis hin zur Qualitätssicherung durchdekliniert, sodass Erzieherinnen eindeutige Kategorien vorfinden, die sich möglicherweise auch mit ihren Alltagserfahrungen decken. Diejenigen Aspekte, die gemäß der DIN EN ISO relevante Praxisindikatoren sind, werden jeweils mit einem Stern (*) gekennzeichnet. Bei manchen Bereichen betrifft das über die Hälfte der Indikatoren, bei anderen weniger. Da in der Präambel des Gütesiegels eingeräumt wird, dass Glaube sich nicht messen lasse, weil er der Gnade Gottes entspringe, die Qualität der Beziehungen zwischen Menschen schwierig zu operationalisieren sei und auch Qualität pädagogischer Arbeit nur bedingt messbar sei, werden nur solche Prozesse der Arbeit für ein Audit zugänglich gemacht, die eindeutig mit Messinstrumenten bestimmbar sind. Bei Qualitätsbereichen wie Glaube und Kirchengemeinde sind daher keine Items mit dem Stern (*) markiert. Die Sprache bleibt weitgehend dem pädagogisch-religiösen Kontext verhaftet, doch tauchen unvermittelt auch die Begriffe der DIN EN ISO Norm auf. So wird im Bereich Eltern konstatiert, dass »Eltern als Kunden respektiert [werden], die berechtigte Erwartungen an das Angebot der Einrichtung haben«.[103]

Deutlich werden auch die Verantwortung von Leitung und Träger der Einrichtung benannt, besonders für die Umsetzung der Konzeption und der Qualitätsentwicklung. Richtlinien über pädagogisches Handeln, Dokumente über Ablauf- und Aufbauorganisation, Ergebnis-Protokolle über Dienstgespräche und Vereinbarungen bilden ein umfassendes Netz der Dokumentation, für deren Erstellung die Leitungsebene verantwortlich ist. Für den Bereich Qualitätssicherung spielt insbesondere eine systematische Vorgehensweise eine große Rolle, sogar der Umgang mit Fehlern soll

---

[103] Verband katholischer Tageseinrichtungen für Kinder (KTK), KTK – Gütesiegel, Bundesrahmenhandbuch, Freiburg i. B. 2007 (2003), S. 3, Eltern.

strukturiert verlaufen, um eine stabile Fehlerkultur zu entwickeln und die Koordination von Schnittstellen zu verbessern.

Beachtlich im Bereich Qualitätssicherung ist folgender Praxisindikator: »In katholischen Kindertageseinrichtungen werden auch größere Änderungen der gesamten Einrichtungen so geplant und durchgeführt, dass die pädagogische Arbeit ohne Beeinträchtigung erfolgen kann«.[104] Dieser Anspruch setzt eine hohe Professionalität voraus und es wird zu untersuchen sein, ob er in Anbetracht von Unwägbarkeiten, wie Ausfall von Mitarbeitern, schwierigen Lebenssituationen von Kindern und Familien, materiellen Ausfällen (Computer, Gebäude, Finanzen) auch durchgehalten werden kann. Der Dokumentation der gesamten Prozesse der Qualitätssicherung wird ein breiter Raum eingeräumt. So sollen Dokumente nicht nur angemessen dargelegt, gesammelt, zusammengestellt und aufbewahrt werden, sondern auch regelmäßig vernichtet und erneuert werden.[105] Dies deutet auf einen neu entstandenen Aufgabenbereich innerhalb des Erzieherberufes hin, der profunde Kenntnisse im Verwaltungsbereich voraussetzt.

Das Bundesrahmenhandbuch KTK soll den Fachkräften in den Einrichtungen die Operationalisierung des Rahmenleitbildes in konkrete Anforderungen und Handlungsziele, überprüfbare Praxisindikatoren und handhabbare Messinstrumente ermöglichen. Die normativen Werte und Visionen des Leitbildes werden auf die Handlungsebene heruntergebrochen, um konkret die pädagogische Arbeit analysieren zu können. Dazu sollen die Praxisindikatoren nach dem Qualitätskreislauf von Deming mit den vier Phasen »Planen«, Handeln«, »Prüfen« und »Verbessern« überprüft werden.[106] In der Einleitung wird anhand von Analysetabellen vorgeführt, wann eine bestimmte Qualitätsanforderung in Form eines konkreten Praxisindikators erfüllt ist. Durch Abhaken der einzelnen An-

---

[104] Verband katholischer Tageseinrichtungen für Kinder (KTK), KTK – Gütesiegel, Bundesrahmenhandbuch, Freiburg i. B. 2007 (2003), S. 3, Qualitätsentwicklung- und –sicherung.
[105] Ebd., S. 9, Qualitätsentwicklung- und –sicherung.
[106] Vergl. Verband katholischer Tageseinrichtungen für Kinder (KTK), KTK – Gütesiegel, Bundesrahmenhandbuch, Freiburg i. B. 2007 (2003), S. 11, Einleitung.

forderungen kann man per Selbstkontrolle überprüfen, ob bei einem Audit die Anforderungen jeweils erfüllt wären. In *Fach drei* können die Qualitätsgrundlagen der Diözese, wie die allgemeinen Darlegungen von »Tri QM elementar«, sowie die Qualitätsanforderungen des Bundeslandes und der Kommune abgeheftet werden, um die Vernetzung der unterschiedlichen politischen und kirchlichen Ebenen nachvollziehen zu können. Unter *Fach vier* wird das Verfahren der Zertifizierung nach dem KTK-Gütesiegel beschrieben, sodass jede Tageseinrichtung das Gütesiegel erwerben kann, die das Audit in einer Einzelzertifizierung, Gruppenzertifizierung oder Matrixzertifizierung besteht. Das KTK-Gütesiegel kann nur über eine Zertifizierung erworben werden. Innerhalb eines Zertifizierungsaudits wird geprüft, »ob die vorgelegten Dokumente den Anforderungen entsprechen und weiterentwickelt werden«.[107] Im abschließenden Fach fünf werden dann unterschiedliche Zertifizierungsgesellschaften vorgestellt.

Das Bundesrahmenhandbuch KTK-Gütesiegel hat den Anspruch, das Leitbild des Bistums Trier mit den Anforderungen der DIN ISO 9001:2000 zu vereinbaren. Es orientiert sich an den ISO Elementen und ist bemüht, die ökonomische Sprache weitestgehend in eine pädagogisch-theologische Sprache zu übersetzen. Lediglich bei spezifischen Aspekten der Qualitätssicherung und Qualitätsentwicklung werden die ökonomischen Begriffe stärker berücksichtigt. Normative Fragestellungen bezüglich der Verquickung von ökonomischen, theologischen und pädagogischen Inhalten, Weltanschauungen und Begriffen werden nicht diskutiert, eine Diskrepanz von Zielen, Werten und Methoden findet keine Erwähnung. Die Vereinbarkeit der unterschiedlichen Teilbereiche gesellschaftlichen Lebens, etwa Ökonomie, Politik und Pädagogik, wird unhinterfragt vorausgesetzt und die universale Zuständigkeit und Umsetzbarkeit der DIN EN ISO in allen Gesellschaftsbereichen, auch der Religion und der Pädagogik, wird als selbstverständlich

---

[107] Verband katholischer Tageseinrichtungen für Kinder (KTK), KTK – Gütesiegel, Bundesrahmenhandbuch, Freiburg i. B. 2007 (2003), S. 3, Das Zertifizierungsverfahren.

hingenommen. Die Übersicht über die Implementierung von QM verdeutlicht, dass sich die Aufgabenvielfalt im Elementarbereich vergrößert hat und die Frage nach einem veränderten Beschäftigungsfokus der Fachkräfte in diesem Zusammenhang durchaus berechtigt ist.

3.4 Mögliche Konsequenzen für Erzieherinnen und Kinder

Die Bildungs- und Erziehungsempfehlungen für Kindertagesstätten in Rheinland-Pfalz (BEE), die Bildungsinitiative »Zukunftschance Kinder – Bildung von Anfang an« (ZKBA) und das Projekt zur Qualitätssicherung von katholischen Kindertagesstätten (Tri QM elementar), das exemplarisch für vergleichbare Implementierungen von Qualitätsmanagement aufgeführt wurde, sind politisch initiierte Maßnahmen, die sicher die Weiterentwicklung von Organisationen der Kindertagesbetreuung beeinflussen. Sie beleben einen breiten und kontroversen Diskurs innerhalb und außerhalb des Berufsfeldes der Elementarpädagogik. Die neuen Anforderungen beziehen sich nicht nur auf den pädagogischen Bereich, sondern auch auf Aufgaben der Kooperation, Organisation und Administration. Dabei ist zu beobachten, dass eine Verquickung von ökonomischen, politischen und pädagogischen Begriffen erfolgt, die eine grundsätzliche Vereinbarkeit der unterschiedlichen Systeme voraussetzt und Widersprüche nivelliert.

Die Bildungs- und Erziehungsempfehlungen rücken den individuellen Blick auf das Kind als autonom sich bildendes Wesen in den Mittelpunkt, gleichzeitig nimmt aber der Aufgabenschwerpunkt im Bereich Organisation, Verwaltung, Kommunikation, Kooperation und Dokumentation zu. Insbesondere die Bildungs- und Erziehungsbereiche werden von vielen Erzieherinnen als verbindliches Curriculum wahrgenommen, das es abzuarbeiten gilt. Dies steht in gewisser Weise im Widerspruch zu dem propagierten situationsorientierten Ansatz, bei dem vor allem von der Lebenssituation der Kinder und nicht etwa von einem bestimmten Curriculum ausgegangen werden soll. Die Querschnittsthemen geben Anregung zu ständiger Reflexion der Bereiche Resilienz, lernmetho-

Mögliche Konsequenzen für Erzieherinnen und Kinder

dische Kompetenz und geschlechtssensible Erziehung im Kindergarten, die aber angesichts der Vielfalt von Verantwortungsbereichen womöglich pragmatischen Anforderungen des Alltags angepasst werden. Weiterhin nimmt die Erziehungspartnerschaft mit den Eltern einen breiteren Raum innerhalb der Gestaltung von Beziehungen im Kindergarten ein. Die ständige Erreichbarkeit, Gesprächsbereitschaft und die kommunikative Kompetenz, auch mit problematischen Verhaltensweisen und Erwartungen von Eltern umzugehen, erfordert einen größeren Anteil der Aufmerksamkeit von Erzieherinnen. Auch die Kooperation mit der Grundschule und anderen Institutionen rückt stärker in den Vordergrund des Arbeitsfeldes von Kindertagesstätten, obwohl auch dieser Bereich keineswegs als neu zu bezeichnen ist.

Das Erfordernis von systematischer Beobachtung und Dokumentation der Kinder und ihrer Entwicklungsprozesse bildet einen fundamentalen Wandel der Arbeitsformen im Kindergarten. Zwar war Beobachtung schon immer ein wesentliches Element pädagogischer Arbeit, um Ansatzpunkte für Lernbedürfnisse und Förderangebote des einzelnen Kindes festzustellen. Doch die strukturierte und regelmäßige Beobachtung von Kindern anhand festgelegter Kriterien und Instrumente und die Dokumentation der Ergebnisse in Lerngeschichten und Portfolios bedeutet eine Verlagerung der Beschäftigungsschwerpunkte einer Erzieherin. Um den neuen Anforderungen bei gleich bleibenden Ressourcen gerecht zu werden, müssen die Fachkräfte im Alltag Prioritäten setzen und womöglich andere Arbeitsbereiche einschränken.

Das Programm »Zukunftschance Kinder – Bildung von Anfang an« macht sich für die Aufnahme von Krippenkindern stark. Hintergrund dieser Maßnahme sind jedoch auch politische Interessen, denn die Vereinbarung von Familie und Beruf soll einerseits zum Wohle der berufswilligen Frauen verbessert werden, andererseits, um ihre entsprechenden Potenziale für den Arbeitsmarkt verfügbar zu machen. Aufgrund der demographischen Entwicklung und der niedrigen Geburtenrate soll die verminderte Kinderzahl in den Einrichtungen durch die Aufnahme weiterer Jahrgänge kompensiert werden, um eine Entlassung von Arbeitskräften zu vermeiden. Die

Förderung frühkindlicher Bildungsprozesse ist somit nur ein Teil eines komplexen Begründungszusammenhangs, der für die enormen Vorstöße der Bildungspolitik im Elementarbereich verantwortlich ist.

Durch den Anspruch auf einen Betreuungsplatz ab zwei Jahren (2010) und ab einem Jahr (2013) sind Einrichtungen aufgrund der durch das Jugendamt festgestellten Elternbedarfe verpflichtet, geeignete Plätze anzubieten, noch bevor eine räumlich angemessene Gestaltung und eine personelle Weiterbildung erfolgt ist. Die vorgesehene zweitägige Fortbildung für Kinder unter drei Jahren im Rahmen des Zertifikatheftes kann hier nur erste Impulse vermitteln angesichts der umfangreichen entwicklungspsychologischen, bindungstheoretischen, pädagogischen und pflegerischen Kenntnisse, die für den Umgang mit Kleinkindern erforderlich sind.

Die Landesinitiative (ZKBA) hat sich dem Schwerpunkt Sprachförderung gewidmet, um Kinder im Vorschulalter bei der verbalen Kommunikation zu unterstützen. Nicht nur Kinder mit Migrationshintergrund, sondern auch deutsche Kinder werden entsprechend gefördert. Den Vorzug erhalten hier formale Sprachbildungskurse gegenüber im Alltag integrierten Projekten für Sprachbildung, Verständigung und Vertrauensbildung.

Dem Übergang vom Kindergarten in die Schule wird durch das Fünf-Punkte-Programm eine hohe Relevanz beigemessen. Die unterschiedlichen Institutionen werden aufgefordert, einen gemeinsamen roten Faden von Bildungszielen zu entwickeln und Konzeptionen, Methoden und Rituale miteinander abzustimmen. Die Kooperation mit der Schule birgt Chancen im Sinne der Verbesserung von Transitionsprozessen der Kinder, aber auch Risiken, wenn organisatorische Aufgaben die Beziehung zum Kind überlagern.

Die Notwendigkeit ständiger Fortbildung wird von den Fachkräften in der Regel sehr positiv aufgenommen. Schwierig für Kinder und Einrichtungen ist jedoch die Tatsache, dass es keine Vertretung für Fachkräfte gibt, die sich auf Fortbildung begeben. Weiterhin gehen die Fortbildungsetats in katholischen Einrichtungen weitestgehend in der Implementierung von QM auf.

Das Qualitätsmanagement erfordert eine grundsätzlich ver-

Mögliche Konsequenzen für Erzieherinnen und Kinder

änderte Wahrnehmung auf eine ziel- und effizienzorientierte Arbeit, die strukturelle Aspekte in den Vordergrund rückt. Prinzipiell sind eine Verbesserung der Qualität pädagogischer Arbeit und eine Minimierung von Fehlern angebracht. Es gilt jedoch zu überprüfen, ob organisatorische, administrative und dokumentarische Tätigkeiten die Arbeitsprozesse tatsächlich so vereinfachen und lenkbar machen, dass neue Freiräume für die Interaktion mit Kindern entstehen.

Die Anforderungen aller drei bildungspolitischen Maßnahmen lassen einen massiven Wandel des pädagogischen Alltags, des Berufsverständnisses der Erzieherinnen, der Sicht auf das Kind und der Sozialisationsbedingungen von Kindern vermuten. Daher ist es notwendig, diese Veränderungen in der sozialen Wirklichkeit zu betrachten und sich den Relevanzsystemen von Experten des pädagogischen Elementarbereichs anzunähern, um daraus Erkenntnisse über soziale Sachverhalte zu gewinnen und theoretische Interpretationen und Reflexionen anzuschließen. Um das Erkenntnisinteresse der Forscherin explizit zu machen, werden im Folgenden einige theoretische Vorüberlegungen angestrengt, die eine Eingrenzung des Forschungsgebietes ermöglichen und spezifische Fragen an den Komplex »Sozialisationsbedingungen von Kindern« zu stellen.

4. Intersubjektive Voraussetzungen bei der Sozialisation von Kindern

4.1 Erkenntnisinteresse der Forschungsarbeit

Die Forschungsfrage dieser Arbeit bezieht sich einerseits auf die Reformen im pädagogischen Elementarbereich in Rheinland-Pfalz, die im vorangegangen Kapitel bereits erläutert wurden, und andererseits auf die Sozialisationsbedingungen von Kindern in Institutionen der Kindertagesbetreuung. Wie bereits in der Einleitung vorgestellt, rekurriert der hier verwendete Sozialisationsbegriff auf die drei Dimensionen Bronfenbrenners, erstens auf die räumliche und stoffliche Anordnung der Umgebung und die Personen, mit denen das Individuum interagiert, zweitens auf die psychischen und sozialen Handlungsdimensionen innerhalb informeller Netzwerke und drittens auf übergreifende soziale Strukturen, die als ideeller Überbau des Gesamtsystems zu betrachten sind.[1] Dies sind sehr umfangreiche und komplex miteinander verwobene Faktoren, die sich auf die Sozialisation von Kindern erstrecken.

Bei der vorliegenden Studie soll die Perspektive auf potentielle Modifikationen von Sozialisationsbedingungen möglichst weit geöffnet sein, um nicht vorab wesentliche Variablen auszuschließen, die womöglich eine relevante Wirkung auf die Situation des Kindes in der Kindertagesstätte haben. Dennoch wird zur theoretischen Orientierung der Erhebung und zur Spezifizierung der Forschungsfrage eine Theorie mittlerer Reichweite vorangestellt. Denn in Anschluss an Max Webers Auffassung von Objektivität sozialwissenschaftlicher Erkenntnis verleiht jeder Forscher, der sich mit kulturellen Fragen beschäftigt, den einzelnen Sachverhalten eine ge-

---

[1] Urie Bronfenbrenner, Ökologische Sozialisationsforschung, Stuttgart 1976, S. 203 ff.

wisse Kulturbedeutung und Sinn.² Daher bleibt das individuelle Erkenntnisinteresse »immer und überall bewußt oder unbewußt« eine »Auswahl einzelner spezieller ›Seiten‹ des Geschehens«³ und es haftet somit jeder sozialwissenschaftlichen Forschungsarbeit ein subjektives Moment an, allein durch die Auswahl des Themas und die Generierung eines bestimmten Erkenntnisinteresses, das durch Wertideen des gesellschaftlichen Kontextes und der individuellen Perspektive geprägt ist.

»Die kulturwissenschaftliche Erkenntnis in unserem Sinn ist also insofern an ›subjektive‹ Voraussetzungen gebunden, als sie sich nur um diejenigen Bestandteile der Wirklichkeit kümmert, welche irgendeine – noch so indirekte – Beziehung zu Vorgängen haben, denen wir Kulturbedeutung beilegen.«⁴

Als Konsequenz aus Webers Ausführungen bleibt es für sozialwissenschaftliche Forschung unabdingbar, die eigene Perspektive für den Leser erkennbar zu machen und implizite Vorüberlegungen zu explizieren. Dabei geht es bei einer mechanismenorientierten qualitativen Erklärungsstrategie nicht darum, statistisch überprüfbare Zusammenhänge zwischen Theorie und bestimmten Indikatoren der Forschung herzustellen, sondern darum, besondere Aspekte des Erkenntnisinteresses darzulegen und diese im Forschungsprozess weiter zu verfolgen.⁵ Die Theorie wird nicht bestätigt oder widerlegt, sondern eröffnet eine bestimmte Perspektive auf das Forschungsfeld und kann später durch weitere Theorien erweitert werden. Denn die Forschungsergebnisse können schließlich über die theoretischen Vorüberlegungen hinausgehen und sollen im qualitativen Paradigma nicht einfach mit den theoretischen Annahmen abgeglichen werden. Infolgedessen kann nicht nur eine Integration verschiedener Theorien bedeutsam sein, sondern auch eine Querbeziehung zu Theorien unterschiedlicher Abstraktionsebenen, die

---

[2] Max Weber, Gesammelte Aufsätze zur Wissenschaftslehre, Die Objektivität sozialwissenschaftlicher und sozialpolitischer Erkenntnis, Tübingen 1988, S. 180.
[3] Ebd., S. 181.
[4] Ebd., S. 182.
[5] Jochen Gläser, Grit Laudel, Experteninterviews und qualitative Inhaltsanalyse, Wiesbaden 2009, S. 77.

auch bei der Darstellung der empirischen Ergebnisse hilfreich sein können, um diese entsprechend zu plausibilisieren und einen interpretativen Zugang zu den Daten liefern zu können.[6] Zu den theoretischen Vorüberlegungen der folgenden Studie gehört vor allem die Annahme, dass trotz der Fülle unterschiedlicher Sozialisationsfaktoren, die sicher alle ihre Bedeutung haben und die in Kapitel fünf näher ausgeführt werden, ein Aspekt besondere Relevanz zu besitzen scheint: die Interaktion zwischen Kindern und Erwachsenen in Organisationen der Kindertagesbetreuung. Selbstverständlich werden die Erkenntnisse der neuen Kindheitsforschung ernst genommen, die Kinder als aktive Konstrukteure ihrer Persönlichkeit ansehen, die sich ihre Umwelt kompetent aneignen. Solche Vorstellungen können jedoch zu der Annahme verleiten, kindliche Entwicklung sei ein rein solipsistischer Prozess. Doch die neurophysiologische Informationsverarbeitung des Kindes und seine individuelle Perspektive auf Welt ist schließlich nur die eine Seite der Medaille, auf die es im Sozialisationsprozess ankommt.[7] Die andere Seite bleibt das soziale Umfeld. Erkenntnisse der Bindungstheorie John Bowlbys, der philosophischen Anthropologie Helmuth Plessners, Max Schelers, Arnold Gehlens und Adolf Portmanns, der Psychoanalyse Sigmund Freuds, der entwicklungspsychologischen Konzeptionen Jean Piagets, der Lerntheorie Albert Banduras, und der ökologischen Sozialisationstheorie Urie Bronfenbrenners, um nur einige Klassiker zu nennen, laufen alle darauf hinaus, dass der Mensch ein soziales Wesen ist, dessen Entwicklung konstitutiv auf die soziale Gemeinschaft angewiesen ist.[8] Dies be-

---

[6] Vergl. Jochen Gläser, Grit Laudel, Experteninterviews und qualitative Inhaltsanalyse, Wiesbaden 2009, S. 75, S. 266, S. 282.
[7] Heinz von Foerster, Wissen und Gewissen, Frankfurt a. M. 1993, S. 244 ff.
[8] Vergl. Karin Grossmann, Klaus E. Grossmann, Bindungen – das Gefüge psychischer Sicherheit, Stuttgart 2005; René A. Spitz, Vom Säugling zum Kleinkind. Naturgeschichte der Mutter-Kind-Beziehung im ersten Lebensjahr, Stuttgart 2005; John Bowlby, Bindung, Kindlerverlag, München 1975; John Bowlby, Elternbindung und Persönlichkeitsentwicklung. Therapeutische Aspekte der Bindungstheorie, Heidelberg 1988; Fanz Hargasser, Mensch und Kultur, Die pädagogische Dimension der Anthropologie Arnold Gehlens, Bad Heilbrunn 1976; Helmuth Plessner, Die Frage nach der Conditio Humana. Aufsätze zur philosophischen Anthropologie, in: Aufsätze zur philosophischen Anthropologie, Frankfurt a. M.

deutet, Kinder brauchen andere Menschen und tatsächlich auch Erwachsene, die größer und weiser sind als sie selbst. Wenn auch bei den Bildungsinitiativen, vor allem in den BEE, eindeutig der Bildungsbegriff im Vordergrund steht, der einerseits auf Perspektiven der neuen Kindheitsforschung zurückgeht und andererseits auf Aspekte der konstruktivistischen Pädagogik, wird eine Hypostasierung von »Bildung« zu Lasten des Erziehungsbegriffes und wesentlicher Aspekte der Sozialisation in dieser Arbeit nicht unhinterfragt übernommen.[9] Vielmehr wird auch die interaktionistische Aneignung von Welt im Sinne George Herbert Meads bzw. Peter Bergers und Thomas Luckmanns berücksichtigt, die eine Schöpfung von Sinn und Bedeutung des Zusammenlebens ähnlich wie Friedrich Tenbruck erst in der sozialen Interaktion verwirklicht sieht.[10] Dabei spielt die Generationenbeziehung zwischen Erwachsenen und Kindern eine wesentliche Rolle, da seit der Genese der modernen ausdifferenzierten Gesellschaft der wechselseitige Dialog nicht nur die Funktion der Sozialisation erfüllt, sondern auch die Entfaltung der Perfektibilität des Kindes ermöglicht, also die Fähigkeit, spezifische Fähigkeiten zu entwickeln, die zusätzlich die Voraussetzung für sozialen Wandel bildet.[11] Friedrich Schleiermacher hat dieses Phänomen bereits treffend beschrieben:

1976; Max Scheler, Die Stellung des Menschen im Kosmos, Bern 1983; Adolf Portmann, Vom Lebendigen, Frankfurt a. M. 1979; Sigmund Freud, Triebe und Triebschicksale (1915), Psychologie des Unbewußten, Frankfurt am Main, 2000; Martin Dornes, Die frühe Kindheit. Entwicklungspsychologie der ersten Lebensjahre, Frankfurt a. M. 1997; Erik H. Erikson, Jugend und Krise, Stuttgart 1970; Bronfenbrenner, Ökologische Sozialisationsforschung, Stuttgart 1976; Albert Bandura, Lernen am Modell, Stuttgart 1976.
[9] Vergl. Holger Lindemann, Konstruktivismus und Pädagogik, München 2006, S. 34; Klaus Hurrelmann, Heidrun Bründel, Einführung in die Kindheitsforschung, Weinheim/Basel/Berlin 2003, S. 44; Lilian Fried, Barbara Dippelhofer-Stiem, Michael Sebastian Honig, Ludwig Liegle, Pädagogik der frühen Kindheit, Weinheim/Basel/ Berlin 2003, S. 17.
[10] Vergl. George Herbert Mead, Sozialpsychologie, Neuwied 1969; Peter Berger, Thomas Luckmann: Die gesellschaftliche Konstruktion der Wirklichkeit, Frankfurt a. M. 1980; Friedrich Tenbruck, Geschichte und Gesellschaft, § 6 Sinn, Berlin 1986.
[11] Dietrich Benner, Herwart Kemper, Theorie und Geschichte der Reformpädagogik, Bd. I, Weinheim/Basel 2003, S. 21.

Intersubjektive Voraussetzungen bei der Sozialisation von Kindern

»Das Erhalten und Verbessern scheint allerdings miteinander zu streiten; aber dies ist doch nur der Fall, wenn man beim toten Buchstaben stehen bleibt. So wie wir aber auf das Leben sehen und diese Formel durch die Anschauung uns entwickeln: so sehen wir, daß beides immer zusammen besteht, wenn auch freilich unter entgegengesetzten Beziehungen. [...] So wollen wir also die Formel stellen, die Erziehung soll so eingerichtet werden, daß beides in möglichster Zusammenstimmung sei, dass die Jugend tüchtig werde, einzutreten in das, was sie vorfindet, aber auch tüchtig, in die sich darbietenden Verbesserungen mit Kraft einzugehen.«[12]

Erziehung schafft gerade durch die Beziehung zwischen Erwachsenen und Kindern und dem Reibungsprozess zwischen Tradierung und Erneuerung die Möglichkeit, dem dreifachen neukantianischen Erziehungsbegriff Alfred Petzolds als ein Lernen von Sachverhalten, ein Aneignen von Werten und der Entwicklung einer Fähigkeit zum eigenen moralischen Urteil gerecht zu werden.[13] Gerade junge Kinder bedürfen nicht nur einer anregungsreichen Umgebung und absichtsvoller Erziehungsangebote, sondern auch eines erwachsenen Vorbildes, das ein Erlernen von Handlungsmustern und sozialen Rollen ermöglicht. Institutionelle Kinderbetreuung im Elementarbereich ist letztlich ohne erwachsene Fachkräfte nicht denkbar. Dabei hat das Generationenverhältnis einerseits eine Funktion als Orientierungspunkt für Normen und Werte, andererseits als Überlieferung tradierter Kulturgüter.[14] Erziehung ist mehr als eine beliebige soziale Interaktion, sie resultiert direkt aus der Verantwortung der erwachsenen Vertreter der gegenwärtigen Kul-

---

[12] Friedrich E. D. Schleiermacher, Ausgewählte pädagogische Schriften, Paderborn 1959, S. 64.
[13] Vergl. Dietrich Benner, Herwart Kemper, Theorie und Geschichte der Reformpädagogik, Teil 2, Weinheim/Basel S. 333.
[14] Vergl. Kurt Lüscher, Ludwig Liegle, Generationenbeziehungen in Familie und Gesellschaft, Konstanz 2003, S. 42; Karl Mannheim, Wissenssoziologie, Neuwied/Berlin, 1970, S. 517; Jutta Ecarius, Generationenbeziehungen und Generationenverhältnisse. Analyse zur Entwicklung des Generationenbegriffs, in: Jutta Ecarius (Hrsg.), Was will die jüngere Generation mit der älteren? Generationenbeziehungen in der Erziehungswissenschaft, Opladen 1998, S. 45; Vergl. Friedrich Tenbruck, Jugend und Gesellschaft, Freiburg i. B. 1962, S. 113.

tur vor der folgenden Generation. Hannah Arendt hat bereits früh die Problematik moderner Erziehung erkannt:

»Das Problem der Erziehung in der modernen Welt liegt darin, dass sie der Natur der Sache nach weder auf Autorität noch auf Tradition verzichten kann, obwohl sie in einer Welt vonstatten geht, die weder durch Autorität strukturiert noch durch Tradition gehalten ist«.[15]

Unter diesen Vorannahmen werden Sozialisationsprozesse in dieser Arbeit nicht nur vor dem Hintergrund von Bildung als individueller Aneignung von Welt betrachtet, sondern auch von Erziehung innerhalb einer konkreten intergenerationellen sozialen Beziehung, die insbesondere absichtsvolle Aspekte der Interaktion umfasst, jedoch zusätzlich unbeabsichtigte sozialisierende Elemente mit sich bringt. Die Erzieherin erfährt durch diese Perspektive eine Schlüsselposition in der institutionellen Kinderbetreuung, da gerade sie diejenige Person ist, die für die ältere Generation und die Tradierung von Werten, Normen und Kulturgütern steht. Im Rahmen der folgenden Untersuchungen wird daher davon ausgegangen, dass der Erziehungsbegriff – auch in unterschiedlichen Definitionen – nicht ohne eine Bestimmung der pädagogischen Beziehung als asymmetrisches Verhältnis zwischen Erwachsenen und Kind, der Generationenbeziehung, auskommt.[16]

4.2 Theorie des sozialen Rahmens

Um die Beschaffenheit der Generationenbeziehung näher zu spezifizieren, und gegebenenfalls im Verlauf des Forschungsprozesses auf Veränderungen dieser Konstante der Sozialisation hinweisen zu können, ist zunächst ein Modell erforderlich, das die Genese, Aufrechterhaltung und die Einflussfaktoren einer sozialen Beziehung

---

[15] Hannah Arendt, Die Krise in der Erziehung, Bremen 1958, S. 23.
[16] Vergl. Wolfgang Brezinka, Über Erziehungsbegriffe, in: Zeitschrift für Pädagogik, 1971, S. 567 ff.; Niklas Luhmann, Das Erziehungssystem der Gesellschaft, Frankfurt a. M. 2002, S. 160; Willy Strzelewicz, in: Klaus Kippert (Hrsg.), Einführung in die Soziologie der Erziehung, Freiburg 1970, S. 71, Hermann Giesecke, Einführung in die Pädagogik, Weinheim 1990, S. 70.

beschreibt. Nur so können Elemente identifiziert werden, die Einfluss auf die Qualität und den Fortbestand des interpersonalen Bezuges haben. Bei den weiteren Betrachtungen muss betont werden, dass die Sozialisationsbedingungen von Kindern im Kindergarten durch zwei wesentliche Prämissen bestimmt sind. Das ist erstens die unmittelbare Umwelt des Kindes selbst, die in die räumliche und stoffliche Anordnung der Umgebung und die Personen mit ihren Rollen und Beziehungen zum Kind und die sinnhaften Tätigkeiten dieser beteiligten Personen untereinander zu differenzieren ist.[17] Zweitens steht das Kind im Rahmen einer Institution, die zunächst ihre eigenen Normen und Werte vertritt, aber auch in eine übergreifende soziale Struktur mit ihren ideologischen Systemen eingebettet ist. Das heißt, Einfluss auf die Situation des Kindes hat nicht nur die unmittelbare Umgebung, sondern auch der Sinnüberschuss, der durch Normensysteme der Gesellschaft bezüglich des Stellenwertes von Kindern und der sie betreuenden Personen gebildet wird und somit eine kulturell und historisch gewordene Variable darstellt.[18]

Um Sozialisationsbedingungen von Kindern im Hinblick auf die Beschaffenheit des Generationenverhältnisses im institutionellen Setting von Kindertagesstätten zu erklären, soll zunächst der Begriff des sozialen Rahmens eingeführt werden, der vor allem durch Georg Simmel, Gregory Bateson und Erving Goffman geprägt worden ist.[19] Der Terminus des sozialen Rahmens umfasst und charakterisiert wesentliche Aspekte der Wechselseitigkeit des menschlichen Zusammenlebens. Georg Simmel führt den Ausdruck anhand einer Metapher ein:

»Der Rahmen, die in sich zurücklaufende Grenze eines Gebildes, hat für die soziale Gruppe eine sehr ähnliche Bedeutung wie für ein Kunstwerk. An diesem übt er die beiden Funktionen, die eigentlich nur die

---

[17] Vergl. Urie Bronfenbrenner, Ökologische Sozialisationsforschung, Stuttgart 1976, S. 203 f.
[18] Vergl. Max Weber, Über einige Kriterien der verstehenden Soziologie, Gesammelte Aufsätze zur Wissenschaftslehre, S. 441 f., und Friedrich Tenbruck, Geschichte und Gesellschaft, § 6 Sinn, Berlin 1986, S. 128.
[19] Vergl. Peter Brozio, Vom pädagogischen Bezug zur pädagogischen Beziehung, Würzburg 1995, S. 447 ff.

Theorie des sozialen Rahmens

zwei Seiten einer einzigen sind: Das Kunstwerk gegen die umgebende Welt ab- und in sich zusammenzuschließen; der Rahmen verkündet, dass sich innerhalb seiner eine nur eigenen Normen untertänige Welt befindet, die in die Bestimmtheiten und Bewegungen der umgebenden nicht einbezogen ist; indem er die selbstgenügsame Einheit des Kunstwerks symbolisiert, verstärkt er zugleich von sich aus deren Wirklichkeit und Eindruck«.[20]

Somit grenzt der Rahmen seinen spezifischen Inhalt gegenüber der Umgebung ab und unterstützt so gleichzeitig die Ausgestaltung interner Normen und Werte. Er ist Symbol für spezifische Bedingungen, Komponenten und Dimensionen sozialer Beziehungen zwischen Individuen, die auf Dauer gestellt sind. Die wechselseitigen verbalen und nonverbalen Interaktionen der Akteure erhalten innerhalb des sozialen Rahmens einen unverwechselbaren Sinn. Die Genese des Rahmens kann so verstanden werden, dass sich beispielsweise wie beim Prozess der primären Sozialisation eine Aushandlung der Verhaltensstandards zwischen Erwachsenem und Kind vollzieht, die durch wechselseitige Signale von Angesicht zu Angesicht ausdifferenziert werden.[21] Diese Halt gebenden Normen bilden schließlich den Rahmen für weiteres soziales Handeln, der jedoch stets, sei es durch Impulse der Individuen innerhalb des Rahmens, sei es durch Irritationen von außerhalb, ausgehandelt und durch gegenseitige Vergewisserung über die Gültigkeit der Regeln und Normen in einem mühevollen Prozess aufrechterhalten werden muss. Am Beispiel der Mutter-Kind-Interaktion beschreibt Alan Fogel die Ausbildung eines Rahmens von der individuellen Impulsgebung bis zur wechselseitigen Aktion:

> »A ›frame‹ can be social, as in the ›framing‹ of infant gaze by mother gaze. ›Frames‹ can also exist within the individual. We gave the example of infant gaze as a ›frame‹ for infant facial and vocal activity. ›Frames‹ serve to define the situation as a whole. A maternal gaze ›frame‹ reminds the infant: ›now we are engaged in joint visual activity‹. [...] Once a social ›frame‹ is provided, all other ›individual‹ activ-

---

[20] Georg Simmel, Soziologie des Raumes, Frankfurt a. M. 1983, S. 226.
[21] Vergl. Peter Berger, Thomas Luckmann, Die gesellschaftliche Konstruktion der Wirklichkeit, Frankfurt a. M. 1980, S. 139 ff.

ity within the frame can take on possible social significance. [...] A ›frame‹ which permits the offering, modification and substitution of shared activity may be an essential factor in psychological development«.[22]

Innerhalb des sozialen Rahmens kann somit jede individuelle Handlung auch soziale Relevanz erhalten, da sie nicht singulär bleibt, sondern durch die wechselseitige Bezogenheit der Subjekte stets in Interaktion umschlagen kann. Die an diesem intensiven Prozess beteiligten Personen müssen über face-to-face geteilte Erfahrungen, eine verbindende Geschichte und eine gemeinsame Entwicklung verfügen, um einen verlässlichen Rahmen zu bilden. Kenneth Kaye spricht von einer besonderen Bedeutung der Pflegepersonen in der frühen Kindheit, die einerseits Lehr-Lernsituationen konstituieren, andererseits den gemeinsamen Rahmen gestalten, der nicht nur errichtet, sondern auch eingehalten werden muss.[23]

Wenn im Kindergarten durch die Aufnahme sehr junger Kinder oder durch Sozialisationsdefizite im Elternhaus zunehmend Prozesse der *primären Sozialisation* geleistet werden, sind gerade solche Interaktionen auch für den pädagogischen Bezug in der Einrichtung und damit auch für die Personalisation des Kindes konstitutiv. Aber auch für die *sekundäre Sozialisation* im Alltag der Organisation Kindergarten sind sie bedeutsam, da innerhalb des sozialen Rahmens ergänzende Rollenmuster ausgebildet werden. Auf Seiten der Erzieherin sind Haltungen, Berufsidentität und Berufsbild sowie Verhaltenserwartungen der unterschiedlichen Bezugsgruppen an die Fachkräfte und ideologische Prämissen an die öffentliche Erziehung in Kindertageseinrichtungen von großer Relevanz für die Interpretation der Berufsrolle und entsprechend für die Gestaltung des sozialen Rahmens. Die individuelle Lebenssituation des Kindes wie auch die innere Haltung der Erzieherin sind durch vielfältige Faktoren beeinflusst und werden jeweils in die pädagogische Bezie-

---

[22] Alan Fogel, Temporal Organisation in Mother-Infant Face-to-Face Interaction, London 1977, S. 147f.
[23] Kenneth Kaye, The Mental and Social Life of Babies, Chicago 1982, S. 230.

hung eingebracht. Daher ist der soziale Rahmen ein sensibles Gebilde, das entsprechender Aufmerksamkeit und Pflege bedarf. Erving Goffmans mikrosoziologische Betrachtungen der sozialen Interaktion und der Rahmenanalyse liefern bestimmte Ordnungsvorstellungen sozialen Handelns.[24] Nach ihm generiert der soziale Rahmen vor allem sinnstiftende Deutungsmuster einer Kultur.[25] Das Kind erwirbt eine Vorstellung davon, was die ›normale Wirklichkeit‹ sei. Bei dem Aushandlungsprozess des Rahmens bedarf es eines wechselseitigen Engagements der Akteure. Nur in dem Maße, wie sich die Interaktionspartner in einer »wechselseitigen Verpflichtung« engagieren, kann ein verlässlicher Rahmen entwickelt werden, der den erhofften Halt zur Verfügung stellt.[26] Grundsätzlich erwarten die Beteiligten die Einhaltung des Rahmens, auch wenn es zu Übertretungen kommen kann. Kinder testen innerhalb des sozialen Rahmens Grenzen ihres Verhaltensrepertoires aus und ringen um die Aufmerksamkeit der Erzieherin. Diese agiert als Vorbild und reagiert auf Signale des Kindes in unterschiedlicher Sensibilität und Intensität. Normative Festlegungen geschehen jedoch wechselseitig und nicht einseitig durch den Erwachsenen, insbesondere was die Beschaffenheit der atmosphärischen Prozesse betrifft.

Dennoch liegt die Verantwortung für die Gestaltung des sozialen Rahmens innerhalb der Gesamtgruppe, aber auch gegenüber dem einzelnen Kind, vor allem auf Seiten der Erzieherin, da sie am ehesten jenseits akuter Affekte die Situation rational einschätzen kann. Die Intensität des erzieherischen Engagements von Seiten des Pädagogen beeinflusst somit die konstruktive Gestaltung des Rahmens. Eine Gefährdung dieser Engagiertheit kann nach Peter Brozio von »marktgängigen Informationen« ausgehen, denen häufig ein hoher Wert zugeschrieben wird.[27] Dies sind am gesamtgesellschaftlichen Wandel orientierte Informationen, die durch aktuelle

---

[24] Robert Hettlage, Erving Goffman, in: Dirk Kaesler (Hrsg.), Klassiker der Soziologie 2, München 1999, S. 188 ff.
[25] Erving Goffman, Rahmenanalyse, Frankfurt a. M. 1980, S. 37.
[26] Vergl. Erving Goffman, Rahmenanalyse, Frankfurt a. M. 1980, S. 377.
[27] Vergl. Peter Brozio, Vom pädagogischen Bezug zur pädagogischen Beziehung, Würzburg 1995, S. 511.

Diskurse bestimmt sind. Neue Impulse für die Elementarpädagogik liefern vielfältige konsistente und divergente Informationen, die auf die Fachkräfte wirken und somit Bedingungen schaffen können, die das Engagement für angemessene Rahmung begünstigen oder aber beeinträchtigen. Der aktuelle Bildungsdiskurs könnte durch die Vielfalt an Anforderungen Irritationen auslösen, wobei zu untersuchen ist, ob das Engagement innerhalb des sozialen Rahmens durch die Bildungsinitiativen eher gestärkt oder geschwächt wird.

Durch die Beeinträchtigung des Engagements und die Reduktion der Aufmerksamkeit, Sensibilität und Intensität innerhalb einer Beziehung können so genannte Fehlrahmungen entstehen. Sie können unterschiedliche Ursachen haben, die auf verschiedenen Ebenen wirken. Auf der Ebene übergreifender sozialer Strukturen und ideologischer Systeme von Organisationen oder Teilsystemen der Gesellschaft können Fehlrahmungen auftreten, wenn Institutionen mit ihrer Organisationsphilosophie auf eine »bestimmte Art und Weise Macht über den einzelnen ausüben« und solche Rahmen konstruieren, die nur bestimmte Modulationen der Interaktion zulassen.[28] Solche Transformationen sind dann möglich, wenn ein gesellschaftlicher Diskurs bestimmte Handlungsformen präferiert und andere marginalisiert und dieses übergeordnete Wertesystem die Entscheidungen der Akteure auf der Handlungsebene beeinflusst. Dies wäre etwa die Förderung funktionsorientierter Bildungsangebote gegenüber ganzheitlichen Projekten. An diesem Beispiel wird deutlich, dass die face-to-face Beziehung zwischen Erzieherin und Kind durch äußere Faktoren beeinflussbar sein kann, die der Fachkraft nicht unbedingt bewusst sind und die auf abstrakter Ebene und auf für das Kind unsichtbare Weise vorhanden sind.

Bei der Gestaltung des sozialen Rahmens sind Fachkräfte im Elementarbereich jedoch auch auf weiteren Ebenen Irritationen ausgesetzt, die das Engagement bei der Interaktion mit dem Kind beeinträchtigen können. Bei der Interaktion ist gemeinsames spontanes Engagement von größter Bedeutung, um die Konversation aufrecht zu erhalten und die Grenzen dieses sozialen Systems zu

---

[28] Ebd., S. 514.

Theorie des sozialen Rahmens

wahren. Erving Goffman bezeichnet die Fähigkeit zu diesem miteinander abgestimmten Engagement als »unio mystica«, die »ein kleines Gefüge aus Verpflichtungen und Loyalität« darstellt.[29] Es besteht eine unausgesprochene gegenseitige Verantwortung für die Aufrechterhaltung der zeremoniellen Ordnung der Konversation. Die Verpflichtung, sich einem Kommunikationsprozess mit seiner gesamten Aufmerksamkeit zu widmen, erfordert eine hohe soziale Kontrolle. Bereits Adam Smith ist der Tatsache auf den Grund gegangen, dass dieses Engagement umso einfacher ist, je eher man die Befindlichkeit des Gegenübers nachempfinden kann:

> »Wenn wir also die Affekte eines anderen als ihren Gegenständen angemessen billigen, so bedeutet das nichts anderes, als dass wir uns unserer vollen Sympathie mit diesen Affekten inne geworden sind; und sie nicht als solche billigen, heißt bemerken, dass wir nicht gänzlich mit ihnen sympathisieren«.[30]

Damit beschreibt Smith eine Empathiefähigkeit, die durch den Antagonismus von Distanz und Nähe geprägt ist. Das soziale Gefüge innerhalb einer pädagogischen Beziehung ist jedoch sehr fragil und anfällig gegenüber unterschiedlichen Einflussfaktoren, die Goffman systematisiert hat. Den Sachverhalt, dass gemeinsames spontanes Engagement innerhalb einer Interaktion ausbleiben kann, bezeichnet er als »Entfremdung«.[31] Aus dieser Entfremdung entsteht Unbehagen bei mindestens einem der Interaktionspartner, welches Konsequenzen für die weitere Wechselbeziehung hat. Insgesamt identifiziert Goffman vier Arten der Entfremdung:[32]

a) Ablenkung von außen
b) Ich-Befangenheit
c) Interaktionsbefangenheit
d) Fremdbefangenheit

---

[29] Erving Goffman, Interaktionsrituale – über Verhalten in direkter Kommunikation, Frankfurt a. M. 1971, S. 124 f.
[30] Adam Smith, Theorie der ethischen Gefühle, Hamburg 1977, S. 14.
[31] Erving Goffman, Interaktionsrituale – über Verhalten in direkter Kommunikation, Frankfurt a. M. 1971, S. 125.
[32] Ebd., S. 128 ff.

a) Bei der *Ablenkung von außen* ist der Interaktionspartner auf Dinge konzentriert, die außerhalb der gegenwärtigen Situation liegen. Im Betreuungsalltag des Kindergartens könnte beispielsweise der intensive intersubjektive Austausch zwischen Erzieherin und Kind gestört werden durch Telefonate, Tür- und Angelgespräche mit Eltern und Kollegen, durch auffällige Verhaltensweisen anderer Kinder, durch unerwarteten Wechsel in eine andere Kindergruppe bei Krankheit von Kolleginnen, Trägervertreter und Handelsvertreter, die plötzlich auftauchen und die Aufmerksamkeit der Fachkräfte in Anspruch nehmen und einen stark strukturierten Tagesablauf, der wenig Zeit und Raum für informelle Begegnung lässt. Immer wieder wird die Konzentration der Erzieherin von der Situation mit dem Kind abgelenkt, wenn häufig solche Zwischenfälle auftreten. Fehlt die ungeteilte Aufmerksamkeit auf das gemeinsame Gespräch, wirkt dies in unterschiedlichem Grad verletzend auf den Interaktionspartner. Absichtsvolle Ignoranz kann ebenso störend für die Reziprozität der Beziehung sein wie ungewollte Zerstreutheit aufgrund vitaler Vorgänge außerhalb der gemeinsamen Situation. Goffman spricht von einem verletzenden Charakter solcher Ablenkungen. Neben dieser persönlichen Zurückweisung ist jedoch besonders folgenschwer, dass der gemeinsame Rahmen an Verbindlichkeit verliert, weil die füreinander geltenden Normen nicht bestätigt werden, sei es durch Lob, Tadel, oder schlicht Beachtung der Handlungen und Empfindungen des Gegenübers.

b) Die *Ich-Befangenheit* tritt vor allem dann auf, wenn ein Individuum sich bedroht fühlt durch ein Übermaß an unbekannten, unabwägbaren Faktoren innerhalb des Interaktionskontextes. Dies kann besonders dann auftreten, wenn widersprüchliche Rollenerwartungen an eine Person gerichtet werden und die »Definition seiner selbst in Frage gerät«.[33] Hier kann die Aufmerksamkeit nicht mehr auf aktuelle Sachverhalte gerichtet werden, sondern es erfolgt ein Rückzug auf die eigenen Befindlichkeiten infolge von Überforderung. Dabei handelt es sich weniger um absichtsvolle Zurückweisung, als vielmehr um eine innere Zerrissenheit, die ein volles En-

---

[33] Erving Goffman, Interaktionsrituale – über Verhalten in direkter Kommunikation, Frankfurt a. M. 1971, S. 130.

Theorie des sozialen Rahmens

gagement für die Zuwendung zum Gegenüber, etwa dem Kind, einschränkt oder verhindert. Dies könnte bei Erzieherinnen verursacht werden durch divergierende Anforderungen, wie beispielsweise, einerseits den Kindern gerecht zu werden, andererseits Aufgaben der Kooperation mit anderen Institutionen und Anforderungen der Dokumentation. Die Definition der eigenen Rolle kann ins Schwanken geraten, Unsicherheit generieren und durch zunehmende Konfusion zu einer Wahrnehmung von eigener Unzulänglichkeit führen. Dadurch kann die Fokussierung der Aufmerksamkeit auf einen sozialen Rahmen gestört sein. Somit behindert die Ich-Befangenheit die konstruktive Gestaltung der gemeinsamen Interaktion.

c) Wenn jemand dagegen beständig so auf die bewusste Gestaltung der wechselseitigen Interaktion konzentriert ist, dass die Unbefangenheit der Situation gestört wird, erreicht er womöglich genau das Gegenteil von einem intensiven Austausch, denn er steht unter *Interaktions-Befangenheit*. Spontane Aussagen und Äußerungen des Small-Talk werden verdrängt durch die Notwendigkeit, die Konversation zu kontrollieren. Dies ist gerade auch in pädagogischen Situationen durchaus typisch, da der Pädagoge manchmal im Zuge seiner Zielerreichung so deutlich zweckgebunden kommuniziert, dass sogar ein kleines Kind spürt, wie es beeinflusst und zu einer bestimmten Antwort oder Handlungsform gedrängt wird. Die Befangenheit kann zu einem betretenen Schweigen führen, was die Hilflosigkeit über den Verlust der Spontaneität bezeugt. In beiden Fällen geht die authentische Begegnung zwischen den Personen verloren. Unter Umständen könnte die systematische Beobachtung der Kinder als Beispiel aufgeführt werden, wenn dadurch die natürlichen Verhaltensweisen beeinträchtigt werden und sich das Kind der Exponiertheit durch diese Methode so bewusst wird, dass eine spontane Interaktion verhindert wird. Denn bei der analytischen Betrachtung eines Menschen ist es kaum möglich, ihn gleichzeitig synthetisch als ganze Person wahrzunehmen und die Authentizität des Momentes zu teilen.

d) Die vierte Entfremdungsform bezeichnet Goffman als *Fremd-Befangenheit*. Hier sind Personen in erster Linie damit beschäftigt, wie sie auf andere wirken und nicht in der Lage, angesichts der Situation sich selbst zu vergessen. Der Zwang zur Selbstkontrolle wird durch eine verstärkte Wahrnehmung der Anforderungen von außen intensiviert. Kommunikative und empathische Kompetenzen können dadurch eingeschränkt werden. Bei der gelungenen Interaktion wird eine Person »als Zuhörer seine auditive und gewöhnlich auch seine visuelle Aufmerksamkeit der Quelle der Kommunikation zuwenden, in diesem Fall dem Sprecher und besonders dessen Stimme und Gesicht«.[34] Spürt jedoch das Kind, dass die Erzieherin nicht ganz bei der Sache ist, wird es verwirrt durch die »wetteifernden Ursachen von Stimuli«, die mit der Interaktion transportiert werden.[35] Das fremde Gegenüber ist beim Beispiel der Erzieherinnen vor allem in den Eltern, dem Träger oder den gesellschaftlichen Erwartungen zu sehen.

Wenn Erzieherinnen nicht mehr in der Lage sind, sich in ungezwungenen Situationen scherzend, begeistert oder ausgelassen auf die Kinder einzulassen, weil dies nicht den pädagogischen Anforderungen entspricht, und sie nur noch auf die Erfüllung von spezifischen Lernzielen bedacht sind, dann wäre dies ein Anzeichen dafür, wie sehr sie durch sekundäre Aspekte in ihrem Engagement gegenüber den Kindern eingeschränkt werden. Eine Fremd-Befangenheit in der Kommunikation kann sich demnach unmittelbar auf die Kinder auswirken, weil die wechselseitige Bezogenheit durch Erwartungen von außen zu stark beeinträchtigt wird. Dies kann zu unklaren Botschaften führen, weil das Kind nicht erkennt, was die Erzieherin in der Zerrissenheit zwischen eigenen Ansprüchen und äußeren Anforderungen wirklich will und ob die gemeinsame Situation im Hier und Jetzt wirklich ernst gemeint ist oder bereits auf künftige Ziele hin ausgerichtet ist.

Das Konzept des sozialen Rahmens liefert nicht nur Erklärungen, welche Voraussetzungen für eine gelingende wechselseitige Kommunikation vorhanden sein müssen, sondern es weist auch auf unterschiedliche Ebenen der Störung dieser Interaktion hin. Dabei sind die Ich-Befangenheit und die Fremd-Befangenheit vor

---

[34] Erving Goffman, Interaktionsrituale – über Verhalten in direkter Kommunikation, Frankfurt a. M. 1971, S. 135.
[35] Ebd., S. 135.

allem der Ebene der übergeordneten ideologischen Normensysteme zuzuordnen, weil sie vor allem durch die Diffusität des auf höherer Ebene definierten Berufsbildes und der Rollenerwartungen durch gesellschaftliche oder politische Anforderungen geprägt sind. Die Ablenkung von außen und die Interaktionsbefangenheit hingegen beziehen sich eher auf den sozialen Kontext innerhalb der Einrichtung und somit auf die Ebene der psychischen und sozialen Handlungsdimensionen.[36]

4.3 Nutzen einer heuristischen Theorie

Die soziologische Theorie des sozialen Rahmens wurde an dieser Stelle eingeführt, um eine Bestimmung der Merkmale und Bedingungen einer intergenerationellen pädagogischen Beziehung als asymmetrisches Verhältnis zwischen Erwachsenem und Kind einzuführen. Sie spezifiziert einerseits die Forschungsfrage auf solche Sozialisationsbedingungen, die unmittelbar mit der Interaktion zwischen Erzieherin und Kind zusammenhängen. Weiterhin dient sie als theoretisches Modell, das »durch empirische Beobachtungen zunehmend aufgefüllt« werden kann.[37] Es liefert ein formales Gerüst, das zur »Konstruktion empirisch gehaltvoller Kategorien anhand des Datenmaterials« beitragen kann.[38] Udo Kelle und Susann Kluge unterscheiden zwischen drei Arten von theoretischem Vorwissen:
– Empirisch nicht gehaltvollem Theoriewissen
– Empirisch gehaltvollem Alltagswissen
– Empirisch gehaltvolles Theoriewissen[39]

Das Konzept des sozialen Rahmens gehört zu empirisch nicht gehaltvollem Theoriewissen, da es eine theoretische Konstruktion

---
[36] Vergl. Urie Bronfenbrenner, Ökologische Sozialisationsforschung, Stuttgart 1976, S. 203 ff.
[37] Udo Kelle, Susann Kluge, Vom Einzelfall zum Typus, Opladen 1999, S. 60.
[38] Ebd., S. 60.
[39] Ebd., S. 59.

darstellt, die auf einer metaphorischen Vorstellung beruht. Dies entspricht der Methodologie des symbolischen Interaktionismus, der »die vielfältigen Aushandlungs- und Interaktionsprozesse der alltäglichen Wirklichkeit« mit Begriffen versehen hat und entsprechend pragmatische Deutungsmodelle anbietet.[40] Die Rahmentheorie wird nicht etwa empirisch überprüft und dient auch nicht dazu, innerhalb dieser Studie falsifiziert zu werden. Vielmehr ermöglicht ihr Grad der Abstraktion gerade eine offene Ausgangslage gegenüber dem Datenmaterial zu erhalten. Da es kaum möglich ist, ohne Vorüberlegungen ins Feld zu gehen, weil sonst implizite Erwartungen an die Stelle von expliziten Annahmen treten, unterstützen heuristische Theorien die Fähigkeit, die Relevanzsysteme, Deutungen und Sichtweisen der Befragten in Zusammenhang mit theoretischen Deutungskonzepten zu bringen, ohne die Ergebnisse vorweg zu nehmen.

Dies wäre der Fall bei empirisch gehaltvollen Theorien, da die Gefahr besteht, dass durch den starken Erklärungsanspruch die Relevanzstrukturen der Befragten überdeckt werden. Diese Theorien liefern so konkrete Erklärungsansätze, dass eine explorative Herangehensweise an das Material nicht mehr möglich ist. Daher sollte diese Art von Konzepten nicht bei theoretischen Vorüberlegungen zum Einsatz kommen, sondern eher am Ende der Analyse, nachdem »alle Textpassagen (…) vergleichend untersucht worden sind«.[41]

Zum empirisch gehaltvollen Alltagswissen gehören die Informationen aus Kapitel drei, die über spezifische Anforderungen für den Betreuungsalltag von Kindertagesstätten Auskunft geben. Die einzelnen Aspekte der Bildungsinitiativen können daher für die Beantwortung der Forschungsfrage ebenso relevant sein, wie die Bedingungen einer gelingenden sozialen Interaktion von Erzieherinnen und Kindern. Beide in den Vorüberlegungen auftauchenden Wissensarten können daher für die Konstruktion eines Analyserasters zur Kategorisierung der unterschiedlichen Aussagen der Beforschten nützlich sein.

---

[40] Anette Treibel, Einführung in soziologische Theorien der Gegenwart, Wiesbaden 2004, S. 104.
[41] Udo Kelle, Susann Kluge, Vom Einzelfall zum Typus, Opladen 1999, S. 67.

Nutzen einer heuristischen Theorie

Im folgenden Kapitel soll nun die Methodik und Vorgehensweise der qualitativen Studie vorgestellt werden, die sich mit der konkreten Fragestellung befasst, wie sich die Bildungsinitiativen auf Sozialisationsbedingungen von Kindern in pädagogischen Tageseinrichtungen im nördlichen Rheinland Pfalz auswirken. Dabei ist der Blick zunächst geweitet und auf unterschiedliche Einflussfaktoren gerichtet, da nicht im Voraus bestimmt werden kann, welche Variablen in welcher Weise auf die Situation der Kinder wirken. So werden sehr unterschiedliche Größen Beachtung finden, die durch konkrete Anforderungen der Reformen bestimmt sind. Da die Erzieherin eine Schlüsselposition innerhalb des sozialen Rahmens bei der Interaktion mit Kindern im Kindergarten einnimmt, kann gerade ihr Alltagswissen als Expertenwissen betrachtet werden, das wesentliche Informationen über die pädagogische Beziehung, ihre Beständigkeit, Intensität, Sensibilität und Beschaffenheit bereit hält. Sie kann einerseits ihre Perspektive über die Beschaffenheit der Zuwendung, die Güte der Fürsorge und das Wesen der Betreuung beschreiben, andererseits bildet sie jedoch einen Spiegel für den Blickwinkel der ihr anvertrauten Kinder. Zwar ist dieser indirekte Zugang zum Kind immer durch eine gewisse Verzerrung durch die erwachsene Perspektive gekennzeichnet, aber dennoch ist die pädagogische Fachkraft diejenige Person, die dem Nachwuchs in der Betreuungssituation in Kindertageseinrichtungen am nächsten steht und durch den sozialen Rahmen eine besondere Affinität zu Bedürfnissen, Wünschen, Ängsten und Leid der Kinder hat. Daher kann das Expertenwissen der pädagogischen Fachkräfte als empirisch gehaltvolles Alltagswissen bezeichnet werden, das mit dem Theoriewissen der Forscherin verknüpft werden kann und zu neuen Hypothesen und Erkenntnissen über die aktuellen Sozialisationsbedingungen von Kindern in institutionellen Kindertageseinrichtungen führen kann. Wie weit die theoretischen Vorüberlegungen hinsichtlich der Bildungsinitiativen und der Theorie des sozialen Rahmens ausreichen, um Veränderungen im Elementarbereich zu erklären, kann erst durch die Arbeit und Auseinandersetzung mit dem Datenmaterial entschieden werden.

5. Die qualitative Studie

5.1 Methodische Vorüberlegungen

Ausgehend von den theoretischen Vorüberlegungen wurde nun empirisch untersucht, wie sich die Sozialisationsbedingungen für Kinder in Kindertagesstätten seit 2001 verändert haben.[1] Die vorliegende Studie sucht nach qualitativen Beschreibungen für den Wandel intergenerationeller Beziehungs- und Interaktionsverhältnisse zwischen Erzieherinnen und Kindern, die im Spannungsfeld von sozialer Rahmung, Berufsverständnis der Erzieherin, Sachdimensionen und strukturellen Bedingungen zum Ausdruck kommen. Dabei wird nach Antworten gesucht, die sich auf die Beschaffenheit der Betreuung, die Intensität der Zuwendung und die Güte der Fürsorge richten.[2] Wie begleiten Erzieherinnen im Alltag Prozesse der *primären und sekundären Sozialisation* von Kindern? Wird die Interaktion mit dem Kind durch neue Anforderungen gefördert oder gehemmt? Haben sich Aufgabenschwerpunkte verschoben? Es soll zunächst eine Datenbasis geschaffen werden, die einen systematischen Zugang zu dem Forschungsfeld eröffnet und zu weiteren Studien anregt. Die präzisierte Forschungsfrage lautet:

Wie wirken sich öffentliche Bildungsinitiativen (BEE, ZKBA, QM) in pädagogischen Tageseinrichtungen im Elementarbereich auf die Sozialisationsbedingungen von Kindern im nördlichen Rheinland-Pfalz aus?

---

[1] Zur Bedeutung theoretischer Vorüberlegungen: Uwe Flick, Qualitative Sozialforschung, Hamburg 1995, S. 74.
[2] Auf den Begriff der Betreuungsqualität wird im Folgenden verzichtet, da er als ökonomisierte Variante die Beschaffenheit der pädagogischen Beziehung bereits verfremdet.

Methodische Vorüberlegungen

Sozialisationsbedingungen werden dabei im Sinne Urie Bronfenbrenners definiert als ökologische Umweltfaktoren, die erstens durch räumliche und stoffliche Anordnung der Umgebung sowie die Beschaffenheit der Beziehungen zu den Bezugspersonen und die Ausgestaltung ihrer Rollen gekennzeichnet sind, zweitens durch die Regeln und Normen der Institutionen, in denen sich Kinder aufhalten und drittens durch die übergreifende gesellschaftliche Struktur mit ihren ideellen Zielen und ihrer ideologischen Ausrichtung.[3] Die spezifische Lebenswelt des Kindes ist somit immer in einen sozialen Überbau der Systeme eingebettet.

Die relevanten Informationen wurden in dieser Studie über erwachsene Experten des Elementarbereiches gewonnen. Für den Wandel des Berufsbildes, der Berufsidentität und entsprechender Rollenerwartungen sind diese Personen sehr wichtige Informationsquellen, ebenso wie für die Veränderungen von Sachdimensionen und strukturellen Bedingungen der Kindertagesbetreuung. Bei der Dimension des sozialen Rahmens bilden die erwachsenen Fachkräfte jedoch nur eine Perspektive der Interaktionspartner ab. Die Sichtweise der Kinder kann hier nur indirekt, sozusagen aus der Spiegelperspektive der Erwachsenen, rekonstruiert werden. Wegen der Komplexität der Zusammenhänge wurde zunächst auf eine Befragung der Kinder verzichtet. In der neueren Kindheitsforschung wird zunehmend auf Kindersurveys zurückgegriffen, welche die Kinder selbst zu Wort kommen lassen.[4] Doch selbst versierte Kindheitsforscher weisen darauf hin, dass in Rekurs auf Piagets Überlegungen zur kognitiven Entwicklung von Kindern das Reflexionsbewusstsein und sprachliche sowie kognitive Kompetenzen im Kindergartenalter noch nicht so weit ausgebildet sind, um komplexere Zusammenhänge zu erfassen, wie dies beispielsweise Auswirkungen von Reformen sind.[5] Die Konzentration auf sprachlich

---

[3] Vergl. Urie Bronfenbrenner, Ökologische Sozialisationsforschung, Stuttgart 1976, S. 203 f.
[4] Jürgen Zinnecker, Forschen für Kinder – Forschen mit Kindern – Kinderforschung, in: Michael Sebastian Honig, Andreas Lange, Hans Rudolf Leu (Hrsg.), Aus der Perspektive von Kindern? – Zur Methodologie von Kindheitsforschung, München 1999, S. 76 ff.
[5] Jutta Ecarius, Kinder ernst nehmen, in: Michael Sebastian Honig, Andreas Lan-

Die qualitative Studie

mitgeteilte Äußerungen reduzieren die Ergebnisse auf für Kinder artikulierbare Sachverhalte, während komplexe Ursache-Wirkungsverhältnisse und diffuse kindliche Erfahrungen dadurch unbenannt bleiben.[6] In aktuellen Studien der Kindheitsforschung wird bisher noch von Interviews mit Kindern unter sieben Jahren abgesehen.[7] Auch beim Kinderpanel des Deutschen Jugendinstitutes wurde in dieser Altersstufe auf Proxy-Interviews mit der Mutter zurückgegriffen. Proxy-Interviews sind eine Form der Befragung, bei der Dritte über die eigentliche Zielperson befragt werden, weil sie in bestimmter Hinsicht nicht verfügbar ist.[8]

Daher wurde innerhalb der Studie auf eine Befragung der Kinder verzichtet und auf die Aussagen der Erzieherinnen hinsichtlich der Verhaltensweisen, Bedürfnisse und Erfahrungen der Kinder zurückgegriffen. Diese Vorgehensweise nimmt einen gewissen Grad an irreduzibler Fremdheit der Erwachsenen gegenüber der Kultur, dem Denken und Handeln von Kindern in Kauf, die immer nur annäherungsweise deren Perspektive erkennen können. Daher ist es wünschenswert, wenn die Ergebnisse dieser Studie künftig mit Ergebnissen spezifischer Beobachtungen an Kindern angereichert werden und womöglich kindgemäße Erhebungstechniken für diese Altersstufe entwickelt werden, die den Blickwinkel von Kindern anhand konkreter, für diese überschaubaren Parameter miteinbeziehen. Aufgrund dieser methodologischen Vorüberlegungen wurden die Erzieherinnen für den Bereich der sozialen Rahmung einerseits hinsichtlich ihrer eigenen Perspektive befragt, andererseits stellvertretend für die Kinder, jedoch nicht nur als Anwalt für deren Be-

---

ge, Hans Rudolf Leu (Hrsg.), Aus der Perspektive von Kindern? – Zur Methodologie von Kindheitsforschung, München 1999, S. 137.
[6] Gerd E. Schäfer, Fallstudien in der frühpädagogischen Bildungsforschung, Michael Sebastian Honig, Andreas Lange, Hans Rudolf Leu (Hrsg.), Aus der Perspektive von Kindern? – Zur Methodologie von Kindheitsforschung, München 1999, S. 76 ff.
[7] Vergl. World Vision Studie »Kinder in Deutschland 2007«, das LBS Kinderbarometer und die Child Well-Being Forschung in: Ministerium für Bildung, Wissenschaft, Weiterbildung und Kultur (MBWJK), 1. Kinder- und Jugend-Bericht Rheinland-Pfalz, Mainz 2010, S. 258 ff.
[8] Vergl. Ministerium für Bildung, Wissenschaft, Weiterbildung und Kultur (MBWJK), 1. Kinder- und Jugend-Bericht Rheinland-Pfalz, Mainz 2010, S. 258.

Methodische Vorüberlegungen

dürfnisse, sondern auch als wesentlicher Interaktionspartner in pädagogischen Bezügen, die als Teil der intergenerationellen Beziehung im Alltag wesentliche Funktionen bei Sozialisationsprozessen übernehmen, indem sie zunächst die Strukturen und Bedingungen für das soziale Miteinander aufbauen und anbieten, die in Kapitel sechs und sieben noch dezidiert beschrieben werden.

Die Bildungspolitik im Elementarbereich unterliegt im Bildungssektor der Hoheit der Länder, daher ist von gewissen Unterschieden in der Ausrichtung der Elementarpädagogik auszugehen. Diese Differenzen sind jedoch vorwiegend struktureller Art und nur in einzelnen Aspekten sind inhaltliche Abweichungen erkennbar, wie beispielsweise die Gestaltung von Interaktion zwischen Erzieherin und Kind im Orientierungsplan von Baden-Württemberg.[9] Daher wurde für diese Studie exemplarisch das Bundesland Rheinland-Pfalz ausgewählt, da Hintergrundinformationen aufgrund des geographischen Forschungsstandpunktes leichter zugänglich sind und mögliche Interviewpartner einfacher zu erreichen sind.

Da die Fragestellung als ergebnisoffen, explorativ und hypothesengenerierend zu betrachten ist, bietet sich ein qualitativer Forschungsansatz an, der zunächst bei den Relevanzsystemen der Betroffenen ansetzt.[10] Nach theoretischen Vorüberlegungen sollen aus dem empirischen Material heraus relevante Phänomene sozialer Wirklichkeit expliziert und Informationen zur Fragestellung gewonnen werden. Es geht also nicht, wie im quantitativen Paradigma, um Verifikation oder Falsifikation von Hypothesen, sondern um Exploration und theoriegenerierende Forschung. Dabei wird das Gesellschaftsmitglied gleichsam als »orientierungs-, deutungs- und theoriemächtiges Subjekt« angesehen, das in einem Kommunikationsprozess Wirklichkeit konstituiert.[11]

Zur Gewinnung relevanter Daten fiel die Entscheidung auf das

---

[9] Ministerium für Kultus, Jugend und Sport Baden-Württemberg, Orientierungsplan für Bildung und Erziehung in baden-württembergischen Kindergärten und weiteren Kindertageseinrichtungen, Stuttgart 2009, S. 45–51.
[10] Vergl. Siegfried Lamnek, Qualitative Sozialforschung, Band 2, München 1988, S. 22 f.
[11] Vergl. ebd., S. 23 f.

Erhebungsinstrument des Experteninterviews, ein leitfadengestütztes Interview, das jedoch durch die Offenheit, Flexibilität und Neutralität der Fragen gekennzeichnet ist. Es dient der systematischen Informationsgewinnung durch die Teilhabe an exklusivem Expertenwissen.[12] Da es gilt, besondere Wissensstände zu erheben, die Personen durch sekundäre bzw. tertiäre Sozialisation im Zuge der Ausdifferenzierung von gesellschaftlichen Prozessen erworben haben, bietet sich das Experteninterview für eine Befragung im pädagogischen Elementarbereich an.

Jochen Gläser und Grit Laudel definieren den Experten wie folgt: »›Experte‹ beschreibt die spezifische Rolle des Interviewpartners als Quelle von Spezialwissen über die zu erforschenden Sachverhalte. Experteninterviews sind eine Methode, dieses Wissen zu erschließen«.[13] Dabei steht jedoch nicht allein die Verfügbarkeit von speziellem Wissen im Vordergrund, sondern auch die Zuständigkeit für problembezogene Entscheidungen. Somit ist der Experte gleichzeitig Verantwortungs- und Entscheidungsträger in seinem spezifischen sozialen Kontext. »Das Experteninterview bietet sich dementsprechend vornehmlich dann als Datengenerierungsinstrument an, wenn die exklusiven Wissensbestände von Experten, die Implementierung und die Kontrolle von Problemlösungen Gegenstand des Forschungsinteresses sind«.[14] Diese Zuschreibung trifft auf alle in diesem Projekt interviewten Personen zu, sowohl auf die pädagogischen Fachkräfte in den Einrichtungen, als auch auf Personen übergeordneter politischer oder kirchlicher Strukturen.

Insgesamt wurde versucht, einen Kompromiss zwischen dem sozial-relationalen Ansatz, demzufolge in gewisser Weise jeder ein Experte sein kann, dem aus der Perspektive des Forschers ein Expertentum zugeschrieben wird und dem sozial-repräsentationalen

---

[12] Vergl. Alexander Bogner, Wolfgang Menz, Das theoriegenerierende Experteninterview, in: Alexander Bogner, Beate Littig, Wolfgang Menz (Hrsg.), Das Experteninterview, Wiesbaden 2005, S. 37.
[13] Jochen Gläser, Grit Laudel, Experteninterviews und qualitative Inhaltsanalyse, Wiesbaden 2009, S. 12.
[14] Michaela Pfadenhauer, Auf gleicher Augenhöhe reden. Das Experteninterview – ein Gespräch zwischen Experte und Quasi-Experte, in: Alexander Bogner, Beate Littig, Wolfgang Menz (Hrsg), Das Experteninterview, Wiesbaden 2005, S. 117.

Methodische Vorüberlegungen

Ansatz zu finden, der einen eher elitaristischen Expertenbegriff vorweist, der am Sozialprestige des Fachmanns orientiert ist.[15] So wurde mit unterschiedlichen Aggregationsebenen gearbeitet, das heißt, es wurden konkrete Untersuchungseinheiten gebildet, welche die Experten in unterschiedliche Gruppen einteilen, die eine bestimmte Verantwortungshierarchie abbilden.

Aus wissenssoziologischer Perspektive ist für den Erkenntnisgewinn der vorliegenden Studie besonders interessant, dass sich Expertenwissen nicht nur aus explizit benennbaren Fakten rekrutiert, sondern gerade auch implizites Wissen über Traditionen, Gewohnheiten und regelhaftes Routinehandeln umfasst, das im Gespräch rekonstruiert werden muss.[16] Im Kommunikationsprozess des Interviews wird einerseits technisches Wissen abgefragt, das sich aufgrund einer speziellen Ausbildung, der Entwicklung einer spezialisierten Fachsprache und eines spezifischen Alltagswissens herausgebildet hat. Weiterhin verfügt der Experte über Prozesswissen, welches sich aus der Verknüpfung von Fachkenntnissen und der alltäglichen, individuellen Auseinandersetzung mit Anforderungen, Problemen und Gegebenheiten seines Spezialkontextes ergibt und im weitesten Sinne als Erfahrungswissen bezeichnet werden könnte. Die größte Bedeutung für das Experteninterview hat jedoch offenbar die Erhebung des Deutungswissens, »also jenen subjektiven Relevanzen, Regeln, Sichtweisen und Interpretationen des Experten«, die als mannigfaltige, inkonsistente »Ideen«, »Ideologien« und Entwürfe von Sinn betrachtet werden können.[17]

Wie bereits bei Michaela Pfadenhauer erwähnt, interessiert im Rahmen qualitativer Sozialforschung vor allem die soziale Relevanz des Expertenwissens. Es existiert schließlich nicht nur im Kopf des Experten, sondern es strukturiert soziale Handlungsfelder und wirkt handlungsleitend und sinnstiftend. Für das Forschungsfeld

---

[15] Vergl. Alexander Bogner, Wolfgang Menz, Das theoriegenerierende Experteninterview, in: Alexander Bogner, Beate Littig, Wolfgang Menz (Hrsg.), Das Experteninterview, Wiesbaden 2005, S. 41
[16] Vergl. ebd., S. 42.
[17] Vergl. Alexander Bogner, Wolfgang Menz, Das theoriegenerierende Experteninterview, in: Alexander Bogner, Beate Littig, Wolfgang Menz (Hrsg.), Das Experteninterview, Wiesbaden 2005, S. 44 f.

der Elementarpädagogik hat dieses Faktum Konsequenzen auf die Art und Weise, wie Erzieherinnen den pädagogischen Alltag konzipieren, welche Atmosphäre sich innerhalb der Gruppe und der Einrichtung entwickelt und wie die Interaktionen zwischen Erwachsenen und Kindern gestaltet werden. Das Expertenwissen wird somit in »besonderem Ausmaß praxiswirksam«.[18] Die Wirkmächtigkeit bezieht sich also direkt auf die Handlungsweisen der involvierten Akteure und somit auch auf die Sozialisationsbedingungen der Kinder. Durch die potenzielle Möglichkeit der Strukturierung sozialer Prozesse und die Durchsetzung eigener Orientierungen in einem funktionalen Organisationskontext besitzt das Expertenwissen daher eine bemerkenswerte soziale Relevanz, die für weitere Überlegungen und Hypothesen bezüglich der Ausgestaltung von Betreuungsarrangements im Elementarbereich fruchtbar gemacht werden sollte.

5.2 Planung und Durchführung der Interviews

Für die hier vorliegende Studie wurden 29 Experteninterviews mit Experten aus dem Fachgebiet der Kindertagesbetreuung in Organisationen des Elementarbereichs durchgeführt. Dabei wurden verschiedene Ebenen sozialer Aggregation berücksichtigt, das heißt es wurden zunächst 24 Erzieherinnen und Kindergartenleiterinnen und insgesamt fünf externe Experten, davon zwei Trägervertreter (ev. Pfarrerin, kath. pastoraler Begleiter), eine Fachberatung, ein Fachschullehrer und eine Beamtin des Landesjugendamtes interviewt. Somit wurden unterschiedliche Verantwortungs- und Wirkungsebenen einbezogen. Folgendes Schaubild zeigt die unterschiedlichen Aggregationsebenen und bildet die unterschiedlichen Zuständigkeiten und Verantwortungsbereiche innerhalb der Kindertagesbetreuung ab. In Klammer wurde die Anzahl der Interviews angegeben, um zu zeigen, welches Gewicht die jeweilige Ebene bei der Gesamtstudie einnimmt. Da die Unmittelbarkeit der

---

[18] Vergl. ebd. S., 45.

Beziehung zum Kind im Vordergrund stand, wurden vor allem Fachkräfte im Kindergarten berücksichtigt.

Aggregationsebenen

| Landesjugendamt (1) |

Überwachung der Umsetzung von KJHG, TAG und KTsG[19]
Erhebung des Betreuungsbedarfs

| Fachschule (1) |

Veränderung des Ausbildungsprofils, der Ausbildungsdauer, Wissenschaftlichkeit/ Praxisorientierung, Einstellung auf veränderte Altersgruppen

| Fachberatung (1) |

Beratung und Begleitung bei Reformprozessen, Reflexion veränderter Betreuungsbedingungen, Fort- und Weiterbildung der Erzieherinnen

| Einrichtungsträger (2) |

Bereitstellung der Sachkosten und des Personalkostenanteils
Vorgesetzter und Betreiber der KITA
Konzeptionelle Verantwortung
Beratung von Mitarbeitern

| Leiterinnen (17) |

Organisation, Verwaltung, Konzeption, Personaleinsatz, Gruppenstrukturen
Kooperation mit Team, Eltern, Träger und gesellschaftlichen Organisationen
Bedarfsplanung des Betreuungsangebotes (Mittagessen, Schlafstätten, etc.)
Aufgaben der Kinderbetreuung wie unter der Ebene Erzieherinnen beschrieben*

| Erzieherinnen (7) |

*Interaktion mit dem Kind, Inhalte, Methoden, Raumgestaltung, Materialeinsatz
Beobachtung, Dokumentation, Vor- und Nachbereitung der päd. Angebote,
Elterngespräche
Kooperation mit Kollegen, Eltern und einzelnen Vertretern
öffentlicher Institutionen

---

[19] Kinder- und Jugendhilfegesetz, Tagesbetreuungsausbaugesetz und Kindertagesstättengesetz RLP.

Die qualitative Studie

Bei der Unterscheidung zwischen Erzieherin und Leiterin sollte beachtet werden, dass alle Leiterinnen zwischen 25 Prozent und 75 Prozent ihrer Arbeitszeit im Gruppendienst am Kind eingesetzt werden und daher ebenfalls über die Perspektive der Erzieherin verfügen. Zwar kann eine qualitative Studie ohnehin keinen Anspruch auf Repräsentativität erheben, dennoch wurden für das Sampling möglichst typische Kindertageseinrichtungen in unterschiedlicher Trägerschaft ausgewählt, also elf katholische, sechs evangelische, sechs kommunale und ein Förderkindergarten der Lebenshilfe.[20] Weiterhin konnten verschiedene soziale Hintergründe berücksichtigt werden, da durch die Datenerhebung der Einrichtungen das soziale Milieu und Einzugsgebiet der Eltern erfasst wird. Unter dieser Prämisse bezeichneten sich fünf Einrichtungen als sozialer Brennpunkt, drei Einrichtungen beanspruchten vor allem Kinder der oberen Mittelschicht zu betreuen und 15 Kindergärten betreuten Kinder aus der Mittelschicht. Geographisch sind die Einrichtungen dem nördlichen Rheinland-Pfalz zuzuordnen, wobei sowohl städtische als auch ländliche Kindergärten besucht wurden. Folgende Regionen und Repräsentanten des Elementarbereichs wurden berücksichtigt:

REGION	REPRÄSENTANTEN ELEMENTARBEREICH
Stadt Sprendlingen	2 Einrichtungen, 1 ev. Pfarrerin
Stadt Mainz	4 Einrichtungen
Stadt Koblenz	2 Einrichtungen, ein kath. pastoraler Begleiter, eine Beamtin des Landesjugendamtes, eine Fachberatung
Kreis Mayen-Koblenz	3 Einrichtungen, ein Fachschullehrer
Rhein-Hunsrück-Kreis	4 Einrichtungen
Rhein-Lahn-Kreis	4 Einrichtungen
Kreis Altenkirchen/ Westerwald	5 Einrichtungen

---

[20] Repräsentativität: Vergl. Hermann Denz, Einführung in die empirische Sozialforschung, Wien 1989, S. 63.

Die Auswahl der Interviewpartner erfolgte nach Gordens Kriterien der Verfügbarkeit von Informationen, dabei spielt die Erreichbarkeit und Bereitschaft potentieller Interviewpartner ebenso eine Rolle wie die Informiertheit über relevante Sachverhalte.[21] So wurde eine Liste zufällig ausgesuchter Einrichtungen erstellt, die sich bezüglich des Trägers, des sozialen Umfeldes und der Stadt-Landstruktur unterschieden. Dann wurde telefonisch Kontakt mit potenziellen Interviewpartnern aufgenommen, das Anliegen des Forschungsprojektes erklärt und bei entsprechendem Interesse ein Interviewtermin vereinbart. Einige Einrichtungen lehnten von vornherein ein Interview ab, sei es aus Gründen der allgemeinen Überlastung, sei es aus Skepsis gegenüber dem Forschungsanliegen. Andere Einrichtungen mussten zunächst teamintern klären, ob die Leitung oder eine Erzieherin das Interview geben konnte. Bei den Trägervertretern, dem Fachschullehrer und dem Landesjugendamt bestanden bereits Kontakte durch die Fachberatung, die entsprechend als Türöffner genutzt werden konnte, um dann wieder zufällig, je nach Bereitschaft Experten, zum Interview auszuwählen. Insgesamt zeigten die unterschiedlichen Experten ein großes Interesse an dem Forschungsthema, da sie es als sinnvoll erachteten, als Informanten zur Beantwortung der Fragestellung beizutragen.

Das Forschungsprojekt erfolgte in zwei Stufen, einer Pretestphase von Oktober 2008 bis März 2009 und eine Hauptuntersuchung von April 2009 bis September 2009. Der Pretest erfüllte den Zweck, die Erhebungsinstrumente, wie etwa den Leitfaden und das Analyseraster zu erproben und mögliche Korrekturen vorzunehmen oder auch ganz pragmatisch die Aufnahmegeräte zu testen. Es stellte sich jedoch heraus, dass keine wesentlichen Änderungen erforderlich waren. Die Interviews fanden jeweils im üblichen Arbeitsfeld der Experten statt, also im Kindergarten, im Pfarramt oder im Landesjugendamt, um den Vorteil der vertrauten Umgebung für die Interviewpartner zu nutzen. Die Interviewpartner wurden vorher über die Notwendigkeit der Aufnahme durch ein

---

[21] Vergl. Jochen Gläser, Grit Laudel, Experteninterviews und qualitative Inhaltsanalyse, Wiesbaden 2009, S. 117.

Die qualitative Studie

Diktiergerät informiert, aber auch über den vertraulichen und anonymen Umgang mit den erfassten Daten.

Der Leitfaden wurde im Vorfeld auf der Grundlage der theoretischen Vorüberlegungen über die unterschiedlichen Aspekte der Bildungsinitiativen und das Konzept des sozialen Rahmens entwickelt. Dabei wurden die Kernbegriffe operationalisiert, um sie einer Befragung der Experten zugänglich zu machen. Der Leitfaden diente als roter Faden des weitestgehend narrativen Interviews, der spezifische Innovationen im Elementarbereich auf den Punkt brachte und damit vergleichbare Erzählanreize für die Interviewpartner zur Verfügung stellte. Die Fragen bezogen sich unter anderem auf neue Lerninhalte, Querschnittsthemen, Aufnahme von unter Dreijährigen, Methoden der Beobachtung und Dokumentation, Sprachförderung, Elternarbeit, einrichtungsinterne Kommunikation, Zusammenarbeit mit anderen Institutionen, Einführung von Qualitätsmanagement, Veränderung des Berufsbildes und Beteiligung an den Reformen.[22] Dabei wurde jede Frage bezüglich der Auswirkungen auf die Sozialisationsbedingungen von Kindern spezifiziert. Die interpersonale Ebene spielte somit bei jeder Frage eine bedeutsame Rolle. Die Experten berichteten über Beobachtungen der Kinder, Alltagshandlungen, Konfliktsituationen, Möglichkeiten und Grenzen ihres Wirkungsfeldes und stellten Relationen her zwischen ihren Handlungsweisen vor und nach den Reformen.

Die Interviews dauerten zwischen 45 und 115 Minuten und wurden auf Diktiergeräten aufgezeichnet. Zur Auswertung wurden vollständige Transkriptionen der Interviews angefertigt. Da qualitative Erhebungsmethoden Texte erzeugen, die für die Fragestellung sowohl relevante als auch irrelevante Informationen liefern, muss ein Auswahlmodus und eine Auswertungsmethode gewählt werden.

Wenn der Text der Interviews selbst das Untersuchungsobjekt darstellt, zum Beispiel in Form von Biographien, haben sich vor allem die Narrationsanalyse nach Fritz Schütze oder die objektive Hermeneutik nach Oevermann bewährt. Kommt es jedoch darauf an, soziale Sachverhalte zu beschreiben, bietet sich die qualitative

---

[22] Der komplette Leitfaden findet sich im Anhang.

Inhaltsanalyse an, die in Deutschland von Philipp Mayring etabliert wurde und unter anderem von Jochen Gläser und Grit Laudel in der Anwendung erprobt und weiterentwickelt wurde. Letztere beschreiben zwei Unterscheidungsmerkmale zu den dominierenden qualitativen Verfahren. »Erstens bleibt« die qualitative Inhaltsanalyse »nicht dem Ursprungstext verhaftet, sondern extrahiert Informationen und verarbeitet diese getrennt vom Text weiter«.[23] Zwar bleibt der Textbezug durch die Quellenangabe des Ursprungstextes erhalten, aber die weitere Analyse wird anhand der extrahierten Informationen durchgeführt. Es geht also um beobachtbare soziale Sachverhalte, die als Wirklichkeit konstituierende Tatsachen weiterverarbeitet werden. Weiterhin wird das Kategoriensystem für die Extraktion relevanter Informationen ex ante entwickelt. »Das Ordnungsschema für die im Text enthaltenen Informationen steht also fest, bevor der Forscher den Text analysiert«.[24]

Anders als bei Verfahren der Sequenzanalyse oder der aus der ›grounded theory‹ entstandenen Codierung, bei denen Interpretationsschemata erst während der Analyse entstehen, steht das Analyseraster bei der qualitativen Inhaltsanalyse mit seinen Indikatoren bereits fest.

»Die qualitative Inhaltsanalyse ist das einzige Verfahren der qualitativen Textanalyse, das sich frühzeitig und konsequent vom Ursprungstext trennt und versucht, die Informationsfülle systematisch zu reduzieren sowie entsprechend dem Untersuchungsziel zu strukturieren. (...). Das geschieht mittels eines Suchrasters, das ausgehend von den theoretischen Vorüberlegungen konstruiert wird«.[25]

Wenn jedoch im Erzähltext Informationen vorkommen, die nicht im Suchraster einsortierbar sind, kann das Kategoriensystem erweitert werden, um der Offenheit des qualitativen Paradigmas zu genügen. Nun werden in den Transkripten die wesentlichen Textstellen markiert, mit codierten Nummern versehen und in die pas-

---

[23] Jochen Gläser, Grit Laudel, Experteninterviews und qualitative Inhaltsanalyse, Wiesbaden 2009, S. 46.
[24] Ebd., S. 47.
[25] Jochen Gläser, Grit Laudel, Experteninterviews und qualitative Inhaltsanalyse, Wiesbaden 2009, S. 200.

Die qualitative Studie

senden Kategorien des Suchrasters einsortiert. Die Codenummern bilden dabei keine inhaltlichen Kategorien, sondern geben eine einfache numerische Reihenfolge wieder, um die entnommene Textstelle jederzeit im entsprechenden Erzähltext wieder zu finden. Dieses Ordnungssystem dient dazu, Interviewpassagen nach der Paraphrasierung und Transformation in höhere Abstraktionsebenen rückverfolgen zu können. An folgendem Beispiel kann die Vorgehensweise plausibilisiert werden:

»Interviewpartner: Also wir machen das auch, diese Doku-Mappen. *KkoLau/LE 42* Tun da auch sehr viel von den Kindern, also mit Bildern, mit was die gemalt haben, auch mit dem Sprach- was die (…..) da macht, kommt alles so da rein in diese Mappe. Sehr umfangreich, ja dann werden Beobachtungen auch zwischendurch geschrieben, wo dann … *KkoLau/LE 43* aber es fehlt ja dann immer wieder die Zeit, um mit den Kindern was zu machen. Weil ja einer sich dann auch wieder rauszieht. *KkoLau/LE 44* Oder auch dieses ganze Schriftliche, also das ist auch sehr zeitaufwändig und das macht man auch zwischendurch eigentlich. Und da müsste eigentlich auch mehr einfach mehr Zeit, mehr Vorbereitungszeit … *KkoLau/LE 46* Und das merkt man auch an den Kindern. Die Kinder sind einfach lauter. Die sind einfach … das merken die Kinder, wenn man was am machen ist, dementsprechend ist die Gruppe … steht Kopf, das ist so!«[26]

Bei jedem Sinnabschnitt wird eine neue Codenummer vorangestellt. Die Aussage wird nun in das Untersuchungsraster einsortiert. Dabei bleiben die Merkmalsausprägungen zunächst als freie verbale Aussagen bestehen, die erst im Verlauf der weiteren Analyse paraphrasiert und klassifiziert werden. Irrelevante Informationen, wenn die Aussagen der Fachkräfte nicht zur Beantwortung der Forschungsfrage beitragen, werden dagegen nicht markiert. Eine Kenntnis der Kategorien des Analyserasters muss bei der Nummerierung der Sinnabschnitte bereits vorausgesetzt werden, um eine Entscheidung über die Relevanz der Aussagen für die Forschungsfrage überhaupt möglich zu machen.

---

[26] Die Codierten Kürzel zeigen jeweils an, aus welchem Interview an welcher Stelle der Erzähltext entnommen wurde.

5.3 Das Analyseraster

Grundlage des Analyserasters bilden die theoretischen Vorüberlegungen, die aufgrund der Ziele der unterschiedlichen Bildungsinitiativen und des Konzeptes des sozialen Rahmens entwickelt wurden. Insgesamt wurden zehn forschungsrelevante Variablen ermittelt, die noch jeweils in drei bis sechs Unterkategorien unterteilt wurden. Hierbei ist zu beachten, dass der Begriff der Variablen im Kontext der qualitativen Inhaltsanalyse über eine eigene Definition verfügt, die unbedingt von der Konnotation im quantitativen Paradigma unterschieden werden muss. Denn hier werden Variablen als »eindimensionale Konstrukte behandelt, mit denen veränderliche Eigenschaften von Objekten beschrieben werden«.[27] Gläser und Laudel beziehen sich jedoch auf das Verständnis von Variablen nach Niklas Luhmann. Für ihn sind Variablen Begriffe, die »planmäßig unbestimmt« bleiben bzw. »Leerstellen«, die »nicht beliebig«, sondern »durch begrenzte Möglichkeiten« angefüllt werden.[28] Sie definieren Variablen als »Konstrukte, die veränderliche Aspekte der sozialen Realität beschreiben«, die »komplex sein«, »mehrere Dimensionen« haben und »unterschiedlich skaliert sein« können, und betrachten statistische Variablen als »eindimensionalen Spezialfall«.[29] Somit müssen komplexe Variablen nicht auf eindimensionale, quantifizierbare Aspekte reduziert werden. Daher sind die Variablen hier noch unterteilt in weitere Indikatoren, die relevante Unterkategorien bilden.

Für die praktische Forschungsarbeit wurde das Analyseraster in eine Exceltabelle eingearbeitet, wodurch komplette Zitatstellen mit der vorangestellten Codenummer Platz sparend und übersichtlich einsortiert werden konnten. Bei jeder Sinneinheit musste nun sorgfältig geprüft werden, in welche Kategorie sie einzuordnen ist. Dazu

---

[27] Jochen Gläser, Grit Laudel, Experteninterviews und qualitative Inhaltsanalyse, Wiesbaden 2009, S. 79.
[28] Niklas Luhmann, Funktion und Kausalität, in: Jürgen Friedrichs, Karl Ulrich Mayer, Wolfgang Schluchter (Hrsg.), Soziologische Theorie und Empirie, Opladen 1997, S. 24.
[29] Jochen Gläser, Grit Laudel, Experteninterviews und qualitative Inhaltsanalyse, Wiesbaden 2009, S. 79.

Die qualitative Studie

wurden spezifische Extraktionsregeln entwickelt, die eine vergleichbare Vorgehensweise bei allen Interviews ermöglichen.[30] Die Extraktion von Informationen aus einem Erzähltext und die Zuordnung zu Kategorien stellt grundsätzlich eine Entscheidung und Interpretationen des Forschers dar, daher ist die Möglichkeit der Offenlegung dieses Prozesses und die Rückverfolgbarkeit des Items bis zum Gesamtkontext des Interviews wichtig. Dies ist, wie oben erwähnt, durch die Ausstattung mit Codenummern gewährleistet.

Nach dem Prinzip der Offenheit dürfen dem Suchraster nachträglich noch Kategorien hinzugefügt werden, welche sich aus den Relevanzsystemen der Interviewpartner ergeben und die aus Sicht von Experten und Forscher als bedeutsam gelten. Eine solche Nachsorge kam bei der gesamten Auswertung bei keiner der Variablen, jedoch bei einigen Indikatoren vor. Die aus dem Material ergänzten Indikatoren sind kursiv hervorgehoben. Zur Übersicht werden nun die einzelnen Kategorien des Analyserasters vorgestellt.

	Variablen	Indikatoren
(1.)	Kollektive/individuelle Sozialisationsprozesse	Einzelkind, Kleingruppe, Großgruppe
(2.)	Beschäftigungsfokus	Pro Kind, pro andere Interaktionspartner, Pro Dokumentation, *Fokuskonfusion*
(3.)	Strukturelle Veränderungen	Personalschlüssel, Gruppengröße, Altersmischung, *Sozialstruktur, Vorbereitungszeit, Öffnungszeiten*
(4.)	Inhaltliche Veränderungen	Lerngegenstände, Erziehungsziele, Veränderte Lerninhalte
(5.)	Methodische Veränderungen	Arbeitsweisen, Methodische Umsetzung, Zugang Kind
(6.)	Materielle Veränderungen	Material, Räume, Medien, *Fachliteratur*, Geld

---

[30] Vergl. Jochen Gläser, Grit Laudel, Experteninterviews und qualitative Inhaltsanalyse, Wiesbaden 2009, S. 218.

Das Analyseraster

	Variablen	Indikatoren
(7.)	Beziehung zum Kind	Sozialer Rahmen, Ressourcenorientierung, Defizitorientierung, Kenntnis des individuellen Entwicklungsstandes, Einstellung zum Kind, *Kind als Miterzieher*
(8.)	Berufsbild	Veränderte Aufgaben, Erwartungen der Bezugsgruppen, Selbstverständnis, Veränderte Bezugsgruppen, Fortbildung, *Ausbildung*
(9.)	Unterstützung/ Belastung im Reformprozess	fördernde Faktoren, hemmende Faktoren, hinreichende, notwendige, verhindernde Bedingungen
(10.)	Auseinandersetzung mit den Reformen	Motivation, Partizipation, widerständige Aneignung, Auseinandersetzung im Arbeitsteam, beratende Unterstützung, *Image des Kindergartens*

Die Kriterien entsprechen weitestgehend den Parametern der sozialen Ökologie menschlicher Entwicklung nach Urie Bronfenbrenner.[31] Es werden sowohl Ebenen der räumlichen und materiellen Umgebung, der sozialen Interaktion und informeller Netzwerke sowie übergeordnete ideologische Systeme berücksichtigt. Die Variablen eins, zwei, sieben, acht und neun nehmen stärker Bezug auf das Konzept des sozialen Rahmens, während die Punkte drei, vier, fünf, sechs und zehn eher im Zusammenhang mit den Bildungsinitiativen stehen. Die relevanten Aspekte der theoretischen Vorüberlegungen wurden verglichen und in den Kategorien des Analyserasters operationalisiert. An dieser Stelle soll kurz die Bedeutung der einzelnen Indikatoren für die Beantwortung der Forschungsfrage geklärt werden.

(1.) Die erste Variable »Kollektive/individuelle Sozialisationsprozesse« differenziert die Antworten der Experten insofern, als face-to-face Interaktionen mit einem einzelnen Kind, innerhalb von Kleingruppen von maximal fünf Kindern oder in der Gesamtgruppe stattfinden. Dabei ist anzunehmen, dass die Intensität der Zu-

---

[31] Vergl. Urie Bronfenbrenner, Ökologische Sozialisationsforschung, Stuttgart 1976, S. 203 ff.

wendung zum einzelnen Kind unterschiedlich stark ausgeprägt ist. Aufgrund des Postulats der individuellen Förderung des einzelnen Kindes in den BEE soll hier in Erfahrung gebracht werden, inwiefern die Konzentration der Fachkraft tatsächlich auf das einzelne Kind gerichtet ist oder ob es eher zu einer abgestuften, geteilten Aufmerksamkeit in Klein- bzw. Großgruppen kommt.

(2.) Die zweite Untersuchungskategorie »Beschäftigungsfokus« unterscheidet, ob sich die Tätigkeit der Erzieherin vor allem auf das Kind, auf Kommunikationspartner wie Eltern, Träger, Grundschule, Therapeuten, etc. richtet oder ob sie vor allem mit schriftlichen Arbeiten der Verwaltung und Dokumentation beschäftigt ist. Das Item »Fokuskonfusion« wurde nachträglich ergänzt, da die Experten häufiger Situationen beschreiben, in denen sich Anforderungen überschneiden, der Schwerpunkt der Tätigkeit für die Person nicht identifizierbar ist und eine Konzentration auf einen Sachverhalt nicht möglich ist. Antworten, die unter dieser Variable subsumiert werden, zeigen damit Tendenzen auf, inwieweit sich der Fokus der Aufmerksamkeit durch die Bildungsinitiativen verlagert hat.

(3.) »Strukturelle Veränderungen« beziehen sich vor allem auf die Gruppengröße, Personalschlüssel, Altersstruktur der Kinder, sozialstrukturelle Kontexte, Öffnungszeiten der Einrichtung und Vorbereitungszeiten der Fachkräfte. Dies sind mit Ausnahme sozialstruktureller Kontexte gesetzlich vorgegebene Größen, die sich je nach politischen Mehrheiten und Entscheidungslagen verändern können. Sozialstrukturelle Kontexte sind vorbestimmt durch das soziale Umfeld des Kindergartens, das jedoch ebenfalls einem Wandel unterliegt. Die Konstanz beziehungsweise die Veränderung von Rahmenbedingungen kann bedeutsamen Einfluss auf die Beschaffenheit der Kinderbetreuung haben. Allein die Dauer des Aufenthaltes ist für ein Kind eine wesentliche Größe, aber auch, wie die Relation von Erzieherinnen und Kindern und die altersmäßige Zusammensetzung der Gruppe beschaffen sind. Öffnungszeiten und Zeit der Vorbereitung bestimmen darüber, ob Aufgaben der Kooperation, Kommunikation und Verwaltung während der Kinderbetreuung oder zu gesonderten Zeitpunkten erfolgen können.

Das Analyseraster

(4.) »Inhaltliche Veränderungen« der pädagogischen Arbeit verdeutlichen, mit welchen Lerngegenständen sich Erzieherin und Zögling befassen, welche Erziehungsziele sich dahinter verbergen und wie sich dadurch Inhalte und Gestaltung des pädagogischen Alltags verändern. Diese Variable könnte den Beschäftigungsfokus mit den Kindern modifizieren, je nachdem, ob zusätzliche Inhalte hinzukommen, ob vorhandene Themen ersetzt werden und ob neue Ziele zu formaleren Zugangsweisen oder strukturierteren Arbeitsweisen führen. Die Auseinandersetzung mit unterschiedlichsten Lerngegenständen beeinflusst auch die Interaktion mit dem Kind.

(5.) Wie die Inhalte methodisch an zu Erziehende herangetragen werden, spezifiziert Variable fünf. Grundsätzlich sind verschiedene Vorgangsweisen mit Kindern zu denken, die Kinder stärker einbeziehen oder bevormunden. Sie können eher funktionsorientiert oder situationsorientiert vermittelt werden. Methoden erfordern beim Zugang zum Kind unterschiedliche Grade von Distanz und Nähe und bestimmen somit auch das Wesen der Betreuung, die Beschaffenheit der Zuwendung und die Intensität der Beziehung mit.

(6.) Die materielle Ausstattung von Kindertageseinrichtungen bildet eine Grundlage der Lernumgebung. »Materielle Veränderungen« geben Auskunft darüber, ob zusätzlich Räume, Medien, Materialien oder Finanzen zur Verfügung gestellt werden, um die Umsetzung der Bildungsinitiativen zu unterstützen. Dabei geht es nicht nur darum, eine moderne Ausstattung zu präsentieren, sondern vor allem um den Lernbedürfnissen der Kinder durch geeignete räumliche Differenzierung, adäquate Beschäftigungsmöglichkeiten und eine ästhetisch angemessene Gestaltung gerecht zu werden. Entscheidend ist somit, ob neue Anforderungen auch materiell unterfüttert werden.

(7.) Ein wesentlicher Punkt des Analyserasters bildet Variable sieben, die dezidert Äußerungen über die Gestaltung der pädagogischen Beziehung zwischen Erzieherin und Kind gewidmet ist. Un-

Die qualitative Studie

ter dieser Kategorie können Aussagen über das Engagement innerhalb des sozialen Rahmens oder über Faktoren der Entfremdung gesammelt werden. Es wird zusätzlich differenziert zwischen ressourcenorientierten und defizitorientierten Haltungen der Fachkräfte und einem spezifischen Bild vom Kind, Kenntnissen über den Entwicklungsstand der Schützlinge und der intragenerationellen Beziehungen der Kinder untereinander. Gerade unter diesem Punkt sind direkte Hinweise über die Beschaffenheit der Betreuung, die Intensität der Zuwendung und die Güte der Fürsorge zu erwarten.

(8.) Unter dem Punkt »Berufsbild« wird der Fokus auf die Selbstwahrnehmung der Erzieherin mit ihrem beruflichen Selbstverständnis gerichtet. Dieses ist jedoch nicht nur geprägt von ihrer Selbstreflexion, sondern auch von Erwartungen und Anforderungen anderer Bezugsgruppen. Ebenso können hier Aussagen über Auswirkungen beruflicher Aus-, Fort- und Weiterbildung im Rahmen der Bildungsinitiativen einsortiert werden Da die erwachsene Bezugsperson einen bedeutsamen Sozialisationsfaktor für kindliche Personalisation bildet, kann erwartet werden, dass auch in dieser Kategorie wesentliche Indizien für die Forschungsfrage zu finden sind.

(9.) In Kategorie neun des Analyserasters werden die Äußerungen eingeordnet, die dezidiert Wertungen der Fachkräfte über die Umsetzbarkeit der politischen Innovationen in der Praxis enthalten. Dazu gehören auch positive und negative Auswirkungen der Bildungsinitiativen auf Sozialisationsbedingungen von Kindern. Hier werden Faktoren identifiziert, die insgesamt als fördernd oder hemmend für die Situation der Kinderbetreuung erlebt werden.

(10.) Die unterschiedliche Abstufung von Beteiligung an und Auseinandersetzung mit den Reformen und damit einhergehende Motivation bzw. widerständige Haltungen der Erzieherinnen werden im letzten Punkt aufgegliedert. Dieser Indikator ist der Annahme geschuldet, dass die Einstellung der Fachkräfte gegenüber den neuen Anforderungen die Gesamtsituation der Kinderbetreuung beeinflussen und somit auch Auswirkungen auf den individuellen Umgang mit Kindern haben kann.

Insgesamt strukturiert das Suchraster die aus dem Text extrahierten, für die Forschungsfrage relevanten Informationen in logische Kategorien, indem jede relevante Textstelle in einer Exceltabelle unter dem passenden Kriterium einsortiert wird. Damit erfolgt zugleich ein erster Schritt der Reduktion von Text, da alle für die Forschungsfrage bedeutungslosen Passagen unberücksichtigt bleiben.

Im nächsten Schritt der Analyse werden dann die Rohdaten zunächst »aufbereitet, das heißt, zusammengefasst, auf Redundanzen und Widersprüche geprüft und nach für die Auswertung relevanten Kriterien sortiert.«[32] Dies bedeutet, dass zuerst ähnliche Antwort-Items zu paraphrasierten Aussagen zusammengefasst werden. Es ist möglich, dass jetzt noch einzelne Aussagen als redundant für die Forschungsfrage auffallen, die dann ausgesondert werden müssen. Danach werden dem Forschungsgegenstand angemessene Kriterien gebildet, unter welchen man die Ergebnisse subsumieren kann oder gar eine Typologie von Aussagen treffen kann.

5.4 Typisierung der Analyseeinheiten

Die folgende Analysestrategie wird nach sachlichen Gesichtspunkten geordnet. Durch die große Anzahl von Fällen wird nicht der Weg über die Einzelfallanalyse gewählt, sondern alle Fälle werden nach gemeinsamen Merkmalsausprägungen durchsucht und anhand einer Typisierung nach Gemeinsamkeiten und Unterschieden geordnet. Diese Art von Typisierung wird nicht anhand der Konsistenz der Aussagen einzelner Personen gebildet, sondern aufgrund inhaltlicher Merkmalsausprägungen, die fallübergreifend sortiert werden.

---

[32] Jochen Gläser, Grit Laudel, Experteninterviews und qualitative Inhaltsanalyse, Wiesbaden 2009, S. 202.

»Eine Typisierung ist eine Gruppierung von Fällen entsprechend ihren Merkmalsausprägungen in einer oder mehreren Dimensionen. Voraussetzung dafür ist eine Zusammenfassung von Merkmalsausprägungen in Werteklassen.«[33]

Diese Vorgehensweise entspricht der vergleichenden und fallübergreifenden Synopse bei Kelle und Kluge, die eine Kategorienbildung für das gesamte Datenmaterial und eine vergleichende Analyse aller Textpassagen vorsehen.[34] Dabei sollen die Typen von interner Homogenität und von externer Heterogenität gekennzeichnet sein. Die Ausprägung der Typen soll »nach inhaltlichen Sinnzusammenhängen zwischen den Merkmalen« ausgerichtet sein und im Sinne Max Webers und Uta Gerhardts den subjektiv gemeinten Sinn erfassen, aber auch analytisch den objektiven Sinn abschöpfen.[35] Im Falle dieser Studie sind die Untersuchungseinheiten nach der Extraktion der Sachinformationen nicht etwa die befragten Personen, sondern inhaltliche Kategorien, die sich durch eine Typologie in Sinnzusammenhänge ordnen lassen.

Um die Analyse der extrahierten Textstellen weiter auf relevante Aspekte der Forschungsfrage zu spezifizieren, werden nun die Indikatoren des Analyserasters hinsichtlich ihrer Bedeutung für die Sozialisationsbedingungen von Kindern untersucht und in Form einer inhaltlichen Typisierung zusammengefasst. Dies ist nur möglich, wenn nicht nur alle relevanten Textstellen bzw. ihre bereits durch Paraphrasierung und Zusammenfassung aufbereiteten Extraktionen, sondern auch alle Kategorien des Analyserasters sich in eine solche Klassifizierung einordnen lassen, damit keine Information verloren geht.

Die Aussagen der Experten der vorliegenden Studie wurden klassifiziert in Aspekte a) der sozialen Rahmung im Betreuungsverhältnis zum Kind, b) der Berufsidentität und des beruflichen Selbstverständnisses der Erzieherin, c) der Sachdimensionen, wie

---

[33] Ebd., S. 250.
[34] Vergl. Udo Kelle, Susann Kluge, Vom Einzelfall zum Typus, Opladen 1999, S. 70 ff.
[35] Udo Kelle, Susann Kluge, Vom Einzelfall zum Typus, Opladen 1999, S. 92 f.

Lerninhalte, Materialien und Medien, die den Betreuungsalltag bestimmen und d) der strukturellen Bedingungen, wie Personalschlüssel, Gruppengröße, Verfügungszeit, Altersmischung und Öffnungszeiten, die alle Einfluss auf die Sozialisationsbedingungen von Kindern haben. Diese Typologie wurde anhand des Materials erprobt und konnte nach Einführung von Unterkategorien tatsächlich spezifische Merkmalsausprägungen und Sinnzusammenhänge zusammenfassen. Weiterhin umfassen die vier Typen alle Dimensionen der räumlichen und stofflichen Anordnung der Umwelt des Kindes und der unmittelbar an der Interaktion mit dem Kind beteiligten Personen und ihren sozialen und psychischen Handlungsformen, aber auch den ideologischen Überbau von Kinderbetreuung in Gestalt von gesellschaftlichen Normen und Werten im Sinne Bronfenbrenners Parametern der sozialen Ökologie menschlicher Entwicklung.[36] Folgende Tabelle zeigt die inhaltlichen Kriterien der Typologie im Überblick:

	INHALTLICHE TYPISIERUNG DER ANALYSEERGEBNISSE
a)	**ENGAGEMENT INNERHALB DES SOZIALEN RAHMENS VON ERZIEHERIN UND KIND** Möglichkeiten und Grenzen des Engagements innerhalb der pädagogischen Beziehung. Merkmale von Intensivierung oder Entfremdung der sozialen Rahmung.
a)1	**Qualitative Veränderungen in der pädagogischen Beziehung zum Kind** Haben sich das Engagement und der gegenseitige Verpflichtungscharakter des sozialen Rahmens verschoben? Hat sich die Intensität der Beziehung, die Beschaffenheit der Zuwendung, das Wesen der Betreuung modifiziert?
a)2	**Quantitative Veränderungen in der pädagogischen Beziehung zum Kind** Wurden die Zeitressourcen für das einzelne Kind/die Kinder erweitert oder reduziert? Haben sich Arbeitsschwerpunkte und Anforderungen verschoben hin zum Kind oder weg vom Kind?

---

[36] Vergl. Urie Bronfenbrenner, Ökologische Sozialisationsforschung, Stuttgart 1976, S. 203 f.

Die qualitative Studie

	INHALTLICHE TYPISIERUNG DER ANALYSEERGEBNISSE
a)3	**Beschäftigungsfokus individuell oder gruppenorientiert** Steht individuelle Unterstützung oder Gruppenförderung im Vordergrund? In welchen Arbeitsformen (Individualförderung, Kleingruppen, Großgruppen) wird dies umgesetzt?

b)	**BERUFSVERSTÄNDNIS** Bedeutung der Selbstwahrnehmung und Fremdwahrnehmung der Erzieherin in ihrem Berufsalltag für gelungene Interaktionsprozesse. Das Berufsbild der Erzieherin reicht von kindzentrierten Aktivitäten über Organisation, Verwaltung, Elternberatung bis hin zu Kooperation mit Institutionen. Welche Schwerpunkte bilden sich infolge der Reformen heraus?
b)1	**Selbstbild der Erzieherinnen** Welche Aufgabenbereiche haben sich verändert oder sind hinzugekommen und können durch Aus- und Fortbildung vertieft werden? Welches professionelle Selbstbild und Selbstverständnis hat die Erzieherin und welche Erwartungen von außen dringen auf sie ein?
b)2	**Identifikation mit den Reformen** Wandlungsprozesse erfordern Einsatz und Arbeitsaufwand aller Beteiligten. Welche Faktoren beeinflussen die Motivation zur Umsetzung, zur widerständigen Aneignung oder zur Blockade der Reformen?

c)	**SACHDIMENSIONEN** Bildungsinitiativen leiten konzeptionelle Veränderungen ein, die in pädagogische Praxis umgesetzt werden. Welche Neuerungen ergeben sich bei Inhalten, materiellen und räumlichen Aspekten?
c)1	**Lernbereiche und Arbeitsinhalte** Welche Themenbereiche wurden neu integriert, welche zusätzlichen Dimensionen der pädagogischen Arbeit eingeführt?
c)2	**Materielle Bedingungen** Wie haben sich Raumausstattung, Materialangebot und Mediennutzung verändert? Hat sich die materielle Situation durch die Bildungsinitiativen verändert?

Typisierung der Analyseeinheiten

d)	**STRUKTURELLE BEDINGUNGEN**	
	Die Rahmenbedingungen bilden eine Summe von Faktoren, die relevanten Einfluss auf die gemeinsame Situation von Kindern und Erwachsenen in der Kindertageseinrichtung haben. Auch sozialstrukturelle Hintergründe wirken auf die soziale Interaktion. Ebenso wirken methodische Aspekte auf das Verhältnis von Erwachsenen und Kindern.	
d)1	**Sozialstrukturelle Faktoren in der Familie**	
	Die sozialstrukturellen Bedingungen der Kinder in ihren Familien bilden einen äußeren Einflussfaktor auf die Binnenwelt des Kindergartens. Welche Faktoren werden durch die Bildungsinitiativen beeinflusst?	
d)2	**Rahmenbedingungen im Kindergarten**	
	Veränderung struktureller Größen wie Gruppengröße, Erzieher-Kind-Schlüssel, Altersmischung und Sozialstrukturen sowie veränderte Raumangebote nehmen Einfluss auf die Intensität der Beziehung, die Beschaffenheit der Zuwendung, das Wesen der Betreuung.	
d)3	**Methodik und Didaktik**	
	Innovative methodische Zugänge zu Kindern, z. B. durch Beobachtung, Dokumentation, Projekte und formale Lernangebote, wirken auf die Gestaltung sozialer Interaktion zwischen Erzieherin und Kind.	

Nach der Einordnung der Informationen in das Analyseraster werden die Daten nun nach Sinnzusammenhängen aufbereitet und nach inhaltlichen Kategorien typisiert. Dabei werden die in unterschiedlichen Interviews verstreuten Informationen in bestimmte Merkmalskombinationen zusammengefasst, die am Ende eine Typologie bilden. Um der Fülle der gewonnenen Daten und der Differenziertheit ihrer inhaltlichen Aussagen gerecht zu werden, wurden die einzelnen Typen noch in mehrere Unterklassen eingeteilt, um die Vielfalt der Aussagen nicht zu sehr zu nivellieren. Am Beispiel der Sachdimension 3.2 kann diese Vorgehensweise nachvollzogen werden.

3.2 Materialien, Räume, Medien und Geld (So 09)		
Nr.	Unterklasse	Anzahl der Aussagen
3.2.1	Neue Nebenräume	2
3.2.2	Neue Medien wie Laptops	2
3.2.3	Eigenproduktion von Spielmaterial	1

3.2 Materialien, Räume, Medien und Geld (So 09)		
3.2.4	Mehr Geld für Material	3
3.2.5	Neue Ordner für Kinder	3
3.2.6	Neue Raumgestaltung	8
3.2.7	Mangel an Spielmaterial	0
3.2.8	Marodes Raumangebot	15
3.2.9	Zu wenig Fortbildungsgeld	4
3.2.10	Schlechte materielle Ausstattung	5
3.2.11	Material für altersspezifische Förderung	1
3.2.12	Keine materiellen Neuanschaffungen	0
3.2.13	Keine Gelder für mehr Personal	1
3.2.14	In reduzierten Gruppen mehr Spielmaterial pro Kind	1

Nach einer Überprüfung der Tauglichkeit der Typologie anhand des Materials wurden alle aufbereiteten Extraktionen des Pretests, der Hauptuntersuchung und aus der Befragung der externen Experten in einer Typentabelle zusammengefasst. In einem letzten Schritt erfolgte dann eine Klassifizierung zur Beantwortung der Forschungsfrage, die im nächsten Abschnitt beschrieben wird.

Der Ablauf der vorliegenden qualitativen Inhaltsanalyse erfolgt somit in den Schritten 1) Transkription, Codierung und Extraktion der Interviewtexte, 2) Einordnung in das ex ante entwickelte Analyseraster, 3) Paraphrasierung und Kategorisierung der Extraktionsergebnisse, 4) Analyse der Extraktionsergebnisse anhand einer an inhaltlichen Aspekten der Forschungsfrage orientierten Typisierung, 5) Auswertung der Ergebnisse durch Bildung von inhaltlich plausiblen Klassifizierung der Expertenaussagen zur Beantwortung der Forschungsfrage und Einordnung dieser Ergebnisse in spezifische Theoriekontexte. Dieser Vorgang kann in folgendem Schaubild nachvollzogen werden:[37]

---

[37] Vergl. Jochen Gläser, Grit Laudel, Experteninterviews und qualitative Inhaltsanalyse, Wiesbaden 2009, S. 200

Typisierung der Analyseeinheiten

```
Interpretation    5.
     ↑
   Analyse        4.
   ↗ ↑ ↖
  □  □  □         3. Extraktionsergebnisse
  ↑  ↑  ↑
 Suchraster       2.
   ↗ ↑ ↖
 dgf dfg dfg
 ölk hg  fgh      1. Texte
 nm  hjk dhj
```

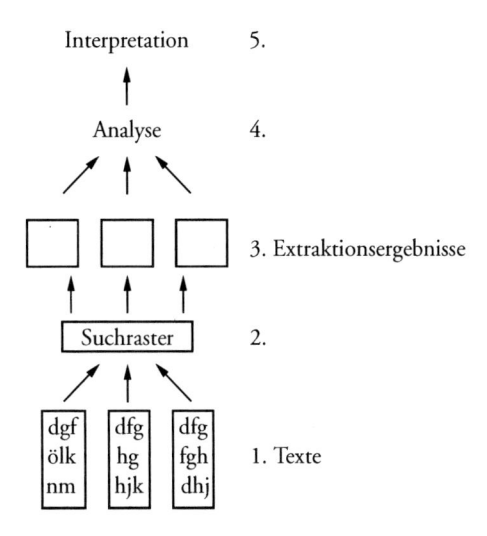

Für die Darstellung qualitativer Forschungsergebnisse bestehen grundsätzlich zwei Möglichkeiten. Entweder die Daten werden aggregiert und systematisch aufbereitet oder sie werden einzeln dargestellt und interpretiert, was eine Auswahl erforderlich macht, denn die gesamte Datenfülle einer qualitativen Untersuchung kann unmöglich aufgelistet werden.[38] In der vorliegenden Arbeit soll ein Kompromiss zwischen beiden Darstellungsformen gewählt werden, was auch der Auswertungsmethode der qualitativen Inhaltsanalyse entspricht. Zunächst werden nun die Gesamtergebnisse der Studie anhand einer Klassifizierungstabelle expliziert. Sie liefert einen Überblick über die die Sozialisationsbedingungen von Kindern förderlichen und hemmenden Faktoren sowie über Faktoren, die wirkungsneutral bleiben. Die einzelnen Aspekte werden jeweils beschrieben und zusammengefasst. So entsteht ein erster Überblick über die empirischen Forschungsergebnisse. Dann werden Schlussfolgerungen aus diesen Erkenntnissen gezogen und Widersprüche der Experten expliziert. Die Ergebnisse werden in Zusammenhang mit den theoretischen Vorüberlegungen über die Anforderungen

---

[38] Vergl. ebd., S. 272.

der Reformen und das Konzept des sozialen Rahmens gebracht. Anschließend werden unterschiedliche Expertenaussagen aus den Erzähltexten in einen theoriegeleiteten Kontext gestellt, um Hypothesen über die Bedeutung der Ergebnisse zu generieren. Inwieweit dazu die theoretischen Vorüberlegungen ausreichend sind oder weitere Theorien hinzugezogen werden, wird in Kapitel sechs und sieben erläutert.

5.5 Empirisch erfasste Gesamtergebnisse

Auf der Grundlage der Typisierung der Expertenaussagen nach inhaltlichen Aspekten erfolgt nun eine Klassifizierung der Gesamtergebnisse, um bestimmte Ursache-Wirkungs-Zusammenhänge aufzuzeigen. Mit dieser systematisch aufbereiteten Übersicht wird eine strukturierte Gesamtschau der erhobenen Daten möglich, die erstens expliziert, wie die Experten die Folgen der Bildungsinitiativen für Sozialisationsbedingungen von Kindern einschätzen und die zweitens Tendenzen und Widersprüche der Forschungsergebnisse verdeutlicht, die eine anschließende fachliche Reflexion und theoretische Interpretation der Ergebnisse ermöglicht.[39]

Wie bereits in Kapitel 5.1 beschrieben, wurden die aus den Interviewtexten extrahierten Sachverhalte zunächst in ein aus den theoretischen Vorüberlegungen entwickeltes Analyseraster einsortiert, danach die Antworten in jeder einzelnen Kategorie zusammengefasst und paraphrasiert, um über eine inhaltliche Typisierung zu einer Klassifizierung der Antworten hinsichtlich ihrer konkreten Wirkung auf die Betreuungssituation von Kindern zu gelangen. Diese Klassifizierung bildet eine weitere Stufe der Abstraktion von Informationen aus der Textbasis und ermöglicht, die Vielzahl der Fälle anhand bestimmter Merkmalsausprägungen zu vergleichen. Um Kausalmechanismen anzudeuten, eignet sich eine Klassifizierung, die sich an Kriterien von positiver oder negativer Wirkung

---

[39] Vergl. Jochen Gläser, Grit Laudel, Experteninterviews und qualitative Inhaltsanalyse, Wiesbaden 2009, S. 272.

einzelner Indikatoren orientiert. Somit wurde eine Gegenüberstellung der die Sozialisationsbedingungen von Kindern fördernden und hemmenden Faktoren vorgenommen.[40] Dabei tauchten zwangsläufig auch Faktoren auf, die von den Experten nicht eindeutig als fördernd oder hemmend beschrieben wurden und daher unter einer dritten Kategorie neutraler Faktoren subsumiert wurden. Die Interviewpartner formulierten sprachlich sehr eindeutig, welche Aspekte und Folgen der Bildungsinitiativen sie als förderlich bzw. als hemmend für die Sozialisationsbedingungen der Kinder wahrgenommen haben. Aufgrund der Eindeutigkeit dieser Aussagen kann die Interpretation der hemmenden oder förderlichen Aspekte direkt aus den artikulierten Perspektiven der betroffenen Experten erfolgen und erfordert lediglich die Abstraktionsleistung der Forscherin, um die Items in den passenden Typus einzuordnen. Die intersubjektive Nachvollziehbarkeit ist jedoch durch eine Gegenüberstellung der inhaltlichen Typisierung und der kategorialen Klassifizierung jederzeit möglich.[41]

5.5.1 Klassifizierung

Im Folgenden soll nun eine Übersicht über die Gesamtergebnisse der Interviews expliziert werden. In der tabellarischen Darstellung wurde eine Strukturierung des Textmaterials in folgende Kategorien vorgenommen:[42]

1) Für Sozialisationsbedingungen förderliche Faktoren der Bildungsinitiativen
2) Für Sozialisationsbedingungen hemmende Faktoren der Bildungsinitiativen
3) Wirkungsneutrale Faktoren der Bildungsinitiativen

---

[40] Vergl. ebd., S. 251.
[41] Vergl. Tabellen der Klassifizierung, der Paraphrasierung und des Analyserasters.
[42] Materialstruktur: Vergl. Philipp Mayring, Einführung in die qualitative Sozialforschung, München 1990, S. 88.

Die qualitative Studie

Bei der Kategorisierung der Items wurden auch Antworthäufungen berücksichtigt, um den Vergleich zu ermöglichen, wie häufig Themenbereiche genannt wurden. Diese numerische Explikation darf jedoch nicht so gedeutet werden, dass eine Kumulation einzelner Sachverhalte zugleich die Relevanz dieser Aspekte repräsentiert, sondern sie kann lediglich die durch Reduktion von Komplexität verursachte Abstraktion mit der nivellierten Fülle von Aussagen in ein Verhältnis setzen. Ein Anspruch auf Repräsentativität von Aussagen kann durch eine qualitative Forschungsarbeit grundsätzlich nicht geleistet werden.[43] Dazu könnten künftig ergänzende Studien durchgeführt werden, um die Expertenaussagen auch quantitativ zu erfassen und zu differenzieren. An dieser Stelle kommt es jedoch zunächst auf die Beschreibung von sozialer Wirklichkeit als Phänomen an, um Sachverhalte festzustellen, die durch sozialen Wandel entstanden sind und die als Informationsbasis dienen zur Generierung von Hypothesen als Grundlage weiterer Studien. Um dem qualitativen Paradigma zu genügen, wurde die strukturierte Informationsbasis genutzt, um untersuchte Fälle zu rekonstruieren und Relationen oder Zusammenhänge zu erkennen, wie beispielsweise vorher – nachher, mehr – weniger, intensiv – oberflächlich usw.[44] In der folgenden Übersicht wird deutlich, welche Aspekte insgesamt durch die Experten angesprochen wurden, welche Differenzierungen in der Analyse identifiziert werden konnten und welche Widersprüche innerhalb der Expertenaussagen zu erkennen sind.

1.	FÜR SOZIALISATIONSBEDINGUNGEN FÖRDERLICHE FAKTOREN	Anzahl
a	Haltung zum Kind hat sich durch Reformen verändert auf individuellere, ressourcenorientierte Wahrnehmung	285
b	Reformen fördern Reflexion: Bindung zum Kind als Voraussetzung für Lernprozesse	56

---

[43] Vergl. Sigfried Lamnek, Qualitative Sozialforschung, München/Weinheim 2005, S. 183.
[44] Vergl. Jochen Gläser, Grit Laudel, Experteninterviews und qualitative Inhaltsanalyse, Wiesbaden 2009, S. 246 ff.

Empirisch erfasste Gesamtergebnisse

1.	FÜR SOZIALISATIONSBEDINGUNGEN FÖRDERLICHE FAKTOREN	Anzahl
c	Anforderung zusätzlicher Kooperationen mit Eltern, Schule, Träger u. a. bringen dem Kind Vorteile	51
d	Forcierung großer Altersmischung hat Vorteile, wie z. B. voneinander lernen	40
e	Seit Reformen zusätzlich Vorbereitungszeit und/oder Personal erhalten	75
f	Neue Bildungsbereiche/Querschnittsthemen bringen dem Kind bereichernde Lerninhalte	116
g	Seit Reformen Bündelung der Interessen, Partizipation der Kinder in Kleingruppen und Projekten	42
h	Methode der Dokumentation/Beobachtung erleichtert die Arbeit	67
i	Reformen führen zu professionellerem Berufsbild, neuem Selbstbewusstsein der Erzieherinnen, mehr Anerkennung	85
j	Fortbildung als positiver Impuls für Bildungsprozesse der Kinder	53
k	Vermehrte Anregungen und Reflexionen der päd. Arbeit durch Reformen	27
l	Partizipation und intrinsische Motivation der Fachkräfte verbessert Umsetzung der Reformen	77
m	Interne Kommunikation/Identifikation verbessert Umsetzung der Reformen	22
n	Übung neuer Prozesse führt zur Verinnerlichung neuer Aufgaben	10
o	Neue Nebenräume, Raumgestaltung, Laptops, Material sind hilfreich	32
p	Unterstützung durch Dritte fördert die Umsetzung von Reformen	28
q	Spezielle Berücksichtigung der Situation von unter Dreijährigen	38

2.	FÜR SOZIALISATIONSBEDINGUNGEN HEMMENDE FAKTOREN	Anzahl
A	Direkte individuelle Zuwendung zum Kind hat abgenommen	196
B	Qualitative Berücksichtigung der U3-Kinder gelingt selten	64
C	Ältere Kinder kommen gegenüber U3 zu kurz	53

Die qualitative Studie

	2. FÜR SOZIALISATIONSBEDINGUNGEN HEMMENDE FAKTOREN	Anzahl
D	Umsetzung der Reformen schwierig und kommen beim Kind nicht an	113
E	Kooperationen bergen Nachteile/Konflikte	39
F	Zunahme nicht pädagogischer Aufgaben (Dokumentation, Fundraising, Öffentlichkeitsarbeit, etc.), die von der Arbeit mit dem Kind abhalten	249
G	Schlechte Bindungsqualität durch Zerrissenheit der Erzieherinnen	27
H	Zunahme familienersetzender Aufgaben belastet zusätzlich	46
I	Zu wenig Verfügungszeit u/o Personal u/o volle Gruppen (schlechte Rahmenbedingungen) vermindern Interaktion mit Kinder	193
J	Zu wenig materielle Ressourcen (Räume, EDV, Geld) beinträchtigen Arbeit	54
K	Aufgabenvielfalt nimmt ständig zu/überfordert	216
M	Unzufriedenheit von Kunden (Eltern), Ergebnisorientierung	35
N	Mangelnde Partizipation am Reformprozess	51
O	Fehlende Anerkennung/Unterstützung durch Dritte	22
P	Fortbildung wird als redundant erlebt	20
Q	Vertragliche Probleme beim Personal (Teilzeit, Befristung, etc.)	9
R	Zweckorientierung, ökonomische Verwertbarkeit der Kinder	19
S	Erziehung zur Solidarität kommt zu kurz	7
T	Fehlende Richtlinien für Elementarpädagogik (Raumgröße, Ausstattung, etc.)	2
U	Kommunikation unter Erwachsenen wird störanfälliger	4
V	Nach den Reformen ist eine Verbesserung der Ausbildung erforderlich	22

3.	WIRKUNGSNEUTRALE FAKTOREN DER BILDUNGS-INITIATIVEN	Anzahl
I	Beobachtung und Dokumentation	35
II	Integration von Migranten, Sprachförderung	51
III	Neue Altersklassen (U3 und Ü6)	29
IV	Veränderte Familienstrukturen	43
V	Mehr Verhaltensauffälligkeiten	41
VI	Mehr Bedarf an Öffnungszeiten, Mahlzeiten	11
VII	Altersspezifische Förderung	35
VIII	Gruppenerziehung zur Förderung von Sozialverhalten	53
IX	Förderung und Kontrolle von Lernprozessen	29
X	Basiskompetenzen der Kinder	19
XI	Integration behinderter Kinder	1
XII	Kaum strukturelle Veränderungen in der Gruppe	12
XIII	Offene Gruppen	2
XIV	Funktionales Lernen	3
XV	Reformen bringen nichts Neues	87

Bei den hemmenden und förderlichen Faktoren der Bildungsinitiativen kann jedem Item eine Kausalkette zugeordnet werden, die den Ursache-Wirkungs-Zusammenhang illustriert. Nur bei den wirkungsneutralen Faktoren kommt keine Kausalkette zustande, entweder weil sie zu keinen Veränderungen geführt haben oder weil sich diese Aspekte zwar auf die Betreuungsbedingungen auswirken, jedoch nicht durch die Reformen verursacht sind. Im Folgenden werden exemplarisch je zwei Kausalketten für förderliche und hemmende Faktoren vorgestellt:[45]

---

[45] Vergl. Jochen Gläser, Grit Laudel, Experteninterviews und qualitative Inhaltsanalyse, Wiesbaden 2009, S. 214.

Die qualitative Studie

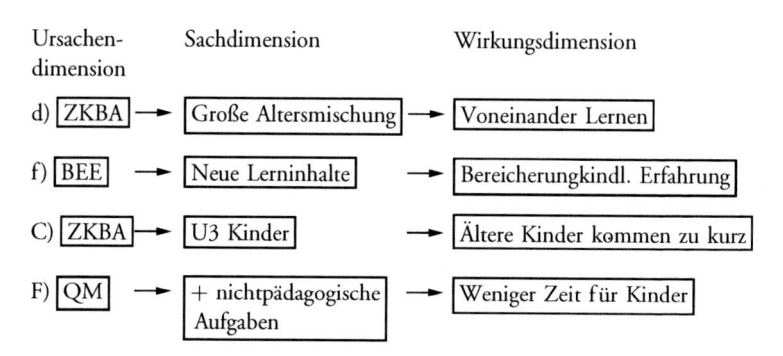

Ursachendimension	Sachdimension	Wirkungsdimension
d) ZKBA →	Große Altersmischung →	Voneinander Lernen
f) BEE →	Neue Lerninhalte →	Bereicherung kindl. Erfahrung
C) ZKBA →	U3 Kinder →	Ältere Kinder kommen zu kurz
F) QM →	+ nichtpädagogische Aufgaben →	Weniger Zeit für Kinder

Diese Übersicht zeigt, wie anhand der qualitativen Inhaltsanalyse für die Beantwortung der Forschungsfrage relevante Kausalketten entwickelt werden können.

5.5.2 Erläuterung der für Sozialisationsbedingungen von Kindern förderlichen Faktoren

An dieser Stelle sollen die Kernaussagen aus der Klassifizierungstabelle näher erläutert werden, um die komprimierte Darstellung der Forschungsergebnisse besser verständlich zu machen. In Kapitel sechs und sieben werden dann zusätzlich Originalzitate der Befragten ausgeführt, um eine differenziertere Darlegung der Aussagen zu ermöglichen. Zunächst kommen jedoch die förderlichen Aspekte der Bildungsinitiativen zur Sprache.

a) Haltung zum Kind

Die Fachkräfte sind besonders häufig darauf eingegangen, dass ihnen durch die BEE und auch das Leitbild des Bistums Trier die Relevanz einer individuelleren Wahrnehmung des Kindes bewusster geworden ist. Ebenso wurde die Möglichkeit eines ressourcenorientierten Blickes auf das Kind in Erwägung gezogen. Durch diesen Perspektivwechsel habe sich auch die Haltung zum Kind verändert. Der eigene Anspruch, dem Kind zu begegnen, wird nicht nur von beobachteten Defiziten geleitet, sondern auch von den Stärken der Kinder. Diese Einschätzung wirkt sich somit zunächst auf die Haltung der Erzieherin aus, wie sie Kindern begegnet und wie sie womöglich die Interaktion mit ihnen gestaltet.

b) Reflexion über Bindung

Durch Fortbildungen erwarben einige Erzieherinnen vertiefte Kenntnisse über die Bindungstheorie nach John Bowlby und Mary Ainsworth.[46] Diese theoretischen Hintergründe verdeutlichen ihnen die Relevanz einer sicheren primären Bindung des Kindes zur Mutter, aber auch einer intensiven sekundären Bindung zur Erzieherin. Sie erkennen den Stellenwert einer gelungenen Bindung für das Explorationsverhalten und die Lernbereitschaft des Kindes. Dieses durch Fortbildung erworbene Wissen wirkt sich zunächst indirekt auf die Interaktion mit dem Kind aus, wenn sich die Haltung der Fachkraft wandelt.

c) Zusätzliche Kooperationen

Die Kooperation mit Eltern und weiteren Institutionen nimmt einen breiten Raum im Alltag des Kindergartens ein. Erzieherinnen organisieren die Zusammenarbeit mit Schule, Jugendamt, Institutionen der Gesundheitsvorsorge und kommunaler Gemeinde. Von diesen Vernetzungen können Kinder profitieren. Sie erfahren Sicherheit und Geborgenheit, wenn Eltern und Erzieherinnen in Erziehungsfragen kooperieren. Durch die Zusammenarbeit mit der Schule können Transitionsprozesse sanfter gestaltet werden, da die Kinder allmählich Personen, Räume, Rituale und Regeln der neuen Institution kennen lernen. Die Zusammenarbeit mit kommunalen Ämtern ermöglicht zum einen über den Tellerrand des Kindergartens hinauszusehen, aber auch bei familiären Krisensituationen gegebenenfalls zu intervenieren. Kinder erfahren so womöglich zusätzliche Förderung und Schutz durch weitere Institutionen.

---

[46] Karin Grossmann, Klaus E. Grossmann, Bindungen – das Gefüge psychischer Sicherheit, Stuttgart 2005, S. 37 ff.; John Bowlby, Mutterliebe und kindliche Entwicklung, München 1972, S. 53 ff.

Die qualitative Studie

d) Vorteile großer Altersmischung

Mit der Aufnahme von unter Dreijährigen entsteht in den Kindergartengruppen eine größere Altersmischung von ca. ein bis sechs Jahren. Diese erweiterte Altersspanne birgt nun Chancen für das soziale Lernen, da jüngere Kinder durch das Vorbild der älteren lernen können. Aber auch die älteren Kinder profitieren, da sie einerseits Verantwortung übernehmen, andererseits aber auch von der Lebhaftigkeit und der Neugier jüngerer Kinder inspiriert werden. Gerade bei fehlender Geschwistererfahrung kann dies eine wichtige Erfahrungsebene bilden.

e) Zusätzliche personelle Ressourcen

In einigen Einrichtungen wurde aufgrund von Sprachfördermaßnahmen, der Integration von Kindern mit Migrationshintergrund bzw. körperlicher oder geistiger Beeinträchtigung oder der Aufnahme von unter Dreijährigen zusätzlich Personal eingestellt. Dieses verbessert solange den Personalschlüssel, wie eine Indikation für zusätzliche Förderkräfte besteht und ermöglicht eine individuellere Betreuung der Kinder. Sinkt die Zahl der Fälle mit besonderem Betreuungsbedarf, scheiden die Zusatzkräfte wieder aus. Durch diese zusätzlichen Personalressourcen können regelmäßiger Vorbereitungszeiten in Anspruch genommen werden. Jede Fachkraft hat einen Anspruch auf 15 bis 20 Prozent Vorbereitungszeit, aber bei einer breiten Personaldecke ist die Möglichkeit einer entsprechenden Vorbereitung und Nachbereitung der pädagogischen Arbeit eher gegeben. Zusätzliches Personal ermöglicht eine individuellere Wahrnehmung der Kinder mit besonderem Förderbedarf. Eine fundierte Vorbereitung und Nachbereitung der pädagogischen Arbeit kann dem Kind durch angemessene Bildungsangebote indirekt wieder zu Gute kommen.

f) Neue Lernbereiche

Viele Fachkräfte empfinden den expliziten Überblick über die Bildungs- und Lernbereiche in den BEE als Bereicherung für den pädagogischen Alltag der Kinder. So können Lernfelder, die bislang eine marginale Bedeutung hatten, wie etwa Technik und Naturwissenschaften, stärker aufgegriffen und den Kindern zusätzliche Lernanreize geboten werden. Die Querschnittsthemen werden ebenfalls als bedeutsam angesehen, obwohl Resilienz und geschlechtssensible Pädagogik schon immer alltagsrelevante Themen bildeten und lernmethodische Kompetenz erst etabliert werden muss, da Kinder von der Reflexion ihres Lernprozesses unmittelbar profitieren können. Das Bildungsangebot wird durch die Curricula und die Querschnittsthemen in vielen Kindergärten erweitert und Kinder erhalten eine anregungsreiche Lernumgebung.

g) Partizipation

Methodische Aspekte der BEE, wie Projektarbeit und Partizipation von Kindern durch kommunikative Formen der Beteiligung an Alltagsentscheidungen, bezeichnen einige Fachkräfte als zusätzlichen Impuls für die pädagogische Arbeit. Zwar sind diese Aspekte im Rahmen des situationsorientierten Ansatzes längst etabliert, doch fühlen sich manche Erzieherinnen durch die Ausführungen in den BEE bestätigt und bestärkt, Kinder mehr an der pädagogischen Planung zu beteiligen. Durch Partizipation und Projektarbeit können individuelle Interessen der Kinder gebündelt und entweder in Kleingruppen oder in der Gesamtgruppe realisiert werden. Kinder erfahren so eine besondere Wertschätzung ihrer Wünsche, Ideen und Bedürfnisse.

h) Dokumentation und Beobachtung

Ein Teil der Experten geht davon aus, dass die Dokumentation von Arbeits- und Lernprozessen auf Dauer gesehen die Arbeit erleichtern wird. Man erhofft sich, durch dezidierte Prozessbeschreibungen eine unkomplizierte Einarbeitung von neuen Fachkräften zu ermöglichen. Diese sind dann schneller in der Lage, sich auf die neue Einrichtung und die einzelnen Kinder einzustellen. Durch differenzierte Beobachtung der Kinder sieht man die Möglichkeit, an den individuellen Interessen und Stärken der Kinder ansetzen und daraus geeignete pädagogische Angebote entwickeln zu können. Es besteht die Vermutung, dass mit einer zunehmenden Routine bei der Dokumentation der Lernprozesse die Tätigkeit als weniger aufwändig erlebt wird.

i) Professionelles Berufsbild

Mehrere Interviewpartner schätzen die Auswirkungen der Bildungsinitiativen so ein, dass sie zu einem professionelleren Berufsbild, mehr gesellschaftlicher Anerkennung und einem neuen beruflichen Selbstbewusstsein der Erzieherinnen führen. Eine positive Identifikation mit dem eigenen Beruf sehen sie als Voraussetzung für eine intensive Auseinandersetzung mit den Bedürfnissen der Kinder und einer Verbesserung der Betreuungssituation an.

j) Fortbildung

Die Fortbildung in unterschiedlichen Themenbereichen betrachten manche Experten als wichtigen Impuls für Bildungsprozesse. Sie fühlen sich durch Fortbildungen als kompetenter, den Kindern bestimmte Sachthemen zu vermitteln. Auch im Umgang mit Kindern unter drei Jahren, mit Migrationshintergrund, mit Sprachproblemen oder mit physischer bzw. psychischer Beeinträchtigung erfahren sich die Fachkräfte durch entsprechende Schulungen als sicherer. Das positive Selbstkonzept der fortgebildeten Erzieherin wirkt somit indirekt auf eine konstruktive Gestaltung des Alltags mit Kindern.

k) Anregung der pädagogischen Arbeit

Durch die Reformen sind in manchen Arbeitsteams neue Reflexionen über die pädagogische Arbeit ausgelöst werden. Die Kommunikation untereinander wurde durch die neuen Anregungen intensiviert. Dies führt zu einer veränderten Selbstwahrnehmung der Fachkräfte und einer Unterstützung des Berufsbildes. Auch hier wird durch die Experten ein indirekter Impuls auf die Interaktion mit den Kindern und eine den Bedürfnissen angemessene Betreuung vermutet.

l) Beteiligung bei den Reformen

Einige der interviewten Kindergärten wurden an der Gestaltung der Reformen beteiligt. So durften sie zum Entwurf der BEE Stellung nehmen oder aber in einem Pilotprojekt von QM mitwirken. Erzieherinnen, die sich bei dieser Partizipation ernst genommen fühlen, sind motivierter, die Innovationen umzusetzen. Sie erkennen den pädagogischen Wert und sehen einen Sinn in zusätzlichen Bemühungen. Eine erhöhte intrinsische Motivation wirkt sich in den Augen der Fachkräfte mittelbar auf eine gelungene Interaktion mit dem Kind aus.

m) Interne Kommunikation

Die Bildungsinitiativen haben einen hohen Kommunikationsbedarf bei den Kindergartenteams ausgelöst. Dort, wo entsprechende Zeitressourcen für eine intensive Auseinandersetzung vorhanden waren und genutzt wurden, erleben Erzieherinnen eine verbesserte Umsetzung der einzelnen Reformaspekte. Durch die errungenen Fortschritte und die erhöhte Motivation können auch die Kinder mit den Neuerungen teilweise besser erreicht werden.

n) Übung

Wenn neue Aufgaben verinnerlicht wurden, erfahren einzelne Fachkräfte eine verbesserte Arbeitsroutine. Diese Routinisierung von Arbeitsprozessen ermöglicht eine Gewöhnung an neue Arbeitsinhalte, neue Methoden und neue Einstellungen. Dies führt auf Dauer zu mehr Sicherheit im Umgang mit Innovationen und dazu, sich wieder intensiver auf die Kinder einlassen zu können.

Die qualitative Studie

o) Materielle Unterstützung

Im Rahmen der Bildungsinitiativen wurden in manchen Einrichtungen neue Räume eingerichtet und Material angeschafft. Zusätzliche Räume entzerren die Gruppensituation und ermöglichen eine individuellere Zuwendung in Kleingruppen. Neue Materialien lassen eine Erweiterung des Angebotsspektrums für Kinder zu. Die Anschaffung von Laptops bildet die Voraussetzung, damit Erzieherinnen systematisch beobachten und dokumentieren können und daraus gezielte Projekte für die Kinder entwickeln können. Eine verbesserte materielle Ausstattung wird als förderlich für die Interaktion mit dem Kind erlebt.

p) Unterstützung durch Dritte

Vereinzelt wurde die Unterstützung der Reformen durch Eltern und Träger angesprochen. Bei einer Unterstützung und Beratung des Arbeitsteams durch den Träger steigt die Motivation der Umsetzung der Reformen. Dies kann sich indirekt auf eine konstruktive Gestaltung des Betreuungsalltags und der Interaktion mit den Kindern auswirken. Ähnlich positive Konsequenzen scheinen sich zu ergeben, wenn Eltern ein besonderes Interesse an der Umsetzung der Reformen zeigen und sich einbringen.

q) Berücksichtigung der unter Dreijährigen

In einigen Einrichtungen gelingt eine spezifische Unterstützung der unter Dreijährigen vor allem durch eine Altersdifferenzierung. Es werden kleinere Gruppen für jüngere Kinder angeboten. Hier werden altersgerechte Materialien und besondere Räumlichkeiten zur Verfügung gestellt. Teilweise verfügen die Fachkräfte über eine zusätzliche Fortbildung bzgl. des Kleinkindalters. Die Einrichtungen praktizieren spezielle Eingewöhnungsprogramme, durch die eine vorsichtige und sensible Gewöhnung an den Kindergarten und eine allmähliche Ablösung von den Eltern ermöglicht wird. Die Anforderungen der Bildungsinitiativen führen hier zu einer differenzierten Wahrnehmung und Förderung der Kleinkinder.

Wie aus den einzelnen Aspekten der Klassifizierung zu erkennen ist, wurden durch die Experten zahlreiche positive Effekte der Bildungsinitiativen identifiziert, die sie in den Interviews entsprechend beschrieben haben. Beispiele dieser Aussagen werden später noch differenziert betrachtet und interpretiert.

5.5.3 Erläuterung der für Sozialisationsbedingungen von Kindern hemmenden Faktoren

Entsprechend der Klassifizierungstabelle werden nun die für Sozialisationsbedingungen von Kindern hinderlichen Aspekte der Bildungsinitiativen erörtert.

A) Reduktion der Zuwendung zum Kind

Bei den Interviews wurde besonders häufig geäußert, dass die direkte Zuwendung zum Kind und die Zeit für individuelle Interaktion abgenommen haben. Damit sprechen die Fachkräfte einerseits die Intensität der sensitiven Betreuung an, aber auch die empfundene zeitliche Dimension der persönlichen Fürsorge. Durch die Zunahme von Aufgaben der Verwaltung, Dokumentation, Kooperation und Organisation verkürzt sich die Zeit, in der die Erzieherin dem Kind ungeteilte Aufmerksamkeit widmen kann, und die Konzentration und Einstellung auf die Situation der Schützlinge wird beeinträchtigt.

B) Mangelnde Berücksichtigung der Situation unter Dreijähriger

Mehrere Experten stellten fest, dass es sich im Kindergartenalltag schwierig gestaltet, der besonderen entwicklungspsychologischen Situation von unter Dreijährigen und ihren spezifischen Bedürfnissen gerecht zu werden. Es fehlt eine spezifische Ausbildung für die Altersgruppe. Durch die Größe der Gruppen und die unterschiedlichen Anforderungen der verschiedenen Altersgruppen ist ein differenziertes, der Entwicklung angemessenes Angebot schwer herzustellen. Die Kleinkinder laufen im Alltag eher mit.

C) Zurücksetzung spezifischer Bedürfnisse älterer Kinder

Viele Erzieherinnen werden den Lernbedürfnissen der älteren Kinder nicht gerecht. Sie beschreiben, wie Wickelkinder in den Vordergrund rücken, wenn sie Trost und Pflege benötigen und die älteren Kinder dann wenig Beachtung finden. Für gezielte Schulvorbereitung werden zwar Projekte angeboten, aber eine persönliche Zuwendung für Vorschulkinder kommt zu kurz. Die Vierjährigen bleiben häufiger sich selbst überlassen, weil hier keine weiteren Differenzierungen der Angebote möglich sind.

D) Reformen kommen beim Kind nicht an

Trotz intensiver Auseinandersetzung mit den Bildungsinitiativen beschreiben Fachkräfte häufig, dass die Maßnahmen beim Kind nicht ankommen. Dabei reichen die Begründungen von zu wenig Zeit für die Kinder über mangelhafte Möglichkeiten, sich intensiv auf das Kind einzulassen bis hin zu unterschiedlichen Anforderungen an Erzieherinnen. Deutlich wird, dass die Fachkräfte sich bei diesem Punkt vor allem auf die mangelnde direkte Interaktion mit dem Kind beziehen, die ein »Erreichen« des Kindes mit neuen Bildungsangeboten und Querschnittthemen verhindert.

E) Nachteile der Kooperation

Die vielfältige Kooperation und Vernetzung mit anderen Institutionen und Personen außerhalb der Kindertagesstätten bergen neben wichtigen Kontakten auch Nachteile für die Kinder. Durch eine zunehmende Kontaktzeit mit anderen Interaktionspartnern nimmt gleichzeitig die Zeit für den Dienst am Kind ab. Die wachsenden Aufgaben von Koordination und Organisation erfordern auch Ressourcen und Aufmerksamkeit der Fachkräfte, die von der Wechselbeziehung mit dem Kind ablenken. Weiterhin verläuft die Zusammenarbeit mit Eltern, Schule, etc. nicht immer konstruktiv und birgt Konflikte, die weitere Energie kosten.

F) Zunahme nicht pädagogischer Aufgaben

Als besonders hemmend für die Betreuungssituation der Kinder beschreiben die Erzieherinnen die Zunahme nicht pädagogischer Aufgaben. Dies sind vor allem Dokumentation und Verwaltung, hauswirtschaftliche Aufgaben wie die Versorgung mit Mittagessen, Lagerung von Lebensmitteln, Schaffung von Schlafmöglichkeiten, weiterhin Öffentlichkeitsarbeit, Fundraising, Audits, etc. Sie beschreiben diese Aufgaben als Aspekte ihrer Arbeit, die sie von der Fürsorge und Betreuung der Kinder abhält, da keine zusätzliche Vorbereitungszeit oder weiteres Personal zur Verfügung gestellt wird.

G) Zerrissenheit

Durch den inneren Konflikt, gleichzeitig sich den Kindern widmen zu wollen, andererseits aber zusätzliche Aufgaben erfüllen zu müssen, empfinden manche Fachkräfte eine Zerrissenheit, die sie selbst daran hindert, sensitive Bindungen mit den Kindern einzugehen bzw. diese aufrechtzuerhalten. Sie beschreiben, dass die geteilte Aufmerksamkeit ein ruhiges Sich-Einlassen auf die Kinder erschwert.

H) Familienersetzende Funktionen

Von mehreren Experten wurde berichtet, dass durch die Aufnahme von ein- bis zweijährigen Kindern und die lange Verweildauer der Kinder von 8–10 Stunden sich das Personal nicht mehr auf seine professionelle Rolle des Erziehers in seiner partikularen Funktion zurückziehen kann. Vielmehr wird zunehmend familienersetzende Verantwortung empfunden, die in der Vermittlung von Aspekten primärer Sozialisation zum Ausdruck kommt, wie beispielsweise Sauberkeitserziehung, Spracherziehung, Nase putzen, Hände waschen, etc. Aber gerade auch Elemente von Nähe, Trost und Geborgenheit, sowie Grenzsetzung und Normenbildung gehören zur Gestaltung der pädagogischen Beziehung dazu. Kinder sind zunächst auf diese sozialisierenden und erzieherischen Grundleistungen angewiesen, bevor sie überhaupt von einem pädagogischen Bildungsangebot profitieren können.

Die qualitative Studie

I) Verfügungszeit

Die Verfügungszeit der Fachkräfte dient der Vorbereitung pädagogischer Bildungsangebote, der Aufbereitung und Dokumentation von Beobachtungen, der Kooperation mit Kollegen, Eltern und anderen Institutionen, konzeptioneller Arbeit und der Fallbesprechung über einzelne Kinder. Ein erheblicher Teil der Experten berichtet über mangelnde Vorbereitungszeit, sei es aus Gründen des Personalmangels oder weil die Öffnungszeiten der Einrichtung der Arbeitszeit der Fachkräfte entspricht und so kaum Zeitressourcen übrig sind, damit sie sich im Einzelnen zurück ziehen können. Fällt die Vorbereitungszeit aus, müssen die Erzieherinnen die zusätzlichen Aufgaben nebenbei im Gruppendienst erledigen. Dies führt dazu, dass die Kinder in dieser Zeit vor allem im freien Spiel beschäftigt sind, nicht die volle Aufmerksamkeit erhalten und kaum individuelle Anregungen erfahren.

J) Materielle Ressourcen

Materialien, Räume und finanzielle Ressourcen sind notwendig, um Kindern eine anregungsreiche Umgebung zu ermöglichen. In manchen Einrichtungen fehlt es jedoch am Nötigsten. Zu wenige Räume erschweren eine Differenzierung der Lernangebote, weil Kleingruppen- oder Einzelarbeit kaum möglich ist. Die materielle Ausstattung ist zwar im Allgemeinen gut, doch es gibt Einrichtungen, die ihr Spielzeug selbst herstellen, und die Ausstattung mit Computer, Kamera, etc. zur Dokumentation ist nicht selbstverständlich. Wenn zu viele Kinder sich auf engstem Raum aufhalten müssen, ist dies nicht förderlich für ihre Entwicklung. Eine Grundausstattung mit Spielmaterial gehört ebenfalls zu den Voraussetzungen für die Gestaltung von Lerngelegenheiten.

K) Überforderung durch Aufgabenvielfalt

Einer der meistgenannten hemmenden Faktoren für günstige Sozialisationsbedingungen von Kindern ist die Zunahme der Aufgabenvielfalt. Die Fachkräfte beschreiben mehrfach, dass die unterschiedlichen Berufsanforderungen, die durch die Reformen propagiert werden, kaum zu vereinbaren und zu verwirklichen sind. Durch eine zunehmende Überforderung der Erzieherinnen nimmt der Krankenstand zu. Für die Kinder hat das einerseits die Konsequenz, dass die Betreuerinnen sich durch Überlastung kaum sensitiv auf ihre Situation einlassen können und sich andererseits statt zwei nur eine erwachsene Ansprechpartnerin in der Gruppe befindet und so die Intensität der Zuwendung oberflächlicher zu werden droht.

L) Marginalisierung von Alltagsproblemen

Durch die Umsetzung der unterschiedlichen Anforderungen der Bildungsinitiativen finden alltägliche Schwierigkeiten weniger Beachtung. Durch die Lebensbedingungen der modernen Gesellschaft kommt es bereits in der frühen Kindheit häufiger zu aggressivem oder extrem zurückgezogenem Verhalten von Kindern. Auch Auffälligkeiten im Sozialverhalten, im Bewegungsablauf, bei psychischen Problemen nehmen zu. Weiterhin sollen Kinder aus verschiedenen Kulturkreisen und unterschiedlichen Bildungsmilieus integriert werden. Solche Aufgaben der pädagogischen Gestaltung von Heterogenität erfordern intensive Zuwendung und geraten zum Teil ins Hintertreffen.

M) Unzufriedenheit von Kunden

Aufgrund der Bildungsinitiativen steigen bei manchen Eltern die Erwartungen. Sie sind unzufrieden, wenn nicht ständig alle Bildungsbereiche angeboten werden und wenn kaum vorzeigbare Ergebnisse vorhanden sind. Durch das Prinzip der Dokumentation von Lerngeschichten entsteht die Vorstellung, Lernergebnisse ließen sich immer messen und festhalten. Manche Erzieherinnen erfahren dies als Druck, der auf sie ausgeübt wird. Die Produktion von nachweisbaren Ergebnissen wird manchmal wichtiger als der Bildungsprozess des Kindes selbst. Die sensitive Begleitung kindlicher Lernerfahrungen kann daher gegenüber dem Produktnachweis ins Hintertreffen geraten.

N) Mangelnde Partizipation

Einige Fachkräfte bedauern, dass sie mit ihrer Expertise nicht an den Reformen beteiligt wurden. Einerseits wirken Innovationen, die dem Elementarbereich durch andere Institutionen, etwa politische Gremien, auferlegt werden, als Fremdbestimmung, die nach dem Top-Down-Prinzip verordnet werden. Weiterhin kritisieren viele, dass bestimmte Elemente der Bildungsinitiativen den Bedingungen der Praxis nicht gerecht werden und dies durch eine entsprechende Partizipation von Fachpersonal hätte vermieden werden können. Da die Erfahrung der Erzieherinnen nicht in die Expertise einbezogen wurde, schätzen sie den Einsatz mancher Reforminstrumente als unrealistisch und am Kind vorbeigehend ein.

O) Fehlende Unterstützung

Bei der Umsetzung der Bildungsmaßnahmen sehen sich manche Erzieherinnen zu wenig unterstützt. Sie wünschen eine bessere fachliche Beratung durch die Initiatoren und Hilfe durch die Träger. Bei fehlender Unterstützung empfinden die Fachkräfte mangelnde Anerkennung ihrer zeitaufwändigen Bemühungen, sich am Reformprozess zu beteiligen. Dieses Defizit an Wertschätzung senkt die Motivation, sich mit den Kindern auf neue Wege zu begeben und Neues auszuprobieren. Die Erwachsenen sind frustriert und lassen sich weniger engagiert auf die Interaktion mit dem Kind ein.

P) Redundanz von Fortbildungen

Durch das »Programm Zukunftschance Kinder – Bildung von Anfang an« werden verbindlich Fortbildungen vorgeschrieben.[47] Diese wurden teilweise schon von Fachkräften absolviert. Bei anderen wichtigen Themen ist die Dauer der Fortbildung zu kurz, um wirklich weitergebildet zu werden (z. B. Kinder unter drei). Daher erle-

---

[47] Ministerium für Bildung, Frauen und Jugend Rheinland-Pfalz, Zukunftschance Kinder – Bildung von Anfang an. Eine Offensive der Landesregierung Rheinland-Pfalz, Mainz 2005.

ben manche Erzieherinnen die Fortbildungen als redundant, da sie kaum fachliche Qualifizierung bewirken. Für die Kinder bedeutet dies, dass eine Bezugsperson für mehrere Tage abwesend ist, für die es keine Vertretung gibt. Die Abwesenheit kann nicht immer durch eine verbesserte Informiertheit und Motivation der Fachkraft kompensiert werden.

Q) Befristung von Arbeitsverträgen

Die Einführung befristeter Arbeitsverträge beim Kindergartenpersonal nimmt zu. Dies liegt an Personalbedarfsberechnungen, die sich an der Zahl aktuell anwesender Kinder mit unterschiedlichem Förderbedarf bemessen. Dies heißt, wenn für einen kurzen Zeitraum weniger unter Dreijährige, Kinder mit Migrationshintergrund, mit sprachlichen Defiziten oder gesundheitlicher Beeinträchtigung in der Kindertagesstätte angemeldet sind, werden Fachkräfte wieder entlassen. Dies führt zu prekären Arbeitsverhältnissen, die Motivation und Engagement der Betroffenen beeinflussen können wegen der Ungewissheit der Weiterbeschäftigung. Für die Kinder bedeutet dies häufiger wechselnde Bezugspersonen und verunsicherte Ansprechpartner, ein Sachverhalt, der in der frühen Kindheit als ungünstiger Faktor zu betrachten ist.

R) Zweckorientierung

Einigen Fachkräften steht bei den Bildungsinitiativen zu sehr die Zukunftsorientierung von Lernen im Vordergrund. Sie befürchten eine Zunahme der Zweckorientierung bei der frühkindlichen Bildung. Im Vordergrund steht dann nicht, dass Kinder aus Interesse und Neugier im Hier und Jetzt sich Welt aneignen, sondern ihre Verwertbarkeit für ökonomische Zusammenhänge. Die gegenwärtige Situation des Kindes gerät dann ins Hintertreffen gegenüber künftigen Anforderungen.

S) Solidaritätserziehung

Die BEE gehen von einem konstruktivistischen Menschenbild aus, das eine individualistische Erziehung propagiert und besonders subjektorientiert ausgerichtet ist.[48] Einige Experten bemängeln, dass die Erziehung zur Solidarität kaum Erwähnung findet und daher die Gefahr besteht, dass Fachkräfte sich stärker auf Individualerziehung denn auf Sozialerziehung konzentrieren. Für Kinder bedeutet dies, dass sie trotz Gruppenerziehung in ihrer Sozialisation weniger Aspekte von Solidarität und Verbundenheit erfahren und verstärkt zu Selbstständigkeit und Eigenverantwortung angeregt werden. Dies wird als Verlust von Erziehungsdimensionen und Persönlichkeitsmerkmalen betrachtet.

T) Fehlende Richtlinien für Raumausstattung

Durch die vielfältigen Bildungsinitiativen wurden keine einheitlichen Richtlinien hinsichtlich der Raumgröße oder der Ausstattung mit Nebenräumen und Materialien erstellt. Damit sind vergleichbare materielle und räumliche Rahmenbedingung der Sozialisation nicht herzustellen. Kinder müssen unter sehr unterschiedlichen Bedingungen in Kindergärten aufwachsen, die wiederum soziale Ungleichheit produzieren.

U) Störanfällige Kommunikation

Die Kommunikation unter den Erwachsenen ist störanfällig, weil sehr hohe Erwartungen darauf gerichtet sind. Sowohl die Gespräche der Fachkräfte untereinander als auch die Gesprächsbereitschaft mit Eltern, Träger und anderen Institutionen haben einen hohen Stellenwert. Doch sind die zeitlichen Ressourcen sehr knapp bemessen, was häufig auch zu Missverständnissen und fehlendem Informationsaustausch führt. Kinder bekommen solche Kommunikationsstörungen zum Teil direkt mit oder spüren durch

---

[48] Ministerium für Bildung, Frauen und Jugend Rheinland-Pfalz, Bildungs- und Erziehungsempfehlungen für Kindertagesstätten in Rheinland-Pfalz, Berlin/Düsseldorf/Mannheim 2007, S. 23 ff.

angespannte Atmosphären unausgesprochene Probleme und Ressentiments, die ihre Bezugspersonen an einer sensitiven Zuwendung hindern.

V) Defizitäre Ausbildung

Einige Experten stellen fest, dass Erzieherinnen durch ihre Ausbildung nicht ausreichend auf die Neuerungen im Elementarbereich vorbereitet sind. Dies bezieht sich vor allem auf die Betreuung von Kindern unter drei Jahren, Beobachtung und Dokumentation, Einführung von Qualitätsmanagement und die Kooperation mit unterschiedlichen Institutionen. Die Reformen sehen zwar Fortbildungen vor, die innerhalb einzelner Tage den Kenntnisstand erweitern sollen, aber es folgen keine entsprechenden inhaltlichen Modifizierungen der Ausbildung. Für die Kinder wirkt sich dies so aus, dass Fachkräfte verunsichert sind, manche Maßnahmen unterlassen oder nicht sachgemäß einführen. Damit unterbleiben einerseits Bildungschancen, andererseits können erwünschte Impulse fehlgeleitet werden. Kinder können so zu Versuchsobjekten von Trial-and-Error Experimenten werden.

Die Interviewpartner haben somit eine beträchtliche Anzahl von negativen Effekten auf die Sozialisationsbedingungen von Kindern identifiziert. Auch diese Folgen wurden ausführlich beschrieben und werden im weiteren Verlauf der Arbeit noch thematisiert.

5.5.4 Wirkungsneutrale Faktoren der Bildungsinitiativen

Die folgenden Aspekte wurden von den Fachkräften als neue Elemente der Elementarpädagogik beschrieben, ohne jedoch eine Beurteilung über positive oder negative Auswirkungen abzugeben. Sie können zwar im Einzelnen hemmende oder fördernde Aspekte verstärken oder abschwächen, doch dies wurde von den Experten nicht explizit formuliert, sondern nur neutral beschrieben.

Die qualitative Studie

I) Beobachtung und Dokumentation

Seit der Einführung der BEE werden Erzieherinnen im Rahmen des Fortbildungszertifikates auf systematische Beobachtung und Dokumentation kindlicher Lernprozesse vorbereitet. Sie versuchen nun diese Methoden im Berufsalltag umzusetzen.

II) Sprachförderung

Ein Teil der Fachkräfte beschreibt, dass Integration von Migranten und Sprachförderung einen wesentlichen Anteil ihrer Arbeit ausmacht. Die Sprachförderung betrifft jedoch nicht nur Kinder von Einwanderern, sondern auch deutsche Kinder.

III) Neue Altersklassen

Die Integration von unter Dreijährigen und über Sechsjährigen bildet für einige Einrichtungen eine wesentliche Veränderung des Berufsalltages. Dazu müssen entsprechende Bildungsangebote, Räume und Materialien zur Verfügung gestellt werden.

IV) Veränderte Familienstrukturen

Bei der Umsetzung der Bildungsinitiativen muss berücksichtigt werden, dass sich die Familienstrukturen zunehmend verändern und Kinder mit anderen Voraussetzungen (Scheidung, Armut, alternative Lebensformen, räumliche Mobilität) in die Einrichtung kommen.

V) Verhaltensauffälligkeiten

Durch veränderte Lebensbedingungen nehmen Verhaltensauffälligkeiten von Kindern im Vorschulalter zu. Die Neuerungen sollten auch diesem Sachverhalt Rechnung tragen, denn die Integration solcher Kinder in die Gruppe erfordert viel Engagement und Aufmerksamkeit.

VI) Öffnungszeiten, Mittagessen

Durch den umfangreichen Betreuungsbedarf von Eltern werden die Öffnungszeiten der Kindertageseinrichtungen vergleichsweise länger. Die Kindergärten öffnen bereits ab 7.00h und schließen zum Teil erst um 17.00h. Diese Öffnungszeiten müssen entsprechend mit Personal abgedeckt werden. Bei einer Ganztagsbetreuung muss den Kindern auch eine warme Mahlzeit angeboten werden. Die Organisation und Betreuung des Mittagessens wird ebenfalls ein neuer Arbeitsbereich von Kindertagesstätten.

VII) Altersspezifische Förderung

Einige Fachkräfte berichten von einer Altersdifferenzierung innerhalb der Einrichtung, um den Altersstufen besser gerecht zu werden. Diese Lösung wird nicht durch die BEE eingefordert, sondern ergibt sich aus pragmatischen Erfordernissen des Alltags. Die Bedeutung einer größeren Altersmischung im Zusammenhang mit sozialem Lernen wird dabei von manchen Erzieherinnen sehr betont und sie bedauern, wenn es zu Binnendifferenzierungen kommen sollte.

VIII) Gruppenerziehung

Die Gruppenerziehung wird von vielen Fachkräften als wesentlicher Aspekt zur Förderung des Sozialverhaltens angesehen. Auch unabhängig von Tendenzen der Individualisierung durch die Reformen wird daher zum Teil an Bildungsangeboten in der Großgruppe festgehalten.

IX) Lernkontrolle

Zur Ziel- und Ergebnissicherung sollen Lernprozesse von Kindern gefördert und kontrolliert werden. So lassen sich auch von den Eltern die Lernerfolge nachvollziehen.

Die qualitative Studie

X) Basiskompetenzen

Bei der Umsetzung der Reformen muss berücksichtigt werden, dass Kinder in der Einrichtung zunächst häufiger Basiskompetenzen erwerben müssen, bevor sie sich auf Bildungsangebote im Sinne der Bildungs- und Lernbereiche der BEE einlassen können.

XI) Integration behinderter Kinder

Die Integration von behinderten Kindern wird von einer Fachkraft als besondere Aufgabe für den Elementarbereich beschrieben.

XII) Strukturelle Veränderungen

Seit den Reformen haben sich in manchen Einrichtungen die strukturellen Bedingungen in der Gruppe kaum verändert. Die Neuerungen werden mit den gleichen Mitteln bewältigt.

XIII) Öffnung der Gruppen

Der Aufgabenvielfalt begegnen einzelne Kindergärten mit der Öffnung der Gruppen. Man erhofft sich, durch lockere Gruppenstrukturen und flexibleren Personaleinsatz Engpässe und Belastungen besser auffangen zu können.

XIV) Funktionales Lernen

In einigen Einrichtungen werden wieder verstärkt funktionale Lernangebote eingeführt, die eher defizitorientiert formale Übungsangebote vorsehen. Dadurch soll vermieden werden, dass Entwicklungsverzögerungen übersehen werden.

Die Klassifizierung der Gesamtergebnisse zeigt, in welchem Ausmaß die Bildungsinitiativen Neuerungen mit sich gebracht haben, Sozialisationsbedingungen im pädagogischen Elementarbereich beeinflussen können und welches große Themenspektrum die Beschreibungen der Experten umfassen. Im Folgenden soll nun eine erste Interpretation der Ergebnisse und eine Reflexion hinsichtlich der theoretischen Vorüberlegungen vorgenommen werden.

5.5.5 Tendenzen der Auswirkung der Reformen

Die Forschungsergebnisse zeigen insgesamt, dass die Bildungsinitiativen und Ihre Wirkungen auf die Sozialisationsbedingungen von Kindern durch die Experten sehr differenziert beschrieben wurden. Dabei sind die gewonnenen Informationen von einer unerwarteten Breite und Tiefe gekennzeichnet. Sie lassen sich sicher ohne weiteres an die theoretischen Vorüberlegungen, insbesondere an die Theorie des sozialen Rahmens nach Erwing Goffman anschließen. Bei den negativen Folgen der Innovationen könnte man problemlos eine direkte Zuordnung zu Goffmans Entfremdungskategorien der »Ablenkung von Außen«, der »Ich-Befangenheit«, der »Interaktionsbefangenheit« und der »Fremdbefangenheit« vornehmen.[49] Die positiven Konsequenzen der Bildungsinitiative könnten dagegen unter Kategorien wie »Engagement für die Interaktion«, »wechselseitige Verantwortung«, »Aushandlung von Verhaltensstandards« und »gegenseitige Vergewisserung« subsumiert werden.[50] Doch bei einem solchen Vorgehen würde man die unterschiedlichen Ergebnisse lediglich auf die Funktion als Beispiele für Goffmans Kategorien reduzieren und sie verlören ihre Aussagekraft für ihre Auswirkungen auf soziale Wirklichkeit. Das heuristische Konzept des sozialen Rahmens kann zwar modellhaft und schematisch wichtige Faktoren der wechselseitigen Interaktion zwischen Erzieherin und Kind kennzeichnen und in dieser Hinsicht die Forschungsfrage spezifizieren. Aber die neu gewonnenen Informationen könnten so lediglich formal durchdekliniert werden, und die Relevanzsysteme der Betroffenen würden aufgelöst in einem theoretischen Modell. Um der Fülle des Materials, der Differenziertheit

---

[49] Erving Goffman, Interaktionsrituale – über Verhalten in direkter Kommunikation, Frankfurt a. M. 1971, S. 128 ff.
[50] Vergl. etwa Erving Goffman, Rahmenanalyse, Frankfurt a. M. 1980, S. 37, S. 377.

Die qualitative Studie

der Aussagen und der Komplexität des Gegenstandes gerecht zu werden, soll daher zunächst auf spezifische Strukturmerkmale des Materials eingegangen werden, um am Ende die Verwertbarkeit des Konzeptes des sozialen Rahmens zu diskutieren und gegebenenfalls Strategien für das weitere Vorgehen zu entwickeln.

Für die Beantwortung der Forschungsfrage ist außerordentlich bemerkenswert, dass die unterschiedlichen Aussagen, die in der Klassifizierungstabelle der Übersicht halber gegenüber gestellt wurden, nicht etwa daraus resultieren, dass manche Experten nur die positiven und andere nur die negativen Folgen der Bildungsinitiativen beschreiben. Vielmehr ist auffallend und von hoher Relevanz für das weitere Vorgehen innerhalb dieser Arbeit, dass es gerade die Widersprüche sind, die das empirische Forschungsergebnis kennzeichnen und die uneingeschränkt von allen Interviewpartnern genannt wurden.

Von einer eindeutigen Negation oder Befürwortung der Innovationen kann nicht gesprochen werden, eher von einer großen Ambivalenz hinsichtlich Vorteilen und Nachteilen für die Situation der Kinder. Als besonders förderlich werden *Reflexionsprozesse* der Erzieherinnen beschrieben, die durch die Bildungsinitiativen eingeleitet wurden. Dies sind vor allen Dingen die Haltung zum Kind als individuelles Subjekt und das Bewusstsein über die Bedeutung der Bindung zwischen Erzieherin und Kind als Voraussetzung für gelingende Sozialisationsprozesse. Auch die Vielfalt von Lernbereichen, die Erzieherinnen zur Verfügung stellen, wird als positive Grundlage für das Aufwachsen des Kindes betrachtet. Ebenso führt eine von manchen Experten wahrgenommene zunehmende Anerkennung des Berufes der Erzieherin zu einer motivierteren Haltung gegenüber dem Kind. Wenn dann noch eine Unterstützung durch Dritte, durch geeignete Materialien, Räume und zusätzliches Personal hinzukommt, scheinen sich die Voraussetzungen für förderliche Interaktionsmöglichkeiten zwischen Erzieherin und Kind und günstige Sozialisationsbedingungen insgesamt zu verbessern.

Besonders hemmend wirken sich die Bildungsinitiativen auf *Interaktionsprozesse* mit Kindern aus. Vor allem die Häufung und Vielschichtigkeit der Aufgaben, die zusätzlich zur pädagogischen Interaktion zu bewältigen sind, wie Verwaltungsaufgaben, Dokumentation und verstärkte Kooperation mit Dritten, scheinen die Fachkräfte von der Gestaltung der pädagogischen Beziehung eher abzuhalten. Durch diese Zunahme der Aufgabenvielfalt reduzieren sich die Zeiträume, in denen intensive Zuwendung zum Kind und individuelle bzw. gruppenbezogenen Förderung stattfinden können. Die Betreuung von Kindern unter drei Jahren führt häufig zu Überforderungen, weil man durch den wachsenden Betreuungsaufwand Kindern aus sämtlichen Altersstufen nicht mehr gerecht werden kann. Aufgrund der zunehmenden Überforderung der Erzieherinnen können Innovationen nicht motiviert an das Kind weitergegeben werden und kommen somit nicht immer beim Adressaten an. Dabei sind vor allem die kategorialen Unterschiede von Beziehungsarbeit, Organisation, Administration und Evaluation zu beachten, die womöglich in der Bedeutungshierarchie eine andere Wertigkeit erhalten.

Positive Auswirkungen sind somit vor allem bei *Reflexionsprozessen* des Fachpersonals zu verzeichnen, die sich häufig eher indirekt, etwa durch gesteigerte Motivation, verbesserte Berufsidentität und Informiertheit, niederschlagen. Die *wechselseitige Interaktion* mit Kindern, die Intensität der Zuwendung und die Güte der Betreuung scheint jedoch eher negativ beeinflusst zu sein. Diese beiden Ebenen könnte man nun vordergründig in die Kategorien *programmatische Theorie* und *intersubjektive Praxis* einteilen oder in *politisch motivierte Professionalisierung* und *pragmatische Umsetzung*. Doch eine solche Einteilung trifft keineswegs den Kern des Problems. Denn die Reflexionsprozesse der Erzieherinnen resultieren nicht allein aus der isolierten Auseinandersetzung mit den Bildungsinitiativen, sondern aus einem gesamtgesellschaftlichen Diskurs und Entwicklungen, die insgesamt durch eine Ökonomisierung der gesellschaftlichen Teilbereiche der Gesellschaft gekennzeichnet sind. Und die Interaktionsvorgänge mit Kindern werden nicht nur durch die Vielfalt der Anforderungen beeinträchtigt, sondern auch durch kategoriale Elemente der Wahrnehmung von Wirklichkeit, der Kommunikationsweisen und der Zuschreibung von Bedeutsamkeit sozialer Prozesse. Daher können die Ergebnisse der Studie nicht allein auf der Handlungsebene in Kindertageseinrichtungen reflektiert werden.

Die qualitative Studie

Fritz Böhle und Dirk Fross nähern sich einer solchen Sachlage auf der Ebene der Kommunikationsstruktur an und unterscheiden zwischen »kommunikativer Rationalität« und »erfahrungsgeleiteter Kommunikation«.[51] Der Unterschied der beiden Kommunikationsweisen besteht darin, dass planmäßig-rationale Entscheidungen aus Zusammenhängen isoliert und allein nach sachlogischen Gesichtspunkten getroffen werden können. Doch das soziale Handeln im Berufsalltag ist durch nicht eindeutig definierbare und objektivierbare Eindrücke und Wahrnehmungen gekennzeichnet, die nicht allein rationales Abwägen erfordern, sondern auch intuitive Elemente miteinbeziehen. Solche Phänomene wurden bereits in der Psychologie mit Begriffen wie »Intelligenz der Gefühle« oder »personale Intelligenz« umschrieben.[52] Doch auch diese Erweiterung der Perspektive reicht nicht aus, um den Widerspruch zwischen den als konstruktiv erfahrenen Reflexionsprozessen der Erzieherinnen und der unbefriedigenden Umsetzung der Reformimpulse zu erklären. Denn im Grunde sind hier auch machtpolitische Ursachen zu identifizieren, die eine Definitionsmacht darüber etablieren, welche Aspekte bei der Kinderbetreuung als wesentlich und welche als marginal zu betrachten sind. Werden Konzepte und Theorien *über* Erziehung als bedeutungsvoller angesehen als die tatsächliche Situation intersubjektiver Wechselprozesse, wird damit automatisch dem begrifflich Erfassbaren mehr Bedeutung zugesprochen als dem intuitiv Spürbaren.

Aufgrund dieser Schlussfolgerungen wird an dieser Stelle zunächst auf eine vertiefende Bezugnahme auf Goffmans Konzept des sozialen Rahmens verzichtet, um zuerst eine Übersicht über die Widerspruchsmuster der Expertenaussagen zu ermöglichen. Erst danach soll über die Herstellung weiterer theoretischer Bezüge nachgedacht werden, die den modellhaften Blick auf Interaktionszusammenhänge überschreitet und mit empirisch gehaltvolleren Konzepten sowohl gesellschaftliche als auch interpersonale Zusammenhänge beleuchtet.

---

[51] Fritz Böhle, Dirk Fross, Erfahrungsgeleitete und leibliche Kommunikation und Kooperation in der Arbeitswelt, Bielefeld 2009, S. 3.
[52] Vergl. Daniel Goleman, Emotionale Intelligenz, München 1997, S. 54 und S. 60.

6. Transformation der Forschungsergebnisse auf weitere Theorieebenen

6.1 Ambivalenzen der Expertenaussagen

Wie bereits festgestellt ist für die Beantwortung der Forschungsfrage besonders bedeutsam, dass die unterschiedlichen Aussagen der Experten nicht etwa durch grundsätzlich optimistischere oder pessimistischere Perspektiven gekennzeichnet sind, die Auswirkungen der Bildungsinitiativen zu beurteilen, sondern dass durchgehend von einer widersprüchlichen Beurteilung der Reformwirkungen gesprochen werden kann, die von allen Interviewpartnern gleichermaßen vorgenommen wurde.

Stellt man die für die Gestaltung der Sozialisationsbedingungen von Kindern als förderlich und hemmend betrachteten Faktoren gegenüber, entspringt aus der Vielfalt der Antworten ein Widerspruchsmuster, das womöglich dem schwer zu artikulierenden Unbehagen der Experten Ausdruck verleiht. Alle Interviews auf den verschiedenen Aggregationsebenen sind durch Zwiespältigkeit und Ambivalenz gekennzeichnet. In der qualitativen Forschung sind es nun gerade die Widersprüche, welche den Relevanzsystemen der Betroffenen entspringen, die auf Besonderheiten bei der Wahrnehmung und Beschreibung sozialer Wirklichkeit hinweisen. Daher sollen diese besonders ernst genommen und in folgender Übersicht zusammenfassend dargestellt werden:

a) Das Kind steht im Mittelpunkt –
   Die Zuwendung zum Kind wird eingeschränkt

Die Forderung und das Bewusstsein, dass das Kind im Mittelpunkt des Kindergartenalltags zu stehen habe, wird von den Fachkräften nicht nur als Grundlage der pädagogischen Arbeit der Erzieherin bezeichnet, die schon immer besteht, sondern auch als Prämisse, die vor dem Hintergrund der zunehmenden Bedeutung institutioneller Betreuung und verlängerter Aufenthaltsdauer in den Einrichtungen noch einmal an Geltung gewinnt. Die Bindung zum Kind erhält gerade angesichts der Aufnahme von unter dreijährigen Kindern ein zusätzliches Gewicht, da hier die primäre Sozialisation noch nicht abgeschlossen ist. Die Forderung, »das Kind in die Mitte« zu stellen, ist auch explizit im ersten Leitsatz des Rahmenleitbildes des Bistums Trier zu finden.[1]

Dennoch wird von den Interviewpartnern der Umstand einer enormen Steigerung der Aufgabenvielfalt benannt, die den Fokus vom Kind wegführt und intensive Zuwendung zum Kind erschwert. Die Ambivalenz entsteht durch abstrakte Zielformulierungen einerseits, die von der Situation mit dem Kind ablenken und scheinbar höheren Zwecken dienen, wie etwa der ständigen Verbesserung der Arbeitsabläufe, und durch eine Verlagerung und Vervielfältigung der Arbeitsschwerpunkte andererseits, die eine atmosphärische Einstimmung und Konzentration auf die Bedürfnisse des einzelnen Kindes und der Gruppe eher hemmen. Daraus resultiert bei Erzieherinnen ein Gefühl von Unzulänglichkeit, weil keine Aufgabe zufrieden stellend wahrgenommen werden kann. Für Kinder bedeutet dieser Widerspruch vor allem, dass sie ebenfalls einem Wechselbad ausgesetzt sind, nämlich einerseits »wichtig« zu sein, aber auch, in den Worten vieler Interviewpartner, andererseits »zu kurz« kommen.

b) Reflektierte Haltung zum Kind –
   Abwendung vom Kind durch Kooperationsaufgaben

Der durch Bildungsinitiativen vertretene Anspruch, Kinder vor allem im Hinblick auf ihre individuellen Interessen wahrzunehmen und ihren sprachlichen Ausdruck, ihre Beharrlichkeit im Tun und ihre Bereitschaft, sich in die Gemeinschaft einzubringen, zu beglei-

---

[1] Bistum Trier (Hrsg.), Rahmenleitbild für katholische Kindertageseinrichtungen im Bistum Trier, Trier 2007, S. 6.

ten, wird von den Pädagogen begrüßt.[2] Erzieherinnen sehen sich als Entwicklungsbegleiterinnen, die ihre Arbeit nicht als »Angebotspädagogik«, sondern als »Aufarbeitungshilfe« gegenüber den vielfältigen Alltagserlebnissen der Kinder betrachten.[3] Dabei ermöglichen sie Kindern unterschiedlicher sozialer Herkunft die Partizipation an Bildungsprozessen, um ihre Teilhabechancen zu verbessern.[4] Doch die multiple Ausrichtung auf verschiedenste Kooperationspartner wie Eltern, Träger Schule, andere Kindergärten, Jugendämter, Therapeuten, Gemeinwesen, usw. führen zu einer Multidimensionalität der Arbeit, die den Blick auf das individuelle Kind trübt. Notwendige Zeit, Ruhe und Konzentration für die Beachtung der kleinen, aber feinen Lernfortschritte der Kinder und sensible interaktive Prozesse werden seltener. Die zunehmende Vernetzung mit anderen Bildungsinstitutionen und dem Gemeinwesen bringen zwar im Einzelnen auch Vorteile für Kinder, doch die reflektierte Haltung verpufft im Dschungel der Fokuskonfusion. Die Kinder erleben diesen Widerspruch durch eine große Geschäftigkeit der Fachkräfte, die ihre Aufmerksamkeit in sehr kurzen Abständen auf unterschiedliche Tätigkeiten richten und selten in Ruhe bei einer Sache bleiben. Ob sie von einer reflektierteren Haltung der Erzieherinnen unter diesen Bedingungen profitieren, bleibt offen.

c) Kindorientierte Erziehungskonzepte –
   Zunahme extern vorgegebener Bildungsbereiche

Die Konzepte der pädagogischen Arbeit sollen sich stärker an den Bedürfnissen der Kinder orientieren und bei den konkreten Lebenssituationen der Kinder ansetzen. Aufgrund der »zerteilten Zei-

---

[2] Hans Rudolf Leu, Katja Flämig, Yvonne Frankenstein, Sandra Koch, Irene Pack, Kornelia Schneider, Martina Schweiger, Bildungs- und Lerngeschichten – Bildungsprozesse in früher Kindheit beobachten, dokumentieren und unterstützen, Weimar/Berlin 2007, S. 74ff.
[3] Armin Krenz, Der situationsorientierte Ansatz im Kindergarten, Freiburg/Basel/Wien 1994, S. 36.
[4] Ministerium für Bildung, Frauen und Jugend Rheinland-Pfalz, Bildungs- und Erziehungsempfehlungen für Kindertagesstätten in Rheinland-Pfalz, Berlin/Düsseldorf/Mannheim 2007, S. 75.

ten«, »eingegrenzten Räume« und »zerrissenen Erfahrungszusammenhänge« wird im Konzept des situationsorientierten Ansatzes auf »ganzheitliches Leben und Lernen mit Kindern« gesetzt.[5] Gleichzeitig werden jedoch wieder einzelne Lernbereiche expliziert, die zwar nicht als »Fächerkanon« zu verstehen seien, aber dennoch durch ihre Strukturierung dazu führen können, dass sich Fachkräfte aufgefordert sehen, spezielle Bereiche wie Experimentieren, Mathematik oder Musik als formale Lernangebote im Sinne des funktionsorientierten Ansatzes anzubieten.[6] Der Alltag wird durch solche isolierten Lernangebote stärker strukturiert, Kinder werden aus für sie wichtigen Spielsituationen und Sozialkontakten herausgerissen und die Kindorientierung eher zurückgestellt. Dies erfolgt beispielsweise bei Sprachförderkursen, Schulkindförderung und naturwissenschaftlichen Experimenten. Auch wenn die Fachkräfte in den Bildungsbereichen Tätigkeiten erkennen, die schon immer im Kindergartenalltag praktiziert wurden, fühlen sich manche durch deren Auflistung in den BEE unter Druck gesetzt, möglichst viele Lernbereiche abzudecken. Gleichzeitig werden Kinder dazu aufgefordert, tunlichst sämtliche Entwicklungsbereiche abzuarbeiten. Es ist fraglich, ob sie ihr Lernen dadurch als konsistente »Bildungsgeschichte« erleben können.

d) Konzentration auf Ressourcen der Kinder –
   Beobachtete Defizite nehmen zu

Während Experten sich darüber freuen, welche Ressourcen sie bei Kindern entdecken, wenn Sie die Zeit haben, sich dezidiert auf eine Kleingruppe oder einzelne Kinder zu konzentrieren, beschreiben sie gleichzeitig, wie Kinder mit immer weniger Basiskompetenzen in die Einrichtungen aufgenommen werden. Eine Jacke aufhängen, eine Tasse halten, eine Brotdose öffnen, einen Wasserhahn aufdre-

---

[5] Armin Krenz, Der situationsorientierte Ansatz im Kindergarten, Freiburg i. B. / Basel/Wien 1994, S. 24f.
[6] Ministerium für Bildung, Frauen und Jugend Rheinland-Pfalz, Bildungs- und Erziehungsempfehlungen für Kindertagesstätten in Rheinland-Pfalz, Berlin/Düsseldorf/Mannheim 2007, S. 7.

hen oder gar die Toilette zu benutzen sind für viele Kinder im Kindergarten keine selbstverständlichen Angelegenheiten, sondern Herausforderungen, die sie nur mit Hilfe von Erzieherinnen bewältigen können. Sprachdefizite verhindern teilweise eine adäquate Verständigung, so dass Fachkräfte häufig nicht einmal genau verstehen können, welches Anliegen ein Kind vorbringt und wo es Hilfe, Trost oder Unterstützung benötigt. Es gilt somit elementare Kompetenzen des Alltags zu vermitteln bevor die im Kind verborgenen Fähigkeiten und Ressourcen entdeckt werden können. Ehe Kinder überhaupt an klassische Bildungsangebote herangeführt werden können, wie eine Bilderbuchbetrachtung oder das Ausschneiden einer Papierblume, müssen sie zunächst grundlegende lebenspraktische Kompetenzen erlernen.

Aus der Sicht der Kinder ist es sicher gleichgültig, ob sie lernen, wie man Hände wäscht oder wie man bastelt. Doch sind die Vermittlung von lebenspraktischen Fertigkeiten und sozialen Verhaltensweisen sehr aufwändig und schwieriger nachweisbar und dokumentierbar als sichtbare Produkte, die den Lernerfolg des Kindes offensichtlich machen. Fachkräfte müssen somit den Spagat leisten, zunehmend Basiskompetenzen zu vermitteln, bevor sie die Aufmerksamkeit auf den Ausbau von Ressourcen der Kinder richten können. Für Kinder bedeutet dies, zunächst auch viele frustrierende Lernerfahrungen in der Einrichtung machen zu müssen, weil sie das nötige Rüstzeug nicht mehr von zuhause mitbringen, um ungehemmt im Alltag integriert zu sein und ihre Stärken entwickeln zu können.

e) Beobachtung als Voraussetzung individueller Bildungsangebote – Beobachtung als Barriere unmittelbarer Interaktion

Die Beobachtung und Dokumentation von kindlichem Verhalten wird durch die Reformen zur Methode der Wahl erklärt, um zuverlässig Lernbedürfnisse der Kinder, ihre Interessen und Fähigkeiten ausfindig zu machen, um sie als Grundlage für pädagogische Angebote aufzugreifen. Obwohl Beobachtung schon immer Handwerkszeug frühkindlicher Pädagogik war, unterscheiden sich aktuelle systematische Beobachtungsformen durch ihren Umfang und ihre

Differenzierung von älteren Konzepten. Einerseits soll, durch halbstrukturierte Bögen im Sinne Margaret Carrs, die Interessen und Stärken der Kinder in Erfahrung gebracht werden.[7] Andererseits wird aber in sehr umfangreichen, differenzierten Formblättern der Entwicklungsverlauf in sämtlichen Förderbereichen des Kindes abgefragt. Der Aufwand regelmäßiger systematischer Beobachtung wird von den Experten häufig als außerordentlich umfassend beschrieben. Um konsistente Beobachtungen über Lernfortschritte zu erhalten, sollte ein Kind über einen gewissen Zeitraum täglich 5 bis 10 Minuten in seinem Verhalten beobachtet werden. Wenn dies bei fünf Kindern am Tag durchgeführt werden soll, bedeutet dies eine Stunde für die Beobachtung aufzubringen, die von der Betreuungszeit abgeht, worin jedoch noch keine Diskussion über die Ergebnisse mit der Kollegin, das Einordnen in ein Beobachtungsraster oder pädagogische Schlussfolgerungen für das individuelle Kind enthalten sind. Beobachtet man nur ein Kind täglich, kommt man bei 25 Kindern in der Gruppe bei idealen Bedingungen (es wären immer zwei Fachkräfte in der Gruppe) nur zweimal im Jahr pro Kind zu einer Beobachtungssequenz von fünf Beobachtungseinheiten. Unter diesen Bedingungen ist es eher schwierig, eine konsistente Bildungsgeschichte zu dokumentieren.[8] Leider kann nicht regelmäßig von einer idealen personellen Besetzung ausgegangen werden und so summieren sich Situationen, in denen weder eine Stunde noch 10 Minuten zur Verfügung stehen, um eine fachlich adäquate Beobachtung zu leisten. Allein in Bring- und Abholzeiten der Eltern entstehen zusätzliche Einbußen bei der Interaktionszeit mit Kindern. Für viele Fachkräfte besteht daher die Frage, wie das Instrument von Beobachtung und Dokumentation realistisch in

---

[7] Hans Rudolf Leu, Katja Flämig, Yvonne Frankenstein, Sandra Koch, Irene Pack, Kornelia Schneider, Martina Schweiger, Bildungs- und Lerngeschichten – Bildungsprozesse in früher Kindheit beobachten, dokumentieren und unterstützen, Weimar/Berlin 2007, S. 49 ff.

[8] Hans Rudolf Leu, Katja Flämig, Yvonne Frankenstein, Sandra Koch, Irene pack, Kornelia Schneider, Martina Schweiger, Bildungs- und Lerngeschichten – Bildungsprozesse in früher Kindheit beobachten, dokumentieren und unterstützen, Weimar, Berlin 2007, S. 74 ff.

den Alltag einzuführen und zu verwirklichen ist. Wenn es dennoch gelingt, wird gleichzeitig eine Reduktion der Aufmerksamkeit für die übrige Kindergruppe und eine Minderung der Betreuungsintensität beschrieben. Es schieben sich somit formale Elemente zwischen Erzieherin und Kind, die eine Gestaltung gemeinsamer Situationen und unmittelbaren Kontaktes erschweren.[9] Bei der Beobachtung nehmen die Fachkräfte eine analytische Distanz ein, die verhindert, dass intensive kommunikative Austauschprozesse mit dem Kind stattfinden können. Weiterhin erfordert die systematische Dokumentation der Beobachtungen, ihre Kommunikation mit Kollegen und die entsprechende Aufbewahrung und Pflege Zeit, die zum Teil den Kindern verloren geht, da dies während der Betreuungszeit erledigt werden muss, wenn nicht genügend Personal und Vorbereitungszeit vorhanden sind.

f) Differenzierte Anforderungen vertiefen Bildungsprozesse –
Zerrissenheit der Erzieherinnen verflacht Bildungsprozesse

Die neuen Anforderungen an Erzieherinnen beziehen sich nicht nur auf einzelne Bildungsangebote, wie etwa Sprachförderung, eine erweiterte Altersspanne des Klientel von null bis sechs Jahren, neue systematische Methoden der Beobachtung und Dokumentation, verstärkte Zusammenarbeit mit den Eltern, zusätzliche Kooperationspartner und die Öffnung des Kindergartens nach außen, hin zu einem Kommunikations- und Nachbarschaftszentrum, sondern auch auf systematische Beschreibung von Arbeitsprozessen, fortlaufende Reflexion der pädagogischen Konzeption und ständige Fort- und Weiterbildung. Viele Fachkräfte beschreiben die Neuerungen im Einzelnen als konstruktive Ansätze oder Impulse, die neue Perspektiven schaffen und das Berufsbild erweitern. Ebenso werden Bildungsprozesse von Kindern nicht mehr einfach als selbstverständlich hingenommen, sondern vielmehr systematisch evaluiert, analysiert und interpretiert. Sie erkennen darin einen Anspruch auf

---

[9] Vergl. Hermann Schmitz, Situationen und Konstellationen, Freiburg i. B./München 2005, S. 18 ff.

Professionalität und Fachlichkeit des Erzieherberufes, den sie bis zu einem gewissen Grad unterstützen. Da die Neuerungen jedoch in einem sehr kurzen Zeitraum eingeführt wurden und sehr unterschiedliche strukturelle, inhaltliche und methodische Aspekte umfassen, werden sie in ihrer Summe als zu umfangreich, zu geballt und zu divergent wahrgenommen. Es wird simultan eine zentrifugale und zentripetale Ausrichtung der Fachkraft gefordert, die gleichzeitig eine starke Außenorientierung und eine Konzentration auf individuelle Bedürfnisse des einzelnen Kindes verlangen. Das führt zu einer Fokuskonfusion, die häufig eine Überforderung der Erzieherinnen nach sich zieht, ein Sachverhalt, der sich durch gehäufte Krankheitssymptome, Erschöpfung und Ausfall von Personal manifestiert. Eine sensitive Zuwendung und empathische Einfühlung in die Belange der Kinder wird in einem solchen Zustand erschwert. Eine Wahrnehmung der individuellen Bildungsbedürfnisse einzelner Kinder und eine Differenzierung und Individualisierung von Lernangeboten ist im Dauerstress kaum zu bewerkstelligen. In solchen Situationen wird dann eher auf alte, kollektive Lernangebote zurückgegriffen, die ermöglichen, die soziale Ordnung in der Gruppe aufrecht zu erhalten, als auf besonders differenzierte Einzelförderung zu setzen.

Für die Kinder hat das die Konsequenz, dass sie aus dem Mittelpunkt der Aufmerksamkeit heraustreten, weniger intensive Zuwendung erfahren und nicht immer angemessen beschäftigt und gefördert werden. Sie erhalten weniger konsistente Fürsorge, Beachtung und individuelle Unterstützung und sind vermehrt sich selbst überlassen, auch wenn Erwachsene als Aufsicht physisch anwesend sind. Da diese häufig mental mit komplexen Sachverhalten beschäftigt sind, können sie allenfalls geteilte Aufmerksamkeit leisten. Die Bedeutung der unmittelbaren Interaktion mit dem Kind und die Gestaltung von Bildungsangeboten in intensiven gemeinsamen Situationen geschehen eher nebenbei, weil gesellschaftlich als relevanter wahrgenommene Aufgaben, wie Öffentlichkeitsarbeit, Kooperation, Organisation und Evaluation, Vorrang haben.[10]

---

[10] Vergl. Peter Brozio, Vom pädagogischen Bezug zur pädagogischen Beziehung, Würzburg 1995, S. 447 ff.

g) KITA baut Betreuungsleistungen aus –
Eltern bauen Erziehungsleistungen ab

Kinder werden immer früher und für längere Abschnitte des Tages in Organisationen institutioneller Erziehung betreut. Dadurch nehmen die Zeiträume und Gelegenheiten, in denen sie in der Familie sozialisiert werden können, ab. Wenn ein- oder zweijährige Säuglinge oder Kleinkinder eine achtstündige Ganztagsbetreuung genießen, verbringen sie an einem Wochentag noch etwa vier bis fünf Stunden ihrer Wachzeit in der Familie. Dies bedeutet nicht, dass Eltern ihre Rolle als primäre Bindungsperson im Sinne Bowlbys verlieren, aber rein alltagspragmatisch bleibt weniger Zeit, um Kindern grundlegende Verhaltensweisen, Normen und Regeln in primärer Sozialisation zu vermitteln.[11] Durch die abnehmende Betreuungszeit in der Familie kumulieren somit mehr Erziehungsaufgaben in der pädagogischen Einrichtung.

Dieser Sachverhalt führt zu einer Zunahme von Aufgaben der primären Sozialisation innerhalb der Kindertagesstätte. Viele Kinder kennen die Verhaltensregeln einer sozialen Gruppe noch nicht und können sich nicht angemessen an Regeln und Grenzen halten. Sie sind noch so im Egozentrismus befangen, dass sie sich nur mit Mühe Erfordernissen der Gesamtgruppe unterordnen können. Einerseits können sie ihre Bedürfnisse nicht wahrnehmen und angemessen artikulieren, andererseits stellen sie mit ihrer aktuellen Befindlichkeit, Bedürftigkeit und affektiven Ausbrüchen das Gruppenleben auf den Kopf. Die Fachkräfte müssen hier sehr intensiv in kommunikative Auseinandersetzung mit den Kindern treten, um sie sowohl empathisch in ihrer Betroffenheit zu begleiten, als auch deutlich Grenzen zu setzen, wo das Wohl der anderen eingeschränkt wird. Anstatt auf Erfahrungen der primären Sozialisation aufbauen zu können und innerhalb einer sekundären Sozialisation als Repräsentant des »Generalisierten Anderen« aufzutreten, übernimmt die Erzieherin die Rolle des »Signifikant Anderen« der primären Sozialisation, an dem sich Kinder in wechselseitiger Bezie-

---

[11] John Bowlby, Frühe Bindung und kindliche Entwicklung, München 2001, S. 11 ff.

hung normativ ausrichten.¹² Damit rückt Erziehung in Organisationen der Kindertagesbetreuung in den Bereich familienersetzender Funktionen, da diese Aspekte der Sozialisation vor den Reformen noch vorwiegend in der Familie geleistet wurden. Kinder sind zunehmend darauf angewiesen, dass Erzieherinnen in intensiver wechselseitiger Kommunikation gewährende und verbietende Signale setzen, Normen vermitteln und eine soziale Ordnung in der Gruppe erst entwickeln. Demzufolge baut Erziehung und Bildung im Kindergarten immer weniger auf eine primäre Sozialisation in der Familie auf, sondern sie hat diese selbst zu leisten. Bildung und Erziehung müsste für den Elementarbereich unter dieser Prämisse möglicherweise neu definiert werden, da sie mehr und grundlegendere Aspekte umfasst als klassische Bildungsangebote wie das kreative Gestalten oder die Bilderbuchbetrachtung. Für Kinder ändern sich die Sozialisationsbedingungen durch die Bildungsinitiativen insofern grundlegend, als sich die Aufgaben der Erziehungsinstanzen verschieben und elementare Erfahrungen weniger in der Familie und verstärkt in Institutionen unter den Bedingungen einer Bildungsorganisation gemacht werden.

Wie bereits unter Kapitel 5.5 angemerkt, könnte aus diesem Widerspruchsmuster vordergründig die Konsequenz gezogen werden hier stünden sich *Anspruch* und *Wirklichkeit, programmatische Theorie* und *intersubjektive Praxis* oder *politisch motivierte Professionalisierung* und *pragmatische Umsetzung gegenüber*. Doch eine solche Interpretation greift zu kurz und vernachlässigt nicht nur die Tatsache, dass die Bildungsreformen im Elementarbereich im Zusammenhang mit gesamtgesellschaftlichen Entwicklungen zu sehen sind, sondern übersieht auch die Möglichkeit, weitere kategoriale Wahrnehmungsmöglichkeiten sozialer Wirklichkeit zu erschließen.

---

[12] Vergl. Peter Berger, Thomas Luckmann, Die gesellschaftliche Konstruktion der Wirklichkeit, Frankfurt a. M. 1980, S. 139 ff.

6.2 Gesellschaftstheoretische und sozialisationstheoretische Ebenen der Studie

Auffallend ist insgesamt, dass die ambivalente Wirkungsweise der Bildungsinitiativen auf allen Aggregationsebenen der Interviewpartner konstatiert wird. Nicht nur Erzieherinnen, sondern auch die Experten auf höheren Verantwortungsebenen sehen Widersprüche bei der Rezeption, Umsetzung und Wirkung der Reformen. Förderliche Aspekte der Neuerungen sind vor allem bei den *Reflexionsprozessen* der Fachkräfte zu verzeichnen, während auf der Ebene der *direkten Interaktion mit dem Kind* eher nachteilige Tendenzen beschrieben werden.

Aus der Sicht der Betroffenen sind konstruktive Wirkungen der Reformen auf die Haltung der Fachkräfte durchaus auch auf die Situation der Kinder zu übertragen, da hier direkte Zusammenhänge impliziert werden. Offen bleibt, ob die positive Wirkung der *Reflexionsprozesse* sich gegenüber den Problemen bei der Gestaltung wechselseitiger Interaktion mit Kindern durchsetzt und auf eine verbesserte Betreuungssituation und eine förderliche Konsequenz für die Sozialisationsbedingungen von Kindern geschlossen werden kann. Da die Erzieherin einen wesentlichen Teil des sozialen Rahmens bildet, sind ihre Befindlichkeit und ihre Haltung durchaus von großer Bedeutung für die Interaktion mit dem Kind. Doch stehen sich hier Prozesse von Internalisierung der neuen Impulse und Externalisierung im Alltagshandeln gegenüber, die nicht ohne weiteres vereinbar sind, insbesondere, wenn sie vor dem Hintergrund bestimmter Rahmenbedingungen, gesamtgesellschaftlicher Diskurse und interessengeleiteter Leitbilder verwirklicht werden. Daher wäre eine gesellschaftstheoretische Reflexion der unterschiedlichen Expertenaussagen erforderlich, um die Situation der Erzieherin im Kontext der übergeordneten Strukturen des Bildungsdiskurses und ihre Eingebundenheit in ideologische Normensysteme zu betrachten.

Richard Sennett gehört zu denjenigen Sozialwissenschaftlern, die sich intensiv mit gesellschaftlichen Wandlungsprozessen aufgrund der Globalisierung und neuen Ausprägungen des Kapitalismus auseinandergesetzt haben.[13] Dabei legt er den Fokus unter anderem auf Veränderungen in der Arbeitswelt und das Verhältnis von Routinen und Flexibilität. Interessant ist sein Ansatz, nicht nur den Ist-Zustand festzustellen, sondern auch auf Auswirkungen moderner Lebensweisen für die »biographische Identität« hinzuweisen.[14] Im Kontext dieser Arbeit wird es erforderlich, nicht nur die Beschaffenheit institutioneller Kinderbetreuung qualitativ zu beschreiben, sondern auch Deutungskonzepte zu entwickeln, welche makrosoziologischen Prozesse sich auf die mikrosoziologische Lebenssituation des Kindes auswirken, also die Frage nach den gesellschaftlichen Bedingungen, die einen je eigenen Menschentypus hervorbringen. Mithilfe von Sennetts Flexibilitätskonzept könnten hier womöglich wertvolle Interpretationen des Forschungsmaterials vorgenommen werden.

Bei den *Interaktionsprozessen* wird relativ deutlich ein zeitlicher und qualitativer Verlust der Betreuungsintensität beschrieben. Die Experten schildern anhand zahlreicher Beispiele, wie intensive gemeinsame Situationen mit den Kindern abnehmen und sich die Zeit für direkte und individuelle Zuwendung zunehmend reduziert. Da in der frühen Kindheit die Balance von Bindungsverhalten und Explorationsverhalten sehr bedeutsam ist, muss davon ausgegangen werden, dass Bildungsprozesse nur angeregt werden können, wenn auch eine entsprechende Geborgenheit in der Kindergartengruppe erfahrbar ist. Wenn Erzieherinnen weniger Zeit haben, den sozialen Rahmen und die direkte Interaktion zu gestalten, wird auf der anderen Seite eine Steigerung von Bildungserfolgen schwer zu erreichen sein.

Bei der konkreten Betrachtung von *Interaktionsprozessen* mit Kindern müssten aus dem Forschungsmaterial solche qualitativen Merkmale und Begriffe herausgearbeitet werden, die eine konstruktive Gestaltung des sozialen Rahmens näher ausdifferenzieren und

---

[13] Vergl. Markus Schroer, Richard Sennett, in: Dirk Kaesler (Hrsg.), Aktuelle Theorien der Soziologie, München 2005, S. 258 ff.
[14] Thomas Brüsemeister, Das überflüssige Selbst – Zur Dequalifizierung des Charakters im neuen Kapitalismus nach Richard Sennett, in: Uwe Schimank, Ute Volkmann (Hrsg.), Soziologische Gegenwartsdiagnosen I, Opladen 2000, S. 307.

beschreiben. Diese sollten sich auf die Güte der Fürsorge, die Intensität der Zuwendung und die Sensitivität der Betreuung beziehen und wesentliche Elemente der Interaktion identifizieren und konkretisieren. Die Anlehnung an eine empirisch gehaltvolle Theorie könnte dazu die notwendigen Begriffe und Informationen liefern.[15] So könnte die Beschaffenheit von gemeinsamen Situationen zwischen Erzieherin und Kind aus sozialwissenschaftlicher Perspektive auf die Persönlichkeit konstituierende Aspekte hin untersucht werden. Weiterhin wäre es wünschenswert, wahrnehmungsspezifische und machtpolitische Prämissen zu identifizieren, die erklären, warum intersubjektiven Wechselprozessen in der Elementarpädagogik weniger Bedeutung zugemessen wird als bildungstheoretischen Reflexionshilfen. Insgesamt wäre eine Antwort auf die Frage zu entwickeln, welcher Menschentypus oder konkret, welcher Phänotyp von Kind sich womöglich innerhalb bestimmter Paradigmen makrosoziologischen Wandels ausprägt.

Ein möglicher Zugang zu solchen Reflexionen bietet etwa Max Horkheimer mit seiner Unterscheidung zwischen instrumenteller und autonomer Vernunft. Die instrumentelle Vernunft dient dazu »die richtigen Mittel für Zwecke zu finden«, die letztlich der Selbsterhaltung dienen.[16] Dabei bezieht sich in diesem Falle die Selbsterhaltung auf die zweckrationale Reproduktion des gesellschaftlichen Systems und nicht auf die Bewahrung einer subjektiven Integrität. Die autonome Vernunft hingegen bezieht »umfassendere Zwecke als die Selbsterhaltung« ein und versteht unter Vernünftigkeit nicht nur die Verfolgung zweckrationaler Ziele, sondern auch wertrationaler Ideen.[17] Hier denkt Horkheimer die nicht rationalisierbaren und nicht messbaren Phänomene menschlicher Wahrnehmung, die gerade nicht durch exakte Wissenschaften überprüfbar sind, mit.[18] Die machtpolitische Dimension bei den aktuellen Bildungsreformen liegt nun darin begründet, dass die programmati-

---

[15] Vergl. Udo Kelle, Susann Kluge, Vom Einzelfall zum Typus, Opladen 1999, S. 59.
[16] Rolf Wiggershaus, Die Frankfurter Schule, München/Wien 1986, S. 385.
[17] Rolf Wiggershaus, Die Frankfurter Schule, München/Wien 1986, S. 385.
[18] Vergl. Max Horkheimer, Theodor W. Adorno, Dialektik der Aufklärung, Frankfurt a. M. 2003, S. 12 und S. 22.

Transformation der Forschungsergebnisse auf weitere Theorieebenen

schen Bildungsimpulse auf der planmäßig-rationalen Ebene die Definitionsmacht erhalten, und die erfahrungsgeleitete Kommunikation in die Marginalität abrutscht. Weitere Reflexionshilfen zur machttheoretischen Analyse bieten auch Michel Foucaults Konzepte der »Gouvernementalität« und der »Pastoralmacht«.[19] Doch diese Erklärungsversuche reduzieren die Ambivalenz der Expertenaussagen zu einseitig auf machtpolitische Kategorien und verlieren das Phänomen, nämlich die Zerrissenheit der Erzieherinnen und die Folgen für die Interaktion mit den Kindern, aus den Augen.

Daher wird ein Denkansatz erforderlich, der eine holistische Beschreibung von Wirklichkeit ermöglicht und der den Gegensatz von *programmatischer Theorie* und *intersubjektiver Praxis* auf einer Ebene reflektiert, die nicht allein machtpolitische Aspekte anführt, sondern auch die Denk- und Kommunikationsstrukturen selbst beschreibt, die zu einem solchen Widerspruch führen. Eine solche Perspektive wird durch Hermann Schmitz' Konzept der »Situationen und Konstellationen« möglich. Dieses Konzept erörtert die Fähigkeit des Menschen Modelle, Theorien und Erklärungsmuster über die Vernetzung einzelner Sachverhalte zu gültigen Denksystemen zu entwickeln, die als Konstellationen beschrieben werden. Gleichzeitig verdeutlicht es aber die Bedeutung der Situation als chaotisch-mannigfaltige Ganzheit in der Erfahrungswelt des Menschen, aus der dieser schöpft und wächst, ohne immerzu einzelne Sachverhalte zu explizieren.[20] Das heißt, durch die Unterscheidung von *Situationen und Konstellationen* wird es möglich, die Ambivalenz der Expertenaussagen auf die Ebene der Wirklichkeitswahrnehmung zu heben und über Gegensätze wie *Theorie* und *Praxis*, *Handlungstheorie* und *Pragmatik des Alltags*, *politische Programmatik* und *pädagogische Umsetzung* hinauszugehen. Dieses Konzept enthält zwar ebenfalls machttheoretische Elemente, da es schließlich darauf ankommt, welche Form der Wirklichkeitswahrnehmung die Definitionsmacht erhält, doch zunächst dient es der Beschrei-

---

[19] Vergl. Norbert Ricken, Die Ordnung der Bildung, Wiesbaden 2006, S. 93.
[20] Vergl. Hermann Schmitz, Situationen und Konstellationen, München 2005, S. 9.

bung und Reflexion grundlegender Formen der Perzeption von Wirklichkeit.

Die einzelnen Maßnahmen der Bildungsinitiativen wären somit als Konstellationen zu bezeichnen, die versuchen, kategoriale Maßstäbe darüber zu entwickeln, wie in einem Ursache-Wirkungsverhältnis frühkindliche Bildung effizienter gemacht werden kann. Dieser Kategorie entspricht das verbesserte Reflexionsverhalten der Erzieherinnen, bei denen bestimmte kognitive Denkprozesse angeregt wurden. Die Alltagsgestaltung im Kindergarten dagegen bildet die Ebene der Situationen. Sie sind gekennzeichnet durch intersubjektive Prozesse, die Schmitz als leibliche Kommunikation bezeichnet.[21] Wenn sich Erzieherinnen weniger intensiv Kindern zuwenden und die Wechselseitigkeit der Interaktion durch Bildungsmaßnahmen beeinträchtigt wird, ohne dass diese Wahrnehmung der Experten ernst genommen wird, kann eine Marginalisierung der Situation angenommen werden. Um solche Interpretationen der Forschungsergebnisse zu ermöglichen, muss jedoch im Folgenden ausführlich und dezidiert auf das Situationskonzept von Hermann Schmitz eingegangen werden.

Wenn im weiteren Verlauf der Arbeit nun auf ergänzende Theorien zurückgegriffen werden soll, die eine höhere Abstraktionsebene ermöglichen, bleibt dennoch ein direkter Zusammenhang mit Goffmans Konzept des sozialen Rahmens bestehen. Dieses liefert wesentliche Hintergrundinformationen, um die Situation von Kindern und Erzieherinnen im Alltag der Kindertagesbetreuung und Aspekte des übergeordneten Kontexts der Elementarbildung zu beschreiben, die unmittelbar im Zusammenhang mit der wechselseitigen Interaktion stehen. Einerseits kommen Faktoren zum Tragen, die sich direkt auf die interagierenden Personen und ihre psychischen und sozialen Handlungsdimensionen beziehen. Dazu gehören die »Aushandlung von Verhaltensstandards« und »gegenseitige Vergewisserung« über Regeln und Normen des sozialen Rahmens.[22] Diese können durch Aspekte der *Ablenkung von außen*,

---

[21] Hermann Schmitz, Der unerschöpfliche Gegenstand, Bonn 2007, S. 135 ff.
[22] Vergl. etwa Erving Goffman, Rahmenanalyse, Frankfurt a. M. 1980, S. 37, S. 377.

die akut die Aufmerksamkeit der Erzieherin beeinträchtigen, und der *Interaktionsbefangenheit*, die ein spontanes Einlassen auf die gemeinsame Situation mit den Kindern durch einen beständigen professionellen Anspruch verhindern, beeinträchtigt werden.[23] Diese Dimensionen der sozialen Interaktion sollen im achten Kapitel im Zusammenhang mit Schmitz' Situationskonzept näher betrachtet werden.

Andererseits wirken übergeordnete Strukturen normativer und ideologischer Prägung auf die Ausgestaltung des Betreuungsalltags, die gesamtgesellschaftlichen Entwicklungen zuzuordnen sind und in politisch initiierten Innovationen der Elementarpädagogik zum Ausdruck kommen.[24] So können das wechselseitige Engagement und die Verantwortung für den sozialen Rahmen von Seiten der Fachkraft beeinträchtigt sein durch Faktoren der *Ich-Befangenheit*, die durch widersprüchliche Anforderungen und eine diffuse Berufsidentität gekennzeichnet ist und der *Fremdbefangenheit*, die sich durch eine übertriebene Orientierung an den Erwartungen anderer an die eigene Rolle manifestieren.[25]

Die Theorie des sozialen Rahmens ermöglicht im Zusammenhang mit Bronfenbrenners Faktoren der Sozialisation eine Orientierung über die unterschiedlichen Reflexionsebenen auf der Handlungsebene des Forschungsgebietes. Doch um den umfangreichen Informationen aus den Erzähltexten der Experten gerecht zu werden, sind nun weitere, empirisch gehaltvolle Theorien erforderlich, die der Komplexität der Zusammenhänge angemessen sind. Es werden zunächst makrosoziologische Aspekte reflektiert, die eine Einbettung der Modifikationen im pädagogischen Elementarbereich in gesamtgesellschaftliche Entwicklungen ermöglichen und die mit Begriffen aus Richard Sennetts Flexibilitätskonzept interpretiert werden. Ausgehend von dieser übergeordneten Perspektive werden dann mikrosoziologische Betrachtungen angestellt, um we-

---

[23] Erving Goffman, Interaktionsrituale – über Verhalten in direkter Kommunikation, Frankfurt a. M. 1971, S. 128 ff.
[24] Vergl. Urie Bronfenbrenner, Ökologische Sozialisationsforschung, Stuttgart 1976, S. 203 ff.
[25] Erving Goffman, Interaktionsrituale – über Verhalten in direkter Kommunikation, Frankfurt a. M. 1971, S. 130 bzw. 135.

sentliche Bedingungen wechselseitiger Interaktion im Sozialisationsprozess anhand von Begriffen der leiblichen Kommunikation nach Hermann Schmitz zu explizieren und Veränderungen und Beeinträchtigungen intersubjektiver Prozesse zwischen Erzieherinnen und Kindern vor dem Hintergrund seines Situationskonzeptes zu deuten.[26] In folgendem Schaubild sollen die unterschiedlichen Theorieebenen zunächst veranschaulicht werden:

Theorieebenen	Kapitel 7 Makrosoziologische Aspekte	Kapitel 8 Mikrosoziologische Aspekte
1. Begriffliche Grundlagen: Bronfenbrenners Ebenen der Sozialisationsfaktoren	Übergeordnete Strukturen und ideologischer Überbau	Materielle, räumliche und personale Umgebung
2. Heuristische Theorie: Interaktion gestaltende Faktoren nach Goffman	a) Wechselseitiges Engagement b) Verantwortung	a) Aushandlung der Verhaltensstandards b) Gegenseitige Vergewisserung
2. Heuristische Theorie: Entfremdungsfaktoren nach Goffman	c) Ich-Befangenheit d) Fremdbefangenheit	c) Ablenkung von außen d) Interaktionsbefangenheit
3. Empirisch gehaltvolle Theorien zur weiteren Interpretation des Forschungsmaterials	Flexibilitätskonzept nach Richard Sennett	Situationskonzept und Leibphänomenologie nach Hermann Schmitz

Die Reihenfolge der Kapitel sieben und acht ist der Perspektive weberianischer Soziologie geschuldet. Im Gegensatz zu Durkheim schlussfolgert Weber nicht vom individuellen Erleben auf gesamtgesellschaftliche Prozesse. Vielmehr interessierte Weber stets »in welcher Richtung« grundlegende soziale Voraussetzungen »die Lebensführung« und die »alltägliche Lebensgestaltung« beeinflussen.[27] Äußere Gegebenheiten wirken demnach mit der Macht »innerer Eigengesetzlichkeit« auf die Persönlichkeit mit ihren prä-

---

[26] Vergl. Richard Sennett, Der flexible Mensch, Berlin 2006, S. 10; Hermann Schmitz, Der unerschöpfliche Gegenstand, Bonn 2007, S. 135 ff.
[27] Wilhelm Hennis, Max Webers Fragestellung, Tübingen 1987, S. 15.

genden »Zumutungen«.²⁸ Makrosoziologische Prozesse beeinflussen somit den einzelnen in seiner Lebensgestaltung und ermöglichen oder hemmen eine individuelle Lebensführung. Es geht um den Einfluss der Lebensordnung auf die Persönlichkeit. Für den Elementarbereich wird entsprechend die Wirkung des aktuellen übergeordneten Bildungsdiskurses auf mikrosoziologische Prozesse bei der Gestaltung pädagogischer Situationen im Kindergarten betrachtet, ganz im Sinne Webers, der sich fragte, »was für Menschen« die moderne Gesellschaft kraft ihrer »immanenten Eigenart« präge und welches berufliche und außerberufliche »Schicksal« es ihnen bereite.²⁹ Somit werden die Ergebnisse der Studie aufbereitet erstens nach den Kategorien des ideologischen Überbaus des elementarpädagogischen Erziehungssystems und zweitens nach Kategorien intersubjektiver Prozesse im Alltag des Kindes, wobei jedoch machtpolitische Zuschreibungen über die Relevanz der unterschiedlichen Bereiche nicht vernachlässigt werden. Mithilfe der gewonnenen Basisdaten können am Ende Hypothesen darüber gebildet werden, welche langfristigen Folgen durch tendenzielle Veränderungen der Sozialisationsbedingungen zu vermuten sind.

Im Folgenden sollen daher in einem weiteren Schritt die Forschungsergebnisse anhand empirisch gehaltvoller Theorien interpretiert werden, um Gründe für die Ambivalenz zwischen Reflexionsprozessen der Erzieherinnen und Interaktionsprozessen zwischen Erzieherin und Kind herauszuarbeiten. Für dieses Vorgehen ist es notwendig, Zusammenhänge zwischen Theorie und Empirie herzustellen, da sich »Querbeziehungen zur Theorie [...] bei der Darstellung empirischer Ergebnisse ergeben« können.³⁰ Dazu werden konkrete Aussagen der Experten erörtert, um prägnante Beispiele ihrer Einschätzungen zu präsentieren und sie in einen theoretischen Zusammenhang zu stellen. Da Sozialisationsbedingungen in Kindertagesstätten bisher wenig untersucht wurden und bezüglich der Forschungsfrage bisher noch keine grundlegenden Theo-

---

[28] Ebd., S. 72.
[29] Ebd., S. 49.
[30] Jochen Gläser, Grit Laudel, Experteninterviews und qualitative Inhaltsanalyse, Wiesbaden 2009, S. 282.

Gesellschaftstheoretische und sozialisationstheoretische Ebenen der Studie

rien existieren, besteht die Aufgabe darin, gegenstandsnahe Theorien einzubinden, die »auf unterschiedlichen Abstraktionsebenen für die Forschungsfrage relevant sein können«.[31] Die Beiträge der Experten werden dann auf eine höhere Abstraktionsebene transformiert, um ihre Bedingtheit, Bedeutung und Tragweite näher zu betrachten und abzuwägen.[32] In Kapitel sieben werden gesellschaftstheoretische Bezüge hergestellt, welche die Eingebundenheit struktureller Aspekte frühkindlicher Betreuung im Kontext gesamtgesellschaftlicher Entwicklungen der Ökonomisierung pädagogischer Arbeitsfelder mit Hilfe des Flexibilitätskonzeptes von Richard Sennett reflektieren. Kapitel acht bringt grundlegende Erfahrungen der Erzieherinnen über wechselseitige Interaktionsprozesse mit Kindern anhand von Termini der *Neuen Phänomenologie* auf den Begriff. Der erlebte Verlust von intensiven Austauschprozessen mit den Kindern wird mit dem Konzept der leiblichen Kommunikation von Hermann Schmitz in einen theoretisch-phänomenologischen Rahmen gestellt.

---

[31] Jochen Gläser, Grit Laudel, Experteninterviews und qualitative Inhaltsanalyse, Wiesbaden 2009, S. 266.
[32] Vergl. Ebd., S. 266.

7. Die makrosoziologische Perspektive – Gesellschaftstheoretische Reflexion

7.1 Flexibilität als gesellschaftstheoretisches Deutungskonzept

Im Rahmen dieses Kapitels wird anhand der Beschreibungen der Experten betrachtet, wie neue pädagogische Konzepte, welche aus politischen Kontexten hervorgehen, die Situation der Erzieherin beeinflussen, die sich mit einer spezifischen Haltung und Motivation dem Kind zuwendet. Dabei werden die unterschiedlichen Veränderungen im pädagogischen Elementarbereich in einen gesamtgesellschaftlichen Zusammenhang gestellt, der durch eine Ökonomisierung des Sozialen gekennzeichnet ist.

Wie Erving Goffman konstatiert, können bei der Gestaltung des sozialen Rahmens Fehlrahmungen entstehen, wenn Institutionen mit ihrer Organisationsphilosophie auf eine »bestimmte Art und Weise Macht über den einzelnen ausüben« und solche Rahmen konstruieren, die nur bestimmte Modulationen der Interaktion zulassen.[1] Diese Transformationen ergeben sich meist aus übergeordneten sozialen Strukturen und dem ideologischen Wertesystem des gesellschaftlichen Überbaus.[2] Die face-to-face Beziehung zwischen Erzieherin und Kind kann somit durchaus beeinflussbar sein von äußeren Faktoren, die auf abstrakter Ebene und für das Kind unsichtbar vorhanden sind. Dies macht deutlich, wie Fachkräfte im Elementarbereich bei der Gestaltung des Rahmens in der pädagogischen Beziehung Irritationen ausgesetzt sind, die das Engagement bei der Interaktion mit dem Kind beeinträchtigen können. Es ist

---
[1] Vergl. Peter Brozio, Vom pädagogischen Bezug zur pädagogischen Beziehung, Würzburg 1995, S. 514.
[2] Vergl. Urie Bronfenbrenner, Ökologische Sozialisationsforschung, Stuttgart 1976, S. 203 ff.

Flexibilität als gesellschaftstheoretisches Deutungskonzept

jedoch anzunehmen, dass diese Irritationen zwar aus politisch initiierten Innovationen der Elementarpädagogik resultieren, die jedoch wiederum gesamtgesellschaftlichen Entwicklungen zuzuordnen sind. Solche makrosoziologischen Zusammenhänge sollen im weiteren Verlauf des Kapitels erhellt werden.

Der amerikanische Soziologe Richard Sennett hat sich unter anderem auf die Forschungsgebiete Identität, Zivilisation, soziale Ungleichheit und Kapitalismus spezialisiert. Insbesondere nimmt er die »Art und Dauer der Bindungen« in den Blick, wie sie Menschen im westlichen Kulturkreis gestalten.[3] Dabei beschäftigen ihn Fragen der permanenten beruflichen Mobilität, der Kurzlebigkeit von sozialen Bezügen und die Konsequenzen der »ungeduldigen Gesellschaft« für den einzelnen.[4] Im Fokus seines Interesses liegen der Wandel der Arbeitswelt, die Modifikation von Organisationen und die Auswirkungen auf interpersonale Beziehungen.

Routine und Flexibilität bilden ein Begriffspaar, das sich antagonistisch gegenübersteht. Während Routine vor allem den Beigeschmack von Althergebrachtem, Gleichförmigem und ewig Gestrigem in sich trägt, scheint Flexibilität heute ein durchaus positiv besetzter Begriff zu sein. Flexibilität ist eine Eigenschaft, die in Stellenanzeigen häufig gewünscht oder sogar gefordert wird und die auf eine vielseitige Verwendbarkeit, innere Beweglichkeit und Innovationsbereitschaft schließen lässt. Sennett hat sich kritisch mit dem Phänomen der Flexibilität auseinandergesetzt und darin ein Leitmotiv modernen beruflichen Handelns identifiziert. Angeregt durch seine empirischen Studien im Bereich der US-amerikanischen Arbeitssoziologie reflektiert er gesamtgesellschaftliche Auswirkungen des von ihm geprägten »flexiblen Kapitalismus« auf Arbeitsstrukturen, Berufsidentität und berufliche Handlungsformen.[5] Dabei geht es nicht nur um die Verteilung der Produktionsmittel, sondern auch um die Macht und den Einfluss des Ökonomischen

---

[3] Markus Schroer, Richard Sennett, in: Dirk Kaesler (Hrsg.), Aktuelle Theorien der Soziologie, München 2005, S. 251.
[4] Vergl. Thomas Brüsemeister, Das überflüssige Selbst – Zur Dequalifizierung des Charakters im neuen Kapitalismus nach Richard Sennett, in: Uwe Schimank, Ute Volkmann (Hrsg.), Soziologische Gegenwartsdiagnosen I, Opladen 2000, S. 307.
[5] Richard Sennett, Der flexible Mensch, Berlin 2006, S. 10.

auf Fachwissen, Fachdiskurse und berufliche Kommunikationsprozesse. Mit dem Begriff »flexibler Kapitalismus« beschreibt Sennett die postindustrielle Ausprägung eines Wirtschaftssystems, das eine besondere Wendigkeit, Anpassungsfähigkeit und Formbarkeit der Arbeitskräfte voraussetzt.[6] Die geforderte Flexibilität wendet sich »gegen starre Zeit- und Arbeitsordnungen«, schießt aber aus der Perspektive Sennetts »über das Ziel hinaus«, indem gewonnene Lebenserfahrungen für hinfällig erklärt werden und daher »fatale Folgen für den Charakter« und die Identität des einzelnen zu befürchten seien.[7] Für das Individuum bedeutet der aktuelle soziale Wandel eine massive persönliche Herausforderung unter dem Risiko einer kollektiven Entfremdung.

Diese Modifikationen wirken in sämtliche Arbeitsfelder, auch in den pädagogischen Bereich, hinein und verändern Berufsrollen, Arbeitsprozesse, Haltungen und Einstellungen. Da es sich bei den Bildungsinitiativen um politisch motivierte Reformen handelt, die nachhaltige Auswirkungen auf das Selbstverständnis und das Berufsbild der Erzieherinnen haben, liegen hier interessante Anknüpfungspunkte vor, auf die anhand der Expertenaussagen im Einzelnen verwiesen werden kann. Bei der Betrachtung der Situation der Erzieherin innerhalb des sozialen Rahmens sollen im Folgenden solche gesellschaftstheoretischen Reflexionen mit einbezogen werden, um den Gegenstand der Studie in einen größeren Zusammenhang zu stellen und Wechselwirkungen zwischen unterschiedlichen Teilsystemen der Gesellschaft sichtbar zu machen. Anhand konkreter Stellungnahmen der Interviewpartner wird aufgezeigt, inwieweit Aspekte der Bildungsinitiativen die Haltung der Erzieherinnen in der Ausübung ihrer Rolle und als wesentlicher Interaktionspartner den ›Rahmen‹ der pädagogischen Beziehung beeinflussen und sich damit auf Sozialisationsbedingungen der Kinder auswirken. Sennetts kritische Betrachtungen über Flexibilität in der Arbeitswelt dienen somit als Folie, auf deren Hintergrund die Erfahrungen der

---

[6] Ebd., S. 10.
[7] Thomas Brüsemeister, Das überflüssige Selbst – Zur Dequalifizierung des Charakters im neuen Kapitalismus nach Richard Sennett, in: Uwe Schimank, Ute Volkmann (Hrsg.), Soziologische Gegenwartsdiagnosen I, Opladen 2000, S. 310 f.

Fachkräfte reflektiert werden im Hinblick auf gesamtgesellschaftliche Tendenzen der Ökonomisierung des Sozialen, den ideologischen Überbau bildungspolitischer Maßnahmen und ihre strukturelle Einbettung in Organisationen der Kindertagesbetreuung.

7.2 Über den Wandel eines Berufsbildes

Berufsbilder in einer modernen, ausdifferenzierten Gesellschaft befinden sich in einem kontinuierlichen Wandel. Allein technische Möglichkeiten, aber auch neue wissenschaftliche Erkenntnisse im jeweiligen Fachgebiet, führen zu veränderten Arbeitsmethoden, Zielsetzungen und damit auch einer Veränderung des beruflichen Habitus. Mit Beginn des neuen Jahrtausends, insbesondere im Anschluss an die Veröffentlichung der Ergebnisse der PISA-Studie, wurden in einer kurzen zeitlichen Abfolge vielfältige innovative Maßnahmen im Elementarbereich in Form von Bildungsinitiativen eingeführt, von denen anzunehmen ist, dass sie zu Veränderungen im Berufsbild der Erzieherin führen.

Die befragten Experten haben im Rahmen der Interviews wesentliche Informationen zur Veränderung ihres Berufsbildes im letzten Jahrzehnt übermittelt. Zur Verdeutlichung des Zusammenhangs zwischen modifizierten Anforderungen und Rollenerwartungen an den Erzieherberuf und aktuellen Veränderungen im Betreuungsalltag mit Kindern werden typische Aussagen expliziert. Die auftretenden Phänomene werden einerseits in ihrer Bedeutung für die Betreuungssituation mit dem Kind betrachtet. Andererseits lassen sich die Veränderungen auch einordnen in gesamtgesellschaftliche Entwicklungen, die insbesondere durch das Konzept der Flexibilität von Richard Sennett zum Ausdruck kommen. Im Folgenden werden die Stellungnahmen der Experten unter dem Gesichtspunkt der veränderten Beschäftigungsverhältnisse, des inkonsistenten Berufsbildes, der Flexibilität der Arbeitsbedingungen, der schwindenden Routinen am Arbeitsplatz, der unwiderruflichen Veränderungen, der Permanenz von Innovation und der Dialektik von Qualitätsmanagement betrachtet und interpretiert.

7.2.1 Prekäre Beschäftigungsverhältnisse

Für eine tragfähige Bindung zwischen Erzieherin und Kind ist ein dauerhaftes Beschäftigungsverhältnis der Fachkraft eine grundlegende Voraussetzung. Arbeitsplätze in Kindertagesstätten unter kirchlicher oder öffentlicher Trägerschaft zeichneten sich bisher durch ein solches Kontinuum aus. Doch durch Ausdifferenzierung der Tätigkeitsfelder von Erzieherinnen im Kindergarten, wie Aufnahme von Kindern unter drei oder über sechs Jahren, Integration von Migranten und Kindern mit Beeinträchtigungen und spezifische Förderung der sprachlichen Entwicklung, werden seit den letzten zehn Jahren häufiger befristete Arbeitsverträge abgeschlossen, da der Arbeitsauftrag nur besteht, solange jeweils ein besonderer Förderbedarf besteht. Dies ist etwa bei der geöffneten Kindergartengruppe der Fall, in der nur bei einer bestimmten Anzahl von unter Dreijährigen zusätzlicher Personaleinsatz geltend gemacht werden kann. Sobald innerhalb eines Jahres sich die Anzahl der jüngeren Kinder reduziert, bedeutet das die Einbuße von einer viertel bis zu einer halben Stelle. Eine Leiterin berichtet:

»Wobei, was mir so ein bisschen fehlt ist so ein roter Faden durch das Ganze. Einfach so diese Erfahrung, was ist nächstes Jahr? Dass das einfach noch nicht klar ist. Also wir müssen praktisch von Jahr zu Jahr neu überlegen, neu beantragen, dass da nicht einfach gesagt werden kann, o. k. ihr habt die Kinder, dann ist das genehmigt zu dem Punkt. Wir müssen die geöffnete Gruppe jedes Jahr neu beantragen, verlängern lassen und dann ist die Frage mit dem Personal. Was passiert mit dem Personal dann? Das heißt Verträge, auch mit der kleinen Altersmischung, die ist jetzt für ein Jahr und dann muss ich nächstes Jahr gucken, wo tu ich die 15 Kinder rein? Auf die zwei anderen Gruppen verteilen? Das sind halt so Sachen, wo ich denke, da müsste so ein roter Faden sein, zumindest mal als Orientierung. Dass dann natürlich Entscheidungen dann trotzdem noch anders gefällt werden können, ja o. k., aber ein roter Faden durch das Ganze« (KkSp/L 98,99,100).[8]

---

[8] Die Zitate sind anhand der anonymisierten Interviewcodes rückverfolgbar bis zu den Transkripten.

Über den Wandel eines Berufsbildes

Die betroffene Erzieherin selbst und ihr Arbeitgeber wissen nicht, ob sie über die Dauer eines Jahresvertrages hinaus beschäftigt ist, weil bei der Bedarfsplanung nicht von vornherein klar ist, ob im kommenden Kindergartenjahr zwei, vier oder sechs unter Dreijährige die Gruppe besuchen und damit der Stellenschlüssel verändert wird. Eine Kontinuität der Betreuung, die hier als »roter Faden« bezeichnet wird, ist für die betroffenen Kinder ebenso fraglich, wie die Sicherheit der Beschäftigung für die Fachkraft. Das kann für sie bedeuten, sich nicht allzu sehr an ihren Arbeitsplatz, die Kolleginnen und ihre Kinder zu binden, da er von Anfang an prekär ist. Bereits hier wird der Aspekt der Nicht-Planbarkeit der beruflichen Situation der Erzieherin deutlich, die im Sinne Sennetts nicht nur eine konsistente Rollenidentifikation erschwert, sondern auch ein tiefes Einlassen auf die Erfordernisse des Betreuungsalltags von Kindern. Die »Generalisierung von Beschäftigungsunsicherheiten«, wie Ulrich Beck dies bezeichnet, hält somit auch Einzug im Elementarbereich mit dem Unterschied, dass die Verarbeitung oder der Verkauf von Material relativ personenunabhängig ist, die Erziehung und Bildung von Kleinkindern aber auf verlässliche Beziehungen zwischen Erwachsenen und Kindern angewiesen ist.[9] Ein häufiger Personalwechsel wird durch solche Prozeduren beschleunigt, da unter Umständen das Arbeitsteam oder die Gruppenaufteilung der Kinder innerhalb der Einrichtung umstrukturiert werden muss und Erzieherinnen wie Kinder die Gruppe wechseln müssen, wenn weitere Kräfte kommen und gehen. Auch dies ist jedoch mit zusätzlichem Aufwand des Kennenlernens, der Gewöhnung, etc. verbunden. Eine Erzieherin schildert:

> »Ich komme in meiner Gruppe ganz, ganz selten dazu, bewusst zu beobachten, also das muss man sich sehr gut vornehmen. Mit meiner alten Kollegin ging das noch besser. Jetzt hatte ich ganz viel Wechsel von Personal in meiner Gruppe und da mussten wir uns erst mal finden, da war es ganz schwierig« (KkMG/E 31).

Es ist nachvollziehbar, dass in solchen Zeiten der Orientierung bei der Einführung neuer Kolleginnen die Beobachtung des einzelnen

---

[9] Ulrich Beck, Risikogesellschaft, Frankfurt a. M. 1986, S. 227.

Kindes und der Gesamtgruppe zunächst abnimmt. Eine intensive Ausrichtung auf die Belange der Kinder kann erst stattfinden, wenn das Betreuungsteam wesentliche Grundlagen seiner Zusammenarbeit geklärt hat. Auch die Kinder müssen zunächst die neue Betreuungsperson kennen lernen, Grenzen testen und sich auf ihre individuellen Eigenarten einlassen. Wenn sich Kinder gerade während eines Personalwechsels in der Eingewöhnungsphase befinden, in der sie besonders auf eine sensitive und verlässliche Beziehung angewiesen sind, kann dies die Güte der Fürsorge, das Wesen der Zuwendung und das Niveau der Betreuung durchaus beeinflussen.[10]

Denn der Aufbau dauerhafter und verbindlicher sozialer Bindungen ist vor allem bei der Betreuung von Kindern in der frühen Kindheit elementar. Schließlich konstituiert Bindungsverhalten das Explorationsverhalten des jungen Kindes. Wenn nun für die Erzieherin die Zugehörigkeit zu einer sozialen Einrichtung, einer Kindergartengruppe oder einem Aufgabenbereich nur vorübergehend ist, kann es für eine Fachkraft nützlicher sein, nur schwache Bindungen aufzubauen, um flexibler von einem Projekt zum nächsten wechseln zu können. Eine solche Abgrenzung dient letztlich der Psychohygiene der Mitarbeiterin, die ansonsten ständig zwischen Distanz und Nähe hin- und hergerissen wird. Sennett beschreibt dies folgendermaßen:

> »Distanz und oberflächliche Kooperationsgemeinschaft sind ein besserer Panzer im Kampf mit den gegenwärtig herrschenden Bedingungen als ein Verhalten, das auf Loyalität und Dienstbereitschaft beruht«.[11]

Für die Bindung zu Kindern und eine konstruktive enge Zusammenarbeit mit der Gruppenkollegin ist eine solche Haltung jedoch eher abträglich. Die Rollendistanz kann so groß werden, dass die

---

[10] Auf den Begriff der Betreuungsqualität wird hier absichtsvoll verzichtet, da er ein stummes Einverständnis mit der ökonomisierten Sprache der DIN EN ISO suggeriert, die aus Gründen der wissenschaftlichen Skepsis gegenüber solchen Verquickungen hier vermieden wird.
[11] Richard Sennett, Der flexible Mensch, Berlin 2006, S. 29.

Berufsidentität in eine Dauerlatenz zerfällt und eine Identifikation mit der eigentlichen Aufgabe, der Erziehung, Bildung und Betreuung von Kindern, schwierig wird. Welche Auswirkungen dies haben kann, drückt folgendes Zitat aus:

»Kinder sind frustriert, sie werden krank, sie ziehen sich zurück, sie nutzen ihre Chancen nicht, die Eltern sind belastet. Da gibt es ganz viele Rückkopplungseffekte« (KevMz/L 135).

Hier wird die Bedeutung der Erzieherin als wesentliches Element des pädagogischen Rahmens deutlich. Wo kein echtes Engagement erfolgen kann, spürt auch die andere Seite des Rahmens, nämlich das Kind, dass hier keine verlässliche Beziehung möglich ist. Wenn der eigene Beruf mehr und mehr aus Episoden und Fragmenten besteht, wird es zunehmend schwerer für die Erzieherin, die eigene Identität und Lebensgeschichte innerhalb einer konsistenten Erzählung zu fassen. Dieses Phänomen führt zu einer inneren Zerrissenheit, die eine Konzentration auf die Lebenslage der Kinder und auf die jeweilige Situation im Hier und Jetzt erschwert. Doch dies ist unter Umständen genau das, was die Kinder am meisten brauchen. Die Personalfluktuation kann also durchaus als Konsequenz struktureller Innovationen in der Elementarpädagogik identifiziert werden, die qualitative Folgen für die Betreuungsintensität aufweist.

Da sich Umbildungen der Sozialisationsbedingungen von Kindern nicht nur in den Beschäftigungsverhältnissen der Erzieherinnen manifestieren, sondern auch durch inhaltliche, methodische und strukturelle Innovationen im Elementarbereich gekennzeichnet sind, sollen nun weitere Aspekte betrachtet werden.

7.2.2 Inkonsistentes Berufsbild

Seit der Veröffentlichung der PISA-Studie wurden die in Kapitel drei dezidiert beschriebenen Bildungsinitiativen eingeführt. Bereits dieser Überblick zeigt, wie vielfältig und umfassend sich die Veränderungen im pädagogischen Elementarbereich darstellen. Doch darüber hinaus hielt eine Vielzahl weiterer Neuerungen Einzug, wie beispielsweise die Gesetzesnovelle des Kinderschutz-Paragraphen

(§ 8a), die Biostoffverordnung oder die Anstrengungen um Integration von Migrantenkindern und Kindern mit physischen oder psychischen Beeinträchtigungen, um nur wenige zu nennen. Innerhalb eines Zeitraums von neun Jahren hat sich der Beruf der Erzieherin rasch gewandelt. Eine Fachkraft beschreibt dies wie folgt:

»Weil in den Jahren ja immer und immer und immer wieder was dazu kommt. Irgendwann lassen sie sich immer wieder was Neues einfallen, was ... was du tun sollst. Ob es ein Zertifikat ist, für die Erzieher, was gemacht werden muss. Oder das Qualitätsmanagement oder die Bildungsempfehlung oder das Leitbild oder, oder, oder ... oder die Sprachförderung, irgendwann – jetzt dann das mathematische Dingsbums kommt dann auch noch. Man kann auch nicht alles das, was in der Presse veröffentlicht wird – auf jeden Zug aufspringen. Ich kann einfach nicht mit allem an allem teilnehmen. Ich kann mich nicht in allem fortbilden. Ich kann auch nicht alles mit den Kindern ausführen. Das geht gar nicht« (KkB/L – 16.3).

Das Berufsfeld insgesamt wird demnach als außerordentlich wechselhaft wahrgenommen. Die Expertin zählt in einem kurzen Abschnitt die Einführung a) des Zertifikatheftes für Erzieherfortbildungen, b) der Bildungs- und Erziehungsempfehlungen, c) des Leitbildes und des Qualitätsmanagements, d) der Sprachförderung und e) der Förderung des mathematisch-naturwissenschaftlichen Lernbereichs auf. Allein diese wenigen Reformaspekte bedeuten für die Betroffene eine umfassende Veränderung ihres Berufsalltages und ihres Berufsbildes, ohne all die anderen Punkte zu nennen. Deutlich wird bei der Schilderung, dass die Fachkraft sich beim besten Willen nicht in der Lage sieht, sämtliche Anforderungen zu erfüllen. Sie beschreibt eindeutig die Grenzen ihrer Fortbildungsfähigkeit und der Umsetzbarkeit von Innovationen mit den Kindern. Die Veränderungen scheinen daher nicht mehr kompatibel mit ihren beruflichen Möglichkeiten zu sein. Da der Beruf in der modernen Gesellschaft aber eine elementare Funktion für das Individuum einnimmt, bedeutet ein solch massiver Wandel auch einen Umbau der eigenen Identität. Für Ulrich Beck dient der Beruf als

»wechselseitige(n) Identifikationsschablone, mit deren Hilfe wir die Menschen, die ihn ›haben‹, einschätzen in ihren persönlichen Bedürfnissen, Fähigkeiten, ihrer ökonomischen und sozialen Stellung«.[12] Die Veränderungen beziehen sich zunächst weniger auf den Status, der sich kaum geändert hat, als auf die Kompetenzen und den Habitus der Erzieherin. Sie ist nun weniger eine Fachkraft für Beziehungsarbeit und kindliches Lernen als vielmehr Kommunikationsexpertin, Analytikerin, Verwaltungskraft und eine durch lebenslanges Lernen sich ständig verändernde Professionelle. Auffällig ist dabei, dass die Expertin im Interview von den Innovationen als etwas spricht, das dem eigenen Einfluss mehr oder weniger entzogen ist: »Sie« lassen sich immer etwas Neues einfallen und die Erzieherinnen müssen das dann entsprechend umsetzen. Mit »Sie« bezeichnet sie wahrscheinlich die Politik als Urheber der Bildungsinitiativen.

Insgesamt lässt sich dem obigen Zitat ein Unbehagen entnehmen, das sich aufgrund der Vielzahl der Umstrukturierungen ergibt. Richard Sennett bezeichnet die Folgen solch massiver Veränderungen als »drift«, was mit »Dahintreiben« übersetzt werden kann.[13] Aufgrund der Fülle von Umgestaltungen und dem Verlust bestehender Routinen besteht keine Orientierung mehr im Berufsalltag. Der Begriff »drift« umfasst ein Phänomen des Wandels, das Sennett mit »nichts Langfristiges« umschreibt.[14] Arbeitsformen der von ihm als ›flexibler Kapitalismus‹ bezeichneten Produktionsweise lassen weniger langfristige Arrangements zu und die Stabilität von Arbeitsbedingungen wird seltener. Hinsichtlich Vertrauen, Verpflichtung und Loyalität der beteiligten Personen untereinander birgt dies nun weit reichende Konsequenzen:

»›Nichts Langfristiges‹ ist ein verhängnisvolles Rezept für die Entwicklung von Vertrauen, Loyalität und gegenseitiger Verpflichtung. Ver-

---

[12] Ulrich Beck, Risikogesellschaft, Frankfurt a. M. 1986, S. 221.
[13] Vergl. Richard Sennett, Der flexible Mensch, Berlin 2006, S. 36; Thomas Brüsemeister, Das überflüssige Selbst – Zur Dequalifizierung des Charakters im neuen Kapitalismus nach Richard Sennett (307–321), in: Uwe Schimank, Ute Volkmann (Hrsg.), Soziologische Gegenwartsdiagnosen I, Opladen 2000, S. 309
[14] Vergl. Richard Sennett, Der flexible Mensch, Berlin 2006, S. 25

trauen kann natürlich etwas rein Förmliches sein, wenn Personen sich etwa nach einem Geschäftsabschluss die Hand schütteln (...). Aber emotional tiefergehende Erfahrungen von Vertrauen sind gewöhnlich weniger förmlich, zum Beispiel wenn Menschen lernen, auf wen sie sich bei einer schwierigen Aufgabe verlassen können. Solche sozialen Bindungen brauchen Zeit, um sich zu entwickeln und in den Nischen und Spalten von Institutionen Wurzeln zu schlagen«.[15]

Für einen vertrauensvollen Umgang miteinander benötigen Menschen somit eine gewisse Kontinuität von Arbeitsbedingungen, Methoden, Zielen, aber auch Normen und Werten, da sie ansonsten mangels langfristiger Verbindlichkeiten keine Handlungsentlastung bei der Bewältigung von Kontingenz erleben. Der Zustand des Dahintreibens manifestiert sich dadurch, dass der einzelne keine dezidierte Berufsidentität mehr ausbildet, da diese ständig variiert. Der eigene Werdegang kann nicht mehr als konsistente Erzählung erlebt werden, da häufige Brüche und Neuanfänge das Empfinden von Kontinuität hemmen. Durch die Austauschbarkeit von Zuständigkeiten und Verantwortung werden Bindungen eher oberflächlich, da Kollegen und zu betreuende Kinder häufiger wechseln. Ursachen der *drift* sind zunächst in dynamischen Marktentwicklungen zu sehen, in der langfristige Konzepte sich nachteilig auswirken, da eine rasche Reaktion auf neue Entwicklungen gehemmt wird. In der Kindertagesbetreuung sind dies vor allem ständig wechselnde Betreuungsbedürfnisse der Eltern, wie zum Beispiel längere Öffnungszeiten, möglichst auch in den Schulferien, und die Aufnahme von Kindern unter drei Jahren. Aber auch inkonsistente pädagogische Zielsetzungen, wie die konträren Paradigmen von Ganzheitlichkeit einerseits und Einrichtung von spezifischen Förderkursen andererseits, sowie der Umbau von Arbeitsstrukturen, wie offene, geschlossene und teiloffene Gruppen, fördern die Orientierungslosigkeit. Eine Fachkraft fasst diese Zustände mit folgenden Worten zusammen:

»Ja, Reformen sollen auch mal langsam von statten gehen. Das sind Reformen gewesen, die sind für jede Einrichtung viel zu viel« (38 KevK/L).

---

[15] Ebd. S. 28

Über den Wandel eines Berufsbildes

In diesem kurzen Statement wird deutlich, wie sehr sich die Sprecherin durch die Geschwindigkeit und die Fülle der Neuerungen unter Druck gesetzt fühlt. Instabilität wird zur Normalität und fordert Menschen dazu auf, sich weder über Veränderungen Gedanken zu machen, noch darüber nachzudenken, was als nächstes kommt.[16] Die Folgen der umfassenden Flexibilität können Ungewissheit sein und Ängste darüber, die Kontrolle über das eigene Leben zu verlieren. Wie eine Leiterin, die sich innerhalb des Interviews fragt: »Was kommt denn noch, was kommt denn noch? (KkoGSMz/L 138)«. Ein Ende der Neuerungen scheint nicht absehbar und durchschaubar zu sein. Dies erschwert die Ausbildung neuer Arbeitsroutinen und damit die Möglichkeit, sich wieder intensiv auf das Wesentliche der beruflichen Tätigkeit zu konzentrieren, die Interaktion mit den Kindern.

7.2.3 Flexibilität der Arbeitsbedingungen

In Stellenanzeigen für Erzieherinnen wird neben fachlicher Qualifikation häufig Kreativität und vor allem Flexibilität gefordert. Auch die Experteninterviews dieser Studie zeugen von einer ungeheuren Bereitschaft zur Flexibilität bei den Erzieherinnen. Sie sollen nicht nur die unterschiedlichsten Lernbereiche abdecken, wie musikalische, kreative, mathematisch-naturwissenschaftliche Erziehung, Natur- und Bewegungserziehung, sie haben auch enorme kommunikative, verwaltungstechnische und hauswirtschaftliche Fähigkeiten vorzuweisen. Wie sich pädagogische Fachkräfte im Elementarbereich innerhalb kürzester Zeit auf komplexe Veränderungen in ihrem Arbeitsfeld einlassen, zeigt dieses Zitat:

> »Unsere Einrichtung hat sich sehr verändert. Wir haben im August 2002 die ersten Ganztagsplätze gehabt. Im Mai 2004 hatten wir von vier Gruppen drei Regelgruppen und eine altersgemischte Gruppe, also somit schon mal Kinder unter drei Jahren. Im Juli 2004 hatten wir eine Erweiterung der Ganztagsplätze auf 14 Stück. Im Januar 2006 hatten wir zwei Regelgruppen und zwei altersgemischte Gruppen, also

---
[16] Vergl. Richard Sennett, Der flexible Mensch, Berlin 2006, S. 36.

die Anzahl der Kinder stieg immens, Kinder unter drei. Im April 2007 hatten wir 24 Ganztagsplätze, auch das veränderte sich. Im August 2008 hatten wir zwei Regelgruppen, eine geöffnete Gruppe und eine Krippengruppe. Die Anzahl der Kinder veränderte sich wieder und die Kinder wurden jünger. Und ab Januar, ab Februar 2009 haben wir 34 Ganztagsplätze. Und bei uns ist es so, wir nehmen Kinder, es heißt zwar Krippengruppe, aber erst ab einem Jahr auf, in Absprache mit dem Träger. Solange der Stand und das Gesetz so ist, dass die Krippengruppe nur zwei Vollzeiterzieher vorschreibt und nicht mehr, muss man auch denken, die müssen richtig betreut werden, und da sagt der Träger mit uns, also tun sich Seitens des Personals da nicht mehr werden. Wir können keine Kinder jünger als ein Jahr nehmen. Man sieht also dann im Wandel der Zeit. 1980, wenn ich da zurück denke, nahmen wir keine Kinder unter vier Jahren auf, weil wir einfach den Platz nicht hatten. Wenn man dann sieht, was sich in den Jahren in unserer Einrichtung getan hat, die Kinder bleiben halt, auch die Krippenkinder, sehr lange. Viele von den Krippenkindern essen mittags auch hier« (KkB/L – 3.1).

Die Kindergartenleiterin weist auf einen nahezu jährlichen Wechsel der Arbeitsbedingungen hin. Die Veränderung der Anzahl der Kinder, die ganztags angemeldet oder unter drei Jahre alt sind und die Einrichtung besuchen, erfordert eine massive Flexibilität des Personals in ihrem Arbeitsalltag. Bei der Bereitstellung von Ganztagsplätzen muss einerseits ein Personalaufgebot für die Essenssituation bereitgestellt werden, was bei 34 Ganztagsplätzen bedeutet, mindestens vier erwachsene Personen zur Verfügung zu stellen, die eine pädagogisch angemessene Tischsituation für die Kinder herstellen. Aber auch das Personal benötigt eine Mittagspause. Gleichzeitig müssen jedoch auch diejenigen Kinder, die um die Mittagszeit abgeholt werden, sinnvoll betreut werden. Da die Öffnungszeiten sich weitestgehend an die Anwesenheitszeit der Kinder annähern, können Vorbereitungszeiten nur genommen werden, wenn sich ein Teil des Personals während der Betreuungszeit zurückzieht. Dies hat jedoch wieder Auswirkungen auf das Wesen der Zuwendung und die Güte der Fürsorge. Gerade wenn gleichzeitig mehr als zehn unter dreijährige Kinder anwesend sind, bedeutet dies einen erheblichen Mehraufwand an pflegerischen Tätigkeiten wie Wickeln, Umziehen, Füttern etc. Auch beanspruchen die jüngeren Kinder die Aufmerksamkeit der einzelnen Fachkraft meist wesentlich stärker als Vier- oder Fünfjährige. Hinzu kommt, dass nicht nur der Personaleinsatzplan, der darüber informiert, um welche Uhrzeit die Erzieherinnen welchen Dienst zu versehen haben (Projekte, Mittagessen, Mittagsschlaf, Vorbereitung, etc.), je nach Angebot wechselt, sondern auch die Aufgabenverteilung sehr variabel gehandhabt werden muss. Dies bedeutet eine ständige Einstellung auf unterschiedliche Bedürfnisse von Kindern, Eltern und Kollegen. Diese erhöhte Flexibilität wird teilweise durchaus als positiv wahrgenommen, wie folgende Äußerung belegt:

»Ihr habt unter Dreijährige, Ihr könnt die zweite Gruppe anders machen, also wir haben jetzt die dritte Gruppe, die kleine Altersmischung, diese Möglichkeiten, die sich da einfach eröffnen, die empfinde ich einfach als positiv« (KkSp/L 97).

Es wird ein gewisser Gestaltungsspielraum wahrgenommen, der noch in den 90er Jahren nicht möglich war, weil die Jugendämter nicht ohne weiteres eine Betriebserlaubnis für Ganztagsplätze oder Krippengruppen erteilten. Dieser optimistischen Wahrnehmung stehen jedoch auch kritische Bemerkungen gegenüber:

»… mit diesem Bildungsauftrag, wird eigentlich viel zu viel, wird zu viel verlangt, weil man einfach, man kann es nicht leisten, man hat die Zeit nicht dazu. Man hat das Wissen, man hat die Kompetenz, man hat alles. Es sind alle Voraussetzungen geschaffen, aber die Zeit fehlt halt eben« (121-KkKi/EE).

Diese Kritik macht deutlich, dass sowohl Einsicht in die Notwendigkeit von Reformen als auch fachliche Akzeptanz gegenüber den Umgestaltungen vorhanden ist, aber die Umsetzung der Neuerungen als problematisch betrachtet wird. Dafür sind aus Sicht der Erzieherinnen zunächst die Rahmenbedingungen verantwortlich, die allgemein mit dem Begriff »Zeit« umschrieben werden. Konkreter wird die Kritik dann bei folgenden Äußerungen:

»[…] dass durch die wenige Zeit, die wir haben, um miteinander zu reden, also dass die Zeit zu knapp ist, um miteinander zu reden, dass oft Missverständnisse entstehen, die gar nicht da sein müssten, wenn man darüber geredet hätte« (KevSp/L 78).

Die makrosoziologische Perspektive – Gesellschaftstheoretische Reflexion

Bei der Flexibilität der Arbeitswelt im Kindergarten erscheint es plausibel, dass die Fachkräfte neue Arbeitsformen und -strukturen kommunizieren müssen, um tragfähige Konzepte zu entwickeln und rasch auf Veränderungen reagieren zu können. Doch die Zeit für die inhaltliche Auseinandersetzung und organisatorische Planung fehlt, sodass es zu Betreuungsengpässen und chaotischen Situationen kommt, weil eine ausreichende Absprache nicht zustande kommen konnte. Dazu kommt noch das Handicap, dass nicht immer alle Gruppen mit zwei Erzieherinnen besetzt sind, sondern Kollegen auf Fortbildung, in Urlaub oder krank sind. Am Nachmittag befindet sich durch die Besetzung mit Halbtagskräften ohnehin weniger Personal in der Einrichtung: »(…) wenn einer Urlaub hat oder so, dass einer alleine ist, das ist aber schon nachmittags, das ist dann schon heftig« (KkoLau/LE 36). So muss ständig improvisiert werden und auf unerwartete Situationen kann häufig nur reagiert werden.

Insgesamt wird durch die Differenz zwischen Anspruch und Wirklichkeit bei der Umsetzung der Bildungsinitiativen eine Zerrissenheit der Fachkräfte spürbar, die diese Leiterin sehr anschaulich am Beispiel von Beobachtung und Dokumentation beschreibt:

»Die Umsetzung, dass wir das so differenziert auswerten können, die ist sehr schwierig. Es gibt Verfügungszeiten, die sind 20 Prozent der Arbeitszeit, die bemühen wir uns auch überwiegend so durchzuhalten. Das ist immer dann in Zeiten von Krankheit, besonders mehreren Personen ist das ganz schwierig, weil dann auch immer von der Verfügungszeit Kinderzeit, also das wird einfach Kinderzeit dann, und das lässt sich manchmal nicht vermeiden. Und auch wenn dann Personen, eine Erzieherin, eine Praktikantin in der Gruppe ist, dann ist es auch schwierig, diese Beobachtung durchzuführen und die Auswertung hinterher auch. Wir wollen das nicht komplett aus der Kinderzeit nehmen, weil dann ist das sehr kontraproduktiv. Es kann aber auch nicht nur in der Verfügungszeit sein, denn dann fehlt die Zeit, sich auf die Projekte vorzubereiten oder auf das, was die Kinder auch noch brauchen. Und da sind wir noch, das ist noch ein Spagat, und ich denke langfristig, um das komplett gut umsetzen zu können, müsste man da einfach einen höheren Betreuungsschlüssel haben« (KevMz/L 40–45).

Über den Wandel eines Berufsbildes

Anhand der Metapher des »Spagats« wird sehr deutlich, in welcher Situation sich die Erzieherinnen befinden. Bei dem genannten Beispiel der Beobachtung von Kindern ist es sowohl schwierig, dies in der Betreuungszeit am Kind durchzuführen, weil sich die Fachkraft in dieser Zeit nicht wirklich auf das Kind einlassen kann (»kontraproduktiv«). Doch in der Vorbereitungszeit, die ohnehin nicht immer genommen werden kann, überlagert die Beobachtung und Dokumentation dann auch häufig andere Tätigkeiten, die für die Planung von pädagogischen Angeboten wesentlich sind. Zwar veranschaulicht das Zitat eine erhebliche Flexibilität der Erzieherin, doch im Grunde kommt es zu keinem befriedigenden Ergebnis für sie, geschweige denn für das Kind, weil jeder eingeschlagene Kompromiss insuffizient bleibt.

All diese Aushandlungsprozesse verdeutlichen, dass die Fachkräfte mental sehr stark damit beschäftigt sind, den unterschiedlichen und zum Teil auch divergierenden Anforderungen gerecht zu werden. »Die Rahmenbedingungen stimmen einfach nicht zu dem was von uns gefordert wird, das muss man ganz deutlich so sagen« (88-KkoEBE/LE). Die Beschäftigten in der Kindertagesstätte kommen selten zur Ruhe oder zur Besinnung auf das, was das Wesentliche ihrer Arbeit ausmacht. Eine Expertin benennt dies so: »Wobei, was mir so ein bisschen fehlt ist so ein roter Faden durch das Ganze« (KkSp/L 98). Hier wird die Sehnsucht nach einem Sinnzusammenhang der unterschiedlichen Innovationen deutlich und nach einem Element der Kontinuität, das die einzelnen Neuerungen als roter Faden miteinander verbindet. Eine Alltagsroutine scheint aufgrund der unterschiedlichen Aufgaben und Betreuungsformen kaum möglich zu sein. Unablässig stehen organisatorische Fragen im Vordergrund, damit den ständig wechselnden Erfordernissen begegnet werden kann.

7.2.4 Routinen am Arbeitsplatz

Trotz des empfundenen Reformdrucks äußern sich viele Fachkräfte zunächst positiv über die Veränderungen im Elementarbereich. Sie

Die makrosoziologische Perspektive – Gesellschaftstheoretische Reflexion

werden als eine Art Aufbruch wahrgenommen aus bestehenden Strukturen und dem negativen Image, nur ›Basteltante‹ zu sein:

>»Also ich finde halt wir werden nicht irgendwie betriebsblind weil immer was Neues kommt und das finden wir hier in der Einrichtung eigentlich sehr positiv« (91-KkoEBE/LE).

Der Begriff »betriebsblind« drückt die Sorge aus, in Routinen stecken zu bleiben und wichtige Neuerungen zu verpassen. In dieser Äußerung werden beständige Strukturen eher als nachteilig dargestellt. Daher werden die konkreten Bildungsinitiativen zunächst durchaus als Bereicherung empfunden:

>»Aber im Grunde genommen finde ich die Veränderungen durch diese Reformen, durch die BEE, durch dieses 5-Punkte-Programm eigentlich als eine sehr gute und positive Sache« (KkSp/L 96).

Insgesamt wird die Geschwindigkeit des Wandels innerhalb des Elementarbereichs dennoch wahrgenommen und als Prozess mit einer bestimmten Eigendynamik beschrieben:

>»Also es verändert sich schon das Bild der Erzieherin so im Arbeitsfeld, weil es ist ja alles in der Entwicklung, alles hat ja eine Dynamik, aufgrund der vielen Dinge, die wir auch jetzt die ganze Zeit schon im Gespräch haben« (CaTrLau/FB 49).

In diesem Zusammenhang wird auch die Bedeutung von Fortbildung und lebenslangem Lernen angesprochen. Dabei wird differenziert zwischen älteren und jüngeren Erzieherinnen, die einen unterschiedlichen Stand der Ausbildung vorzuweisen haben: »Die älteren Hasen haben da ein bisschen Nachholbedarf, den sie in Fortbildungen oder privat nachholen« (76KkMu/L). Solange der Wille zur Weiterbildung vorhanden ist, wird dies positiv aufgefasst, obwohl ältere Kolleginnen nicht nur zuhause Literatur nacharbeiten, sondern zum Teil auf eigene Kosten und in ihrer Freizeit Fortbildungen machen. Doch es wird auch eine latente Kritik deutlich, die den Fachkräften gegenüber besteht, deren Ausbildung schon eine Weile zurück liegt: »Für Kolleginnen, die seit 20 Jahren nicht auf einer Fortbildung waren, ist das QM notwendig« (80 KkF/LE). Hier wird zwar nicht explizit der Stillstand routinierter Arbeitsfor-

Über den Wandel eines Berufsbildes

men beklagt, aber durch den Hinweis auf eine bestimmte Gruppe älterer Kollegen mit geringem Fortbildungsstand kann eine gewisse Bewertung solchen Verhaltens interpretiert werden. Doch manche Interviewpartner erkennen durchaus die Bedeutung von Berufserfahrung an:

»Und ich erlebe das immer mehr so, dass die mit ihrer Erfahrung an die Kinder und Eltern eher herankommen, als die jungen Leute, die mit ihren vielen Konzepten ankommen« (PfevSp/Tr 61).

Dieses Zitat verdeutlicht einen qualitativen Unterschied des Ausbildungsstandes in spezifischer Hinsicht. Hier wird gerade die »Erfahrung« gegenüber »Konzepten« hervorgehoben. Mit dem »Herankommen« an Kinder und Eltern wird die Fähigkeit zur Kontaktaufnahme und Interaktion als soziale Kompetenzen angesprochen, die weniger durch Kurse zu vermitteln, als vielmehr durch alltägliche Wiederholung von Handlungsvollzügen zu erreichen sind. Dies können Fähigkeiten sein, die der Gestaltung des sozialen Rahmens dienlich sind. Unter »Konzepten« versteht die Expertin formales Wissen, das durch Aus- und Weiterbildung erworben wurde. In einer solchen Aussage kann die Erfahrung durchaus als positiv konnotiert wahrgenommen werden. Ein anderer Experte äußert auch Verständnis für die Schwierigkeit, sich dem raschen Wandel anzupassen:

»Da ist, ich glaube auch da besteht eine gewisse Unsicherheit auch bei den Erzieherinnen, wie sie damit umgehen sollen« (FSBop/L 3).

Häufig werden die veränderten Anforderungen nicht einfach als Umgestaltung verstanden, sondern als zusätzliche Arbeit, die noch zu bereits vorhandenen Aufgabenstellungen hinzukommt. Die Leiterin eines Brennpunktkindergartens beschreibt dies so:

»Wenn man sich das Berufsbild der Erzieherinnen mal die letzten 10 Jahre betrachtet, da ist schon echt eine Menge dazu gekommen« (KkoGSMz/L 121).

Indem die Veränderung als Verlassen von Routinen erfahren wird, nehmen die Fachkräfte die Neuerungen häufig auch als Belastung wahr, die nicht der Entlastung dienen, sondern ständig neue Energie der Umsetzung erfordern.

»Die Belastung ist natürlich mehr geworden. Man muss anders an die Arbeit dran gehen« (KkSp/L 59).

Jede Umstellung auf ungewohnte Inhalte, Methoden oder Abläufe bedeutet Umgestaltung und besondere Konzentration auf das Neue, das sich noch nicht eingespielt hat und immer Unsicherheitsfaktoren mit sich bringt. Ein besonderes Problem bei der Aufhebung von Routinen wird dabei in den mangelnden Zeitkorridoren gesehen, die für die jeweiligen Umsetzungen von Innovationen benötigt werden.

»Also diese Konzepte, die da entwickelt werden, die fallen ja auch nicht vom Himmel, die müssen ja auch jedes Mal in dem Team erarbeitet werden und das kostet Zeit. Bis dahin, wo stellen wir den Schrank hin, wo muss der Wickeltisch hin, welche Höhe muss er haben, was soll man bedenken, dass die Gesundheit der Erzieherinnen damit auch nicht gefährdet wird und, und, und ...« (PfevSp/Tr 54).

Dieses Beispiel beschreibt sehr plastisch, welche Vorgänge und Handlungen bedacht, kommuniziert, geplant und umgesetzt werden müssen. Dies kann jedoch selten in Ruhe am grünen Tisch erfolgen, sondern muss meistens während der Betreuung der Kinder stattfinden. Ein Experte ereifert sich über diese Arbeitsbedingungen:

»Mein Gott noch mal, jetzt sollen die Erzieher immer wieder mehr machen, das sollen die noch oben drauf packen, das schaffen die doch überhaupt gar nicht!« (FSBop/L 12).

Mit dieser Äußerung werden Grenzen der Flexibilität aufgezeigt, die womöglich doch nicht beliebig ausdehnbar ist.

An dieser Stelle kommt die Frage auf, ob Routinen nicht eine elementare Bedeutung für die Bewältigung eines komplexen Berufsalltags und auch für eine Überschaubarkeit des Tagesablaufes durch die Kinder haben. Anthony Giddens schreibt über Routinen Folgendes:

Über den Wandel eines Berufsbildes

»Routinen sind konstitutiv sowohl für die kontinuierliche Reproduktion der Persönlichkeitsstrukturen der Akteure in ihrem Alltagshandeln, wie auch für die sozialen Institutionen; Institutionen sind solche nämlich nur kraft ihrer fortwährenden Reproduktion. Meine These lautet, dass eine Untersuchung des Phänomens der Routine uns den Schlüssel für die Erklärung der spezifischen Form der Beziehung zwischen dem grundlegenden Sicherheitssystem und den reflexiv konstituierten Prozessen, die im episodischen Charakter von Begegnungen zum tragen kommen, liefert«.[17]

Routinen sind demzufolge keineswegs nur erstarrte Traditionen, die endlich beseitigt werden müssen, um neue Handlungsmöglichkeiten zu eröffnen, sondern sie stellen fundamentale Fixpunkte zur Verfügung, an denen sich der Einzelne in der Komplexität des Alltags in einer Organisation orientieren kann. Bei Arnold Gehlen entspricht dieser Form von Alltagsroutine das Prinzip der *Entlastung*, das dadurch gekennzeichnet ist, dass durch eine »Ausbildung stabiler Basisgewohnheiten« erst eine »Handlungsverfeinerung« auf »jedem Gebiete des intellektuellen und moralischen Lebens« möglich wird und somit jede Ausdifferenzierung von Fähigkeiten von Routinen in Institutionen abhängt.[18] Ein Leben ohne schützende Routinen kann relativ geistlos werden, da der Mensch sich nicht mehr auf wesentliche Inhalte, sondern ständig auf die Umgestaltung von Strukturen konzentrieren muss. Bereits Denis Diderot weist in seiner *Encyclopédie* auf die sinnstiftende Bedeutung der Routine hin. Im Beispiel einer französischen Papierfabrik hat alles seinen Platz und jeder weiß, was er zu tun hat:

»Der Rhythmus der Arbeit bedeutet, dass wir lernen, zu beschleunigen und zu verzögern, zu variieren, mit Material zu spielen und neue Verfahren zu entwickeln – genau wie ein Musiker lernt, beim Spielen eines Musikstückes die Zeit zu gestalten«.[19]

Ein solcher Rhythmus kann jedoch erst entstehen, wenn bestimmte Abfolgen sich stets wiederholen. Diese Perspektive, Routine als

---

[17] Anthony Giddens, Die Konstitution der Gesellschaft, Grundzüge einer Theorie der Strukturierung, Frankfurt a. M. /New York 1988, S. 112.
[18] Arnold Gehlen, Der Mensch, Bonn/Frankfurt a. M. 1966, S. 66.
[19] Richard Sennett, Der flexible Mensch, Berlin 2006, S. 42.

konstruktiv zu betrachten, als die Möglichkeit, zu einem inneren Frieden innerhalb der jeweiligen Tätigkeit zu finden, weil gewisse klare Grundstrukturen erst die Möglichkeit zur Variation und Neugestaltung eröffnen, ist jedoch keineswegs unumstritten. Adam Smith erkannte bereits in seinem 1776 verfassten Werk über den »Wohlstand der Nationen«, dass die Tätigkeit des industriellen Arbeiters auf wenige Handgriffe reduziert wird, was zwar zur erhöhten Produktivität führt, der Arbeiter jedoch deshalb nicht nur »stumpfsinnig und einfältig« wird, sondern auch verlernt, seinen Verstand zu gebrauchen.[20] Smith war nicht nur scharfsinniger Analytiker ökonomischer Verhältnisse, sondern auch ein Philosoph, der in seiner »Theorie der ethischen Gefühle« die Fähigkeit des Menschen zu Mitgefühl und dem Erlangen von Glückseligkeit reflektierte, die aufgrund geistloser Arbeitsroutinen erlahmen können.[21] Karl Marx, der Adam Smith sicher ausführlich studiert hat, griff dessen Gedanken auf, die er später in seinem Entfremdungsbegriff verarbeitet hat. Bereits im *Kommunistischen Manifest* wurden Aspekte der ökonomischen Entfremdung durch zunehmende Technisierung und Arbeitsteilung beschrieben:

> »Die Arbeit der Proletarier hat durch die Ausdehnung der Maschinerie und die Teilung der Arbeit allen selbständigen Charakter und damit allen Reiz für den Arbeiter verloren. Er wird ein bloßes Zubehör der Maschine, von dem nur der einfachste, eintönigste, am leichtesten erlernbare Handgriff verlangt wird.«[22]

Auch hier erhält Routine eine negative Konnotation, die mit dem Rhythmus der Maschine gleichgesetzt wird. Im Fordismus erreichte später die Versklavung des Arbeiters durch tayloristische Zeitplanung und rationalisierende Routinen ihren Höhepunkt.[23] Gewerkschaften und Vertreter christlicher Wohlfahrtsverbände gingen gegen solche Entfremdungsprozesse vor. Routine im industrialisierten Arbeitsprozess wurde als selbstzerstörend erachtet, da der Mensch

---

[20] Adam Smith, Der Wohlstand der Nationen, München 1946, Buch V, S. 662.
[21] Vergl. Adam Smith, Theorie der ethischen Gefühle, Hamburg 1977, S. 4f. und S. 360f.
[22] Karl Marx, Das kommunistische Manifest, Hamburg 1999, S. 52.
[23] Vergl. Richard Sennett, Der flexible Mensch, Berlin 2006, S. 49f.

nicht nur die Kontrolle über sein Handeln verliert, sondern auch geistig verödet. Daher ist es nicht verwunderlich, dass noch heute der Begriff der Routine häufig mit Eintönigkeit, Stumpfsinn und Entfremdung gleichgesetzt wird. So konnte die Vorstellung entstehen, dass die Erfahrung von Flexibilität in der Arbeitswelt die Motivation der Mitarbeiter erhöht und die Konzentration und Aufmerksamkeit durch häufige Wechsel verstärkt.[24]

Doch für die Bewältigung komplexer Arbeitsprozesse und vor allem für die pädagogische Arbeit im Elementarbereich, die auf verlässliche Beziehungen angewiesen ist, können Routinen sehr bedeutsam sein. Denn sie führen erst zu einer Handlungssicherheit und einer gefestigten Rollenstabilität, die bei der Ausbildung eines sozialen Rahmens erforderlich sind. Eine Aufhebung sämtlicher Routinen durch die Permanenz von Reformen kann ebenfalls zu einer Geistlosigkeit der Arbeit führen, da eben der Effekt der Souveränität im Handlungsvollzug ausbleibt und damit die Möglichkeit der Vertiefung von Beziehungen und Methoden einerseits, aber auch einer spielerischen Variation bestimmter Vorgehensweisen andererseits unterbleibt. Eine Fachkraft bringt dies zum Ausdruck:

»Veränderte Anforderungen sind ein Einschnitt ins Berufsbild, das kann man gar nicht von heute auf morgen lernen« (10-FB/CaKoAd).

Durch die Expansion von Flexibilität kann es zu Verunsicherung und Orientierungslosigkeit kommen, die zu einer Reduktion von Vertrauen in die eigenen Fähigkeiten und die der Kollegen führt. Der Verlust von Verbindlichkeit und Vertrauen generiert zugleich die Notwendigkeit einer verstärkten Kontrolle, die eine Zunahme von Bürokratie nach sich zieht. Im pädagogischen Elementarbereich lässt sich in der Tat ein solcher Zuwachs von administrativen Maßnahmen der Kontrolle beobachten. Anhand der Interviews mit den Experten können Hinweise darauf geliefert werden, inwieweit mehr Flexibilität die Motivation der Mitarbeiter im pädagogischen Elementarbereich steigert und ab welchem Punkt die Flexibilisierung im Arbeitsvollzug an Grenzen stößt.

---

[24] Vergl. ebd., S. 56.

7.2.5 Ambivalenz irreversibler Veränderungen

Da Routine eher mit Stillstand gleichgesetzt wird, erfährt Flexibilität im Berufsleben heute eine große Wertschätzung: »Flexibilität gilt heute als Gegenbegriff zu Starre und Leblosigkeit«.[25] Daher sind auch Erzieherinnen Veränderungen gegenüber zunächst sehr aufgeschlossen.

> »Aber es ist ja auch eine Herausforderung für uns, wenn ich mir vorstelle es wäre so stehen geblieben wie vor zehn Jahren, das würde ja auch gar nicht gehen, die Kinder sind ja auch ganz anders« (103-KkNF/L).

Dieses Zitat zeigt, dass Routine durch diese pädagogische Fachkraft mit »Stehenbleiben« gleichgesetzt wird. Dabei haben sich in ihren Augen nicht in erster Linie die Lebensumstände oder Sozialisationsbedingungen verändert, sondern vor allem die Kinder. Ob der Wandel allein am Verhalten der Kinder festzumachen ist oder vielmehr an den veränderten zu betreuenden Altersgruppen, findet an dieser Stelle keine Erwähnung. In jedem Fall wird Stillstand als Problem verstanden und Innovation als Herausforderung. Obwohl einige Experten die positiven Aspekte der Bildungsinitiativen im Elementarbereich hervorheben, wird jedoch gleichzeitig auch der Aspekt der Überforderung angeführt.

> »Ich finde es so gut, dass es gekommen ist mit den BEE da ist schon Vieles auch für viele Einrichtungen, ja die sind mal aufgerüttelt worden, es ist eine gute Idee, aber es ist ein bisschen zu heftig, also das muss man sagen« (KkoLau/LE 64).

Ein »Aufrütteln« aus der Routine wird zunächst als vorteilhaft beschrieben, aber das Wort »heftig« drückt nicht nur eine empfundene Erschütterung aus, sondern auch die schnelle Abfolge der unterschiedlichen Neuerungen, die Aufgabenvielfalt und die gesamte Veränderung des Berufsbildes. Das Unbehagen richtet sich weniger gegen einen Wandel, der womöglich als natürlich empfunden wür-

---

[25] Richard Sennett, Der flexible Mensch, Berlin 2006, S. 58.

Über den Wandel eines Berufsbildes

de, sondern gegen einen Bruch, der die Arbeit unwiderruflich verändert. Eine Leiterin bringt dies ganz intuitiv zum Ausdruck:

»Eine natürliche Entwicklung würde ich nicht sagen, da man ja diese Welle von gesetzgebender Seite auf uns zugerollt kam« (KevFr/L 13).

Diese Äußerung enthält eine eigenartige Metapher. Auf der einen Seite spricht die Expertin von natürlichen Entwicklungen. Aber eine Welle, obwohl der Begriffswelt der Natur entnommen, empfindet sie nicht als natürlich, da sie quasi unvorhersehbar über die Einrichtung kam und man dem Wortlaut nach eher passiv auf die Folgen der Welle reagieren musste, da sich die Neuerungen eben nicht aus dem Alltag der Kindererziehung entwickelt haben, sondern als Ergebnis politischer Entscheidungen zu betrachten sind. Dies macht eine Akzeptanz der fundamentalen Veränderung schwieriger.

Wie sich die Bewältigung solcher »Wellen« im Alltag darstellt, die durch Bildungspolitik, den öffentlichen Diskurs und die Träger an das Kindergartenpersonal herangetragen werden, erläutert folgende Aussage, die zum Aspekt der systematischen Beobachtung gemacht wurde:

»Da haben wir uns alle sehr, sehr schwer getan. Wir haben alle überlegt, wann machen wir das jetzt? Das war so der Punkt, das kriegt man gar nicht hin, weil wir haben morgens ständig ein Kind auf dem Schoß ...« (39-KkNF/L).

Hier wird der Widerspruch deutlich zwischen der ursprünglichen Berufsidentität der Erzieherin als Anwältin des Kindes und neuen Anforderungen, die dieses Selbstverständnis erschüttern. Die direkte Interaktion mit dem Kind, das auf dem Schoß der Erzieherin Beachtung und Nähe sucht, gerät in Konkurrenz zu der formalen Anforderung, das Verhalten des Kindes analytisch zu fixieren, zu reflektieren und zu bewerten. Die Sorge, dass diese beiden Faktoren der Arbeit unvereinbar nebeneinander stehen, ist berechtigt, da der Fachkraft plötzlich zwei kategorial unterschiedliche Handlungsweisen abverlangt werden. Beide sind professionell, aber sie bilden Gegenpole im Berufsbild. Der eine Pol ist die empathische Gestaltung der gegenwärtigen Situation mit dem Kind, der andere Pol steht für

Die makrosoziologische Perspektive – Gesellschaftstheoretische Reflexion

eine distanzierte fachliche Einschätzung nach einem objektiven, unabhängig von den subjektiven Eigenschaften des Kindes entwickelten Kategoriensystem des aktuellen Beobachtungsbogens. Diese definitive Umdeutung der Rolle der Erzieherin empfinden die Fachkräfte als schwierig und überfordernd. Es fehlt eine Vorstellung darüber, wie die neue Anforderung zeitlich, räumlich und rein körperlich umzusetzen und in Einklang zu bringen ist mit dem bisherigen beruflichen Selbstverständnis, und da kaum in Worte gefasst werden kann, wie sich dieser Konflikt manifestiert, kommt die Expertin zu der Schlussfolgerung, dies sei nicht »hinzukriegen«.

Neben dieser kategorialen Umgestaltung des Berufsalltags verändern sich auch die Bezugsgruppen der Erzieherin. Zwar wurde schon immer die Kommunikation mit den Eltern gepflegt, um den Kindern besser gerecht zu werden, doch hier findet ebenfalls ein massiver Wandel statt:

> »Und dass der Kindergarten abgesehen von seinen Förderaspekten immer mehr auch in Richtung Familienarbeit etwas leisten muss, Erziehungsberatung, so weit er das kann oder eben vermittelnd tätig sein muss für die Familien, dass sie sich eben an Beratungsstellen wenden« (KevSp/L 98).

Die Zusammenarbeit mit den Eltern bezieht sich also nicht länger auf die Information darüber, wie sich das Kind in der Einrichtung entwickelt, sondern die Fachkräfte übernehmen zunehmend Aufgaben der Erziehungsberatung, weil Eltern ratlos sind und überfordert mit der Erziehung ihres Kindes zuhause. Bei besonders schwierigen Fällen müssen sogar weitere Experten, wie Therapeuten oder externe Berater, eingeschaltet werden. Dies zieht auch einen zusätzlichen Zeitaufwand für solche Tätigkeiten nach sich, die von der Betreuungszeit am Kind abgezogen werden müssen, da keine zusätzlichen Arbeitskräfte eingestellt werden. Dieser prinzipiell veränderte Fokus wird anhand dieses Zitates deutlich:

> »Mein Berufsbild hat sich schon verändert. Und zwar sehe ich noch stärker ... Vorbild ... und sehe noch stärker ... Familie. Also Kindergarten ist nicht wie früher Kindergarten ein Ort für Kinder, sondern wie ein Familienhaus sag ich mal« (99-KkKi/EE).

Über den Wandel eines Berufsbildes

So werden Elterngespräche und gemeinsame Aktionen mit Familien immer bedeutungsvoller, damit Eltern angemessene Vorbilder für die Erziehung ihres Kindes erhalten. Denn anstatt herkömmliche Erziehungsmuster intuitiv anzuwenden, versuchen Eltern verstärkt reflexiv die »richtige« Methode unter einer Unzahl von Verhaltensweisen auszuwählen, die durch Ratgeberliteratur und pädagogische Fernsehsendungen vermittelt werden. Erzieherinnen dienen dann häufig als Erziehungsratgeber. Die Unsicherheit der Eltern führt jedoch auch dazu, dass die Kinder zahlreiche Schlüsselkompetenzen nicht mehr zuhause erwerben können, sondern diese im Kindergarten lernen und einüben müssen.

»Der Kindergarten muss immer mehr Erziehungsaufgaben anstelle der Eltern wahrnehmen, wie z. B. Erlernen von Sprache, Sauberkeitserziehung, Tischmanieren usw.« (15-FB/CaKoAd).

Da Familien die Vermittlung solcher Basiskompetenzen nicht mehr komplett erfüllen, ändert sich auch hier ein grundsätzliches Element des Erziehungsauftrages der Kindertagesstätte. Doch indem die Erzieherinnen einer Gruppe von 25 Kindern gegenüberstehen, kann diese Vermittlung von lebenspraktischen Tätigkeiten nicht nebenbei geschehen, sondern diese Aktivitäten werden häufig zum bestimmenden Thema des Tagesablaufs. Das, was eigentlich unter pädagogischen Projekten und damit unter Bildungsangeboten zu verstehen ist, kann erst vermittelt werden, wenn diese grundlegende Basisarbeit geleistet worden ist. Diese Veränderungen können insofern unwiderruflich sein, als die Erziehungskompetenz der Eltern dauerhaft verloren geht, da Kinder, die eine solche Unsicherheit der eigenen Eltern erlebt haben, später auch selbst Zweifel daran hegen werden, was die »richtige« Erziehung sei. Dies führt zu der Schlussfolgerung, die auch Susanne Gaschke formuliert hat, dass nämlich eine Gesellschaft »die Fähigkeit zur individuellen Erziehung kollektiv verlernen« kann.[26] Gleichzeitig bedeutet dies eine massive Veränderung der Erziehungsaufgaben professioneller Erzie-

---

[26] Susanne Gaschke, Neues Deutschland, Sind wir nur eine Wirtschaftsgesellschaft?, in: Aus Politik und Zeitgeschichte, Das Parlament 1 / 2, Berlin 2000, S. 24 f.

Die makrosoziologische Perspektive – Gesellschaftstheoretische Reflexion

herinnen. Doch gerade in einer Situation, in der Funktionen der *primären Sozialisation* sich zunehmend auf den Kindergarten verlagern, werden die Fachkräfte immer stärker mit nicht pädagogischen Aufgaben betraut, die abseits von der pädagogischen Beziehung zum Kind zu erledigen sind. Eine Expertin bringt die Befürchtungen der Erzieherinnen auf den Punkt:

> »Also Elternarbeit hin oder her, die ja auch sehr wichtig geworden ist und alles andere drum herum, aber das Kind soll schon im Mittelpunkt stehen. Durch die vielen Auflagen, die man so bekommt, oder wie das QM jetzt zum Beispiel, da ist es schon mal schwierig, das Kind in den Mittelpunkt zu stellen« (85-KkNF/L).

Deutlich wird hier die Verschiebung des Beschäftigungsfokus der Erzieherin beschrieben, fort vom Kind und hin zu weiteren Kooperationspartnern und Verwaltungstätigkeiten. Die Abkehr vom Aufgabenschwerpunkt Kind und der pädagogischen Seite der Arbeit betrifft alle Fachkräfte, jedoch insbesondere die Einrichtungsleiterinnen, da sie zunehmend ihre Interessen in der Öffentlichkeit vertreten und wahrnehmen müssen. Dies bedeutet neben einer verbesserten Vernetzung aber auch weniger Zeit für konzeptionelle Arbeit, Mitarbeiterführung und -beratung und Dienst am Kind.

> »Was für mich als Leitung zugenommen hat, ist die Koordination mit anderen Einrichtungen, mit Einladungen von der Stadt […], dem Jugendamt, dem Kreisjugendamt, der Bezirksregierung, der Landeskirche, dem Schulamt, dem ADD« (27 KevK/L).

Eine Kindergartenleiterin wird zunehmend zur Managerin einer sozialen Organisation, meist ohne von der Gruppenarbeit und der Kinderbetreuung freigestellt zu sein. Dies bedeutet ein ständiges Pendeln zwischen pädagogischen Tätigkeiten in der Kindergruppe und Verwaltungs- und Organisationstätigkeiten im Büro. Die zweite Gruppenerzieherin der betroffenen Gruppe muss zu weiten Teilen des Tages immer wieder flexibel Aufgaben der Leiterin in der Gruppe mitübernehmen und die Kinder alleine versorgen. Welche Auswirkungen dies auf das Niveau der Betreuung hat, wurde bisher kaum erforscht. Eine Leiterin beschreibt ihr Dilemma:

»Jedes Kind hat das Recht, das gleiche Recht. Auf mich, auf meine Mitarbeiter wie auch immer. Und ich denke manches Mal kommt das zu kurz. Und ich sage gerade bei mir als Leitung von einer vier Gruppeneinrichtung, ich hätte ja – mir stehen viel mehr Stunden zu für Büroarbeit und für diese ganze darum herum. Aber meine Kinder leiden darunter« (KkB/L – 9.5).

Unüberhörbar benennt diese Expertin langfristige Auswirkungen auf die Interaktion mit Kindern infolge der divergierenden Schwerpunkte der Arbeit und der häufig geteilten Aufmerksamkeit der Leiterin zwischen Bedürfnissen der Kinder und Anforderungen der Büroarbeit. Doch nicht nur für die Leiterin, auch für die Gruppenerzieherinnen sind neben veränderten Bezugsgruppen, wie Eltern, Grundschule und Beratungsstellen, zusätzliche Aufgabenbereiche hinzugekommen. Um Bildungsprozesse zu evaluieren und zu kontrollieren werden Instrumente der systematischen Beobachtung und Dokumentation eingeführt. Diese Arbeit wird einerseits als sinnvoll betrachtet, jedoch auch als ein sehr langfristiger Prozess, der nur mühevoll verwirklicht werden kann:

»Und das ist so dieser schwierigste Punkt im Moment, das einzuüben, diese Beobachtung trotzdem einzuüben. Und das umzuändern« (KevMz/L 36).

Die Skepsis bezieht sich in dieser Aussage nicht nur auf die neue Aufgabe an sich, sondern durch das »trotzdem« erfolgt ein Hinweis auf widrige Umstände, die zunächst zu überwinden sind, um auch noch zusätzliche Leistungen durchführen zu können. Die Beobachtung erfolgt entweder als unsystematische Methode anhand von Notizzetteln in typischen oder auch besonderen Situationen des Kindergartenalltags, oder es liegt ein strukturierter Beobachtungsbogen vor, der genaue Kriterien der Beobachtung vorgibt. In beiden Fällen soll die Erzieherin, als nicht teilnehmende Beobachterin, von der Gruppenarbeit entlastet sein und sich nur auf das zu beobachtende Kind konzentrieren. Doch in dieser Zeit muss immer eine zweite Kollegin anwesend sein und es darf nicht zu Zwischenfällen kommen, die in ihrer Dynamik die Tätigkeit der Beobachtung unterbrechen, da eine zweite Bezugsperson im Gruppengeschehen erforderlich wird. Beide Bedingungen sind selten erfüllt, da die

Gruppen nicht immer optimal mit Personal besetzt sind und häufig Situationen auftreten, die die volle Aufmerksamkeit und das Eingreifen beider Fachkräfte erfordern. Weiterhin wird diese Form von Arbeit als *zusätzlich* zur Betreuungsleistung am Kind empfunden. Eine Expertin beschreibt diese Innovation wie folgt:

> »Und durch Reformen ist natürlich auch Schreibkram, hat enorm zugenommen, und die Bürotätigkeit für jeden einzelnen« (5 KevK/L).

Diese Tätigkeiten, die sich vor allem auf Dokumentation von Beobachtungen, von pädagogischen Angeboten und Elternarbeit beziehen, haben spürbar zugenommen, ohne dass zusätzliche Vor- oder Nachbereitungszeiten eingeführt worden sind. Häufig müssen solche Aufgaben daher in der Kindergruppe während der Betreuungszeit durchgeführt werden. Diese irreversiblen Neuerungen führen zu inneren Konflikten der pädagogischen Fachkräfte, da sie einerseits den neuen Anforderungen, andererseits aber den Kindern gerecht werden wollen.

> »Es kann nicht angehen, dass ich schreibender Weise meinen Morgen verbringe und die Kinder um mich herum mich brauchen könnten und ich bin nicht für sie da. Das kann nicht sein. Und das darf auch nicht sein. Und dann muss irgendwas halt auf der Strecke bleiben« (KkN/L-108#).

Hier wird erneut die Zerrissenheit deutlich zwischen dem Anspruch der Bildungsinitiativen und der Realität des Kindergartenalltags. Die Fachkraft reflektiert, dass ihre aufmerksame Präsenz in der Kindergruppe erforderlich ist und dies kaum mit der zusätzlichen Tätigkeit von Dokumentation zu vereinbaren ist. Sie kann nicht gleichzeitig für die Kinder ansprechbar sein und systematische Beobachtungen durchführen. Damit ist sie der Diskrepanz zwischen dem ursprünglichen Berufsverständnis und den neuen Anforderungen direkt ausgesetzt. Wie dieser Widerspruch aufzulösen ist, wird entsprechend in der Fachwelt reflektiert und nach Lösungsmöglichkeiten gesucht. Dabei kommt der Frage, ob die Probleme in der Verantwortung der Erzieherin liegen oder als strukturell zu betrachten sind, eine besondere Relevanz zu.

Häufig wird in diesem Zusammenhang darauf hingewiesen,

dass Erzieherinnen nicht entsprechend geschult seien, um den neuen Bildungsstandards im Elementarbereich gerecht zu werden. Eine mangelhafte Ausbildung und fehlende Fortbildung seien die Ursache für die verzögerte Umsetzung der Bildungsimpulse. Defizite werden dabei nicht nur bei inhaltlichen Faktoren vermutet, etwa bei speziellen Bildungsbereichen wie Naturwissenschaft, Technik und Mathematik oder Querschnittsthemen wie lernmethodische Kompetenz; auch die Fähigkeit, ein angemessenes Zeitmanagement und eine adäquate Organisation des Tagesablaufes zu bewerkstelligen, wird den Fachkräften teilweise abgesprochen. Dies deutet auf eine Individualisierung von Problemen der Umsetzung der Reformen hin.

Daraus resultiert die Schlussfolgerung, dass durch ausreichende Fortbildung der Erzieherinnen eine Verbesserung der Bildungssituation im Elementarbereich geschaffen werden könne. Die Notwendigkeit der Fortbildung trifft bei pädagogischen Fachkräften meist auf offene Ohren, da der Berufstand ohnehin als sehr fortbildungswillig zu bezeichnen ist und ein großer pädagogischer Optimismus bezüglich beruflicher Weiterbildung besteht. Daher beurteilen viele Erzieherinnen die Einführung des Fortbildungszertifikates im Rahmen der Bildungsinitiative »Zukunftschance Kinder – Bildung von Anfang an« als positiv:[27]

»Also ich denke durch diese Fort- und Weiterbildungsmöglichkeiten konnten viele für sich oder für uns da schon sich weiterentwickeln, also wir wissen das, und ich denke das merkt man auch an unserer Arbeit« (KevSp/L 85).

Diese Aussage geht von einer direkten Ursache-Wirkungs-Beziehung und positiver Korrelation zwischen Schulung und Weiterentwicklung des Berufsbildes aus. Doch durch die Vielfalt der Innovationen entsteht auch eine gewisse Skepsis bezüglich der Fortbildungen. Zum Teil wird Kritik geäußert wegen der Kürze der Fortbildungen, die häufig nur über ein bis zwei Tage angeboten

---

[27] Ministerium für Bildung, Frauen und Jugend Rheinland-Pfalz, Zukunftschance Kinder – Bildung von Anfang an. Eine Offensive der Landesregierung Rheinland-Pfalz, Mainz 2005.

werden, der Umsetzbarkeit der Inhalte und der mangelnden Zeit, neue Inhalte und Anforderungen zu erproben. Eine Erzieherin bringt dies sehr deutlich auf den Punkt.

»Unsere Erzieher werden fortgebildet und dann können die das alles meistern. Das funktioniert aber nicht!« (KkMG/E 134).

Hier wird die positive Korrelation von Fortbildung und konstruktiver Umsetzung der Bildungsinitiativen eher bezweifelt. Gerade die Umsetzbarkeit der Inhalte im Alltag wird häufig als problematisch beschrieben, da sowohl die strukturellen Bedingungen als auch die Möglichkeit der Kolleginnen, die Inhalte entsprechend umzusetzen, nicht immer gegeben sind:

»Ich finde sowieso mit Fortbildungen das ist ja, also ich denke die Kollegen bringen immer unheimlich viel mit von Fortbildungen … weil wenn man irgendwann in seinem Alltag wieder drin ist, finde ich geht das so ganz, ganz schnell irgendwo ein Stück weit dann verloren. Und das macht es einfach schwierig« (KkoGSMz/L 113–114).

In diesem Zitat werden die konstruktiven Impulse der Theorie den Unwägbarkeiten und Anforderungen des Berufsalltags gegenübergestellt. Als besonders schwierig wird beurteilt, wenn umfassende Themen, die in der Berufsausbildung bisher nur marginal thematisiert wurden, innerhalb einer Fortbildung von wenigen Tagen abgehandelt werden. Dazu gehört vor allem auch die Aufnahme von Kindern unter drei Jahren. Diese Kinder bringen völlig unterschiedliche entwicklungspsychologische Voraussetzungen mit und äußern zudem andere Bedürfnisse als ältere Kinder. Um psychologische Grundlagen und pädagogische Handlungsformen zu vermitteln, ist nach Auffassung einer Fachkraft eine »2-tägige Fortbildung zur Altersstufe unter Dreijährige (…) zu wenig« (9-FB/CaKoAd). Gerade die Aufnahme von Krippenkindern in normalen Kindertagesstätten zeigt die irreversiblen Veränderungen im Berufsbild der Erzieherinnen auf. Erzieherinnen benötigen eine andere Haltung zum Kind, es kommen andere Materialien und Arbeitsmethoden zum Einsatz und die eigene Berufsrolle verändert sich massiv:

»Die Arbeit in den altersgemischten Gruppen hat uns gezwungen umzudenken, wir mussten lernen uns zurückzunehmen und begreifen, dass wir von den jüngeren Kindern nicht das Gleiche erwarten können, wie von Kindern ab 3 Jahren« (KkKi/LE-4).

Hier wird deutlich, welche grundlegenden Reflexionen nötig sind, um das eigene Verhalten auf die Bedürfnisse der jüngeren Kinder abzustimmen und dass dies ein langwieriger Prozess ist, der eine kontinuierliche Begleitung erfordert und nicht innerhalb von zwei Tagen mit der Vermittlung formaler Fakten abgetan ist.

Anhand der genannten Beispiele wird ansatzweise erkennbar, wie umfassend die Neuerungen sich im Rahmen der Bildungsinitiativen gestalten. Dabei geht es nicht um einen allmählichen, aus den sachlichen Gegebenheiten sich entwickelnden Wandel, sondern, wie Sennett es formuliert, um einen irreversiblen Wandel, der »Institutionen entscheidend und unwiderruflich« verändert, »so dass keine Verbindung zwischen Gegenwart und Vergangenheit mehr besteht«.[28] Zwar widmen sich Kindertageseinrichtungen noch immer der Betreuung von Kindern im Vorschulalter, doch die qualitativen Bedingungen der sozialen Beziehungen und die Arbeitsinhalte haben sich fundamental verändert. Dies führt häufig zu Zerrissenheit, Überforderung und Desorganisation einzelner Fachkräfte oder ganzer Organisationen. Die Veränderungen werden zwar einerseits als neue Chance betrachtet, doch andererseits als beängstigend oder gar bedrohlich.

Das Gefühl, sich auf eigene Erfahrungen nicht mehr verlassen zu können, führt nicht nur zu Verunsicherung, sondern auch zum Empfinden von Wertlosigkeit des eigenen Einschätzungsvermögens neuer Situationen.[29] Solche inneren Konflikte haben zum Teil auch Auswirkungen auf die Gesundheit der Fachkräfte. Eine Leiterin berichtet:

»Und dieses Personal leidet sehr am Burnout, dieses Personal ist fertig, die Krankheitstage haben immens zugenommen« (8 KevK/L).

---

[28] Richard Sennett, Der flexible Mensch, Berlin 2006, S. 60.
[29] Vergl. ebd., S. 128.

Die makrosoziologische Perspektive – Gesellschaftstheoretische Reflexion

Die Symptome prägen sich dieser Aussage zufolge weniger in Form von körperlichen Leiden, sondern als psychische Belastungserscheinungen aus. Wenn die Anforderungen der Bildungsinitiativen durchaus auch konstruktive Reflexionen und Diskurse auslösen, scheint dennoch der Aspekt der Überforderung nicht von der Hand zu weisen zu sein. Scheinbar kommen die Menschen dem Tempo der Innovationen nicht hinterher:

> »Was so alles gefordert wird, ich glaube, das macht die Leute schon im Moment ziemlich fertig. Und das kann auch wenn man also wirklich genau hinguckt, glaube ich, kann das auch nicht guten Gewissens geliefert werden. Es braucht auch ein bisschen Zeit« (LJAKo/MA 126).

Dieser Aussage ist ein Hinweis auf die Vielzahl der Veränderungen zu entnehmen, die innerhalb kurzer Zeitabstände auf die Fachkräfte zukommen. Die Einschätzung, dass es im Grunde nicht möglich ist, diesem Ansturm gerecht zu werden, weist auf strukturelle Probleme der Reformumsetzung hin. Doch häufig wird der verschlechterte Gesundheitszustand weniger als Folge der strukturellen Arbeitsbedingungen betrachtet, sondern als individuelles Versagen, wie mangelnde Belastbarkeit, schlechtes Zeitmanagement oder eben mangelnde Fortbildung. Diese Tendenz der Individualisierung von Schwäche oder Versagen beschreibt Ulrich Beck unter dem Begriff der »Privatisierung der gesundheitlichen und psychischen Risiken der Arbeit«.[30] Er geht davon aus, dass die Einhaltung von Arbeitsschutznormen auf die Arbeitenden abgewälzt wird. Wenn die Lärmbelastung der Erzieherinnen zu hoch ist, werden sie selbst zur Verantwortung gezogen: Da muss man eben für Ruhe und Ordnung in der Kindergruppe sorgen. Doch dieser einseitigen Verteilung von Verantwortung widerspricht unter anderem auch das Bundesjugendkuratorium in einer Stellungnahme zur »Zukunftsfähigkeit von Kindertageseinrichtungen«:

> »Eine nachgehende Personalisierung bei der Suche nach Ursachen möglicher Misserfolge, bei der vorwiegend auf die mangelnde Kompetenz des Personals, auf deren vermeintlich mangelndes Engagement, auf ein zu starres Kleben an alten Konzepten etc. verwiesen wurde,

---

[30] Vergl. Ulrich Beck, Risikogesellschaft, Frankfurt a. M. 1986, S. 226.

würde den Reformprozess des Systems ›Kindertageseinrichtungen‹ behindern«.[31]

Eindeutig wird hier die ungerechtfertigte Individualisierung von strukturellen Problemen angesprochen. Doch allein die Tatsache, dass von diesem politischen Gremium Misserfolge und Behinderungen der Reformprozesse im Elementarbereich thematisiert und kommuniziert werden zeigt, dass die Einschätzungen der interviewten Experten nicht als rein subjektiv und ungerechtfertigt abgetan werden können. Die aufgeführten Aussagen und Beispiele deuten an, welche zusätzlichen und umfassenden Aufgaben für die pädagogischen Fachkräfte mit den Bildungsinitiativen verbunden sind und welche unwiderruflichen Umgestaltungen hier zu bewerkstelligen und zu verkraften sind. Die einzige Lösung scheint in den Augen eines Experten folgende zu sein: »Die Erzieherinnen müssen Dinge, die sie bisher gemacht haben, aus ihrem Tagesprogramm rauswerfen« (FSBop/L 20). Dies wäre ganz im Sinne des irreversiblen Wandels, doch gerade solche definitiven Entscheidungen fallen Erzieherinnen besonders schwer.

Da in diesem Kapitel zunächst die Perspektive der Erzieherinnen betrachtet wird, die als ein Teil der intergenerationellen Beziehung zum Kind einen wichtigen Part übernehmen, wird offensichtlich, dass sie durch die Vielfalt von Anforderungen und die Fokuskonfusion womöglich beeinträchtigt sind bei der Gestaltung der unmittelbaren Interaktion mit dem Kind. Die Herstellung eines gemeinsamen, Halt gebenden Rahmens durch ein entsprechendes Engagement in der Erzieher-Kind-Beziehung wird erschwert, weil die Fachkraft eine Vielzahl zusätzlicher Anforderungen zu bewältigen hat, die dem kulturellen und ideellen Überbau der Tätigkeit in einer Organisation der Erziehung entspringen und den Rahmen pädagogischen Handelns sprengen. Der intensive wechselseitige Austausch mit dem Kind hat jedoch bei der *primären Sozialisation* wesentliche Funktionen, da die Erzieherin als Vorbild von Normen-, Rollen-, Status- und Kultursystemen der Gesellschaft auftritt. Durch die Zunahme der Anforderungen und den

---

[31] Bundesjugendkuratorium, Zukunftsfähigkeit von Kindertageseinrichtungen, München 2010, S. 9.

Die makrosoziologische Perspektive – Gesellschaftstheoretische Reflexion

irreversiblen Wandel steht somit zu befürchten, dass sie die unmittelbaren erzieherischen Aufgaben und die Vermittlung von Bildungsinhalten nicht in der Weise verwirklichen kann, wie dies die Gesellschaft, die Eltern, die Kinder und vor allem auch sie selbst es erwarten.

7.2.6 Reformdruck und Reformpermanenz

Wie bereits in den vorangehenden Ausführungen deutlich wurde, sind die Fachkräfte im Elementarbereich grundsätzlich aufgeschlossen gegenüber inhaltlichen Reformen und Neuerungen bezüglich der Struktur- und Prozessqualität. Als problematisch wird jedoch häufig empfunden, dass sie ohne Unterlass Innovationen ausgesetzt sind und sich neue Handlungsformen kaum etabliert haben, ehe bereits neue Bildungsimpulse initiiert werden. Die Halbwertzeit von Konzepten, Erziehungszielen und methodischen Vorgehensweisen wird so verkürzt, dass man sich ständig an die Bedürfnisse des Marktes anpassen muss. Unter dem Stichwort frühkindlicher Bildung wird eine gewaltige Summe an Aspekten subsumiert. Um die Vielfalt unterschiedlicher Anforderungen ansatzweise aufzuzeigen, sollen noch einmal verschiedene Expertinnen hier zu Wort kommen:

> »Experimente werden regelmäßig gemacht« (KkoLau/LE 2), »Englisch wird jetzt angeboten« (KkoLau/LE 3), »Wir haben vor einem Jahr, letzten August haben wir begonnen die Kinder ab zwei aufzunehmen« (KevSp/L 24), »Die werden drei viermal gewickelt morgens, das geht sonst nicht« (KkoLau/LE 25), die »Schlafen mittags, also wir haben jetzt sieben, die mittags schlafen, man kann sagen regelmäßig« (KkoLau/LE 34), »Und eine Facette, die ja ganz neu dazu gekommen ist, sind ja diese Lerngeschichten. Da haben wir auch schon drauf geguckt, haben da auch schon für uns probiert, aber da sind wir so noch ein bisschen am Anfang der Sache« (KevSp/L 19).

Hier werden nur wenige Aspekte genannt, die infolge der Bildungsreformen innerhalb der Einrichtungen eingeführt werden. Zunächst empfinden viele Fachkräfte neue Anforderungen als zusätzliche Last, die schwer zu tragen ist.»Nur der Druck, der da plötzlich aufgekommen ist. Man muss jetzt plötzlich in einem Umfang an so was arbeiten« (48KevSi/L).

Um diesem Dilemma zu entgehen, werden dann Entscheidungen gefällt, die bestimmte Aspekte der pädagogischen Arbeit ausklammern und durch neue ersetzt werden. Damit wird dem Druck der permanenten Innovation durch irreversible Weichenstellungen begegnet.

»Nicht etwas dazu zu machen, was noch mehr ist, sondern etwas zu ersetzen. Und da zu entscheiden, was ist zu ersetzen. Und das auch als Prozess zu sehen und [...] praktisch als Austausch. Zu sagen das und das und das lassen wir jetzt weg und setzen dafür etwas anderes hin« (KevMz/L 37).

So versuchen die Fachkräfte inhaltliche Themen wie Experimente und geschlechtssensible Pädagogik, aber auch altersspezifische Aspekte wie Schulförderung und Krippenpädagogik, Querschnittsaufgaben wie Sprachförderung und Integration von Migrantenkindern, methodische Neuerungen wie Beobachtung und Dokumentation, strukturelle Verbesserungen durch Prozessbeschreibungen für das QM-Handbuch im Alltag einzuführen und umzusetzen. Doch dabei bleiben andere Facetten der pädagogischen Arbeit auf der Strecke. Eine Erzieherin beschreibt, wie gerade zwanglose Interaktionen mit Kindern durch die Innovationen wegfallen:

»Oder einfach mal sich so zu unterhalten, die haben ja auch so ein Mitteilungsbedürfnis«. [...] »Es ist nicht mehr so, ich meine, man hätte früher so mehr Zeit gehabt, sich einfach mal hinzusetzen mal zu plaudern oder einfach mal Quatsch zu machen mal irgendwas, das kann man sich bald nicht mehr erlauben und das finde ich schade« (KkoLau/LE 49).

Ungezwungene Situationen mit den Kindern, die nicht als Lernerfolg evaluierbar sind, entfallen vielfach zugunsten dokumentierbarer Prozessbeschreibungen. Das Bedauern der Fachkraft weist einerseits auf einen äußeren Druck hin, was sie zu leisten hat, und andererseits auf ein Empfinden von Unzulänglichkeit und Überforderung, weil sich die Mitarbeiter in Kindertagesstätten weniger auf die aktuellen Bedürfnisse der Kinder einstellen können, da der Alltag durch zu wenig stützende Routinen abgesichert ist und ständig neue Entscheidungen anfallen. Die Konstanten im Kindergartenalltag reduzieren sich und somit müssen ständig Entscheidungen aktualisiert werden. Richard Sennett beschreibt die innere Logik solcher neuen Arbeitsbedingungen wie folgt:

> »Wichtigster Bestandteil (...) ist jedoch die Bereitschaft, das Prinzip ›so haben wir es schon immer gemacht‹ zu verwerfen, erstarrte Unternehmensformen zugunsten der Innovation aufzubrechen und die Binnenstruktur von Unternehmen durch die wechselnden Forderungen der Außenwelt bestimmen zu lassen; all dies erfordert die Akzeptanz von entschiedenem, abrupten, irreversiblen Wandels«.[32]

Diese Bestandsaufnahme moderner Arbeitsstrukturen enthält mehrere Gesichtspunkte, die ebenfalls in den Interviews der Studie zur Sprache kamen. Gerade die Berufung auf Erfahrung und Traditionen innerhalb der pädagogischen Arbeit im Elementarbereich gilt als Tabu. Wer nicht zu ständigem Wandel bereit ist, wird als rückständig und festgefahren wahrgenommen. Daher sind jüngere Kolleginnen im Vorteil, die noch keine starke berufliche Identität als Erzieherin ausgebildet haben und daher noch eine flexible Grundhaltung vorweisen. Doch die Frage ist, ob für die Interaktion mit dem Kind tatsächlich ein solcher Wandel erforderlich ist oder ob hier auch Handlungsmuster relevant sind, die relativ wandlungsresistent sind. Ein Experte beschreibt sowohl die Vorteile einer routinierten Grundhaltung als auch die Reflexionsfähigkeit der Erzieherinnen bezüglich neuer Anforderungen:

> Erzieherinnen verfügen über »eine urwüchsige gute Haltung also gegenüber den Kindern, [die] für das Kind das Beste wollen, und dann aber durchaus sehen, dass die realen Rahmenbedingungen genau das verhindern, das sehen unsere Leute schon« (PakKo/PR 68).

Diese intuitive Grundhaltung gegenüber Kindern scheint nun in Konkurrenz zu geraten mit explizierbaren und evaluierbaren Bildungserfolgen. Die Fachkräfte spüren den Widerspruch, der durch die ungünstigen Rahmenbedingungen noch verschärft wird. Diese konträren Anforderungen werden jedoch nicht nur von den Erzie-

---

[32] Richard Sennett, Der flexible Mensch, Berlin 2006, S. 65.

herinnen wahrgenommen, sondern auch durch Bezugsgruppen verstärkt. Eine unmittelbare Konfrontation der Erwartungen erfahren Erzieherinnen vor allem durch Eltern, die ihnen täglich begegnen. Der Zusammenarbeit mit den Eltern wird eine hohe Relevanz zugeschrieben, besonders vor dem Hintergrund der Erziehungspartnerschaft. Doch Eltern betreten die Einrichtung nicht nur als Kunden, die der Beratung und Fachlichkeit der pädagogischen Fachkräfte bedürfen, sondern auch als solche mit Forderungen und konkreten Wünschen. Diese Erwartungen entstehen nicht zuletzt aus der Sorge um eine ungewisse Zukunft ihrer Kinder und dem Bedürfnis, keine wesentlichen Phasen der Entwicklung ihrer Kinder und die entsprechende Förderung verpasst zu haben. Eine Erzieherin bringt den dadurch empfundenen Druck auf den Punkt:

»Aber es gibt dann auch Eltern, die sehen nur Bildung und Bildung heißt für die irgendetwas mit den Kindern machen, denen anbieten, damit sie ganz schnell schlau werden (…) und manche wollen nur Ergebnisse, die man mit nach Hause nehmen kann« (KkMG/E 16/ KkMG/E 21).

Dieser Forderung entsprechen dann die Dokumentationsmappen, die dezidiert nachweisen sollen, dass sinnvolle und rückverfolgbare Bildungsangebote stattgefunden haben, die das Kind nachweisbar gefördert haben. Es geht nicht mehr nur darum, pädagogisch wertvoll gehandelt zu haben, sondern dies auch entsprechend publik zu machen.

»Das heißt, wir machen viel mehr Öffentlichkeitsarbeit und versuchen viel präsenter und transparenter noch zu werden, dass auch Menschen draußen verstehen, welch hochwertig qualitative Arbeit wir hier in den Einrichtungen auch tun. Aber eigentlich auch immer schon getan haben« (8.KkR/L).

Die Tatsache, dass professionelle Leistung nicht für sich allein spricht, sondern dargestellt und sichtbar gemacht werden muss, hat unter anderem Michaela Pfadenhauer untersucht.[33] Arbeitssoziologisch betrachtet wird die Darstellung einer Leistung ebenso

---

[33] Vergl. Michaela Pfadenhauer, Professionalität, Opladen 2003, S. 103.

relevant wie die Leistung an sich. Nach Soeffner (1989) sind Darstellungskompetenzen symbolische Repräsentationen, Erving Goffman (1971) bezeichnet sie als Techniken der Imagepflege.[34] Auch im Bildungssektor wird nicht mehr einfach vorausgesetzt, dass Kinder etwas lernen, wenn sie eine pädagogische Institution besuchen, die bestimmte Bildungsziele verfolgt. Die Lernerfolge sollen, so weit dies möglich erscheint, dokumentiert und damit zugleich die Leistung der Erzieherinnen kontrolliert werden. Ohne Dokumentation und Öffentlichkeitsarbeit scheint Lernen nicht statt zu finden. Doch solche Anspruchshaltungen können negative Konsequenzen nach sich ziehen. Eine Expertin äußert ihre Bedenken:

»Also jetzt bei unseren Eltern finde ich es manchmal bedrohlich, wenn so was dann kommt, aber ganz realistisch« (KkMG/E 125).

Indem die Bezugsgruppen die Möglichkeit der Kontrolle erfahren, neigen sie zum Teil dazu, die Akteure unter Druck zu setzen. Und so kommt es vor, dass Eltern die unterschiedlichen Curriculum-Aspekte der Bildungs- und Erziehungsempfehlungen regelrecht abfragen. Dies führt dann teilweise zu Angst und Überforderung bei den Erzieherinnen.

Insgesamt bedeutet der Zustand der Dauerreform eine nicht zu unterschätzende Belastung für das pädagogische Personal in Kindertagesstätten, die nicht einfach durch verbesserte Bildungserfolge bei den Kindern kompensiert werden kann. Denn die Erzieherinnen spüren, dass sie weder den Bedürfnissen der Kinder noch den fachlichen Anforderungen gerecht werden können. Denn »die Unzufriedenheit wird dann auch größer, wenn man Ansprüche auch hat und sieht, ich laufe dem immer hinterher« (KkMG/E 137).

Da die Veränderungen sehr umfassend sind, spielt gerade der Zeitfaktor eine große Rolle. Häufig besteht das Bedürfnis, neue Inhalte, Methoden oder Strukturen in Ruhe zu besprechen, auszuhandeln und einzuüben. Doch bevor ein Punkt diskutiert und umgesetzt ist, folgt meist schon wieder eine Flut neuer Anforderungen nach. Dies erfordert eine Flexibilität der Mitarbeiter, die sie nicht selten an ihre physischen und psychischen Grenzen führt. Ri-

---

[34] Vergl. ebd., S. 113.

chard Sennett stellt die Frage: »Gibt es Grenzen, wie weit Menschen verbogen werden dürfen?«[35] Trotz aller Schwierigkeiten zeigen die meisten pädagogischen Fachkräfte dennoch einen großen Idealismus und Liebe zum Beruf, da ihnen die Kinder wichtig sind.

> »[...] Wir wollen die Kinder bei uns haben. Die Kinder sollen mit Menschen kommunizieren und die sollen auch merken, dass wir sie gerne haben, dass wir sie gerne um uns haben. Und deswegen muss man da Prioritäten setzen« (KkN/L-110).

Doch Grenzen der Flexibilität machen sich im Alltag der Kindertageseinrichtungen bemerkbar. Eine Expertin der oberen Aggregationsebene nimmt wahr,

> »[...] dass die Leute sich sehr ausgelutscht fühlen und ziemlich fertig fühlen im Moment. Und da sehe ich im Augenblick schon ein Gefahrenpotenzial. Weil sagen wir mal, dass massiert so viel auf einmal passiert ist. (...) Und wir haben eigentlich, keiner lässt dem andern auch Zeit für diese Entwicklung« (LJAKo/MA 124/ LJAKo/MA 127).

Hier wird noch einmal benannt, wie sich die Dauerreform auf die Verfassung des Fachpersonals auswirkt. Pausenlose Innovation führt schließlich mehr und mehr zur Erschöpfung. Nachteile entstehen jedoch nicht nur für die Erzieherinnen, die ihren eigenen Ansprüchen und denjenigen Dritter nicht gerecht werden, sondern auch für die Kinder, die auf die empathische und feinfühlige Zuwendung Erwachsener innerhalb primärer bzw. sekundärer Sozialisation angewiesen sind. Dies wird jedoch bei zunehmender Belastung immer schwieriger.

7.2.7 Dialektik der Qualitätssicherung

Wie jede Organisation lebt auch der Kindergarten von der Arbeitsteilung in unterschiedlichen Hierarchie- und Verantwortungsebenen. Durch die Einführung von Qualitätsmanagement wird in Organigrammen genau festgelegt, wer auf welcher Verantwortungsebene tätig ist, und die Über- und Unterordnung der einzelnen

---

[35] Vergl. Richard Sennett, Der flexible Mensch, Berlin 2006, S. 66

Stellen ist laut Stellenbeschreibung klar definiert. Für die Umsetzung trägt vor allem die Kindergartenleiterin die Verantwortung, die jedoch einzelne Arbeitsgruppen für die Umsetzung von Dokumentation und Prozessbeschreibungen einsetzt. Der gesamte Prozess bedeutet zunächst eine Dezentralisierung von Macht. Dies empfinden auch Mitarbeiter zunächst als Chance, da sie an neuen Entwicklungen stärker partizipieren und Verantwortung übernehmen können:

> »Und durch diese Weiterentwicklung wieder QM, das wirkt sich positiv aus. Und uns, auf unser Selbstbewusstsein aus. Also das finde ich sehr positiv. Wir bedenken viele Sachen, wir erkennen auch viele Sachen die wir machen, die wir gut machen und wir reden darüber« (KkN/L-167#).

Die gemeinsame Auseinandersetzung über die Weiterentwicklung der Institution wird als konstruktiv erlebt. Es werden neue Verantwortungsbereiche identifiziert und delegiert, so dass einzelne Fachkräfte in neuen Bereichen Kompetenzen erproben können. Vielen Erzieherinnen ist jedoch noch nicht klar, welche Vorteile oder Erträge die intensive Auseinandersetzung mit QM dauerhaft mit sich bringt angesichts des enormen Aufwands an Konferenzen, Teamsitzungen und Absprachen.

> »Also wir hoffen eigentlich, dass da nicht nur irgendwelche organisatorischen Sachen abgehakt werden, weil das wäre mir persönlich zu wenig, dann kann so viel kaputt gehen« (KkMG/E 128).

Sie spüren die zusätzliche Belastung bei der Implementierung von QM, ohne jedoch eine direkte Wirkung oder Erleichterung im pädagogischen Alltag zu bemerken. Denn die Planung und Durchführung pädagogischer Projekte, die Beobachtung und Dokumentation, die Besprechung von Verhaltensweisen der Kinder kann nicht einseitig reduziert werden zugunsten administrativer Aufgaben, wie das Anfertigen von Prozessbeschreibungen. Dies eröffnet eine gewisse Skepsis bei der Umsetzung der neuen Maßnahmen.

> »Und so denke ich, dass es momentan sehr viel Zeit kostet, solche administrativen Dinge zu besprechen, die sicherlich auch wichtig sind,

aber ich denke es wäre für viele Erzieherinnen auch wichtig, Gespräche über Kinder führen zu können, und auch also gerade wenn so ein Personalwechsel ist, dass man sagt hör mal zu, das Kind hatte heute wieder die Verhaltensauffälligkeit oder in der Situation hat es eingekotet, heute war es gut drauf, heute war die Stimmung positiv oder so« (PfevSp/Tr 50).

Diese Aussage verdeutlicht die Begrenztheit der Ressourcen, über die Fachkräfte verfügen können. In dem Moment, in dem administrative Aspekte besprochen werden müssen, können nicht gleichzeitig Fallbesprechungen durchgeführt oder eine angemessene Übergabe der Kinder an eine Fachkollegin geleistet werden. Weil keine wesentliche Verbesserung der Arbeitsbedingungen wahrgenommen und die Beziehungen zum Kind als oberflächlich erlebt werden, kommt es zum Teil auch zur Resignation.

»Für viele ist Qualitätsmanagement eine Abkehr von der intensiven Beschäftigung mit dem Kind« (17-FB/CaKoAd).

Dies widerspricht jedoch grundlegend dem verbreiteten Berufsbild der Erzieherinnen, vorrangig für das Kind und seine Bedürfnisse zuständig zu sein. So wird die Motivation über eine Möglichkeit der Mitbestimmung und Partizipation durch QM rasch abgelöst durch Überforderung und das Empfinden von Ohnmacht. Spezialisierte Arbeitsgruppen – auch als Qualitätszirkel bezeichnet – die beispielsweise an der Verbesserung der Öffentlichkeitsarbeit, Vereinheitlichung der Beobachtungsverfahren oder der Vereinfachung der Organisation des Mittagessens mit den Kindern arbeiten, scheinen in einen Prozess der Ausdifferenzierung von Arbeit eingebunden zu sein, der grundsätzlich als positiv zu betrachten ist. Doch dies kann nach Richard Sennett auch Trugschluss sein: »Die Überlastung kleiner Arbeitsgruppen durch viele unterschiedliche Aufgaben ist regelmäßiges Merkmal des Unternehmensumbaus – und das Gegenteil der immer weitergehenden Arbeitsteilung«[36], wie dies Adam Smith beispielsweise für seine Nagelfabrik voraussah. Somit wird das Phänomen der gesellschaftlichen Ausdifferenzierung als Ausdruck kulturellen Fortschritts oder, im Sinne Luh-

---

[36] Richard Sennett, Der flexible Mensch, Berlin 2006, S. 70.

manns, als Reduktion von Komplexität zur Steigerung von Komplexität pervertiert. Nicht eine stets intensivere Auseinandersetzung mit spezialisierten Teilbereichen der Arbeit ist das Ergebnis von Qualitätssicherung, sondern die Zunahme von ausdifferenzierten Teilbereichen, die auf die immer gleich bleibende Anzahl von Verantwortlichen verteilt wird. Die Autonomie der Organisation und der einzelnen Entscheidungsgremien besteht nur scheinbar, denn die Zwänge, die mit der Zielerreichung verbunden sind, bringen sie in einen permanenten Interessenskonflikt. Sie stehen unter einem Druck der Sollerfüllung, die im Grunde mit den gegebenen Ressourcen kaum erreichbar ist.

Im Versuch durch modernes Management starre Routinen aufzubrechen, werden zusätzliche Strukturen geschaffen, die nicht immer als Arbeitserleichterung empfunden werden. Sennett beschreibt diesen Vorgang folgendermaßen:

>»Die Struktur verharrt in den Kräften, die Gruppen oder einzelne zu immer höherer Leistung antreiben. Wie diese bewerkstelligt werden soll, bleibt dabei offen; die Spitze der flexiblen Organisation gibt darauf selten eine Antwort. Sie stellt eher Forderungen auf, als ein System zu entwerfen, durch das sich die Forderungen auch ausführen lassen«.[37]

Dies entspricht den vorangegangenen Schilderungen der Erzieherinnen über die Fokuskonfusion der unterschiedlichen Anforderungen. Erst allmählich, im Laufe des Innovationsprozesses, realisieren die Fachkräfte, dass die erhofften Erleichterungen und Rationalisierungen der Arbeitsprozesse selten eintreten und eine Vielzahl der gesteckten Ziele unerreichbar bleibt. Daher begegnen sie den Reformen zunächst meist mit einer gewissen Offenheit, Neugier und Optimismus. Erst mit zunehmender Überforderung entwickelt sich Skepsis bis hin zur Ablehnung. Zunächst wird das Versagen als eigene Unzulänglichkeit empfunden, bei den innovativen Entwicklungen nicht mehr mithalten zu können. Zusätzliche Anstrengungen werden nicht mehr dauerhaft von Erfolg gekrönt, sondern führen schließlich zu Erschöpfung und Ohnmacht. Besonders problematisch wird empfunden, dass ein Ende der Reform-

---

[37] Ebd., S. 71.

maßnahmen nicht abzusehen ist, wie es auch eine Expertin formuliert: »Es ist ja nie zu Ende [...]« (KevBE/L?96). Diese Sorge bezieht sich jedoch nicht nur darauf, dass Qualitätsmanagement selbst ein unendlicher Prozess ist, der auf stetige Verbesserung der Qualität zielt, sondern darauf, dass nicht absehbar ist, welche Innovationen als nächstes auf die Einrichtungen zurollen. Eine Leiterin bringt diese Bedenken auf den Punkt:

> »Wo immer nur so ein bisschen Bedenken sind: was kommt denn noch? Was kommt denn wirklich definitiv noch? Sind wir denn jetzt am Ende? Oder gibt es noch etwas, was ich jetzt gar nicht erahnen kann?« (KkoGSMz/L 130).

Dieses Zitat veranschaulicht, wie getrieben sich Fachkräfte in Kindertageseinrichtungen fühlen. Ohne ein Ende der momentanen Aufgaben zu sehen, macht sich die Befürchtung breit, dass bereits eine neue Reform bevorsteht, die erneut Offenheit, Flexibilität und Lernbereitschaft voraussetzt. Peter Gross beschreibt diese rastlose Veränderung als konstitutiv für den Fortschritt:

> »Modernisierung kennt keinen Halt, keine Etappe, sondern nur die Dauerverschränkung von Schöpfung und Zerstörung, von Konstruktion und Dekonstruktion«.[38]

Das Risiko besteht nicht darin, sich auf Neues einzulassen, sondern sich bis zu einem gewissen Grad auch der Reformpermanenz zu widersetzen. In diesem Zustand ständigen Wandels können Routinen kaum mehr gelebt werden und dies betrifft wiederum die Kinder, da sie auf bleibende Elemente, Tagesstrukturen und Rituale angewiesen sind, um sich im Alltag zu orientieren. Das Bemühen der pädagogischen Fachkräfte geht sicher dahin, noch gewisse Elemente des Kindergartenprofils zu erhalten. Doch die eigene innere Zerrissenheit kann dies zumindest erschweren.

---

[38] Peter Gross, Die Multioptionsgesellschaft, Frankfurt a. M. 1994, S. 75.

7.2.8 Strategien zur Bewältigung der Ambivalenzen

Qualitätssicherung ist ein Managementsystem, das »auf eine ständige Leistungsverbesserung ausgerichtet ist«.[39] Dies bedeutet, dass der Mensch immerzu aus dem Gewohnten heraustritt, sich in Reflexion begibt und neue Handlungsweisen wagt. Einerseits eröffnet dies neue Möglichkeiten der Problemlösung und der Zukunftsorientierung. Andererseits ist die ständige Veränderung stets auch mit dem Risiko des Scheiterns behaftet, da bewährte Handlungsformen aufgegeben werden. Institutionalisierte Verhaltensweisen dienen der Handlungsentlastung. Aus Arbeitsroutinen herauszutreten, die sich seit Jahren bewährt haben, bedeutet den Wert von Erfahrungen aufzugeben und sich als Lernender wieder in einen »Zustand der Verletzlichkeit« zu begeben.[40] Diese Bereitschaft zum ständigen Wandel, zur Aufhebung der gesammelten Erfahrung und zum Umbau der eigenen Berufsidentität ist keineswegs einfach und selbstverständlich, wie dies eine Fachkraft treffend benennt:

> »Veränderte Anforderungen sind ein Einschnitt ins Berufsbild, das kann man gar nicht von heute auf morgen lernen« (10-FB/CaKoAd).

Damit wird die Schwierigkeit der Umorientierung benannt, aber auch die Langwierigkeit solcher Modifikation von Haltungen, Methoden und Inhalten, die sich im Habitus der Berufsrolle manifestieren müssen. In welchen Bereichen sich die Veränderungen vollziehen, beschreibt eine Fachkraft wie folgt:

> »Das Berufsbild hat sich massiv gewandelt, besonders im Bereich Planung, Organisation, Strukturierung der Arbeit« (4-FB/CaKoAd).

Dies sind gerade diejenigen Tätigkeiten, die schwer mit der Betreuung der Kinder zu vereinbaren sind. Dennoch besteht ein gewisser Ehrgeiz, diese Umgestaltungen zu bewältigen. Um die Kinder nicht zu vernachlässigen, suchen die Fachkräfte nach Auswegen, ihre Ar-

---

[39] Deutsches Institut für Industrienormen, DIN EN ISO 9000: 2000, Qualitätsmanagementsysteme, Grundlagen und Begriffe, Brüssel 2000, S. 6.
[40] Richard Sennett, Der flexible Mensch, Berlin 2006, S. 109.

beit zu bewerkstelligen. Dazu wählen sie Wege, die sie im Endeffekt selbst schädigen.

»Manchmal ist es so, dass man das auch zuhause erledigen muss, wo eigentlich das nicht sein soll. Wie gesagt, das ist alles gefragt und gefordert von uns aber nicht genau überlegt, wie man das alles schaffen soll in unserer Zeit« (35KevSi/L).

Doch wenn die Arbeit in der Freizeit erledigt wird, bildet dies keine förderliche Voraussetzung für eine feinfühlige Zuwendung den Kindern gegenüber, weil die Zeit für die eigene Erholung knapp wird. Eine Distanzierung von den Anforderungen der Arbeit wird möglicherweise schwieriger. Doch um offen zu sein für Bildungsprozesse benötigen Kinder zugewandte Erwachsene, die ermutigend ihre Schritte begleiten. Wenn diese jedoch nicht präsent sind, weil sie erschöpft sind oder ständig an den nächsten Arbeitsschritt denken müssen, können sie eine konstruktive Begleitung der Kinder kaum leisten. Eine Fachkraft drückt dies in folgenden Worten aus:

»Wenn sich Erzieherinnen nicht konzentriert und gelöst auf die Kinder einlassen können, wirkt sich das auf die Qualität der Bildungsprozesse aus« (23-FB/CaKoAd).

So besteht eine Diskrepanz zwischen der Herstellung stabiler Strukturen und Bindungen und der Gestaltung des Wandels. Stabilität wird als rückständig betrachtet und die Tatsache des Aufbruchs ist häufig wichtiger als eine realistische Zielerreichung. Daher wird Besonnenheit oder Vorsicht eher als starres Festhalten am Bestehenden gewertet. So kann ein gewisser Konkurrenzdruck entstehen, nach dem Motto: »Wer sich nicht bewegt ist draußen«.[41] Mancher Experte empfindet dieses Postulat als einen unwidersetzlichen Zwang:

»Also ins Hamsterrad setzen und uns drehen und drehen und drehen und nicht mehr links und rechts gucken« (PakKo/PR 80).

Erst ab einem gewissen Leidensdruck wird es manchen Fachkräften möglich, diese scheinbare Unabwendbarkeit zu durchschauen. Ei-

---

[41] Richard Sennett, Der flexible Mensch, Berlin 2006, S. 115.

nige sprechen in der Metapher, nicht auf jeden *Zug* aufzuspringen, der vorbeifährt, andere bekräftigen die Haltung, nicht jede Innovation aufzugreifen. Dies setzt jedoch ein kritisches Bewusstsein voraus und die Zeit, in Ruhe über die Zusammenhänge nachzudenken.

»Aber dann ist die Frage, wo ist der Punkt wo ich mindestens dagegen denke wo ich dagegen handele und wo sind dann die Prozesse wo ich einfach dann reinsteigen muss und muss mitmachen, bei den Kindergärten zeigt sich ja dann, muss ich jeden Unfug da mitmachen?« (PakKo/PR 10).

Ein solch kritisches Verhalten setzt jedoch den Mut voraus, sich gegen Verhaltenserwartungen von Bezugsgruppen wie Eltern und Träger aufzulehnen. Häufig besteht die Sorge, dass Berufserfahrung nicht mehr ernst genommen wird, da nur Progressivität und Wandel erstrebenswert scheint. Erfahrung verliert in dem Moment ihre Würde, in der sie nur als konservatives Festhalten an Bestehendem diskreditiert wird.[42] Bei aller Aufgeschlossenheit gegenüber neuen Möglichkeiten vermissen daher Erzieherinnen, stärker in Entscheidungen des Wandels einbezogen zu werden, damit eben diese Erfahrungen zum Tragen kommen.

»Es sind viele Sachen, die gut sind, aber es wurde auch Vieles nicht beachtet, dass man merkt es wurde von Theoretikern erstellt, die eigentlich den Alltag im Kindergarten noch nicht hundertprozentig durchlebt haben und einfach auch gemerkt haben, das ist zu leisten, und das ist nicht zu leisten« (65KkoSi/LE).

Unter »Vieles« subsumiert die Interviewpartnerin Erfahrungen, die im Alltag gewonnen werden und sich durch den pragmatischen Umgang mit den Kindern entwickeln. Wie lange ein Zweijähriges tatsächlich braucht, um ein Mittagessen einzunehmen, wie häufig Kinder an einem 8-Stundentag gewickelt werden müssen, welche Lautstärke entsteht, wenn sich in einer geöffneten Kindergartengruppe sechs unter Dreijährige und womöglich noch Kinder mit erhöhtem Aufmerksamkeitsbedürfnis befinden, was passiert, wenn die Kollegin krank wird, dies alles sind Ereignisse, die in der Tat

---

[42] Vergl. ebd., S. 129.

Über den Wandel eines Berufsbildes

schwer theoretisch planbar sind. Da die Tatsachen der sozialen Wirklichkeit und die Erfahrungswerte der Fachkräfte nicht entsprechend gewürdigt werden, entstehen Anforderungen, die als zusätzliche Belastungen interpretiert und empfunden werden. Zwar wurden bei den Bildungs- und Erziehungsempfehlungen Stellungnahmen aus den Einrichtungen eingeholt, bevor sie veröffentlicht wurden, doch hier kamen Seitens der Fachkräfte eher negative Rückmeldungen, für die folgende Äußerung typisch ist:

»Ja, ja. Und wir haben uns sehr große Mühe gemacht, als wir den Entwurf der Erziehungs- und Bildungsempfehlungen kriegten, als Arbeitspapier, haben das im Team wirklich vom Hölzchen aufs Stöckchen gedreht, haben es in den Elternausschuss gegeben, um es auch dort bearbeiten zu lassen, von den Eltern, die das wollten. Haben mit Fußnoten versehen, mit Anhang unsere Ideen unsere Vorschläge, unsere Gedanken dazu, da fehlt ganz konkret etwas oder da ist etwas überflüssig. Da haben wir uns wirklich große Mühe mit gegeben, haben das auch wieder nach (…) geschickt, haben uns zuletzt mit den fertigen Unterlagen aber nicht mehr wieder gefunden. […] Es hätte auch sein können, dass unsere Unterlagen, die wir mühevoll zusammengestellt haben, unter P abgeheftet wurden, Papierkorb« (KevFr/L 62–64).

Solche Erfahrung wirken auf die Betroffenen weder wertschätzend noch motivierend und führen langfristig zu resignativen Haltungen. Wenn die Erfahrung von Selbstwirksamkeit und Einfluss auf gegebene Entwicklungen so unbefriedigend bleibt, kann es langfristig zur Frustration über die Arbeitsbedingungen kommen. Daraus können sogar selbstschädigende Verhaltensweisen resultieren, die sich zunächst wie folgt manifestieren:

»[…] dass auch Erzieherinnen, die dann nicht ausfallen wollen, um die Kollegin zu belasten sehr viele Antibiotika nehmen, sehr viele Schmerzmittel nehmen. Also das sind für mich ungesunde Prozesse« (KevMz/L 118).

Um einen Zusammenbruch oder ein Scheitern zu umgehen, wenden Mitarbeiterinnen somit Mittel an, um sich künstlich fit zu halten für den Berufsalltag. Vor dem Hintergrund, dass Erzieherinnen gerade bezüglich des Umgangs mit Körper und Gesundheit ein bedeutsames Vorbild für die Kinder bilden, erscheint eine solche Praxis als bedenklich. Dennoch entstehen solche Handlungsweisen aus der Rücksicht auf Kinder und Kollegen, doch dauerhaft führt dies zur Kapitulation.

»Dann kommt hinzu, dass wir auch beobachten, dass die Belastungssituation immer größer wird. Und auch immer mehr Leute ausfallen und erkranken oder auch sich lange zur Arbeit schleppen« (CaTrLau/ FB 41).

Die Expertin stellt eine Zunahme von Erkrankungen und Ausfallzeiten fest. Durch eine so genannte Wiederbesetzungssperre zögert sich der Einsatz einer Krankheitsvertretung meist bis zu sechs Monate hinaus, in denen dann eine Erzieherin sämtliche anfallenden Aufgaben in der Gruppe allein zu bewältigen hat. Wenn dies über Wochen und Monate passiert, bedeutet dies nicht nur eine Überlastung der Erzieherin, sondern es besteht die Gefahr, dass das Wesen der Zuwendung zum Kind, die Güte der Fürsorge und das Niveau der Betreuung beeinträchtigt wird.

Es wird offenbar, dass in solchen Situationen von Bildungsbemühungen keine Rede sein kann, weil dann allenfalls gewährleistet sein kann, dass alle Beteiligten den Tag heil überstehen. Sobald die Kinder spüren, dass sie nicht mehr ihren Interessen angemessen beschäftigt werden können, ändert sich auch das Verhalten und die Situation wird unüberschaubarer. Der Rahmen der pädagogischen Beziehung wird gleichsam gesprengt. Wie eine Expertin solche Ausnahmesituationen empfindet, wird in folgendem Zitat deutlich:

»Man kann eigentlich nur die Kinder hier beaufsichtigen, weil die Kinder einfach auch anders drauf sind« (KkoLau/LE 17).

Eine reine Beaufsichtigung kann jedoch, auch wenn es nur Ausnahmen sein sollten, nicht das Ziel von Bildungsbemühungen sein. Die Alltagserfahrungen der Erzieherinnen konkretisieren, wie eng die Befindlichkeit, das Verhalten und die Belastung der Fachkräfte mit den Sozialisationsbedingungen der Kinder zusammenhängen. Da Erzieherinnen bedeutsame Interaktionspartner der intergenerationellen Beziehung darstellen, ist es nicht unerheblich, wie entspannt, konzentriert, sensibel und aufmerksam sie sich den Kindern widmen können. Bildungsangebote können ihre Wirkung erst dann

Über den Wandel eines Berufsbildes

voll entfalten, wenn sie in einer Atmosphäre von Neugier, Konzentration, Heiterkeit und Gelassenheit angeboten werden. Die Beispiele zeigen jedoch, dass der Kindergartenalltag häufig ganz anders aussieht. Doch um die Bedingungen für Lernerfahrungen und Entwicklung von Identität konstruktiv zu gestalten, müssen zunächst auch für die Fachkräfte Voraussetzungen geschaffen werden, die für die Entfaltung ihrer Ressourcen förderlich sind. Daher sollten ihre Beobachtungen, Erfahrungen und ihr Wissen ernst genommen werden. Unter dem Stigma des beruflichen Versagens wird es kaum möglich sein, Kinder zu gebildeten und zufriedenen Personen zu erziehen. Trotz aller Belastungen steht dennoch das Wohl der Kinder für die meisten Erzieherinnen an erster Stelle. Dafür sorgt ein ausgeprägtes Berufsethos, das trotz aller Strapazen bei den Fachkräften tief verinnerlicht ist. Darum werden auch Sorgen bezüglich der Situation der Kinder formuliert, die noch einmal die Spannung zwischen Anforderungen und Realität plausibilisieren:

»Also, es ist natürlich eine politische Diskussion, im Grunde. Man muss natürlich fragen, steht das Kind überhaupt in der ganzen Diskussion, um Plätze für Zweijährige, Einjährige und so weiter, im Mittelpunkt? Geht es immer nur um das Kind oder geht es letztendlich um die Vereinbarkeit von Familie und Beruf? Und andere Dinge. Für mich steht das zweifelsohne nicht mehr so im Mittelpunkt, weil bei vielen Entscheidungen, die die Politik vorgibt, wird das Kind eigentlich gar nicht groß berücksichtigt« (KkoE/L36).

Solange Fachkräfte noch in der Lage sind, solche Widersprüche zu reflektieren, besteht noch die Möglichkeit, auch auf eigenen Standpunkten zu beharren und bereits erworbene Routinen und Erfahrungen bis zu einem gewissen Grade zu verteidigen. Dies setzt allerdings eine gewisse Streitkultur voraus. Daher ist es notwendig, dass Arbeitskräfte gerade auch unter den Bedingungen der modernen Arbeitswelt nicht aufhören, sich kritisch mit den Arbeitsbedingungen auseinanderzusetzen. Ein offener Konflikt und Uneinigkeit können auf Dauer mehr Solidarität erzeugen als die Übernahme korrekter Prinzipien, die in einem Leitbild vorgegeben werden. Solange im Zeitalter der Flexibilität ein offener Dissens mit Vorgesetzten und Verantwortlichen möglich ist, birgt dies größere Chancen, ein Wir-Gefühl zu entwickeln und in Solidarität Verantwortung zu übernehmen, als wenn verordnete Forderungen und Werte resignativ hingenommen werden und jeder lediglich versucht, sich selbst zu retten. Denn dies führt häufig zu einer Form von widerständiger Aneignung, die nicht von innerer Überzeugung getragen ist und daher hohl und substanzlos ausfallen kann.

7.3 Fortschritt und Entfremdung

Anhand der Stellungnahmen der Erzieherinnen zu den verschiedenen Aspekten der Veränderungen im pädagogischen Elementarbereich infolge der Bildungsinitiativen kann nun eine Situationsanalyse angeschlossen werden. Bemerkenswert ist, wie sich die einzelnen Aspekte kulturkritischer Reflexion nach Sennett, wie etwa die veränderten Beschäftigungsverhältnisse, das inkonsistente Berufsbild, die Flexibilität der Arbeitsbedingungen, die schwindenden Routinen, die unwiderruflichen Veränderungen und die Permanenz von Innovation, in einen Zusammenhang mit Goffmans Kategorien der Interaktionsgestaltung und der Entfremdung bringen lassen. Die Äußerungen der Experten bringen einerseits zum Ausdruck, wie von den Bildungsinitiativen Impulse ausgehen, die das Verantwortungsbewusstsein und das wechselseitige Engagement der Fachkräfte im Berufsalltag steigern. Andererseits lassen sich kritische Bemerkungen über die Gestaltung von Beziehung mit den Kindern häufig den Kriterien von Ich-Befangenheit und Fremdbefangenheit zuordnen.[43]

So ist etwa die Rede von Innovationen als Herausforderungen, die vor Betriebsblindheit schützen. Die Fachkräfte fühlen sich aufgerüttelt aus ihren Routinen, und Fortbildungen werden als willkommene Erweiterung der Perspektive wahrgenommen. Auch fachliche Auseinandersetzung durch Qualitätsmanagement wirkt sich teilweise positiv auf die Selbstwahrnehmung und das Selbstbewusstsein der Erzieherinnen aus, weil eine Standortbestimmung

---

[43] Vergl. Erving Goffman, Interaktionsrituale – über Verhalten in direkter Kommunikation, Frankfurt a. M. 1971, S. 128 ff.

der Elementarpädagogik vorgenommen wird. Dies erhöht das Verantwortungsbewusstsein innerhalb der eigenen Rolle und zunächst auch das Engagement im Alltag. Die Haltung der Erzieherin in ihrem beruflichen Selbstverständnis wird gestärkt und dies ermöglicht eine innere Klarheit, von der auch Kinder bei der Interaktion innerhalb des sozialen Rahmens profitieren können.

Doch werden diese positiven Aspekte häufig überlagert durch Aspekte der Ich-Befangenheit, die dann ein entsprechendes Engagement in der Interaktion mit dem Kind wieder vermindern. Genannt wurden als diffus empfundene Anforderungen, eine unklare Berufsidentität, mangelnde Kontinuität der Alltagsabläufe, Zeitmangel, Intra-Rollenkonflikte hinsichtlich der Kindorientierung und der Orientierung an neuen Anforderungen, psychische Überlastung und Wahrnehmung der Grenzen eigener Entwicklungsfähigkeit. Diese Faktoren führen wiederum dazu, dass die Fachkräfte kein konsistentes Berufsbild entwickeln können, die Definition der eigenen Berufsrolle verschwimmt und durch unabwägbare Einflüsse des Interaktionskontextes eine Konzentration auf die sensible Wahrnehmung und die Intensität der Zuwendung zum Kind erschwert werden.

Gleichzeitig nimmt auch die Erfahrung von Fremd-Befangenheit zu, die durch eine erhöhte Wahrnehmung der Erwartungen von außen gekennzeichnet ist und einen unbefangenen Zugang zum Kind erschwert. In den Interviews sprechen die Experten von gestiegenen Erwartungen der Eltern, von den Anforderungen durch QM, BEE und ZKBA, hinter welchen sich der Träger, das Ministerium und das Fremdbild der Öffentlichkeit verbergen. Weiterhin ist die Rede von der Notwendigkeit, jeden Schritt der pädagogischen Arbeit rechtfertigen und offenlegen zu müssen und die Angst, angesichts der divergenten Anforderungen zu versagen. Jedoch lassen sich die Erfahrungen der Fachkräfte nicht immer eindeutig in die Kategorien Selbst-Befangenheit und Fremd-Befangenheit einordnen, da diese Prozesse manchmal fließend ineinander übergehen.

Insgesamt kann das Widerspruchsmuster, das bei der aggregierten Präsentation der Forschungsergebnisse in Kapitel 5.6 identifiziert wurde, anhand der konkreten Expertenaussagen bestätigt werden. Doch in Auseinandersetzung mit Richard Sennetts Flexibilitätskonzept konnten die einzelnen Aussagen der Experten noch differenzierter interpretiert werden und zusätzlich makrosoziologische Zusammenhänge zwischen den Alltagserfahrungen der Befragten und gesamtgesellschaftlichen Entwicklungen hergestellt werden. Woher die verwirrenden und ablenkenden Eindrücke kommen, die Erzieherinnen von der angemessenen Gestaltung eines sozialen Rahmens abhalten, konnte durch die unterschiedlichen Äußerungen der Fachkräfte plausibel gemacht werden. Das Berufsbild der Erzieherin unterliegt spätestens seit 2001 einem stetigen und zum Teil auch irreversiblen Wandel. Vorher war die Rolle der Erzieherin vor allem dadurch bestimmt, sensitiv auf die Bedürfnisse das Kindes einzugehen und ihm angemessene Lernangebote anzubieten. Die Gestaltung der pädagogischen Beziehung zum Zögling stand neben sinnvollen gemeinsamen Tätigkeiten und Projekten im Vordergrund des Berufsalltags in Kindertagesstätten. Im Grunde versuchte die Erzieherin unaufhörlich, ihre Arbeit um der Sache willen gut zu machen. Sie setzte sich ständig mit den Kindern und den Anforderungen der Gruppe auseinander, versuchte die Besonderheiten der spezifischen Gruppenmitglieder zu berücksichtigen und entwickelte ein entsprechendes Arbeitsethos, um den Kindern gerecht zu werden.

Doch die Vervollkommnung bestehender Fähigkeiten, also eine handwerkliche Auffassung von Arbeit, reicht im Zeitalter der Bildungsinitiativen und des permanenten Wandels nicht mehr aus. Nicht die Fixierung auf die berufsspezifischen Fertigkeiten, sondern Flexibilisierung der Arbeitszeiten, der Berufsrolle, der Arbeitsschwerpunkte und der Einsatzbereiche ist gefragt.[44] Die Kompetenz, sich intensiv mit einem Kind, einem pädagogischen Projekt oder einem Problem zu beschäftigen, ist eher hinderlich für die Weiterentwicklung der Berufsidentität, denn ständig variierende Aufgaben, Zuständigkeiten, ideologische Leitideen und häufig wechselnde Arbeitsteams erfordern andere Fähigkeiten. Es kommt zunehmend darauf an, bei der enormen Geschwindigkeit des Wan-

---

[44] Vergl. Richard Sennett, Die Kultur des neuen Kapitalismus, Berlin 2008, S. 85 ff.

dels mithalten zu können, als einzelne Aspekte zu vertiefen. Durch die rasche Abfolge der Innovationen können Neuerungen nur oberflächlich eingeführt werden und so entsteht zunehmend das Empfinden bei den Fachkräften, dass Erreichtes niemals gut genug ist, denn es konnte nicht sorgfältig erprobt, verbessert und vervollkommnet werden.

Die moderne Arbeitswelt kommt schwer damit zurecht, was Sennett mit dem »krummen Holz des Menschseins« beschreibt.[45] Er meint damit die Provisorien des Alltagslebens, die schwer zu planen und in den Griff zu bekommen sind. Das beste Konzept, das differenzierteste Qualitätshandbuch und eine gewissenhafte Dokumentation können nicht verhindern, dass Fachkräfte krank werden, Kinder Sorgen und Ängste haben, die sie manchmal durch Gewalt und Ungehorsam ausdrücken, dass unvorhersehbare Konflikte mit Personen innerhalb und außerhalb der Einrichtung auftreten, die eine kontinuierliche Zuwendung, eine sorgsame Betreuung und eine sensitive Fürsorge behindern. Wie aus den Berichten der Experten zu entnehmen ist, reiben sich die Anforderungen der Reformen gerade an diesen alltäglichen Sachverhalten, weil sie Unabwägbarkeiten weitestgehend ignorieren.

Die rasche Aneignung neuer Inhalte, Methoden und Strukturen werden zunehmend wichtiger als tiefes Verständnis von Konzepten und Haltungen. Ständig werden neue Bildungsinitiativen gestartet und für die Fachkräfte ist ein Ende noch nicht absehbar. Die ideale Arbeitskraft dieser Kultur ist nach Sennett »sensibel, offen für Erfahrungen, wachstumsfähig und voll potenzieller Kräfte«.[46] Dies sind durchaus positive Eigenschaften, die jedoch nicht beliebig steigerbar sind, da sie den Durchschnittsmenschen schnell überfordern können. Der Wandel bezieht sich schließlich nicht allein auf den Arbeitsvollzug, sondern auch auf die Theorien und Leitbilder, die dahinter stehen. Zur Akzeptanz und Identifikation mit neuen Wertvorstellungen sind intensive Prozesse der Auseinandersetzung nötig, um Bedeutung und Sinn zu antizipieren und die Werte und

---

[45] Richard Sennett, Die Kultur des neuen Kapitalismus, Berlin 2008, S. 134; die Metapher geht auf Immanuel Kant zurück.
[46] Vergl. ebd., S. 154.

Normen in das eigene Berufsbild zu integrieren. Wenn diese theoretischen Grundlagen häufig wechseln, überfordern sie nicht nur die Adressaten, sondern sie erlangen als stets konkurrierende Wissensinhalte allmählich den Charakter von Waren, die von den Wissensproduzenten ähnlich wie in einem Unternehmen hinsichtlich ständig wechselnder Kundenwünsche produziert werden. Peter Gross kommentiert diesen Vorgang folgendermaßen:

»Diese Vielzahl von Meinungen wird in immer kürzerer Zeit abgelöst durch eine neue Vielzahl von Meinungen, in denen von Zeit zu Zeit alte Meinungen wieder aufblühen und sich wie beim Benzin, je nach Motor-, d. h. Zivilisationstyp, neue Mischungsverhältnisse einstellen. Damit hat sich der Charakter von Wissen verändert; was wir heute Wissen nennen, sind Meinungen«.[47]

Genau so erleben Erzieherinnen häufig konzeptionelle, methodische und strukturelle Innovationen im Kindergartenalltag. Während gestern noch Ganzheitlichkeit und Projektarbeit angesagt war, soll es morgen der Sprachförderkurs in Deutsch, Englisch oder gar Chinesisch sein. War die große Altersmischung innerhalb der Gruppe lange Zeit das Nonplusultra, wird jetzt wieder eine Altersdifferenzierung vorgenommen. Fingerspiele und Stuhlkreise werden einmal als wesentliche Rituale des Kindergartenalltags anerkannt, ein andermal aufgrund ihrer Redundanz der Verbannung anheimgestellt. Wissenschaftliche Erkenntnisse haben nur noch eine kurze Gültigkeit und wechseln teilweise schneller, als sie anzueignen und zu verwirklichen sind.

Dieser Fortschritt wirkt in gewisser Weise gnadenlos, da er ständige Umarbeitung, Korrektur und Verbesserung voraussetzt. Das Menschenbild, dem ein solcher Perfektionismus entspringt, bleibt im pädagogischen Elementarbereich im Verborgenen. Permanenter Kurswechsel löst jedoch Misstrauen in politische Entscheidungen aus, da auch Erzieherinnen eine gewisse Beständigkeit erwarten.[48] Ein Zickzackkurs wird als Schwäche gedeutet, einen eingeschlagenen Weg nicht zu Ende führen zu können. Der Fortschritt der Bil-

---

[47] Peter Gross, Die Multioptionsgesellschaft, Frankfurt a. M. 1994, S. 67.
[48] Vergl. Richard Sennett, Die Kultur des neuen Kapitalismus, Berlin 2008, S. 137.

dungsinitiativen ist somit immer zugleich mit einem gewissen Ausmaß von Ambivalenz behaftet. Die Option, immerzu zwischen verschiedenen Alternativen wählen zu müssen, kann zur »Zerstörung von Gewissheiten« führen, was den Menschen in seinem Alltagshandeln verunsichert.[49] Denn die Sicherheit, die durch Routinen institutionalisiert wird und zu Handlungsentlastungen führt, geht verloren. Franz Hargasser spricht in Rekurs auf Arnold Gehlen von einer »intellektuellen Überforderung«, verursacht durch die »Fülle denkbarer kultureller Möglichkeiten«.[50] Solchen Entwicklungen sind nur wenige Menschen gewachsen, die flexibel genug sind und nicht durch räumliche, zeitliche oder persönliche Arrangements gebunden sind. Gefragt ist der Arbeitnehmer, der flexibel einsetzbar ist, gleich in welcher Region, mit welchem Konzept, unter welchen wissenschaftlichen Paradigmen, in welchem Arbeitsteam und zu welchen Arbeitszeiten.

Doch Personen, die qua ihrer Arbeit auf verlässliche Beziehungen angewiesen sind, entwickeln Ängste bezüglich der Unberechenbarkeit durch Deregulierung. Aus diesen Ängsten resultieren auch die Skepsis, das Unbehagen und der innere Widerstand der Erzieherinnen gegen gewisse Aspekte der Reformen. Sie spüren wie ihre Erfahrungen zunehmend marginalisiert werden und ihnen damit der Boden unter den Füssen weggerissen wird. Statt Befreiung und Emanzipation von Arbeitsroutinen und Monotonie erfolgen Tendenzen von Orientierungslosigkeit und Endtraditionalisierung. Im praktischen Lebensvollzug erfahren pädagogische Fachkräfte das, was bereits Generationen von Soziologen, wie beispielsweise Emile Durkheim, Ferdinand Tönnies oder Robert K. Merton, als Bedrohung der Moderne angekündigt haben: den Verlust traditioneller Ordnungen. Die Ungewissheit, wozu der Wandel führen soll, lähmt die Entscheidungs- und Handlungskompetenz. Ralf Dahrendorf beschreibt den Sinnverlust folgendermaßen:

»Optionen sind leere Wahlchancen, wenn die Koordinaten fehlen, die ihnen Sinn geben. Diese Koordinaten aber bestehen aus tiefen Bindungen, die ich Ligaturen nenne. [...] Wenn wir nicht den Weg von der

---

[49] Peter Gross, Die Multioptionsgesellschaft, Frankfurt a. M. 1994, S. 74.
[50] Franz Hargasser, Mensch und Kultur, Bad Heilbrunn 1976, S. 22.

Die makrosoziologische Perspektive – Gesellschaftstheoretische Reflexion

bindungslosen Anomie ungezählter Optionen zu einer Welt der durch Ligaturen mit Sinn erfüllten Optionen finden, dann ist mit Recht und Ordnung der Gesellschaftsvertrag selbst in Gefahr«.[51]

Ob die aktuellen Entwicklungen in der institutionellen Kinderbetreuung als allgemeine gesellschaftliche Tendenz gedeutet werden kann, die zu anomischen Verhältnissen führt, kann an dieser Stelle nicht entschieden werden. Doch zumindest wirken die übergeordneten Strukturen in beschriebener Weise verunsichernd auf die Fachkräfte zurück.

Trotz der misslichen Lage tauchte in den Interviews an mehreren Stellen eine Beschreibung des besonderen Berufsethos der Erzieherinnen auf. Sie verstehen sich als Anwalt der Kinder, manche wagen es sogar, von Liebe zu sprechen. Solche Einstellungen zeugen von einem subjektiven Maßstab des Berufsstandes, der jenseits der Reformen, der eigenen Bedürfnisse und sogar jenseits der Entlohnung besteht.[52] Dieser Rest uneigennützigen inneren Engagements erhebt die einzelne Erzieherin über ihre Arbeit. Der besondere Einsatz ermöglicht nicht nur den Rahmen der Interaktion mit dem Kind aufrechtzuerhalten. Er stiftet ihr – trotz schlechter Bezahlung – genau jenen Sinn, auf den viele Menschen anderer Berufsgruppen bereits verzichten müssen. Und dieser Sinn versetzt sie womöglich sogar in die Lage zu reflektieren, zu kritisieren und ein Innehalten zu fordern gegenüber dem, was als Fortschritt bezeichnet wird und ihre ureigenste Aufgabe behindert, nämlich sensitive Interaktion mit dem Kind.

---

[51] Ralf Dahrendorf, Die Chancen der Krise. Über die Zukunft des Liberalismus, Stuttgart 1983, S. 125.
[52] Vergl. Richard Sennett, Die Kultur des neuen Kapitalismus, Berlin 2008, S. 155.

8. Die mikrosoziologische Perspektive – Leibphänomenologische Reflexion

8.1 Relevanz von Leiblichkeit für die Sozialität

Nachdem nun Veränderungen im Elementarbereich aus der Perspektive der Erzieherinnen vor dem Hintergrund des sozialen Rahmens nach Erving Goffman und des Flexibilitätskonzeptes von Richard Sennett reflektiert wurden und die Situation der Fachkräfte als eine der beiden relevanten Hälften des pädagogischen Bezuges identifiziert wurde, soll im Folgenden betrachtet werden, inwiefern die einzelnen Reformen selbst Veränderungen der Sozialisationsbedingungen von Kindern generieren und damit die Perspektive stärker auf das Kind bei der gemeinsamen Interaktion gerichtet werden. Wie bereits in Kapitel fünf erläutert, erweist sich durch die Komplexität der Fragestellung eine direkte Beteiligung von Kindern an der Studie als obsolet.[1] Daher wurde auf eine Befragung der Kinder verzichtet und auf die Aussagen der Erzieherinnen hinsichtlich der Bedürfnisse und Erfahrungen von Kindern zurückgegriffen. Sie beschreiben Veränderungen des kindlichen Verhaltens innerhalb der sozialen Situation Kindergarten anhand von Alltagserfahrungen und Alltagsbeobachtungen.

Die Betrachtungen dieses Kapitels befassen sich vor allem mit der materiellen, räumlichen und personalen Umgebung der Kinder und den psychischen sowie sozialen Handlungsdimensionen der Akteure.[2] Hier steht die unmittelbare wechselseitige Beziehung

---

[1] Jutta Ecarius, Kinder ernst nehmen, in: Michael Sebastian Honig, Andreas Lange, Hans Rudolf Leu (Hrsg.), Aus der Perspektive von Kindern? – Zur Methodologie von Kindheitsforschung, München 1999, S. 137.
[2] Vergl. Urie Bronfenbrenner, Ökologische Sozialisationsforschung, Stuttgart 1976, S. 203 ff.

von Erzieherin und Kind im Vordergrund, die laut Goffmans Kriterien der Interaktion insbesondere durch Aushandlung von Verhaltensstandards und gegenseitige Vergewisserung von Sinn, Bedeutung, Regeln, Normen, Distanz und Nähe gekennzeichnet ist.[3] Diese Kategorien Goffmans, die immer auf einem entsprechenden Engagement zur Aufrechterhaltung des sozialen Rahmens beruhen, werden nun noch in Zusammenhang gebracht mit Begriffen der *Neuen Phänomenologie*, um die Abläufe bei intersubjektiven Austauschprozessen zwischen Erwachsenen und Kindern differenzierter beschreiben zu können und so mikrosoziologische Aspekte der Fragestellung explizit heraus arbeiten zu können.

Ein Schlüssel für frühkindliche Erfahrungen und Erlebnisse ist der Leib, da Kinder ihre Umwelt vor allem über eigenleibliches Spüren erfahren. In der modernen Kindheitsforschung wird die Bedeutung von Körperlichkeit und Leiblichkeit gerade auch im Zusammenhang mit Gesundheit und Wohlbefinden von Kindern neu entdeckt.[4] Der Begriff der Leiblichkeit kann durch Autoren wie Alfred Schütz, Maurice Merleau-Ponty und Hermann Schmitz in die Theorie der Sozialität eingeführt werden, die in der Soziologie vor allem durch George Herbert Mead ergänzt wird. Der ewige Widerspruch zwischen Individualität und Kollektivität wurde in der Soziologie unter anderem durch das Konzept der Wahrnehmung von Gesellschaft als dialektischem Prozess von Peter Berger und Thomas Luckmann überwunden, die nicht den Gegensatz, sondern die Interdependenz der beiden Faktoren herausgestellt haben.[5] Die Phänomenologie versucht nun, unter Rückgriff auf die »Intersubjektivität«, die unmittelbare Beziehung zwischen Ich und Anderem, die eine direkte Wahrnehmung des Anderen in seiner Leiblichkeit impliziert, in den Vordergrund zu stellen.[6] Alfred Schütz spricht von dem Leib als »Ausdrucksfeld in der Fülle seiner Symptome«,

---

[3] Vergl. Peter Berger, Thomas Luckmann, Die gesellschaftliche Konstruktion der Wirklichkeit, Frankfurt a. M. 1980, S. 139 ff.
[4] Vergl. Bundesministerium für Familie, Senioren, Frauen und Jugend, 13. Kinder- und Jugendbericht, Berlin 2009, S. 60, S. 82 und S. 92 ff.
[5] Peter Berger, Thomas Luckmann, Die gesellschaftliche Konstruktion der Wirklichkeit, Frankfurt a. M. 1980.
[6] Vergl. Herman Coenen, Leiblichkeit und Sozialität. Ein Grundproblem der phä-

durch den sich Intersubjektivität erst entfalte.[7] Der subjektiv erlebte Sinn des eigenen Ich könne nie vollständig vom Anderen geteilt werden, und so bleibe die Verständigung über Symbole stets defizitär. Der Leib des Anderen wird bei Schütz zu einer Barriere zwischen Ich und Du, welche die Innenwelt des jeweils Anderen abschirmt.

Merleau-Ponty hingegen hebt den cartesianischen Leib-Seele Dualismus auf und überwindet die Unterscheidung von Leib und Bewusstsein. »Der Sinn meines Verhaltens ist mir vorgegeben in meiner Leiblichkeit«.[8] Daher ist der Leib bei Merleau-Ponty keine Barriere zwischen Alter und Ego, sondern die Möglichkeit eines offenen Zugangs zum Anderen, weil der Leib nicht als peripherer Teil der Person, sondern als faktische und personale Existenz des Ich betrachtet wird.

»Les autres ... sont là ... non pas d'abord comme esprits, ni mêmme comme ›psychismes‹, mais tels par example que nous les affrontons dans la colère ou dans l'amour, visages, gestes, paroles auxquels, sans pensée interposée, repondent les nôtres, ... chacun pregnant des autres, et confirmé par eux dans son corps.«[9]

Leiblichkeit ist somit nicht nur die verbindende Stelle zwischen Ich und Du, sondern beide Leiber sind in der gemeinsamen Totalität der »intercoporéité« verbunden.[10] Dieses Ineinandergreifen der Leiber beschreibt Hermann Schmitz mit dem Begriff der wechselseiti-

---

nomenologischen Soziologie, in: Hilarion Petzold, Leiblichkeit, Paderborn 1985, S. 200.
[7] Alfred Schütz, Der sinnhafte Aufbau der sozialen Welt, Den Haag 1932, S. 181.
[8] Herman Coenen, Leiblichkeit und Sozialität. Ein Grundproblem der phänomenologischen Soziologie, in: Hilarion Petzold, Leiblichkeit, Paderborn 1985, S. 204.
[9] Maurice Merleau-Ponty, Le Philosophe et son Ombre, in: Èloge de la Philosophie et autre Essais, Paris 1960, S. 287; Übersetzung: »Die anderen ... sind da ... nicht nur als geistige Einheit, auch nicht als psychische Einheit, sondern so, dass wir ihnen zum Beispiel in der Wut oder in der Liebe gegenüber treten, welche durch Mimik, Gestik und Worte ausgedrückt wird, auf welche wir ohne intervenierende Gedanken antworten. Jeder einzelne wird berührt durch die anderen und durch sie bestätigt in seinem Körper«.
[10] Maurice Merleau-Ponty, Le Philosophe et son Ombre, in: Èloge de la Philosophie et autre Essais, Paris 1960, S. 261.

gen »Einleibung«.[11] Mit der Aufhebung des Gegensatzes zwischen Alter und Ego wird Sozialität stärker dadurch beschrieben, was zwischen ihnen vermittelt und weniger durch das, was sie trennt. Intersubjektivität in phänomenologischer Perspektive bezieht das Hic und Nunc des Augenblicks ebenso ein wie die durch den Leib repräsentierten Symbolwelten.

Diese Sichtweise wird gewissermaßen auch in George Herbert Meads Sozialpsychologie vertreten, da der Sinn sozialer Interaktion im Aufeinanderbezogensein der sozialen Akteure verortet wird. Der Sinngehalt wird jedoch aus der Sichtweise der Phänomenologie nicht nur bewusst aus signifikanten Symbolen geschöpft, sondern auch intuitiv leiblich vermittelt. Es handelt sich somit um eine vorreflexive Intentionalität, die nicht einfach Produkt bewusster individueller Vorstellungen ist, sondern sich auch außerhalb der Subjektivität, im »Dazwischen« un- oder vorbewusst vollzieht.[12] Damit wäre die leibliche Interaktion Grundlage jedes sozialen Prozesses. Wenn Leiblichkeit in diesem Sinne als ein konstitutives Moment der Sozialität verstanden wird, soll damit keine Naturalisierung des Sozialisationsprozesses vorgenommen werden, sondern lediglich eine neue Perspektive auf soziale Interaktion entwickelt werden, die soziales Handeln und in diesem Falle pädagogisches Handeln in seinen einzelnen Phänomenen differenzierter beschreiben kann. Gerade die spontane leibliche Bezogenheit eröffnet eine Perspektive auf die Flexibilität sozialer Vorgänge, die nicht allein in vorgegebenen Mustern und starren Rollen aufgeht. Daher wird im Rahmen dieser Studie auf gängige Sozialisationstheorien verzichtet, da sie meist einer hohen Abstraktionsebene verhaftet bleiben, nur bedingt auf Einzelheiten diffiziler Austauschprozesse in der pädagogischen Beziehung anwendbar sind und kaum Erklärungen für die Modifikation intersubjektiver Abläufe liefern können.[13]

---

[11] Vergl. Hermann Schmitz, Der unerschöpfliche Gegenstand, Bonn 2007, S. 137 ff.
[12] Herman Coenen, Leiblichkeit und Sozialität, Ein Grundproblem der phänomenologischen Soziologie, in: Hilarion Petzold, Leiblichkeit, Paderborn 1985, S. 214.
[13] Vergl. George Herbert Mead, Gesammelte Aufsätze, Bd. 1, Frankfurt a. M. 1987; George Herbert Mead, Sozialpsychologie, Neuwied/Berlin 1969; Erving Goffman, Wir alle spielen Theater. Die Selbstdarstellung im Alltag, München

Auch die durch das pädagogische Identitätsverständnis präferierten Ansätze von Erik Erikson und George Herbert Mead bleiben hier zu statisch. Gerade Eriksons Identitätsmodell konstituiert trotz seiner dialektisch angeordneten Stufen einen eher statischen Identitätsbegriff, der eine dauerhafte Stabilität anstrebt.[14] Die Aspekte des Leibes und des Anderen für die Genese der Identität besitzen bei diesem Identitätskonzept jedoch weit weniger Relevanz als die solipsistische Leistung des Subjektes bei der Krisenbewältigung. Dagegen steht der Andere bei George Herbert Mead im Zentrum der Reflexion, doch kann von einem Übergewicht struktureller und rationalisierender Tendenzen gesprochen werden, wie sie beispielsweise bei dem Konzept signifikanter Symbole zum Ausdruck kommen, das wenig Raum für affektiv-leibliche Erfahrungen lässt.

Der Philosoph Hermann Schmitz hat einen speziellen Begriffsapparat für »leibliche Kommunikation« entwickelt, der innerhalb seines »Systems der Philosophie« dezidiert auf atmosphärische, affektive und synästhetische Aspekte zwischenmenschlicher Interaktion eingeht und diese von rein kognitiv gewonnenen rationalen Entscheidungen abgrenzt.[15] Mit seinem Konzept der »persönlichen Situation« nähert sich Schmitz, anhand zahlreicher Beispiele aus

---

2003; Erving Goffman, Rahmenanalyse, Frankfurt a. M. 1980; Hermann Giesecke, Die professionelle »pädagogische Beziehung«, in: Hermann Giesecke, Pädagogik als Beruf, Weinheim/München 2000; Herman Nohl, Pädagogik aus dreißig Jahren, Frankfurt a. M. 1949, S. 153, in: Peter Brozio, Vom pädagogischen Bezug zur pädagogischen Beziehung. Soziologische Grundlagen einer Erziehungstheorie, Würzburg 1995; Jürgen Friedrichs, Klaus Kamp, Methodologische Probleme des Konzepts »Lebenszyklus«, in: Martin Kohli (Hrsg.), Soziologie des Lebenslaufs, Darmstadt/Neuwied 1978; Dieter Geulen, Die historische Entwicklung sozialisationstheoretischer Paradigmen, in: Klaus Hurrelman, Dieter Ulich (Hrsg.), Handbuch der Sozialisationsforschung, Weinheim 1980; Erik H. Erikson, Jugend und Krise, Stuttgart 1970; Martin Dornes, Die frühe Kindheit. Entwicklungspsychologie der ersten Lebensjahre, Frankfurt a. M. 1997; Sigmund Freud, Triebe und Triebschicksale (1915), in: ders., Psychologie des Unbewußten, Frankfurt a. M. 2000.
[14] Thorsten Kubitza, Identität Verkörperung Bildung. Pädagogische Perspektiven der Philosophischen Anthropologie Helmuth Plessners, Bielefeld 2005, S. 64ff.
[15] Vergl. Hermann Schmitz, System der Philosophie, 10 Bände, Bonn 1964–1980.

der frühen Kindheit, an den Prozess der Personalisation des Menschen an.[16] Gegenstand der *Neuen Phänomenologie* ist in Abgrenzung zu Husserls Bewusstseinsphänomenologie nicht die konstitutive Leistung eines transzendentalen Bewusstseins, sondern im Vordergrund steht das eigenleibliche Spüren als selbst- und welterschließendes Potenzial, die Überwindung des cartesianischen Dualismus und der Innenwelthypothese, die subjektive Empfindungen in die Seele verbannt.[17] Schmitz rehabilitiert die Welt der mächtigen Gefühle und gibt ihnen Raum im sozialen Gefüge, er befördert sie von der bloß subjektiven Empfindung zu einer interpersonalen räumlichen Atmosphäre, die konstituierend für persönliche und gemeinsame Situationen sind.

»Sein Anspruch ist es, diesem verschütteten Bereich menschlichen Selbst- und Weltbezugs eine Sprache zu verleihen und dem rationalen Diskurs damit eine Dimension zu erschließen, welche bis dato weitgehend ausgeklammert wurde.«[18]

Die Gemeinsamkeit zwischen Schmitz' Konzept und anderen Sozialisationstheorien ist die anthropologische Konstante der Bezugsgruppe, eines sozialen Uterus, innerhalb dessen das Kind sich zu einer Person entwickeln kann.[19] Auch bei Schmitz erfolgt die Personalisation stets in einem sozialen Kontext, doch lenkt er den Fo-

---

[16] Vergl. Hermann Schmitz, Der unerschöpfliche Gegenstand, Bonn 2007, S. 166 ff.
[17] Vergl. ebd., S. 8 f. und S. 17 f.
[18] Fritz Böhle, Dirk Fross, Erfahrungsgeleitete und leibliche Kommunikation und Kooperation in der Arbeitswelt, Bielefeld 2009, S. 8.
[19] Vergl. Peter Berger, Thomas Luckmann: Die gesellschaftliche Konstruktion der Wirklichkeit, Frankfurt a. M. 1980; George Herbert Mead, Sozialpsychologie, Neuwied 1969; Georg Simmel, Beiträge zur Philosophie der Geschichte, in: Georg Simmel, Das individuelle Gesetz. Philosophische Diskurse, Frankfurt a. M. 1987, und Soziologie des Raumes, in: Georg Simmel. Schriften zur Soziologie. Eine Auswahl, Frankfurt a. M. 1983; John Bowlby, Bindung, München 1975 oder John Bowlby, Elternbindung und Persönlichkeitsentwicklung, Heidelberg 1988 oder Karin und Klaus Grossmann: Bindungen – das Gefüge psychischer Sicherheit, Stuttgart 2005; Adolf Portmann, Vom Lebendigen, Frankfurt a. M. 1979, S. 81; Helmuth Plessner, Die Frage nach der Conditio Humana, in: Aufsätze zur philosophischen Anthropologie, Frankfurt a. M. 1976.

kus der Aufmerksamkeit weniger auf abstrakte analytische Erklärungen, sondern auf konkrete, erfahrbare und spürbare Phänomene, die der leiblich vermittelten Kommunikation im pädagogischen Alltag sozialen Handelns eher gerecht werden.

Im Folgenden soll nun die von den Fachkräften beobachteten Veränderungen der Sozialisationsbedingungen von Kindern mit den Begriffen der Neuen Phänomenologie nach Hermann Schmitz beschrieben, interpretiert und gedeutet werden. Dazu müssen jedoch zunächst die einzelnen Begrifflichkeiten der leiblichen Kommunikation, etwa die persönliche Situation, die gemeinsame Situation, personale Regression und personale Emanzipation, Engung und Weitung, Einleibung und Ausleibung, erklärt und in den Zusammenhang pädagogischer Interaktionen im Kindergartenalltag gestellt werden. Denn das Konzept der leiblichen Kommunikation ist sehr komplex und erfordert ein Mindestmaß an Einführung, bevor man es auf Situationen der sozialen Wirklichkeit übertragen kann. Dazu werden in Kapitel 7.2 und 7.3 verschiedene Aussagen der Experten über Kinder herangezogen, mit deren Hilfe die leibphänomenologischen Grundbegriffe erklärt und interpretiert werden können. Ab Kapitel 7.4 wird dann dezidiert auf qualitative Veränderungen der Interaktion zwischen Erzieherinnen und Kindern in Kindertagesstätten infolge von Bildungsinitiativen im Elementarbereich eingegangen. Die Ausführungen beziehen sich zunächst auf die unmittelbare Umgebung des Kindes selbst, die räumliche und stoffliche Anordnung im Sinne Bronfenbrenners, auf die Gestaltung des sozialen Rahmens im Sinne Goffmans, aber vor allem auf die pädagogische Beziehung mit ihrer leiblichen Komponente des sozialen Miteinanders im Sinne Schmitz.[20]

---

[20] Vergl. Urie Bronfenbrenner, Ökologische Sozialisationsforschung, Stuttgart 1976, S. 203 f.; Vergl. Hermann Schmitz, Der unerschöpfliche Gegenstand, Bonn 2007, S. 135 ff.

8.2 Probleme der Beschreibung qualitativer Veränderungen von Sozialisationsprozessen im Elementarbereich

Wie im sechsten Kapitel dargelegt, ist ein Umbruch der Sozialisationsbedingungen im Kindergarten erkennbar, der durch eine erweiterte Professionalisierung der Arbeitsvollzüge einerseits und durch eine Reduktion der Intensität interaktiver Prozesse mit den Kindern andererseits gekennzeichnet ist. Viele Experten sehen das Problem zunächst in den schlechten Rahmenbedingungen begründet. Dies wird auch durch offizielle Stellungnahmen von nationalen und internationalen Fachkreisen bestätigt. Die GEW geht davon aus, dass »die Qualität der Arbeit [...] nicht nur abhängig (ist, [B. W.]) vom inhaltlichen und methodischen Konzept, sondern auch von Strukturen und Rahmenbedingungen.«[21] In einer OECD-Studie von 2004 wird die Notwendigkeit höherer Ausbildungsstandards, Verbesserung der Qualität der pädagogischen Arbeit, verbesserte Arbeitsbedingungen für Erzieherinnen, stärkere Förderung benachteiligter Kinder und Intensivierung der Forschung gefordert.[22] Auch hier wird die Relevanz der strukturellen Bedingungen in der Elementarbildung verdeutlicht.

Eine Interviewpartnerin konstatiert:

>»Kleinere Gruppen oder mehr Personal. So geht es nicht. Das reicht nicht (KevSp/L101).«[23]

Man geht also davon aus, dass durch eine Verbesserung der strukturellen Voraussetzungen – bei kleineren Gruppen und mehr Personal – die Reformen direkter umgesetzt und die Betreuungsbedingungen für die Kinder verbessert werden könnten. Doch in vertiefenden Phasen der Interviews wird deutlich, dass Erzieherin-

---

[21] Gewerkschaft Erziehung und Wissenschaft (Hrsg.), Diskussionsentwurf der GEW für einen Rahmenplan frühkindlicher Bildung, Frankfurt a.M. 2002, S. 13.
[22] Organisation für Wirtschaftliche Zusammenarbeit und Entwicklung [OECD] (Hrsg.): Die Politik der frühkindlichen Betreuung, Bildung und Erziehung in der Bundesrepublik Deutschland. Ein Länderbericht der Organisation für wirtschaftliche Zusammenarbeit und Entwicklung, Berlin 2004.
[23] Zitate der Erzieherinnen sind laut Kodierung anonymisiert. Dies gilt für alle hier aufgeführten Interview-Zitate.

Beschreibung qualitativer Veränderungen von Sozialisationsprozessen

nen nicht nur diese quantitativen Aspekte als relevant für ihre aktuelle Situation identifizieren, sondern auch qualitative Veränderungen wahrnehmen:

»Wir haben in jeder Beziehung sowohl in der Förderung der Kinder, als auch meiner Ansicht nach ganz gewaltig im emotionalen Bereich eine ganz große Verantwortung. Dass die Kinder sich angenommen fühlen, das ist so wichtig für unser ganzes Arbeiten. Wenn das nicht stimmt, wenn keine Zuwendung da ist, dann kann alles andere wird nichts geben. Das ist schon wichtig« (KkN/L-95).

Hier wird explizit der Begriff der Zuwendung angeführt, der sowohl emotionale Geborgenheit als auch intensiven körperlichen Kontakt umfasst. Je stärker sich Aufgaben der primären Sozialisation in den Kindergarten verlagern, desto bedeutsamer wird dieser Aspekt von Erziehung und Betreuung. Erzieherinnen empfinden eine starke Erziehungsverantwortung, die teilweise einen familienersetzenden Charakter annimmt, was darin begründet liegt, dass stets jüngere Kinder in den Einrichtungen aufgenommen werden, dass die Kinder durch erweiterte, am Bedarf der Eltern orientierte Öffnungszeiten immer mehr Zeit in der Organisation verbringen und sie weniger Basiskompetenzen mitbringen, die dann im Kindergarten aufgearbeitet werden müssen. Folgendes Zitat liefert über diese Tatbestände ausführlich Auskunft:

»… und auch ganz arg uns oder viel von den Familien da übernehmen müssen mittlerweile auch, das denke ich, gab es vor vielen Jahren noch nicht, als die Kinder wirklich von acht bis zwölf in der Einrichtung waren und das war es dann. Also viele Kinder die kommen morgens um sieben und gehen abends um 17 Uhr. Also das ist schon da ist man schon fast bisschen so Ersatzmama oder so was« (106-KkoEBE/LE).

Dieser Wandel von Sozialisationsbedingungen der frühen Kindheit, der sich zunehmend von der Familie in die Betreuungsinstitution verlagert, erfordert eine Betreuungsintensität, die eine massive Umstellung der Arbeitsweisen, eine elementare Verlagerung des Beschäftigungsfokus und einen substanziellen Umbau der Rolle der Erzieherin bedeutet. Ob gerade jene Interaktionsprozesse, welche eine intensive Gestaltung eines sozialen Rahmens zur Aushandlung wesentlicher Verhaltensstandards durch sensitive leibliche Kommunikation ermöglichen, durch neue Anforderungen der Bildungspolitik gefördert oder eingeschränkt werden, soll nun näher betrachtet werden.

Bereits im Elternhaus beobachten Fachkräfte einen Wandel der sozialen Beziehungen, der häufig durch ein abnehmendes Engagement für das Kind gekennzeichnet ist, was mit der mangelnden Zeit der Eltern begründet wird, die zu sehr durch berufliche und andere Erfordernisse beansprucht sind.

»Und daheim passiert insgesamt nicht mehr sehr viel. Da ist wenig Zeit für die Kinder so« (KkoLau/LE 78)«.

Der Begriff »Zeit« bezieht sich hier jedoch nicht nur auf quantitative, sondern auch auf inhaltliche Aspekte. Wenn nicht mehr viel »passiert«, sind damit auch Anregungen für die Kinder impliziert in Gestalt von gemeinsamen Handlungen der Eltern mit ihren Kindern, sei es im Spiel, im Sport, der Versorgung des Haushaltes oder bei Freizeitaktivitäten. Selbst wenn Eltern hohe Ansprüche hinsichtlich der Freizeitgestaltung ihrer Kinder haben, werden diese Tätigkeiten vermehrt ausgelagert und auf Sportvereine, Musikschulen und Kindergruppen übertragen. Die selbstverständliche und alltägliche Interaktion mit dem eigenen Nachwuchs nimmt somit quantitativ und auch qualitativ ab. Wenn sich diese elementar sozialisierenden gemeinsamen Handlungen in der Familie reduzieren, werden sie automatisch an die Kindertageseinrichtung delegiert, die dann intensive interaktive Prozesse der *primären Sozialisation* zu leisten hat. Entsprechend ist das Bewusstsein dafür, wie bedeutsam die Beziehung zum einzelnen Kind ist, um überhaupt erzieherisch wirken zu können und dem Kind entsprechende Geborgenheit vermitteln zu können, beim Fachpersonal sehr ausgeprägt.

Doch auch im Kindergarten werden die Bedingungen als schwieriger erlebt, Kindern jene sensitive Zuwendung zu bieten, die eine verlässliche Bindung und damit entsprechend Explorationsverhalten ermöglichen.[24] Die Fachkräfte beobachten eine Modi-

---

[24] Vergl. Gottfried Spangler, Peter Zimmermann, Die Bindungstheorie. Grundlagen, Forschung und Anwendung, Stuttgart 1995, S. 265 ff.

fikation der pädagogischen Beziehung, die zunächst vor allem auf den Faktor »Zeit« zurückgeführt wird.

»Also die Arbeit so mit den Kindern selbst, wie früher mal war, kommt zu kurz, dass man mal Zeit hat, Spiele zu machen oder einfach mal Zeit hatte, jetzt machen wir das mal ganz gezielt ein Bilderbuch oder irgendwie ...« (KkoLau/LE 47).

Scheinbar werden solche konstitutiven Tätigkeiten der Kindererziehung, wie gemeinsam Spiele zu spielen und Bücher vorzulesen, abgelöst durch andere Aktivitäten, die einen enormen Zeitumfang in Anspruch nehmen. Doch die Redewendung »mit den Kindern selbst« verdeutlicht auch eine qualitative Konnotation der Aussage. Sie weist darauf hin, dass nicht nur Beschäftigungen, die den Kindern zugewiesen werden und die sie allein oder innerhalb der Peer-Gruppe zu erledigen haben, bedeutsam sind, sondern vor allem auch die direkte Interaktion mit der Erzieherin als Vorbild, als Spielpartner und als Mitgestalterin des gemeinsamen sozialen Rahmens Relevanz für kindliche Individuation besitzt. Das Problem wird somit keineswegs nur zeitlich-quantitativ, sondern auch inhaltlich-qualitativ beschrieben. Der unmittelbare Kontakt zu und die direkte Interaktion mit den Kindern scheint beeinträchtigt zu sein, ohne dass die Erzieherin genau artikulieren kann, warum dies so ist. Hier scheinen Phänomene aufzutreten, die sich zwischen Erwachsenen und Kind schieben, wenngleich die räumliche Anwesenheit beider schon allein wegen der Aufsichtspflicht vorausgesetzt werden darf. Folgende Metapher ergänzt diese räumliche Sichtweise, versucht jedoch strukturelle Begründungen hinzuzufügen:

»Ich glaube die Gefahr besteht, wenn man dann die und die Abläufe hat, die man irgendwie durchziehen muss, dass dann das Kind auf der Strecke bleiben könnte« (KkMG/E 65).

Die Vorstellung des »Auf-der-Strecke«-Bleibens beinhaltet die Bewältigung einer gemeinsamen Wegstrecke, bei der das Kind jedoch schließlich zurückbleibt. Dies bedeutet im Grunde, dass die Erzieherin die Prioritäten zur Verwirklichung gewisser Abläufe, seien sie inhaltlicher oder struktureller Art, vom Kind weg und hin zu anderen Gegenständen setzen muss und daher ihre physische Anwesen-

Die mikrosoziologische Perspektive – Leibphänomenologische Reflexion

heit zwar gegeben ist, ihre Zielsetzungen aber in einem Bereich jenseits des Kindes liegen, wohin sie das Kind mental nicht unbedingt ›mitnehmen‹ kann. Auffällig ist jedoch, dass es den Fachkräften schwer fällt, diesen verlagerten Fokus der Aufmerksamkeit exakt mit Worten zu beschreiben. Es werden unterschiedliche Ursachen benannt, jedoch meist als diffuse Mischung von Faktoren, die schwer spezifizierbar zu sein scheinen:

»… es sind zig Kleinigkeiten am Morgen, die, wenn Sie die summieren, zusammenzählen, wo Sie sagen könnten, so das geht dem Kind jetzt definitiv verloren« (81KkKi/EE).

Die einzelnen Sachverhalte, die einer intensiven Begegnung mit dem Kind entgegenstehen, sind für die Fachkraft nicht näher beschreibbar und werden erst in ihrer Summe als Handicap wahrgenommen. Dennoch scheint ein Einvernehmen über die Tatsache zu bestehen, dass dies noch nicht immer so war und erst seit den Reforminitiativen zunehmend so empfunden wird. Deutlich wird, dass sich ein Wandel im zwischenmenschlichen Vollzug zwischen Erwachsenen und Kindern in einem Bereich abspielt, der noch nicht explizit benannt werden kann, weil bisher kein Begriffsapparat vorliegt, um solche Vorgänge mangelnden interpersonellen Austausches dezidiert und differenziert zu beschreiben.

Die Diskrepanz zwischen den als plausibel und notwendig erachteten Inhalte der Reformen einerseits und ihrer den Bedürfnissen des Kindes angemessenen Umsetzung andererseits kann unter anderem durch die Kommunikationsweisen und Informationswege erklärt werden. Inhalt, Abfolge und Implementierung der Reformen werden meist in einem Diskurs am grünen Tisch einrichtungsübergreifender Gremien, Projektkollegs oder auch interner Dienstgespräche in Kindertagesstätten besprochen. Diese Art von Kommunikation und Kooperation orientiert sich am »Modell eines planmäßig-rationalen Handelns und einer kommunikativen Rationalität.«[25] Doch die erfolgreiche Umsetzung solcher rationaler Be-

---

[25] Fritz Böhle, Dirk Fross, Erfahrungsgeleitete und leibliche Kommunikation und Kooperation in der Arbeitswelt, Bielefeld 2009, S. 3.

schlüsse hängt stark von der erfahrungsgeleiteten Kommunikation im Arbeitsvollzug der Kindergruppe ab, von nicht eindeutig objektivierbaren Wahrnehmungen oder Eindrücken und der Verknüpfung von Erfahrungswissen mit Sachwissen. Die Erzieherin muss in der jeweiligen Alltagssituation erkennen, wann neue Methoden und Konzepte anwendbar und umsetzbar sind. Doch aktuelle Geschehnisse einer Kindergartengruppe lassen sich aufgrund ihrer hohen Komplexität nicht immer genau analysieren und kategorisieren. Daher sind theoretische Konzepte und pädagogisches Handeln schon allein durch die unterschiedliche Kommunikationsstruktur nicht unbedingt vereinbar.

Alltagserfahrungen sind keineswegs leicht objektivierbar, und wenn Leiter von technischen Anlagen sich bereits auf ein »mulmiges Gefühl« angesichts seltsamer Geräusche oder Vibrationen von Maschinen berufen und daraus ihr Handeln ableiten, um wie viel essentieller müssen hier Wahrnehmungen im Bereich von Dienstleistungen am Menschen sein.[26] Diese Wahrnehmungen erfolgen jedoch nicht allein über die von einzelnen Sinnesorganen aufgenommenen Reize, sondern durch ein intuitives »Erahnen« oder »Gespür« aufgenommener Informationen, das weder isoliert beschrieben, noch begrifflich einwandfrei erfasst werden kann.[27] Die Arbeitssoziologen Fritz Böhle und Dirk Fross (2009) konstatieren für den Bereich pflegerischer Arbeit folgende Erkenntnis:

> »Untersuchungen zur Pflegearbeit zeigen beispielsweise, dass hier die unmittelbar körperlich vermittelte Kommunikation und Interaktion verbunden mit einer spürenden Wahrnehmung eine zentrale Voraussetzung ist, um die Bedürfnisse und Befindlichkeiten der Pflegebedürftigen zu erkennen«.[28]

---

[26] Fritz Böhle, Dirk Fross, Erfahrungsgeleitete und leibliche Kommunikation und Kooperation in der Arbeitswelt, Bielefeld 2009, S. 6.
[27] Fritz Böhle, Verdrängung und (Wieder-)Entdeckung des Informellen und Impliziten in der Arbeitswelt – Grenzen der Objektivierung und Formalisierung, Wiesbaden 2009, S. 12.
[28] Vergl. Sabine Weishaupt, Subjektivierendes Arbeitshandeln in der Altenpflege – die Interaktion mit dem Körper, 2006, in: Fritz Böhle, Dirk Fross, Erfahrungsgeleitete und leibliche Kommunikation und Kooperation in der Arbeitswelt, Bielefeld 2009, S. 7.

Die mikrosoziologische Perspektive – Leibphänomenologische Reflexion

Hier scheinen Faktoren relevant zu sein, die nicht im Voraus zu bestimmen und festzulegen sind, sondern nur im unmittelbaren Austausch körperlicher Signale Bedeutung erlangen und eine Reziprozität und Angemessenheit einer sozialen Handlung erst ermöglichen. Daher kann angenommen werden, dass in spekulativer Planung analytisch gewonnene Entscheidungen nicht passgenau auf binnendiffuse Situationen des Berufsalltags übernommen werden können, weil rationale Kommunikation in ihrer Abstraktion nicht ohne weiteres auf komplexe, leiblich vermittelte Interaktionsprozesse sozialen Handelns übertragbar sind. Mit anderen Worten, das Gespür für die richtige Reaktion auf einen Sachverhalt im pädagogischen Alltag kann nicht rein analytisch gewonnen und reflektiert werden. Auch Sozialisationsprozesse der frühen Kindheit sind primär durch leiblich vermittelte Kommunikation gekennzeichnet, die sich womöglich gerade in jenen interaktiven Prozessen vollzieht, die für die Erzieherinnen so schwer zu beschreiben sind, da sie nicht rational erklärbar, sondern eher intuitiv zu erfassen sind. Klaudia Schultheis bestätigt, dass sich kindliches Lernen vorwiegend über leibliche Austauschprozesse manifestiert:

»Im Gegensatz zu den Erwachsenen können jüngere Kinder Bewegungen durch leibliche Kommunikation, d.h. durch leibliche Wahrnehmung und Mitbewegung lernen. Kinder *richten* ihre Aufmerksamkeit leiblich, also nicht bewusst-kognitiv wie Erwachsene, auf Bewegungen, weil sie davon in leiblicher Weise angesprochen werden. Sie erfassen Bewegungssuggestionen, sie nehmen Bewegungsbilder wahr und erleben den Bewegungsverlauf als sich wiederholende dynamische Gestalt.«[29]

Somit scheint die Fähigkeit der Erzieherinnen, sich auf diese leiblichen Austauschprozesse einzulassen und diesen entsprechend Raum und Zeit im pädagogischen Alltag einzuräumen, immens wichtig zu sein, wenn der entwicklungsspezifischen Wahrnehmung der frühen Kindheit die angemessene Bedeutung zugestanden werden soll. Wenn Kinder für leibliche Kommunikation besonders

---

[29] Klaudia Schultheis, Macht und Erziehung. Überlegungen zur pathisch-leiblichen Dimension pädagogischen Handelns, in: Hans Jürgen Wendel, Steffen Kluck (Hrsg.), Zur Legitimierbarkeit von Macht, Freiburg i. B./München 2008, S. 103.

empfänglich sind, kann es für den Alltag im Kindergarten von großer Tragweite sein, diesen interaktiven Prozessen mehr Beachtung zu schenken, als dies bisher der Fall war. Meine Hypothese lautet, dass gerade solche intersubjektiven Austauschprozesse, die durch leibliche Kommunikation gekennzeichnet sind, durch die kommunikative Rationalität der neuen Anforderungen der Bildungsinitiativen nicht ausreichend Berücksichtigung finden und womöglich dort nach Ursachen zu suchen ist für die erschwerte Umsetzung der Reformen und die von den Experten zunehmend wahrgenommene Minderung des Niveaus der Betreuung.

Daher sollen im Folgenden die Beobachtungen, Aussagen und Einschätzungen der Interview-Experten anhand der Begrifflichkeiten der *Neuen Phänomenologie* nach Hermann Schmitz und seinem Konzept *leiblicher Kommunikation* gedeutet werden, um dadurch Hypothesen zu bilden, wie sich Aspekte der Sozialisationsbedingungen in Kindertageseinrichtungen verändert haben können, für die bisher keine passenden Begriffe zur Verfügung standen.

8.3 Ansatzpunkte der Leibphänomenologie im Kindergartenalltag

8.3.1 Die persönliche Situation des Kindes

Ohne erneut das KJHG zitieren zu müssen, scheint es plausibel und vernünftig zu sein, Kinder zu eigenverantwortlichen und gemeinschaftsfähigen Persönlichkeiten erziehen zu wollen. Hier kommen deutlich der individuelle und der kollektive Aspekt von Sozialisation im Kindergarten zum Ausdruck. Den individuellen Anteil der Persönlichkeitsbildung bezeichnet Hermann Schmitz als *persönliche Situation*. Um wieder auf den Alltag der Kinderbetreuung zurückzukommen, sollen einige Expertinnen zu Wort kommen, die diese *persönliche Situation* des Kindes umschreiben, ohne das wissenschaftliche Konzept zu kennen:

»Denn ich denke schon, wenn ich mir so, ich habe mich mal versucht mich da mal in die Lage zu versetzen, ich bin jetzt hier ein Kind von

14 Monaten, das gerade laufen kann und kann nicht sprechen und – ein anderes Kind kann ich mal fragen, ja, wie war es denn im Kindergarten, und wenn es nur sagt, gut, ne. – Aber wenn es ihm jetzt schlecht würde, würde es das mit Sicherheit zum Ausdruck bringen. Oder wenn ein Kind gebracht wird morgens und der macht die Arme schon auseinander und man darf ihn in den Arm nehmen und dann ist das für die Eltern auch so ein Zeichen, dass sie sich wohl fühlen« (62-KkKi/EE).

Die Erzieherin macht darauf aufmerksam, dass das Kind noch am Anfang seiner Entwicklung steht, motorische und sprachliche Fähigkeiten noch wenig ausgeprägt sind und es seine Situation im Kindergarten noch schwer artikulieren kann. Dennoch sind ihm Möglichkeiten gegeben, seinen Gemütszustand in gewisser Weise zum Ausdruck zu bringen, sei es durch Jammern und Weinen oder durch die geöffneten Arme des Vertrauens. Die Interviewpartnerin beschreibt einerseits die Labilität der kindlichen Verfassung, andererseits jedoch auch die Vitalität seines Ausdrucksvermögens. Diese Fragilität der Persönlichkeit und ihre allmähliche, facettenhafte Komposition, die sich mühsam im Laufe des Lebens konzipiert, bezeichnet Schmitz als *persönliche Situation*, als Äquivalent des soziologischen Begriffs der Personalisation.[30] Schmitz grenzt diesen Begriff jedoch gegen soziologische Modelle der Individuation ab, die sich im Grunde aus der Abgleichung zwischen Selbstreflexion und Fremdreflexion ergeben und sich in mehr oder weniger fest geprägte Rollenmuster auflösen[31], aber auch gegen psychologische Konzepte des Selbst, die eine stark schematische, stufenförmige Entwicklung des Selbst vorsehen.[32] Da die Pädagogik bisher keinen

---

[30] Vergl. auch Käte Meyer-Drawe, Bildung und Identität, in: Wolfgang Eßbach (Hrsg.), wir/ihr/sie. Identität und Alterität in Theorie und Methode, Würzburg 2000, S. 145.

[31] Z. B. Talcott Parsons, Sozialstruktur und Persönlichkeit, Frankfurt a. M. 1977; George Herbert Mead, Sozialpsychologie, Neuwied 1969; Alexander Mitscherlich, Gesammelte Schriften, Frankfurt a. M. 1983.

[32] Z. B. Ruth Rustemeyer, Aktuelle Genese des Selbst, Münster 1993; Charles H. Cooley, Human Nature and the social order, New York 1912; Daryl J. Bem, Self-perception theory: in: L. Berkowitz (Hrsg.), Advances in experimental social psychology (Vol. 6, pp. 1–62) New York 1972; Dieter Frey, Kognitive Theorien in der Sozialpsychologie, in: Dieter Frey, Siegfried Greif (Hrsg.), Sozialpsychologie. Ein

eigenen Identitätsbegriff entwickelt hat und sich vor allem auf identitätstheoretische Vorgaben der Sozialwissenschaften stützt, kann das Konzept der *persönlichen Situation* eine fruchtbare Ergänzung für pädagogische Reflexionen der Individuation bedeuten.[33] Schmitz umschreibt diesen Begriff folgendermaßen:

»Die (...) persönliche Situation macht im Wesentlichen aus, was man sonst als Persönlichkeit, Eigentümlichkeit, Individualität pp. eines Menschen ausgibt und mit Hilfe solcher Ausdrücke doch nicht scharf und schmiegsam an den Phänomenen zu fassen weiß.«[34]

Denn dieser Persönlichkeitsbegriff setzt sich nicht durch die Summe von Eigenschaften zusammen, die sich quasi im Laufe des Lebens als beständig und für die Person typisch herauskristallisieren, sondern aus dem dynamischen Ganzen der chaotischen Mannigfaltigkeit der persönlichen Situation ragen »Spitzen der Individualität« heraus.[35] Diese chaotische Mannigfaltigkeit entspricht Schmitz' Situationsbegriff, der die Diffusität der Eindrücke innerhalb einer Situation hervorhebt und die Fähigkeit des Menschen, sich durch leibliche Kompetenzen in Raum und Zeit zu orientieren, ohne immer einzelne Sachverhalte kognitiv explizieren zu müssen. Der Mensch lebt diesem Konzept zufolge vorrangig in *Situationen*, die gekennzeichnet sind durch ihre Mannigfaltigkeit – ein Phänomen, das auch in der Soziologie beispielsweise bei Max Weber in seinem Objektivitätsaufsatz auftaucht –, das heißt es ist unmöglich, sie lediglich als die Summe einzelner Sachverhalte wahrzunehmen.[36] Schmitz definiert die Situation wie folgt:

Handbuch in Schlüsselbegriffen, München 1983; Friedemann Schulz von Thun, Miteinander Reden I, Reinbek 1981, u. a. m.

[33] Thorsten Kubitza, Identität Verkörperung Bildung. Pädagogische Perspektiven der Philosophischen Anthropologie Helmuth Plessners, Bielefeld 2005, S. 79.

[34] Hermann Schmitz, System der Philosophie, Band IV, Die Person, Bonn 1990, S. 287.

[35] Vergl. Hermann Schmitz, Der unerschöpfliche Gegenstand, Bonn 2007, S. 168.

[36] Vergl. Max Weber, Die »Objektivität« sozialwissenschaftlicher und sozialpolitischer Erkenntnis, in: Max Weber, Gesammelte Aufsätze zur Wissenschaftslehre, Tübingen 1988, S. 171.

»Eine Situation ist, ganz abstrakt gesprochen, eine absolut oder relativ chaotisch-mannigfaltige Ganzheit, zu der mindestens Sachverhalte gehören.«[37]

Da der Situationsbegriff sehr wesentlich ist für die weiteren Ausführungen, müssen seine einzelnen Aspekte hier kurz dargelegt werden. Die *Ganzheit* der Situation ist gestaltpsychologisch zu verstehen im Sinne von Geschlossenheit ihrer Erscheinung, Kohärenz und Verflochtenheit ihrer Bestandteile unter Abhebung von einer Grundwelt im Sinne des Figur-Grund-Prinzips.[38] Der Begriff ist scharf zu trennen vom pädagogischen Konzept der Ganzheitlichkeit im Sinne Pestalozzis (Kopf, Herz und Hand). Situationen im engeren Sinne bestehen aus Sachverhalten, Programmen und Problemen.[39] Unter *Sachverhalten* sind Abhebungen von der Wirklichkeit zu verstehen, die objektiv sind, wenn jeder sie aussagen kann, der etwas weiß und darüber sprechen kann (Säuglinge und Tiere ausgeschlossen). Subjektive Sachverhalte unterscheiden sich von objektiven dadurch, dass sie den Aspekt des affektiven Betroffenseins beinhalten.[40] Schmitz geht hier dezidiert auf die Subjektivität des individuellen Erlebens ein. Die Tatsache, dass ein Mensch traurig, wütend oder begeistert ist, kann zwar objektiv beschrieben werden. Der entscheidende Unterschied zwischen subjektiven und objektiven Tatsachen ist aber, dass *ich* es bin, der sie subjektiv empfindet und deutet. Affektives Betroffensein meint nicht etwa ein Baden in eigenen Gefühlen, sondern das unausweichliche Ausgeliefertsein eines Subjektes an eine Situation im Hier und Jetzt, wenn beispielsweise ein Gegenstand auf es herabfällt. Es wird ihm »heiß« und es muss unmittelbar reagieren, ohne noch Konzepte oder Theorien über die Situation zu entwickeln, weil das eigene Dasein davon abhängt.[41] Affektives Betroffensein ist eine vorsprachliche Form des Bewusstseins, die das Subjekt auf sich selbst zurückwirft. Jeder

---

[37] Hermann Schmitz, Der unerschöpfliche Gegenstand, Bonn 2007, S. 65 f.
[38] Vergl. Hermann Schmitz, Der unerschöpfliche Gegenstand, Bonn 2007, S. 67.
[39] Ebd., S. 68.
[40] Vergl. Hermann Schmitz, Situationen und Konstellationen, München 2005, S. 88.
[41] Vergl. Hermann Schmitz, Der unerschöpfliche Gegenstand, Bonn 2007, S. 56.

Ansatzpunkte der Leibphänomenologie im Kindergartenalltag

Mensch erfährt Zustände des affektiven Betroffenseins, Kinder sind von dieser vorsprachlichen Disposition jedoch stärker betroffen, da sie noch nicht oder weniger ausgeprägt in der Lage sind, diese Empfindungen sprachlich zu artikulieren.

Programme sind beispielsweise Normen, Zwecke, aber auch Wünsche, die einer Situation Struktur verleihen. *Probleme* werden sprachlich meist durch Fragen repräsentiert und drücken Sorgen und Hoffnungen aus, die mit einer Situation verbunden werden.[42] Damit sind Situationen stets durch affektive, zweckrationale, traditionale oder wertrationale Faktoren gekennzeichnet, denen das Subjekt in ihrer Binnendiffusität begegnen muss und in der Bewältigung der Situation versucht, ihr Sinn zu verleihen.[43]

Die *persönliche Situation* ist nun als spezielle Ausprägung des Situationsbegriffs in Bezug auf eine Person und ihre subjektive Gestalt zu verstehen. Als Prozess der Individuation ist die *persönliche Situation* gleichzeitig *segmentiert* und *zuständlich*. Segmentiert ist sie, weil sie aus unzähligen partiellen Situationen entstanden ist und »nie mit einem Schlag zum Vorschein kommt«.[44] *Zuständlich* ist sie deswegen, weil sie sich nicht ständig innerhalb kurzer zeitlicher Intervalle manifestieren lässt. Es macht keinen Sinn, die Persönlichkeit von Kind X alle zwei Stunden neu charakterisieren zu wollen.

Wie sich die *persönliche Situation* eines jungen Menschen im Kindergarten entwickeln kann, soll nun anhand einiger typischer Beispiele verdeutlicht werden. Kinder unter drei Jahren beschäftigen sich zunächst vorzugsweise mit unbelebten Gegenständen, um sich so zu sagen ›mit den Sachen‹ auseinanderzusetzen:

»Und die Zweijährigen spielen auch noch viel alleine. Also für sich erstmal noch. Das entwickelt sich. So gegen zweieinhalb und drei – dann wollen sie auch so eine bisschen – dann bilden sich so Freundschaften oder eine kleine Gruppe, wo sie sich mit einbringen. Zu An-

---

[42] Vergl. Herman Schmitz, System der Philosophie, Band IV, Die Person, Bonn 1990, S. 178.
[43] Vergl. Max Weber, Gesammelte Aufsätze zur Wissenschaftslehre, Tübingen 1988, S. 565.
[44] Hermann Schmitz, Jenseits des Naturalismus, Freiburg i. B. 2010, S. 331.

fang sind sie noch ganz viel alleine, also spielen für sich gerne alleine. Das kommt mit der Zeit dann« (12KevSi/L).

Die Umgebung, das Material, die Atmosphäre des neuen Aufenthaltsortes fordert Kleinkinder noch so sehr, dass sie erst subjektive Erfahrungen mit den Sachen sammeln müssen. Diese liefern ganz elementare Erkenntnisse, etwa wie die Stabilität eines Turmes ermöglicht werden kann, indem die größeren Klötze unten und die kleineren oben angesetzt werden oder wie viel Kleber nötig ist, um einen Knopf auf Pappe zu kleben. Da das Kind trotz vorhandener Vorbilder zunächst nach Versuch und Irrtum arbeitet, bleiben ihm Enttäuschungen – der Turm wird immer wieder umfallen, der Knopf sich wiederholt von der Unterlage lösen – und Frustration nicht erspart. So setzt es sich in affektiver Betroffenheit aus subjektiver Perspektive mit der Beschaffenheit der Dinge, quasi im Sinne Humboldts, mit sich selbst und der Welt auseinander. Diese Prozesse werden entsprechend von den Fachkräften begleitet:

> »Im ersten Jahr sind die Kleinen natürlich klar, die muss man begleiten, die müssen ja wirklich so ganz, ganz viel Neues aufnehmen« (KkoGSMz/L 92).

Die *persönliche Situation* entsteht gerade aus dieser Auseinandersetzung mit der Welt und macht den Menschen zu dem, was er und kein anderer ist. Dazu integriert er die ihm begegnenden Sachverhalte in seine *persönliche Eigenwelt* bzw. entlässt sie in seine *persönliche Fremdwelt*.[45] Für das Kind sind zunächst alle Sachverhalte, Probleme und Programme subjektiv, da es sich engagiert und in affektiver Betroffenheit mit jedem einzelnen Gegenstand auseinandersetzen muss. Entscheidend ist nicht die objektive Feststellung, dass ein Puzzle acht zueinander passende Teile hat, sondern das erste mal zu erleben »ich kann das«. Dabei unterstützt die Erzieherin das Kind durch feinschrittige Hilfen und Rückmeldungen, die sich durch Mimik, Gestik, und unterstützende Bewegungen der Finger (zum Beispiel andeuten des richtigen Puzzleteiles) offenbaren. Doch wenn die Erfahrung abgeschlossen ist und das Kind mit Unterstützung des Erwachsenen gelernt hat, wie ein Puzzle gesetzt oder

---

[45] Vergl. Hermann Schmitz, Der unerschöpfliche Gegenstand, Bonn 2007, S. 171.

wie es mit der Statik von Bauklötzen bestellt ist, kann es diese Sachverhalte objektivieren. Durch diese Objektivierung wird der Gegenstand nicht mehr subjektiv durchleuchtet und durchwärmt, sondern neutralisiert und als etwas außerhalb der Situation des Kindes entlassen. Daher unterscheidet Schmitz zwischen der *persönlichen Eigenwelt,* die aus für die Person subjektiven Sachverhalten, Programmen und Problemen besteht und der *persönlichen Fremdwelt,* bei der die Subjektivität dieser Aspekte abgeschält und in Objektivität entlassen worden ist. Die Grenze zwischen *subjektiver Eigenwelt* und *subjektiver Fremdwelt* wird bis ins Erwachsenenalter immer wieder neu gezogen, da Subjektivität entzogen und geschenkt werden kann, je nach dem, wie stark die affektive Betroffenheit (Begeisterung, Interesse, Abneigung, Ekel) durch einen Gegenstand aktuell ausgelöst wird, es ist somit ein oszillierender Vorgang.

Die Lernerfahrungen des Kindes werden also zunächst in die persönliche Eigenwelt übernommen, um sie später, wenn andere Dinge interessanter werden, in die persönliche Fremdwelt zu entlassen.[46] Erst wenn die Gegenstände, die in der Regel konstante Eigenschaften vorweisen, erforscht sind, für das Kind eine neutrale Bedeutung erhalten und somit in die Objektivität entlassen werden, können sich junge Kinder an so komplexe Erfahrungen wie das Verhalten anderer Kinder und dessen Deutung heranwagen. Die Ausbildung der persönlichen Situation ist somit als dynamischer Prozess zu betrachten. Das Nebeneinanderherspielen junger Kinder ist daher sehr typisch für Situationen in der Kindertagesbetreuung. Dennoch bildet sich die *persönliche Situation* des Kindes vor allem in *gemeinsamen Situationen* aus.

---

[46] Vergl. Hermann Schmitz, Der unerschöpfliche Gegenstand, Bonn 2007, S. 171; Hermann Schmitz, System der Philosophie, Band IV, Die Person, Bonn 1990, S. 387 ff.

8.3.2 Gemeinsame Situationen

Die Persönlichkeit des Kindes entwickelt sich durch die Vielzahl aneinandergereihter Situationen, die je in ihrer spezifischen Aktualität auf das Subjekt wirken, von ihm aus zurückwirken und eine Dynamik auslösen, die schrittweise zu individuellen Ausprägungen und zu Autonomie führen. Dabei ist die Selbsterfahrung als Teil einer sozialen Gruppe sehr wesentlich für den Sozialisationsprozess. Innerhalb der Primärgruppe der Familie lernt das Kind grundlegende sozial anerkannte Verhaltensmuster, die ihm erst ermöglichen, an einer Kultur teilzuhaben. In der sekundären Gruppe des Kindergartens können nun weitere, ausdifferenzierte Rollen eingeübt werden, die dem Kind seine Position in der sozialen Gruppe zuweisen. Trotz dem Anspruch der individuellen Betreuung sehen Erzieherinnen die Sozialerziehung als fundamentalen Bestandteil der Erziehung im Kindergarten:

»[...] aber wichtig es ist auch, dass es lernt in der Gemeinschaft zurechtzukommen, weil dafür sind eigentlich die Kinder hier. Das heißt also gruppenintern genauso eine Erziehung, dass man ein Kind nicht zum Egoisten macht« (KkB/L – 28.1).

Die Sozialerziehung wird also als eigentlicher Erziehungsauftrag des Kindergartens angesehen und geradezu abgegrenzt von einem Übergewicht der Individualerziehung. Diese Notwendigkeit wird von folgender Fachkraft noch zusätzlich hervorgehoben:

»Also bei uns sind die Kinder so individuell, dass wir darauf achten müssen, dass sie mehr auch in der Gruppe leben können« (KkMG/E 97).

Die Kinder scheinen von zuhause aus bereits sehr individuell wahrgenommen zu werden und benötigen gerade die Gruppe als Übungsfeld für soziales Verhalten. Dabei scheint das Problem häufig weniger darin zu bestehen, sich gegenüber anderen durchzusetzen, sondern vielmehr sich auch einmal zurückzunehmen und innerhalb der Gruppe anzupassen. Eine Expertin betont:

»Oder auch Kinder, die aus irgendwelchen Gründen immer sehr vordergründig sind, wenn das wirklich auch mal lernt sich irgendwo zurück zu nehmen, Kompromisse eingehen zu können« (KkoGSMz/L53).

Ansatzpunkte der Leibphänomenologie im Kindergartenalltag

Diese Konsensfähigkeit muss in Kindertageseinrichtungen zunehmend eingeübt werden, da Kinder heute durchschnittlich weit weniger Geschwister haben, mit denen sie diese Aushandlungsprozesse einüben können. Die Auseinandersetzung mit Gleichaltrigen bildet somit eine typische Erziehungsaufgabe des Kindergartens.

»Oder ich sehe jetzt auch bei uns in eine Gruppe, die versuchen so, dass die Gruppe zusammenwächst dass die sensibler miteinander umgehen oder dass sie sich besser kennen lernen« (KkMG/E 74).

Die Kinder üben also schrittweise soziales Verhalten ein, indem sie zunächst die Besonderheiten der anderen überhaupt kennen lernen, eine gewisse Sensibilität entwickeln, mit mehreren Personen im Alltag auszukommen und allmählich mit ihrer spezifischen Eigenart in die Gruppe hineinzuwachsen.

Im Unterschied zur *persönlichen Situation* bezeichnet Hermann Schmitz soziale Vorgänge zwischen Menschen als *gemeinsame Situationen*. Die *persönliche Situation* des einzelnen ist dabei keine solipsistische Betrachtung des Individuums, sondern geprägt durch *gemeinsame Situationen* und dynamische Auseinandersetzung mit anderen Menschen. Diese gemeinsamen Situationen durchdringen »mit bestimmender«, aber oszillierender »Prägungskraft die persönliche Situation so, dass dieser Einfluss die Ausbildung [...] neuer Formen« ermöglicht, an denen die Person »gestaltend und selbst Gestalt annehmend« mitwirkt.[47] Entscheidend bei der *gemeinsamen Situation* ist nicht nur der normengebende Rahmen oder allein die Person des Signifikant Anderen, die auf das Konstrukt des Generalisierten Anderen hinführt, sondern der Inhalt dieser Situation und des Lebens in ihr, woran sie als »Umgreifende« spürbar und als »binnendiffuse Ganzheit« erlebt wird.[48] Es geht um den gefühlten prägenden Hintergrund gemeinschaftlichen Lebens (Wärme der Bezüge, Enge von Tradition, Strenge des religiösen Ethos, Ge-

---

[47] Vergl. Hermann Schmitz, Der unerschöpfliche Gegenstand, Bonn 2007, S. 76; Peter Berger, Thomas Luckmann, Die gesellschaftliche Konstruktion der Wirklichkeit, Frankfurt a.M. 1980, S. 139; Erving Goffman, Rahmenanalyse, Frankfurt a.M. 1980, S. 37; Alexander Mitscherlich, Gesammelte Werke, Frankfurt a.M. 1983, S. 21.
[48] Vergl. Hermann Schmitz, Der unerschöpfliche Gegenstand, Bonn 2007, S. 76.

spreiztheit kultureller Normen, Herzlichkeit der Sprache, Atmosphäre, u. s. w.):

> »Die persönliche Situation ist nicht eine isolierte Angelegenheit des Individuums, sondern eingebettet in gemeinsame Situationen, aus denen sie hervorwächst, die ihr Halt und Tiefe geben, in die sie aber auch hinein wächst. Es handelt sich um gemeinsame Situationen, die nicht wie die früher betrachteten sozialen Verhaltensmuster an schematischer Durchschnittlichkeit orientiert sind, mit diesen aber die Zuständlichkeit teilen, sich nicht von Augenblick zu Augenblick bilden, umbilden und auflösen zu können ...«[49]

Die *persönliche Situation* bildet sich also durch dynamische Prozesse in *gemeinsamen Situationen*. Doch kommt es gerade auf diffuse, nicht spezifizierbare Gesamteindrücke und weniger auf klar explizierbare und analytisch zu isolierende Momente an. Da der Kindergarten ursprünglich als eine Institution der *sekundären Sozialisation* konzipiert war, sind *gemeinsame Situationen* innerhalb einer Kindergruppe von großer Bedeutung für solidarisches Lernen. Nachdem Kinder sich ausreichend mit der stofflichen Welt auseinander gesetzt haben, nehmen sie verstärkt ihr soziales Umfeld im Kindergarten wahr. Eine Erzieherin beschreibt dies wie folgt:

> »Und man sieht auch in der Entwicklung dieser Kinder, dass grade die jüngeren Kinder ganz andere Bedarfe auch haben. Da ist z. B. im Moment finde ich diese soziale Entwicklung unheimlich im Vordergrund. Dieses Austauschen mit Gleichaltrigen dieses Austesten, diese sozialen Kompetenzen finden, das ist in unserer Gruppe – ich bin jetzt in der altersgemischten Gruppe – ein ganz wichtiges Thema das Rollenspiel« (KkN/L-25#).

Die Fachkraft beschreibt einen bedeutsamen Entwicklungsschritt, den diese Kinder bereits vollzogen haben, die Orientierung an älteren Kindern und die spielerische Auseinandersetzung mit Gleichaltrigen. Gerade das Rollenspiel hat in diesem Zusammenhang eine prominente Bedeutung, da das Kind hier nicht nur bespielte Objekte interpretiert, sondern auch die eigene Rolle deutet und umdeutet. Schmitz bezeichnet diesen Prozess als »spielerische Identifi-

---

[49] Hermann Schmitz, Der unerschöpfliche Gegenstand, Bonn 2007, S. 76.

zierung« und meint damit ein Vermögen, »ohne Verwechslung und ohne Fiktion etwas mit etwas anderem zu identifizieren«.[50] Diese Fähigkeit ist ein wichtiger Prozess der Personalisation, da durch das Erproben fremder Rollen unterschiedliche Perspektiven auf sich selbst, auf andere und auf Gegenstände der Auseinandersetzung möglich werden und damit eine konstruktive Bewältigung von Alltagsproblemen begünstigt wird. Karl Bühler beschreibt die Besonderheit dieser humanen Kompetenz wie folgt:

> »Dem Kinde bleibt offenbar, trotz seiner Versenkung in das Spiel (gerade wie bei dem Erwachsenen beim ästhetischen Genießen) im Hintergrunde des Bewusstseins doch die richtige Orientierung an der Lebenswirklichkeit bewahrt; und es steht ihm auch in dem Zustand der völligsten Hingabe die Möglichkeit offen, durch einen einfachen Akt der Besinnung den Zauberschleier der Illusion von den Dingen zu entfernen«.[51]

Diese Form der symbolischen Auseinandersetzung mit anderen Kindern darf jedoch nicht darüber hinwegtäuschen, wie wichtig Eltern und Erzieher als Rollenvorbilder und Repräsentanten der Erwachsenenwelt sind. Bei aller Anerkennung des freien Spiels unter Kindern kann die sozialisatorische Bedeutung der Erwachsenen innerhalb des Sozialisationsprozesses nicht vernachlässigt werden. Gerade in einer Gruppe von 25 Kleinkindern ist ohne die strukturierende, anleitende, fürsorgliche und normengebende Rolle der Erzieherin keine sichere soziale Ordnung möglich. Die Interaktion zwischen Erzieherinnen und Kindern vollzieht sich in *gemeinsamen Situationen*. Diese zeichnen sich zunächst über einen gemeinsamen Handlungsrahmen aus, der weiter oben bereits mit Goffmans Konzept der Rahmenanalyse beschrieben wurde und von einer Fachkraft auch sinngemäß so bezeichnet wurde:

> »… und aber auch dieses ausprobieren können also auch hier diesen Rahmen zu haben, das Feld zu haben, mit den Kindern gemeinsam sich einen Weg zu bahnen und ja mit den Kindern gemeinsam halt auch hinzuschauen« (43-KkoEBE/LE).

---

[50] Hermann Schmitz, Jenseits des Naturalismus, Freiburg i. B. 2010, S. 324.
[51] Karl Bühler, Die geistige Entwicklung des Kindes, Jena 1930, S. 331.

Hier wird offenbar, wie die *gemeinsame Situation* von Erzieherinnen und Kindern den Rahmen bildet, in dem Kinder ihre Fähigkeiten ausprobieren können und soziales Handeln erst möglich wird. *Gemeinsame Situationen* sind somit einerseits bestimmt durch Erzieherinnen, ihre Rolleninterpretation, ihre psychische Gestimmtheit, ihre Haltung zum Kind, ihre Sensibilität und ihre Präsenz in der Gruppe. Andererseits gehören zur *gemeinsamen Situation* auch andere Kinder, vorhandene Materialien, Raumtemperatur, Farbgebung und Gestaltung der Räume, Gerüche und atmosphärische Stimmungen und das alles nicht nur als Summe einzeln identifizierbarer Indikatoren, sondern als binnendiffuse Mannigfaltigkeit, die vielschichtig miteinander verwoben ist und bei jedem einzelnen Kind durch sein subjektives Erleben wieder andere affektive Betroffenheit auslöst. Wie in Plessners Anthropologie steht also auch bei Schmitz die leibliche Verfasstheit und die Bezogenheit auf Andere im Vordergrund seines Konzeptes der Individuation.[52]

Eine typische Situation im Kindergarten wäre ein Spielarrangement im Sandkasten. Mehrere Kinder sitzen an diesem beliebten Spielort und beschäftigen sich mit Sand, Wasser, Schaufeln, Förmchen, Eimern, Spielzeugbaggern und -lastwagen (Sachverhalte). Damit es nicht ständig zum Streit kommt, gibt es gewisse Regeln, wie beispielsweise, dass jedes Kind nur über eine Schaufel oder ein Fahrzeug verfügen darf (Programme). Weiterhin bestehen gewisse Spielwünsche, dass man heute den höchsten Berg aufschichten möchte und dies womöglich noch zusammen mit einem bestimmten Spielpartner (Probleme). Die gesamte Situation der fröhlich agierenden Gruppe ist von einer binnendiffusen Ganzheit bestimmt, die dadurch gekennzeichnet sein kann, dass durch heftiges Schaufeln plötzlich Sand durch die Luft spritzt, der einem Kind in die Augen gerät, welches einen Eimer Wasser umstößt, das sich ausgerechnet auf der Hose eines anderen Kindes ergießt und dies unterschiedliche Reaktionen und Interaktionen bei allen Beteiligten auslöst, wie etwa zurückzucken, schreien, ausweichen, die Sandburg des Spielnachbarn umstoßen, tränende Augen, über die Bar-

---

[52] Thorsten Kubitza, Identität Verkörperung Bildung. Pädagogische Perspektiven der Philosophischen Anthropologie Helmuth Plessners, Bielefeld 2005, S. 89.

riere des Sandkasten stolpern, aufgeschürftes Knie, tröstende und klärende Worte der Erzieherin, ordnen der Gesamtlage usw. Hermann Schmitz beschreibt die Wahrnehmung einer solchen Situation folgendermaßen:

»Man darf es sich nicht so vorstellen, als werde im Raum hier ein Sinnesdatum, da ein Problem, dort ein Programm wahrgenommen. In Wirklichkeit ist Wahrnehmen nicht so sehr ein Registrieren von Objekten oder Sinnesdaten wie vielmehr eine Subjekt und Objekt im Sich-Einspielen und Eingespieltsein auf einander umgreifende Kooperation, die ich später als Einleibung bezeichnen werde.«[53]

Das gemeinsame Handeln wird also weniger dadurch bestimmt, dass ständig einzelne Sachverhalte hervortreten und kommuniziert werden, sondern es vollzieht sich zwischen den Akteuren in wechselseitiger Aktion und Reaktion, die nicht nur verbal und durch den Austausch signifikanter Symbole, sondern vor allem leiblich vermittelt wird. Aus der Perspektive einer Fachkraft kann dies folgendermaßen beschrieben werden:

»Genau, die Situationsanalyse, da nimmt man sich auch noch mal Zeit, irgendwo noch mal besonders rein zu gucken. Da läuft es dann intensiver, weil man spürt ja oft was los ist und wo es hin gehen könnte und dann setzt man sich mal hin und beleuchtet das jetzt auch von der Seite oder guckt es sich mal unter dem Aspekt an. Da finde ich, ist es schon besser ...« (KkMG/E 33).

Bei dieser Beschreibung einer Situationsanalyse springt die Äußerung »man spürt oft, was los ist« geradezu ins Auge, weil sie deutlich macht, dass nicht allein die Explikation einzelner Sachverhalte der Erzieherin vermittelt, was für Kinder eine Schlüsselsituation ist, die inhaltlich mit den Kindern bearbeitet und gestaltet werden könnte, sondern sie nimmt zunächst intuitiv wahr, was gerade Thema der Kinder ist, um dann erst im Anschluss einzelne Aspekte der Beobachtung näher zu betrachten. Denn die Kinder selbst äußern im Grund auch selten explizit, was sie wollen, brauchen und was sie interessiert, sie vermitteln das eher durch Äußerungen des Leibes,

---

[53] Hermann Schmitz, Der unerschöpfliche Gegenstand, Bonn 2007, S. 66.

wie etwa Mimik, Gestik und Körperspannung. Auch die Mitwirkung am Gruppenleben erfolgt weniger durch dezidierte Anweisungen oder einzelne Lerneinheiten der Erzieherin, sondern durch Mit-Sein in der Gruppe, das vor allem leiblich erfahren wird. Eine Fachkraft beschreibt dieses Phänomen der Mitwirkung von unter Dreijährigen anhand eines allwöchentlichen Rituals:

»Aber wir machen in unserer Einrichtung jeden Mittwoch Kreis im Flur. Und dann hat jede Gruppe die Möglichkeit irgendwas aus der Gruppe zu zeigen. Ob es jetzt ein Lied ist, ob getanzt wird, ob gespielt wird. Und auch die Kleinen gehen mit. Sie müssen nicht, aber sie gehen mit. Und wenn man dann sieht, wie die da daran teilnehmen. Am Adventsgottesdienst, waren alle hier auch die Kleinen. Im Flur, die haben um die Kerze herum getanzt, wie man tanzen, ist dann wieder, kein Reihentanz und kein mit fünf Schritte nach rechts und vier nach links, für die ist Tanzen im Kreis gehen. Sogar mit Kerze in der Hand. Und das ist ein Phänomen, dass so was bei den Kleinen klappt und dass die das können. Und die können das. Die können auch die halbe Stunde Ruhe halten. Das, sagen andere, das funktioniert nicht, aber das funktioniert ohne Drill. Das machen die, das machen die freiwillig, die sind noch mit gewöhnt. Die singen im Flur mit, was die dann Singen nennen und wenn der eine lalala macht und dreimal mit dem Kopf genickt hat, dann ist das für die genauso wie wenn ich dann sage, wir singen im Flur oder wir wollen, dann tockeln die mit« (KkB/L – 4.1).

Diese Beschreibung einer komplexen Gruppensituation zeigt, wie Kleinkinder sich durch Nachahmung leiblich wahrgenommener Bewegungssuggestionen auf die gemeinsame Situation einlassen und das Sich-Einspielen und eine umgreifende leibliche Kooperation stattfindet, die Schmitz als Einleibung bezeichnet. Sie erkennen bestimmte Bewegungsabläufe, die sie zwar noch nicht so spezifisch ausführen können wie ältere Kinder, doch bestimmte Grundmuster können sie nachahmen, wie etwa das Laufen im Kreis als »Tanzen« und das rhythmische Bilden von Tönen als »Gesang«. Diese wechselseitige Bezogenheit drückt sich auch im Wesen der Zuwendung und in der Beschaffenheit der Betreuung durch Erzieherinnen aus. Kinder empfinden insgesamt eine Atmosphäre der Geborgenheit oder des Unwohlseins, die nicht durch einzelne Faktoren gesichert oder kontrolliert werden kann. Ohne den Begriff der Einleibung zu kennen, drückt eine Erzieherin die Bedeutung des Aufeinandereingespielt-Seins durch folgendes Zitat aus:

»... und das ist so die Hauptsache, dass die Kinder wirklich willkommen sind, sich wohl fühlen, gern kommen, wenn das gewährleistet ist, dann sind wir auf dem richtigen Weg« (KkSp/L 101).

Dieser Zustand eines Wohlgefühls ist keineswegs selbstverständlich und erfordert komplexe Interaktionen bis hin zum Erreichen eines atmosphärischen Gleichgewichts in der Kindergruppe. Die Voraussetzung dazu ist gerade bei jüngeren Kindern ein intensives leibliches Mitschwingen mit der Erzieherin, um die vielfältigen, auf das Kind einströmenden Eindrücke zu verkraften.

»Die Kleinen brauchen uns ganz, ganz nah und ganz, ganz individuell, weil sie oft mit der ganzen Sache noch überfordert sind« (KevSp/L29).

Nähe bedeutet an dieser Stelle nicht nur eine zugewandte Haltung, sondern echte körperliche Nähe. Geborgenheit können junge Kinder in schwierigen Situationen nur in direktem Körperkontakt mit voller Aufmerksamkeit des Erwachsenen auf ihr Befinden erfahren. Laut John Bowlby setzen Kinder in Situationen von Müdigkeit, Hunger, Frieren, Angst und Orientierungslosigkeit Bindungsverhalten ein, das sich durch Weinen, Festhalten, Anklammern und ähnliche Signale manifestiert.[54] Das Explorationsverhalten wird entsprechend eingestellt. Wie massiv Kinder Nähe einfordern können, wird durch folgende Äußerung plausibel:

»Weil, ich sage immer, die Zweijährigen sind ja nicht die, die man wahrscheinlich vernachlässigt in der 25er Gruppe. Die holen sich, das was die brauchen. Wenn ein Zweijähriger jetzt kommt, und will auf den Schoss, dann wird der so lange neben mir stehen und an mir hoch krabbeln, bis ich ihn nehme und er sitzt« (KkoGSMz/L 88).

Solches Verhalten kommt besonders häufig in der Eingewöhnungszeit vor, doch auch später können Kinder noch schwierige Phasen durchlaufen, die Bindungsverhalten und ein erhöhtes Bedürfnis nach Körperkontakt auslösen. Je früher Kinder in den Kindergar-

---

[54] Karin Grossmann, Klaus E. Grossmann, Bindungen – das Gefüge psychischer Sicherheit, Stuttgart 2005, S. 67 f.

ten gebracht werden, desto weniger fortgeschritten ist ihre Personalisation. Gerade in der Eingewöhnung erfolgt zunächst eine Phase verstärkter Regression, da Bindungsbedürfnisse an die Mutter enttäuscht werden und der neue Lebensraum noch als fremd und nicht zur *persönlichen Situation* gehörend empfunden wird. Das affektive Betroffensein äußert sich beispielsweise in Angst, Erschrecken, Verzweifeltsein, Staunen, Sich-Wundern über all die in chaotisch-mannigfaltiger Ganzheit diffus auf das Kind wirkenden Eindrücke in der neuen Umgebung der Kindertagesstätte. Meist entspannt sich die Situation, sobald eine sekundäre Bindung zu wenigstens einer Erzieherin aufgebaut wird. Ein solch gelungener Sozialisationsprozess ist für die Erzieherin sehr aufwändig:

»Die unter Dreijährigen brauchen unsere komplette Aufmerksamkeit« (10KkMu/L).

Die allmähliche Einstimmung der *persönlichen Situation* des Kindes auf die Gruppensituation mithilfe der Erzieherin erfolgt dann schrittweise, vor allem mithilfe der Gewöhnung an bestimmte Rituale. Diese, zunächst als subjektive Erschütterung empfunden, können dann aber schrittweise objektiviert werden, da sie im Gegensatz zu plötzlichen Ereignissen und Veränderungen als immer wiederkehrend, als verlässlich und Sicherheit vermittelnd und damit als allmählich der Grundwelt zugehörig erfahren werden. Dazu eine Expertin:

»Wir sehen auch immer wieder, wie viel wichtiger Rituale für die Zweijährigen sind und feste Grenzen und Strukturen und dass das auch bei Dreijährigen noch am Anfang so ist und sich dann langsam lockert« (KevMz/L 28).

Im Grunde sind die Kinder einer Flut von Reizen in einer für sie fremden Situation ausgeliefert, die sie erst allmählich in die *persönliche Situation* integrieren können mithilfe der Brückenfunktion der Erzieherin. Die Rituale, wie zum Beispiel der immer gleiche Platz am Maltisch beim Ankommen, immer das gleiche Puzzle, immer der gleiche Morgenkreis, immer das gleiche Begrüßungslied, immer das gleiche Tischgebet, immer das gleiche Abschiedsspiel, bedeuten für das Kind Abhebungen aus der chaotisch-mannigfaltigen Ganzheit der binnendiffus erlebten Gruppensituation mit all ihren Geräuschen, Bewegungen, Atmosphären, Materialien und Personen. Diese Rituale als Abhebungen tragen eine feste Bezeichnung und durch die ständige Wiederholung der Handlung selbst, aber auch ihrer Bezeichnung, lernt das Kind Explikationen vorzunehmen, um sich die zunächst unüberschaubare Situation Kindergarten zunehmend zu strukturieren und sich so an den einzelnen Abhebungen durch den Tag zu hangeln. Bereits Eric Erikson weist auf das anthropologische Bedürfnis nach Ordnung und regelmäßigen Abläufen durch Rituale hin.[55] Die zunächst undurchschaubaren Abläufe erhalten einen sozialen Sinn.[56] Dieser allmähliche Fortschritt wird in diesem Zitat beschrieben:

»Und dass die jetzt sich das wirklich alles erstmal anhören und das alles aufsaugen, wie ein Schwamm, sich aber erstmal noch nicht trauen, bis dann das erste Mal das Vertrauen auch des Kindes in seine eigenen Fähigkeiten ...« (10 KevSi/LE).

Durch immer wiederkehrende Elemente im Tagesablauf und gemeinsam erlebte Sinnstrukturen fasst das Kind Vertrauen. Die Metapher des aufsaugenden Schwammes verdeutlicht sehr schön, wie sich das Kind die Situationen allmählich einverleibt. Die *persönliche Situation* des Kindes kann jedoch erst von der *gemeinsamen Situation* in der Kindergartengruppe profitieren, wenn erwachsene Bezugspersonen den Neuling sensitiv und behutsam in die neue Situation hinein begleiten. Die Voraussetzung für Explorationsverhalten und die Bereitschaft, Bildungsangebote wahrzunehmen ist daher zunächst in der Güte der Fürsorge, im Wesen der Zuwendung und im Niveau der Betreuung zu finden, da sonst auch ein selbstsicheres Kind mit der Diffusität seines neuen Umfeldes hoffnungslos überfordert ist. Der Übergang von dem Ausgeliefertsein an die chaotisch-mannigfaltige Situation in der Kindergartengruppe hin zu rationalem und sozialem Handeln kann nun im Folgenden mit-

---

[55] Vergl. Erik Erikson, Kinderspiel und politische Phantasie, Frankfurt a. M. 1978, S. 64 ff.
[56] Vergl. Friedrich Tenbruck, Geschichte und Gesellschaft, § 6 Sinn, Berlin 1986, S. 113 ff.

hilfe zweier neuer Begriffe aus der *Neuen Phänomenologie* beleuchtet werden.

8.3.3 Zwischen Autonomie und Abhängigkeit

Wenn das Kind um die sich entfernende Mutter trauert und erstmals die Enttäuschung erlebt, dass die Mutter den Kindergarten ohne es verlässt, wird das Verhältnis des Kindes zu sich selbst, zu seiner Mutter und ihrer bisher erlebten ständigen Anwesenheit neu geordnet. Dabei wird der Enttäuschung eine besondere Funktion für die Subjektwerdung zugeschrieben, da das Kind durch die enttäuschte Erwartung, die Mutter bliebe immer bei ihm, auf sich selbst zurückgeworfen wird: »Man merkt, was man erwartet hatte, weil es ausbleibt«.[57] Anstelle des gewohnten Sachverhaltes treten nun harte Tatsachen, die nicht mehr subjektiv durchwärmt sind, sondern als fremd wahrgenommen werden. Durch die heftige affektive Betroffenheit der Enttäuschung scheidet sich die Erwartung erstens in das entlassene Fremde – die Mutter in ihrer Abwesenheit – und zweitens in das erhaltene Eigene, als Subjekt ohne Mutter zumindest für einen gewissen Zeitraum bestehen zu können.

Damit das Kind diesen schmerzhaften Prozess innerhalb seiner Personalisation vollziehen kann, braucht es eine intensive Begleitung durch erwachsene Personen. Die Erzieherin muss sich genau auf dieses affektive Betroffensein mimetisch einlassen, es zulassen, sich mit der Trauer des Kindes bis zu einem gewissen Grade zu identifizieren – jedoch nur so weit, dass sie sich nicht selbst in Tränen auflöst, da sie dem Kind wenig helfen könnte, wenn sie selbst in Regression zurücksinken würde – um sich dann zusammen mit dem Kind über dieses geteilte Gefühl der Trauer zu emanzipieren, damit das Ich des Kindes auch unabhängig von der Person der Mutter die Situation im Kindergarten als wirklich erlebt, als Bestandteil seiner *persönlichen Situation* und es schafft, getrennt von der Mutter sich auf diese neue Situation mit Explorationsverhalten einzulassen. Jörg Haneberg hat diesen Prozess aufgegriffen:

---

[57] Hermann Schmitz, Situationen und Konstellationen, München 2005, S. 23.

Ansatzpunkte der Leibphänomenologie im Kindergartenalltag

»Das Kind geht unmittelbar mit dem leiblichen Ausdruck der Anderen mit und erlebt sich, indem es selbst ihre zaghaftesten Gemütsregungen mitvollzieht, vom Anderen her.«[58]
Indem die Erzieherin sich mimetisch auf das Gefühl des Kindes einlässt, folgt umgekehrt das Kind nachahmend dem Schritt der Erzieherin, sich vom affektiven Betroffensein zu lösen und sich über die chaotisch-mannigfaltige Situation zumindest partiell zu erheben. Es kann für wenige Stunden die enttäuschte Hoffnung ertragen, ohne Mutter da zu sein, auch wenn sie der *persönlichen Situation* des Kindes zunächst noch zentral angehört. Zur Bewältigung dieses komplexen Ablösungsprozesses benötigt das Kind die volle Aufmerksamkeit der Erzieherin.

»Ja es ist halt schon, ein Zweijähriger braucht halt viel Aufmerksamkeiten, braucht halt so den Erzieher für sich und es ist halt klar, die weinen dann öfter und es ist halt anders …« (12koSi/LE).

Das Weinen drückt die affektive Betroffenheit des Kindes aus, es ist entweder mit der gesamten Situation Kindergarten oder mit einzelnen Sachverhalten noch überfordert und wird daher häufig von seinen Gefühlen überwältigt. Dies ist vor allem deshalb notwendig, da für junge Kinder sich Wirklichkeit in einem spezifischen Zustand offenbart, den Schmitz als *primitive Gegenwart* bezeichnet.[59] Das heißt, dem Kind begegnen neue Stimmen, Geräusche, Berührungen, Lichtverhältnisse, Möbel, Materialien, andere Kinder und Erwachsene, ohne dass es zunächst Begriffe oder Erfahrungen bereit hätte, durch die es sich Regeln oder Ordnungen vor Augen führen könnte, wie diese Sachverhalte sich ihm gegenüber verhalten. Ungefiltert treffen die verschiedenen Reize auf es ein. Es befindet sich in der *primitiven Gegenwart*, da zunächst noch keine Sachverhalte, Programme oder Probleme in der chaotisch mannigfaltigen Situation hervortreten.[60] Beim Weinen entkommt das Kind der Enge

---

[58] Björn Haneberg, Leib und Identität. Die Bedeutung der Leiblichkeit für die Bildung der sozialen Identität, Würzburg 1995, S. 39.
[59] Vergl. Herman Schmitz, System der Philosophie, Band IV, Die Person, Bonn 1990, S. 5.
[60] Vergl. Hermann Schmitz, Der unerschöpfliche Gegenstand, Bonn 2007, S. 153.

des Leibes, indem es durch den Schleier der Tränen durch die Enge hindurch wieder in *personale Emanzipation* findet.[61]

Der Begriff der *personalen Emanzipation* bezeichnet den Aufschwung eines Subjektes aus dem Hier und Jetzt der *primitiven Gegenwart* auf das Niveau *entfalteter Gegenwart,* die durch eine Bildung bewusster Strukturen und Orientierungen gekennzeichnet ist.[62] Mithilfe der Bezugsperson lernt das Kind, sich an einzelnen Sachverhalten, Programmen und Problemen zu orientieren und sich über das affektive Betroffensein zu erheben. Erst wenn für es einzelne Sachverhalte, wie zum Beispiel ein Puzzle, aus der diffusen, es überwältigenden Situation hervortreten, kann es das bekannte Programm des Zusammenfügens der Teile ausüben und sich mit Problemen von Formen und Farbgebungen des Puzzles auseinandersetzen und es überwindet das Ausgeliefertsein an die *primitive Gegenwart.* Das Kind entdeckt mithilfe der erwachsenen Bezugsperson Handlungsstrukturen, an denen es sich orientieren kann. Um sich jedoch als Subjekt wahrnehmen zu können, braucht das Kind einen Erwachsenen, der solche Prozesse affektiven Betroffenseins begleitet. Dies erkennen Erzieherinnen intuitiv: »denn die Arbeit mit den U-3 Kindern ist Bindungsarbeit« (KevFr/L 17).

Mit dem Ich-Sagen im zweiten Lebensjahr beginnen das Abschälen der Subjektivität und die Objektivierung von Sachverhalten. Es ist der Einstieg in die exzentrische Positionalität im Sinne Helmuth Plessners. In dem Maße, in dem sich das Kind aus seiner Subjektivität befreit, es die Dinge objektivierend im Sinne Martin Heideggers als Zuhandene begreift, die im kindlichen Weltbild nach Wilhelm Hansen »zum Essen«, »zum Zerpflücken«, »zum Hineinstecken« empfunden werden, gelingt ihm *personale Emanzipation*.[63] Wie sich dieser allmähliche Prozess der Objektivierung subjektiver Betroffenheit und *personaler Emanzipation* im Kinder-

---

[61] Vergl. Herman Schmitz, System der Philosophie, Band IV, Die Person, Bonn 1990, S. 126.

[62] Schmitz spricht von fünf Momenten des Plötzlichen, die sich noch auf das Dasein, das Prinzipium Individuationis und das Subjekt beziehen, hier jedoch der Kürze halber nicht alle aufgeführt werden können, vergl. Hermann Schmitz, System der Philosophie, Band IV, Die Person, Bonn 1990, S. 3.

[63] Wilhelm Hansen, Die Entwicklung des kindlichen Weltbildes, München 1949,

garten darstellt, kann anhand folgenden Beispiels umschrieben werden.
»Und in der Verselbständigung. Das braucht dann ein bisschen mehr Zeit, also mehr Zeitrahmen zur Verfügung stellen, da muss man sich drauf einstellen, es geht beim Essen einfach zum Beispiel länger, beim Umziehen, wenn die Schlafen gehen« (KevBE/L-20).

Erkennbar ist hier eine gewisse Intensität, mit der sich Kinder neuen Situationen stellen müssen und die nicht dem Tempo der Erwachsenen entspricht. Was hier nur als »Zeit« angesprochen wird, beschreibt sensible Prozesse der Aneignung und Auseinandersetzung, die von Zuständen *personaler Regression* in solche *personaler Emanzipation* überführen und die vom Kind mithilfe der Erzieherin bewältigt werden müssen. Dies erfordert von Seiten der Erzieherin differenzierte Brückenqualitäten, wie die Wahrnehmung von diffizilen Aspekten der subjektiven Gefühlswelt und Befindlichkeit des einzelnen Kindes, das Mitgefühl mit seiner individuellen Situationsbewältigung in seiner Langsamkeit, seinem vorsichtigen Herantasten an das Neue, seinem Scheitern, das Mitleid mit dem zunächst lähmenden Kummer über den Verlust der Mutter und der gewohnten Grundwelt, der die Handlungsfähigkeit des Kindes verzögert und einschränkt. Die unkoordinierte Auseinandersetzung mit Materialien und die Unsicherheit im sozialen Kontakt erfordert Langmut und Geduld, um Kindern das eigene Tempo für ihre Versuche und Irrtümer zu ermöglichen.

Mit jedem kleinen Erfolg beginnt das Kind, sich zunehmend dem Ausgeliefertsein an *primitive Gegenwart* zu entledigen und sowohl Strukturen der Situationsbewältigung als auch sozial adäquate Sinnmuster zu entwickeln. Die einzelnen Aspekte der zunächst fremden Umwelt werden zunehmend in die persönliche Eigenwelt integriert. Es geht also um die schrittweise Überführung des Kindes von *personaler Regression* – und die meisten auch durchaus selbstbewussten Kinder regredieren zunächst beim Übergang von familialer zu institutioneller Erziehung – in *personale Emanzipation* im

---

S. 37; Martin Heidegger, Sein und Zeit, §§ 15–18, in: Hermann Schmitz, Der unerschöpfliche Gegenstand, Bonn 2007, S. 67.

Alltag der Kindergartengruppe. Hermann Schmitz sieht in der Bewältigung dieses Prozesses, der als stets oszillierend zu verstehen ist, eine wesentliche Bildungsaufgabe.[64] Diese Auffassung deckt sich auch mit Helmuth Plessners Konzept der ›Verkörperung‹, das Bildung nicht als Resultat akkumulierter Wissensbestände betrachtet, sondern als ein über den Leib vermittelter Prozess der Ausformung von Identität, die jedoch niemals als endgültige Formation zu denken ist, sondern stets als Dialektik von »Innen und Außen, Selbst und Anderen/m, körperlich sinnlichen und verstandesmäßigen Aspekten« zu hinterfragen ist.[65]

Hier wird noch einmal die Notwendigkeit deutlich, wie intensiv sich Fachkräfte auf die gemeinsame Situation mit den Kindern einlassen müssen, um ihre Brückenfunktion zwischen *personaler Regression* und *personaler Emanzipation* ausüben zu können. Voraussetzung dafür ist eine intensive Zuwendung und Konzentration auf die Belange des Kindes.

> »Die Erzieherinnen brauchen auch die innerliche Ruhe, um sich auf diese Kinder einlassen zu können« (FSBop/L 49),

formuliert es ein Experte, da sich die Fachkräfte in ihrer Präsenz dem Tempo des Kindes anpassen müssen. Die erforderliche ungeteilte Aufmerksamkeit für Ein- und Zweijährige führt dann dazu, dass andere Kinder auch zurückstecken müssen:

> »Ich hatte heute gar keine Zeit für den, weil das Kleine mich so in Anspruch genommen hat« (87-KkNF/L).

Wo es möglich ist, müssen entsprechend Zuständigkeiten umgeschichtet werden, damit ältere Kinder nicht dauerhaft zu kurz kommen. Die Fachkräfte versuchen organisatorisch besondere Voraussetzungen zu schaffen, damit sie eine solche Güte der Fürsorge bereitstellen können:

> »Das heißt, die Kinder hatten am Anfang in ihrer Schnupperzeit allein schon diese Möglichkeit, sich in einem geschützten Rahmen zu bewe-

---

[64] Vergl. Hermann Schmitz, Der unerschöpfliche Gegenstand, Bonn 2007, S. 157.
[65] Thorsten Kubitza, Identität Verkörperung Bildung. Pädagogische Perspektiven der Philosophischen Anthropologie Helmuth Plessners, Bielefeld 2005, S. 18.

gen, die ersten Kontakte zu knüpfen, die Einrichtung kennen zu lernen, sie hatten eine feste Bezugsperson« (KkSp/L 25).

Gerade in der Eingewöhnungszeit ist dieser geschützte Rahmen von großer Relevanz, um mithilfe der festen Bezugsperson die zahlreichen Objekte und Personen in die *persönliche Eigenwelt* zu integrieren. Durch klare Strukturen und Fixpunkte wird die Orientierung erleichtert und die Objektivierung einzelner Sachverhalte ermöglicht. Soziologisch betrachtet bedeutet *personale Emanzipation* die Voraussetzung für die Ausbildung von Sinnstrukturen. Friedrich Tenbruck erläutert, dass Normen, Werte und Zwecke nicht einfach als Reflexe aus dem vorgegebenen Handeln anderer entstehen, sondern im Wechselspiel von subjektiv vorsozialen Empfindungen und kulturell objektivierter Sinnstrukturen.[66] Heftig erlebte affektive Betroffenheit im Sinne Schmitz kann nach Tenbruck in objektive Sinnkomplexe überführt werden:

»wodurch sich sogar der affektive Zustand selbst ändert, in welchem der Mensch nicht nur sinnlos auf sie selbst zurück geworfen wird, sondern sinnhaft in der natürlichen und sozialen Welt verbunden bleibt«.[67]

Während Tenbruck eher den Aspekt des Sozialen beim Sinnbildungsprozess betont, geht Schmitz stärker auf die innerpersonale Leistung des Individuums ein, subjektive in objektive Tatsachen zu überführen, obwohl sie durch erwachsene Bezugspersonen begleitet werden müssen. Eine Leiterin beschreibt diesen Fortschritt bei unter dreijährigen Kindern:

»In unserer Tagesstätte sind alle U3 Kinder Tageskinder. Klar, die brauchen, also wenn die raus gehen, bis die die Matschklamotten anhaben, bis die sich lösen von dem Spiel, das muss einfach mehr angebahnt werden, weil sie auch gleichzeitig Regeln kennen lernen, Grenzen ausprobieren können, akzeptieren können, klar, dass die Kinder da bisschen mehr brauchen, dass man sich einfach Zeit nimmt. Und das ist dann, wenn die älter sind, manches schon gelernt, im besten Falle, dann kann man das eher abrufen« (KevBE/L-21).

---

[66] Vergl. Friedrich Tenbruck, Geschichte und Gesellschaft, § 6 Sinn, Berlin 1986, S. 111 ff.
[67] Friedrich Tenbruck, Geschichte und Gesellschaft, § 6 Sinn, Berlin 1986, S. 128.

Die mikrosoziologische Perspektive – Leibphänomenologische Reflexion

Die Abrufbarkeit bestimmter Sachverhalte zeigt, dass Kinder Elemente des Tagesablaufes schon in die *persönliche Eigenwelt* integriert und objektiviert haben. Sie erkennen allmählich, dass es keine eigenartige Schikane ist, wasserdichte Kleidung anzuziehen, wenn es draußen kalt und nass ist, sondern es durchaus Sinn macht, draußen zu spielen und dennoch trocken und warm zu bleiben. Dieser Erkenntnis gehen jedoch eine Menge Erfahrungen von Unmut, Angst, Scham, Enttäuschung oder Zorn voraus, denen das Kind zunächst ausgeliefert war, weil die Regeln des Kindergartens zunächst unverständlich oder bedrohlich erscheinen können und zunächst nicht unbedingt den gewohnten Verhaltensnormen von zuhause entsprechen. Das Plötzliche, eben jetzt aufräumen oder sich anziehen zu müssen, weil das der Tagsablauf erfordert, löst zunächst heftige Gefühle aus und führt zur unentrinnbaren Auseinandersetzung mit Wirklichkeit in *primitiver Gegenwart*, die dann schrittweise in *entfaltete Gegenwart* überführt wird. Durch die Zuordnung von subjektiven und objektiven Tatsachen findet die Person sich selbst und gelangt in den Zustand *personaler Emanzipation*. Das Kind lernt, sich innerhalb *gemeinsamer Situationen* zu orientieren. Eine Erzieherin deutet solche Fortschritte beim Kind wie folgt an:

> »Die Kinder sind ganz offen und wenn die schon mal Vertrauen gefasst haben, also, wenn die dann schon ne zeitlang da sind und kennen sich aus, dann werden die sofort auch mit den anderen mitgenommen« (KevSi/LE).

Dieses Vertrauen entsteht dadurch, dass die Kinder in Momenten *personaler Regression* begleitet, bei der Bewältigung der neuen Situation im Kindergarten unterstützt wurden und somit zunehmend Phasen *personaler Emanzipation* erleben. Das Kind gewinnt an Handlungssicherheit und es erschließt Sinn aus komplexen Situationen. Jedoch wird es immer wieder Situationen geben, die es verunsichern. Die Grenze zwischen erlebter Subjektivität und Objektivität im Bereich Sachverhalte, Programme und Probleme bleibt lebenslang ein oszillierender Prozess. Daher fällt das Subjekt auch als Erwachsener im Falle subjektiven Betroffenseins durch *personale Regression* immer wieder in Momente *primitiver Gegenwart* zurück.

Ansatzpunkte der Leibphänomenologie im Kindergartenalltag

Dies ist notwendig, um aus der Tiefe der Erlebnisse wieder auf ein Niveau der *personalen Emanzipation* zu gelangen, das noch Bodenhaftung zur eigenen Subjektivität besitzt. Schmitz drückt dies folgendermaßen aus:

»Die Ausbildung und Bereicherung der persönlichen Situation, und damit die Reifung der Persönlichkeit, ist (…) das Werk eines Kreisprozesses, in dem beide Antagonisten, personale Emanzipation und personale Regression, einander in die Hände arbeiten. Ohne personale Emanzipation bliebe der Mensch tierisch und würde gar nicht zur Person; ohne personale Regression bliebe die Person gleichsam hohl, weil der Aufstand personaler Emanzipation aus der Hinfälligkeit unmittelbaren Betroffenseins dann wie eine abstrakte, einsame Gebärde der Aufrichtung wäre, die den von ihr erzeugten Abstand oder Zwischenraum nicht zu füllen vermöchte.«[68]

Das Wechselspiel zwischen *personaler Regression* und *personaler Emanzipation* ist also als konstituierender Prozess der Persönlichkeit oder, mit Schmitz gesprochen, der *persönlichen Situation* zu verstehen. Diesen Oszillationsprozess angemessen zu begleiten kann daher in der Tat als elementarer Bildungsprozess betrachtet werden. Dennoch bleibt dieser Vorgang zunächst sehr abstrakt und findet erst Zuwachs an Plausibilität und Konkretisierung, wenn man ihn mit Beschreibungen aus dem Kindergartenalltag ergänzt und mit Begriffen der *leiblichen Kommunikation* zu füllen beginnt. Mithilfe dieser Begriffe werden Aspekte wie Zuwendung, Sensitivität und Nähe zunehmend in wahrnehmbare Phänomene operationalisiert und die Bedeutung der Interaktion zwischen Erzieherin und Kind kann weiter akzentuiert werden.

8.3.4 Leibliche Austauschprozesse

Bei den qualitativen Interviews über die Auswirkungen von Kindergartenreformen im nördlichen Rheinland-Pfalz auf Sozialisationsbedingungen von Kindern in institutioneller Tagesbetreuung wur-

---

[68] Hermann Schmitz, System der Philosophie, Band IV, Die Person, Bonn 1990, S. 105.

de sehr häufig genannt, dass Erzieherinnen eine individuellere Perspektive auf das einzelne Kind entwickelt und die Bedeutung der Bindung zum Kind als wesentlich erkannt haben. Gerade bei der Aufnahme von Zweijährigen wurde die besondere Relevanz sensibler Beziehungen zum Kind bewusst.

»Die zweijährigen oder die unter dreijährigen Kinder sind für uns eine große Bereicherung das ist – kann ich nicht anders sagen. Das ist von ihrem Wesen her eine schöne Sache, wenn man sie untereinander beobachtet. Es ist schon auch von uns zu beobachten, dass wir eine viel – noch eine viel größere emotionale Bindung zu diesen winzigen Kindern haben, wenn die kommen« (KkN/L-47).

Die Fachkräfte fühlen sich durch die Kleinkinder auf eine andere Weise herausgefordert und als Bezugsperson angenommen. Ihnen wird, um mit Schmitz zu sprechen, die Signifikanz von *gemeinsamen Situationen* unübersehbar bewusst. Folgendes Zitat weist auf die besondere Wechselseitigkeit dieser Interaktion hin, die nicht allein von den Erzieherinnen, sondern vor allem von den Kindern eingefordert wird:

»Ja und wie viel Zeit haben sie für das einzelne Kind, die Zeit wird sich genommen. Und das ist grad bei den Kleinen, da braucht man sich eigentlich gar nicht anzustrengen, dass man sagt: ich muss mir heute noch mal Zeit für das Kind nehmen. Die nehmen die sich selbst. Die wissen was sie, was sie brauchen und holen sich das auch« (KkN/L-121).

Kleinkinder fordern somit ein gewisses Maß an Zuwendung regelrecht ein. Die Experten stoßen immer wieder auf das Problem, die Beschaffenheit dieser Austauschprozesse zu beschreiben und sie adäquat auszudrücken. Sie verwenden häufig Umschreibungen wie »Zeit« oder »was sie brauchen«, um sich dem anzunähern, was Kinder hier beanspruchen und was sich hier als intersubjektiver Vorgang manifestiert. Das Problem der Begriffs- und Sprachlosigkeit gegenüber nonverbalen Aspekten der Interaktion und reflexiv nicht einholbarer Momente der Erfahrung liegt schon im Übergewicht rationalistischer Identitätskonzepte begründet, die solche Phänomene bisher weitgehend vernachlässigt haben.[69] Um diese

---

[69] Vergl. Thorsten Kubitza, Identität Verkörperung Bildung. Pädagogische Per-

Ansatzpunkte der Leibphänomenologie im Kindergartenalltag

Wechselprozesse auf den Begriff zu bringen und plausibler darzustellen, wie sie sich phänomenologisch präsentieren, soll nun in das Konzept der *leiblichen Kommunikation* nach Hermann Schmitz eingeführt werden.[70] Der Philosoph geht davon aus, dass der Mensch seine gesamte Umwelt nicht allein durch seine Sinnesorgane aufnimmt, die dann Informationen an das Gehirn weiterleiten, das schließlich Signale an den Körper weitergibt. Der Leib selbst kommuniziert mit Welt und nimmt dabei nicht nur analytisch auswertbare Daten auf, sondern auch atmosphärische Gesamteindrücke.[71] Dabei überwindet Schmitz mit seinem Leibkonzept den cartesianischen Dualismus, der den Menschen in Sphären des Innen und Außen scheidet – res cogitans und res extensa –, noch radikaler als Helmuth Plessner, der mit seinem Konzept der »Doppelaspektivität« eine Verschränkung von körperlicher und seelischer Existenz des Menschen beschreibt.[72]

Leibliche Kommunikation findet im Umgang mit Gegenständen und im Umgang mit Menschen statt. Gerade in sozialen Berufen sind nach Sabine Weishaupt »Zuwendung und Empathie in einem partnerschaftlichen Kooperationsverhältnis« wesentlich.[73] Dabei kommt es vor allem auf ein Gespür für nicht messbare und nicht exakt definierbare Nuancen und Zwischentöne an, die nonverbal zwischen den Interaktionspartnern ausgetauscht werden. Doch diese leibliche Einstimmung aufeinander besteht auch bei der Auseinandersetzung mit Gegenständen. Fritz Böhle beschreibt in einem arbeitssoziologischen Kontext, wie Menschen sich auf eine technische Anlage »einstellen«, eine Störung »erahnen« und ein

---

spektiven der Philosophischen Anthropologie Helmuth Plessners, Bielefeld 2005, S. 91.
[70] Vergl. Hermann Schmitz, Der unerschöpfliche Gegenstand, Bonn 2007, S. 135 ff.
[71] Vergl. Hermann Schmitz, Der unerschöpfliche Gegenstand, Bonn 2007, S. 140.
[72] Thorsten Kubitza, Identität Verkörperung Bildung. Pädagogische Perspektiven der Philosophischen Anthropologie Helmuth Plessners, Bielefeld 2005, S. 105 ff.
[73] Sabine Weishaupt, Subjektivierendes Arbeitshandeln in der Altenpflege – die Interaktion mit dem Körper, in: Fritz Böhle, J. Glaser (Hrsg.): Arbeit in der Interaktion – Interaktion als Arbeit, Bielefeld 2009, S. 99.

»Gespür für die Anlage« entwickeln müssen.⁷⁴ Er geht davon aus, dass Menschen in Schmitz' Sinne in einen Dialog mit den Dingen treten müssen, um durch handelnde Auseinandersetzung zu erfahren, wie etwas beschaffen ist, wie es wirkt und was man tun muss, damit es funktioniert. Dabei spielen auch räumliche und atmosphärische Aspekte eine Rolle. Wie allein räumliche Bedingungen sich auf das Wohlgefühl von Kindern in Kindertagesstätten auswirken, kann an folgendem Beispiel verdeutlicht werden:

> »Also die Bezugsperson dieser Kleinen hatte einen festen Raum, die Kinder eigentlich auch, sie wussten, sie frühstücken in dem Raum, sie machen da ihren Stuhlkreis, hatten aber die Möglichkeit sich in dem Haus langsam zu erkunden« (KkSp/L 25/26).

Für die Kinder war zunächst die Orientierung an einer bestimmten Erzieherin und an einem spezifischen Raum wichtig. Es tritt in leiblichen Kontakt mit der Erzieherin, sitzt an einem festen Platz in einer extra Spielecke, verwendet spezielles Kindergeschirr und setzt sich mit den Materialien in diesem Raum auseinander. Die Interaktion mit anderen Kindern beim Frühstück oder im Stuhlkreis gewinnt durch den immer gleichen Raum Halt und Sicherheit. Erst wenn dieser Raum ausgemessen wurde durch leibliche Erfahrungen, setzt die Neugier ein, weitere Orte zu erkunden. Man kann davon ausgehen, dass pädagogische Situationen im Kindergarten sehr stark von leiblicher Kommunikation geprägt sind und für Kinder in der frühen Kindheit eine große Rolle spielen. Klaudia Schultheis hat sich mit der Rolle des Leibes beim kindlichen Lernprozess befasst:

> »In der frühen Kindheit lernen Kinder vor allem mit den Mitteln ihres Leibes. Sie machen so vielfältige Lernerfahrungen, die sie erst später im Laufe ihrer kognitiven Entwicklung sprachlich und reflexiv einholen. Das bedeutet nicht, dass kognitive und affektiv-leibliche Entwicklungsprozesse getrennt voneinander verlaufen. Vielmehr bilden sich auch in der leiblichen Erfahrung allgemeine Momente ab, die sich als

---

⁷⁴ Fritz Böhle, Verdrängung und (Wieder-)Entdeckung des Informellen und Impliziten in der Arbeitswelt – Grenzen der Objektivierung und Formalisierung, Wiesbaden 2009, S. 12.

Ansatzpunkte der Leibphänomenologie im Kindergartenalltag

Form oder Struktur aus dem situativen Zusammenhang herauslösen und auf Neues übertragen lassen«.[75]

Es kann also von einer Verschränkung leiblicher und kognitiver Lernerfahrungen im Sinne Plessners gesprochen werden, wobei Kleinkinder zunächst auf ihren Leib als Resonanzkörper zurückgreifen. Das Kind erspürt leiblich die Beschaffenheit des Raumes, zum Beispiel das Sitzen auf kleinen Stühlen am Esstisch oder im Stuhlkreis, das Gemütliche in der weichen, abgedunkelten Kuschelecke und die Lautstärke in der Bauecke. Aufgrund der Besonderheit des eigenen Gruppenraumes erfährt das Kind etwas über die räumliche Beschaffenheit des Kindergartens im Allgemeinen, zum Beispiel, dass es überall kleine Stühle, große Maltische und weiche Kuschelecken gibt. Wie intensiv die leibliche Erfahrung mit Materialien sein kann, zeigt folgendes Beispiel:

> »Wenn ein Kind eben ein halbes Jahr lang in der Bauecke sitzt, weil es total fasziniert ist und da geometrische, mathematisch tollste Gebilde baut und damit so fasziniert ist, werd ich den Teufel tun und dieses Kind da rausholen und sagen »Jetzt mach mal für deine Mama ein schönes Bild« also da sehe ich überhaupt keinen Sinn drin« (37-KkR/L).

Das Kind konzentriert sich völlig auf die Beschaffenheit eines bestimmten Baumaterials und gibt diese Beschäftigung nicht eher auf, bis es die Struktur, Funktionsweise und Handhabbarkeit der Bauteile erschöpfend ausprobiert hat. Hier finden grundlegende Wahrnehmungserfahrungen statt, die dem Kind ermöglichen, die »invariablen Charaktere« des Gegenstandes zu erkunden.[76] Gerade Tasterfahrungen bilden eine komplexe leibliche Interaktion mit den Dingen, die Maurice Merleau-Ponty dezidiert beschreibt:

> »Nicht nur bediene ich mich meiner Finger und meines ganzen Leibes als eines einzigen Organs, sondern aufgrund dieser Einheit des Leibes finden sämtliche durch das Organ gewonnenen Tastwahrnehmungen

---

[75] Klaudia Schultheis, Macht und Erziehung, in: Hans Jürgen Wendel, Steffen Kluck (Hrsg.), Zur Legitimierbarkeit von Macht, Freiburg i. B./München 2008, S. 102.
[76] Maurice Merleau-Ponty, Phänomenologie der Wahrnehmung, Berlin 1966, S. 349.

ihre unmittelbare Übertragung in die Sprache der anderen Organe; [...]«.[77]

Das Kind verleibt sich somit tastend und handelnd die Welt ein und entwickelt visuelle, räumliche und synästhetische Vorstellungen von den Gegenständen. Deswegen ist es nicht sinnvoll, den Schützling bei einer solch intensiven Tätigkeit zu unterbrechen. Doch Kinder kommunizieren in dieser leiblichen Weise nicht nur mit Gegenständen, sondern auch mit Personen. Da der Mensch als soziales Wesen angelegt ist, scheint diese Feststellung banal, wird jedoch an dieser Stelle noch durch folgende leibphänomenologische Prämisse ergänzt: »Der erste aller Kulturgegenstände, derjenige, dem alle anderen erst ihr Dasein verdanken, ist der Leib eines Anderen, als Träger eines Verhaltens«.[78] Denn im Leib manifestieren sich alle weiteren kulturellen Symbole. Wesentlich für das Verständnis dieser These ist die Vorstellung eines Leibes, der weit über den physiologisch messbaren Körper hinausgeht und als universaler Resonanzboden menschlicher Existenz im Sinne Heideggers In-der-Welt-Sein oder – um mit Merleau-Ponty zu sprechen – als Erkenntniswerkzeug zu verstehen ist.[79] Welche Relevanz ein solcher Leibbegriff gerade für die Personalisation junger Kinder hat, zeigt folgendes Zitat:

> »Der Körperkontakt mit den Kindern, das ist hier – finde ich – auch total auffällig. Also die suchen ständig Körperkontakt. Die brauchen ganz viel Nähe und Zuwendung, und einfach mal kuscheln. Und da habe ich auch das Gefühl, dass das ganz wenig Kinder sind in der Gruppe, die da gar kein Bedürfnis nach haben. Die wenigsten. Der Rest nimmt zu« (92-KkF/LE#).

Für Kleinkinder scheint es völlig selbstverständlich zu sein, ihr Dasein dadurch spürbar zu machen, dass sie durch die Berührung mit anderen Körpern sich selbst wahrnehmen und abgrenzen. Erziehe-

---

[77] Maurice Merleau-Ponty, Phänomenologie der Wahrnehmung, Berlin 1966, S. 366.
[78] Ebd. S. 400.
[79] Vergl. Hermann Schmitz, Der unerschöpfliche Gegenstand, Bonn 2007, S. 116, und Maurice Merleau-Ponty, Phänomenologie der Wahrnehmung, Berlin 1966, S. 403.

Ansatzpunkte der Leibphänomenologie im Kindergartenalltag

rischen Fachkräften ist der Begriff »Leib« zunächst noch fremd, da sie durch cartesianisches und positivistisches Denken geprägt sind und sprechen daher vom Körper. Die Geborgenheit und Sicherheit erlebt das Kind zunächst über den Leib. Je weniger die Kinder zuhause Gelegenheit haben, so genannten Körperkontakt zu haben, desto stärker suchen sie Zuwendung im Kindergarten. In dieser leiblichen Interaktion spielen sich wesentliche Prozesse synästhetischer Wahrnehmung ab, die für die Ausbildung der persönlichen Situation des Kindes von elementarer Bedeutung sind. Sabine Weishaupt beschreibt am Beispiel einer Pflegesituation, wie sich solche wechselseitigen Prozesse konkretisieren. Die an der Interaktion Beteiligten

> »beziehen sich zum einen aktiv und reaktiv aufeinander: über die Stimme, den Blick und/oder Berührungen ist ihr leibliches Befinden wechselseitig antagonistisch miteinander verbunden. Die gemeinsame Konzentration bzw. Ausrichtung auf das Ziel der jeweiligen Pflegehandlung [...] sorgt zum anderen für ein übergreifendes Orientierungszentrum und somit zusätzlich für die symmetrisch-solidarische Einleibung der Akteure [...]«.[80]

Hier wird eine leibliche Bezogenheit aufeinander und die Konzentration auf ein intersubjektives Wahrnehmen deutlich. Wesentlich für das Verständnis leiblicher Kommunikation im Sinne Schmitz ist die Vorstellung, dass sich das Spüren nicht auf den eigenen Leib beschränkt, sondern über diesen hinausgreift. Der Mensch findet sich durch die synästhetische Wahrnehmung in einem Schwingungsverhältnis mit der Welt, welches durch affektiv leibliches Betroffensein den Schlüssel zu bedeutsamen Situationen in sich trägt. Der Wahrnehmende und das Wahrgenommene vereinigen sich quasi zu einem übergeordneten Gebilde, in dem sich die Dynamik der leiblichen Kommunikation in *Engung* und *Weitung* entfaltet.[81] Nicht allein die Begegnung der singulären Erzieherin mit dem ein-

---

[80] Vergl. Sabine Weishaupt, Subjektivierendes Arbeitshandeln in der Altenpflege – die Interaktion mit dem Körper, 2006, in: Fritz Böhle, Dirk Fross, Erfahrungsgeleitete und leibliche Kommunikation und Kooperation in der Arbeitswelt, Bielefeld 2009, S. 18.
[81] Vergl. Hermann Schmitz, Der unerschöpfliche Gegenstand, Bonn 2007, S. 135.

zelnen Kind begründet somit die leibliche Interaktion, sondern die gemeinsame intersubjektive Sphäre, auf die sich beide einlassen. Personen sind immer leiblich, was bedeutet zwischen empfundener »Enge und Weite in der Mitte zu stehen und weder von dieser noch von jener ganz loszukommen […]«.[82] Enge wird meist bei Angst, Schmerz aber auch Konzentration empfunden und ist durch Symptome wie ein eingezogenes Genick, extreme Körperspannung und eng anliegende Extremitäten sowie ein eingeengtes Blickfeld gekennzeichnet. Weite erfährt der Mensch bei Entspannung, Erleichterung und Lust.[83] Hier ist die Spannung des Körpers eher niedrig, die Muskulatur locker, der Blick weit und die Wahrnehmung offen und ungerichtet. Engung und Weitung sind somit als Phänomene leiblich erfahrbarer Zustände der Existenz zu beschreiben.

Grundsätzlich richtet sich das motorische Körperschema von der Enge in die Weite, wie beispielsweise der Blick, die Fortbewegung oder der gestreckte Zeigefinger, der den Raum durchbohrt oder eine Umarmung, die ihn umschließt. Die Bedeutung von *Engung* und *Weitung* für die persönliche Situation beschreibt Schmitz in folgender Erklärung:

»Alles wuchtige affektive Betroffensein, auch das erhebendste, hat, indem es die Person packt, etwas von leiblicher Engung, so wie man auch vom freudigen Schreck spricht. Wenn diese Engung nicht ins Gewicht fällt, lebt der affektiv Betroffene über sich hinweg, wie in fröhlicher Ausgelassenheit, und spürt kaum mehr, daß er es selber ist. In der Engung ist deren Maximum, das Plötzliche, wo in unbestimmter Eindeutigkeit hier, jetzt, sein, dieses und ich zusammenfallen, vorgezeichnet oder final angedeutet; ohne solcher Aussicht käme es in keiner Selbstzuschreibung zu der Gewissheit, daß das, womit ich mich identifiziere, ich selber bin, weil erst in dieser maximalen Enge, der primitiven Gegenwart, Identität und Subjektivität (dass es sich um mich selber handelt) zusammenfallen. Die Entfaltung dieser primitiven Gegenwart gibt aus bloßer leiblicher Dynamik hervor die Person und die persönlich zuständliche Situation, die ihr statt einer Seele zugleich Hülle und Partner ist, frei, während die ambivalente Verankerung in dieser Dyna-

---

[82] Hermann Schmitz, Der unerschöpfliche Gegenstand, Bonn 2007, S. 122.
[83] Vergl. ebd., S. 135 ff.

Ansatzpunkte der Leibphänomenologie im Kindergartenalltag

mik der Person Gelegenheit gibt, in leiblicher Kommunikation aus ihrer persönlichen Situation gleichsam auszuschlüpfen und für gemeinsame Situationen, die sich dabei bilden, offen zu sein«.[84] Engung führt die Person auf ihre Subjektivität zurück, Weitung entäußert sie mehr oder weniger stark von sich in schwebende Zustände wie beispielsweise Dösen, Lust, Trance oder das Verströmen im Kollektiv. Durch das Wechselspiel von Engung und Weitung kann die Person aus ihrer persönlichen Situation heraus in gemeinsame Situationen eintauchen. Der Leibbegriff der *Neuen Phänomenologie* beschränkt sich dabei keineswegs auf den sicht- und tastbaren physischen Körper. Der spürbare Leib hat keine flächige Grenze wie die Haut sondern strahlt darüber hinaus leibliche Schwingungen aus.[85]

Ein besonders gutes Beispiel zur Erklärung von Engung und Weitung ist das Weinen. Wie bereits weiter oben angeführt, müssen Kinder gerade zu Beginn ihrer Kindergartenzeit öfter weinen, weil sie mit der Situation noch häufig überfordert sind und in personale Regression fallen.

»Ja es ist halt schon, ein Zweijähriger braucht halt viel Aufmerksamkeiten, braucht halt so den Erzieher für sich und es ist halt klar, die weinen dann öfter und es ist halt anders ...« (12koSi/LE).

Das Weinen drückt definitiv die affektive Betroffenheit des Kindes in seiner neuen Situation aus. Für die Gestaltung des Übergangs zwischen den Extremen *personaler Regression* und *personaler Emanzipation* hat das Weinen eine wichtige Funktion. Aus der leiblich empfundenen Enge, dem Druck von Trauer und Verzweiflung, befreit sich das weinende Kind durch das Ausfließen der Tränen und das Ausstoßen kräftiger Laute in die Weite.

»Weinen ist Entkommen aus einem von der primitiven Gegenwart als der Enge des Leibes bedrängend heimgesuchten Niveau personaler Emanzipation in leiblich spürbare Weite durch personale Regression auf die Enge des Leibes zu und durch sie hindurch oder an ihr vorbei.«[86]

---

[84] Hermann Schmitz, Situationen und Konstellationen, München 2005, S. 122 ff.
[85] Hermann Schmitz, Leib und Gefühl, Paderborn 1992, S. 11 ff.
[86] Hermann Schmitz, Der unerschöpfliche Gegenstand, Bonn 2007, S. 159.

Das Weinen ist also die Reaktion auf den enormen Druck der *Engung*. Weinen erfolgt meist etwas verspätet als verzögerte Reaktion auf einen Schock und ist auf Vergangenes gerichtet, das man in *Weitung* loslässt, um zu neuen Ufern aufzubrechen. Dieser Abschied muss sich aber erst im Nebel der Tränen auflösen, bevor die Situation wieder klar hervortritt, objektiver betrachtet werden kann und wieder ein Zustand *personaler Emanzipation* angestrebt werden kann. Ähnlich wie Plessner, der Weinen (und Lachen) als eigenmächtige Reaktion des Leibes beschreibt, wenn »Sprache und Geste, Handlung und Gebärde« versagen, betrachtet Schmitz das Weinen als eine Wellenbewegung, die nicht in der bedrückenden Enge des affektiven Betroffenseins endet, sondern im Triumph der Weitung, dem Entkommen aus der leiblich erfahrenen Bedrängnis.[87] Schmitz beschreibt diesen Vorgang jedoch eindeutig phänomenologisch und weniger dualistisch als Plessner, der im Weinen eine unbeherrschte »Erruption« des »verselbständigten Körpers« gegenüber dem reflektierten Ich betrachtet.[88]

Um den Triumph der *Weitung* zu ermöglichen, muss die Betreuungsperson immer wieder bereit sein, das Kind bei dem Übergang in *personale Emanzipation* zu begleiten, damit das Weinen nicht haltlos und traumatisch, sondern erlösend und befreiend erlebt werden kann. Erst dann wird das Kind bereit, den Tisch, den Stift, das Blatt, vor dem es gerade sitzt, nicht mehr als fremde Gegenstände jenseits seiner *persönlichen Situation* zu sehen und sie abzulehnen, sondern sie in der *persönliche Eigenwelt* zu integrieren und sie anzunehmen als Gegenstände für subjektiv sinnvolles Handeln. Dies erfordert eine sehr intensive und unmittelbare leibliche Zuwendung der Erzieherin zum Kind, die aufgrund der Intensität der Konzentration ebenfalls als *Engung* zu bezeichnen ist, während das Kind sich im Tränenfluss aus der Engung in die *Weitung* verlieren darf, wobei die Halt gebenden Arme das Fallenlassen unterstützen. Erst dann versucht die erwachsene Person die Aufmerksamkeit des Kindes wieder auf konkrete Gegenstände zu richten, damit das

---

[87] Helmuth Plessner, Lachen und Weinen, Bern/München 1961, S. 153.
[88] Helmuth Plessner, Gesammelte Werke, Ausdruck und menschliche Natur, Frankfurt a. M. 1980, S. 234.

Ansatzpunkte der Leibphänomenologie im Kindergartenalltag

Kind im Wechsel von Engung und Weitung die Situation bewältigen kann. Die Interaktion von Erzieherin und Kind vollzieht sich somit in einem Wechselprozess von *Engung* und *Weitung*. Diesen Wechselprozess bezeichnet Schmitz als Einleibung. »Einleibung ist immer Konzentration auf ein Gegenüber«.[89] Subjekt und Subjekt greifen per Einleibung ineinander, treten in umfassende Kooperation und gegenseitiges Eingespieltsein. Die Einleibung kommt in zwei Formen vor, der antagonistischen, die eine Hierarchie der Unter- und Überlegenheit begründet, was in der leiblichen Disposition des Menschen zur Einschätzung der Situation verankert ist, und in der solidarischen Einleibung, die sich symmetrisch gestaltet und beispielsweise beim Sägen, Rudern oder gemeinsamen Musizieren zu beobachten ist.[90] Bedeutsam ist, dass Einleibung nicht an einzelnen Aktionen oder Reaktionen festzumachen ist, sondern durch Haltungen, Stimmen, Blicke, und Bewegung ausgelöst wird und sich durch flüssige oder stockende, ängstliche oder lebhafte, rasche oder entspannte Qualitäten überträgt. Diese Koordination leiblicher Prozesse kann ohne Worte stattfinden, die als »Bewegungssuggestion und synästhetische Charaktere direkt am eigenen Leib gespürt« werden und als Kriterien stillschweigender Abstimmung gedeutet werden.[91] Wie diese Dynamik von *Engung* und *Weitung* sich im Kindergartenalltag als wechselseitige Einleibung gestaltet, zeigt folgendes Beispiel von Interaktion zwischen Kindern:

»Von daher ist das Thema Rücksichtnahme und einen Blick für die Kleinen, für deren Bedürfnisse zu entwickeln schon auch bei den Großen ganz deutlich ja spürbar, ja. Dass da ein Großer so ein Kleines bei der Hand nimmt und sagt: Hast du nicht gehört, wir wollen jetzt zum Händewaschen gehen, weil wir jetzt zum Frühstücken uns hinsetzen. Das, was wir sonst tun würden, das wird auch schon mal von einem Großen übernommen. Oder, dass ein Großes eher mitkriegt, schnüffelt: ich glaube die oder der hat die Windel voll. Wenn man nicht unmittelbar gerade daneben sitzt, kriegt man es vielleicht nicht so mit.

---

[89] Hermann Schmitz, Der unerschöpfliche Gegenstand, Bonn 2007, S. 151.
[90] Vergl. ebd., S. 151.
[91] Vergl. Fritz Böhle, Dirk Fross, Erfahrungsgeleitete und leibliche Kommunikation und Kooperation in der Arbeitswelt, Bielefeld 2009, S. 18.

Aber wenn es auch in der Bauecke dabei sitzt – und das kann ohne weiteres sein, dass ein vier- fünfjähriges Kind mit einem kleinen U-3 Kind auch in der Bauecke sitzt – dass die noch nicht so gut in Interaktion miteinander treten können ist klar, aber da entwickelt sich schon was in die Richtung, ja. Dass die Großen eine Hinwendung zu den Kleinen haben und dass die Kleinen aber auch sich Vieles von den älteren Kindern abgucken« (KevFr/L 23–25).

Hier werden dezidiert unterschiedliche Aspekte der Einleibung beschrieben: der »Blick« für andere Kinder, der nicht nur ihre Anwesenheit, sondern ihre Hilfsbedürftigkeit wahrnimmt, sei es beim Händewaschen, Frühstücken oder bei der Körperpflege; das »An-der-Hand«-Nehmen, welches Annahme, Mitnahme und Geborgenheit vermittelt; die gegenseitige Hinwendung und das Nachahmen unterschiedlicher Verhaltensweisen zeigt, dass hier mit wenig Worten in leiblicher Kommunikation ein reger Austausch stattfindet, der beim Helfen wegen der Überlegenheit der einen Seite antagonistisch, beim Sich-spielerisch-Annähern solidarisch sein kann. Schultheis erklärt die Fähigkeit zur leiblichen Kommunikation so:

»Wir können mit der Umwelt leiblich kommunizieren, weil das Atmen, der Blick und unsere Bewegungen gerichtet sind. Sie führen aus der Enge des Leibes heraus und auf die Umwelt zu. Umgekehrt können wir aber auch unsere Umwelt leiblich wahrnehmen, wenn sie sich auf uns richtet«.[92]

Dies ist anhand der gemeinsamen Situation der Kinder leicht nachzuvollziehen. Die Interaktion zwischen Personen ist durch das »Aufmerksamkeit-auf-jemanden-Richten« und die Erfahrung von *Engung* und *Weitung* gekennzeichnet. Da die Erzieherin als Erwachsene den Alltag meist im Zustand *personaler Emanzipation* erlebt, ist es ihre Aufgabe, über *leibliche Kommunikation* Kindern Anlehnung, Zuwendung und Beachtung zu schenken, aber auch Grenzen zu setzen. Sie hat wesentlichen Einfluss auf die gemeinsame Situation durch die Intensität ihrer Präsenz gegenüber dem einzelnen

---

[92] Klaudia Schultheis, Macht und Erziehung, in: Hans Jürgen Wendel, Steffen Kluck (Hrsg.), Zur Legitimierbarkeit von Macht, Freiburg i. B./München 2008, S. 102.

Kind und der Gruppe, durch die *Einleibung* erst möglich wird. Wenn die Erzieherin durch ein aufmerksames Sich-leiblich-auf-die-Kinder-Einstellen eine angenehme Atmosphäre in der Gruppe schafft, wirkt sich dies entsprechend auf das Wohlbefinden aller aus. Die Verantwortung liegt deshalb bei ihr, da sie auf der Ebene *personaler Emanzipation* über den affektiven Betroffenheiten einzelner Kinder steht, diese einordnen kann und entsprechende Signale setzen kann, die die Kinder ermutigt, tröstet, ermahnt, beruhigt oder aktiviert. Sie kann im Grunde vorausschauend abwägen, wie sich die Situation streitender Kinder in der Bauecke gestaltet, welche Folgen es hat, wenn mehrere Kinder erhöhten Bewegungsdrang entwickeln oder ob ein trauriges Kind Zuspruch braucht. Entsprechend kann sie reagieren und kommunizieren und allein mit Blicken, Gesten und Körperspannung antagonistische Austauschprozesse leisten. Solche elementaren Tätigkeiten wurden bisher von Fachkräften wenig kommuniziert, in der Fachliteratur kaum erwähnt oder unter nonverbalen Aspekten subsumiert, da leibesphänomenologische Konzepte im Elementarbereich noch weitestgehend unbekannt sind.

Wenn es der Erzieherin nun gelingt, ein atmosphärisches Gleichgewicht in der Gruppe herzustellen und den Kindern in leiblicher Kommunikation zu begegnen, schaffen auch Kinder leichter die Bewältigung der neuen Situation, die Integration in die Gruppe und sie erreichen zunehmend Zustände *personaler Emanzipation*. Eine Erzieherin beschreibt diesen Prozess wie folgt:

»Aber das ist für uns wirklich das allergrößte. Dass ein Kind sich traut, im Sitzkreis, im Stuhlkreis, zu erzählen, was es am Wochenende gemacht hat, aber auch allen beizubringen, jetzt hören wir wirklich einmal da zu und dann bist du dran und dann hören wir auch dir zu. Also das sind wirklich so Sachen, die wir so automatisch im Alltag mit drin haben« (KkoGSMz/L 54).

Das Beispiel mit dem Stuhlkreis zeigt, wie Kinder im Antagonismus von *Engung* und *Weitung* sich mitteilen und erleben, dass ihre Erfahrungen bei anderen auf Interesse stoßen. Im Kreis erleben sie sich als Glied einer Körperkette, in der sie in *Weitung* aufgehen können. Sie spüren Annahme, Zuwendung und Aufmerksamkeit durch die gerichteten Blicke der Anderen. Anfangs verkriechen sie sich noch schüchtern oder ängstlich in *Engung* quasi in ihrem Leib, später gehen sie in *Weitung* in der Gruppe auf, lassen sich bei gemeinsamem Singen und Tanzen auf solidarische Einleibung ein.[93] Die gegenseitige Konzentration aufeinander bringt die Gruppenmitglieder in Schwingungsverhältnisse, die zwischen *Engung* und *Weitung* oszillieren und Einleibung konstituieren. Durch eine kontinuierliche Begleitung dieser leiblichen Prozesse gewinnen Kinder Handlungssicherheit und gelangen in Zustände *personaler Emanzipation*.

Nach Schmitz kommt bei der Einleibung dem Blick eine besondere Bedeutung zu. Bereits Simmel hat diese Relevanz der Gegenseitigkeit des Blickes betont: »Das Auge entschleiert dem andern die Seele, die ihn zu entschleiern sucht«.[94] Bei Schmitz bleibt dies jedoch kein friedliches Ausloten der Seele des anderen, sondern durch den Blick messen die Partner Dominanz oder Rezessivität. Diese antagonistische Einleibung liegt in der Struktur des Leibes begründet, der bedeutsame Signale aussendet und empfängt um Über- und Unterordnung abzustimmen, gegebenenfalls den Blick meidet und im Drama des Augenblicks die leibliche Gestimmtheit offenbart. Der Blick ist unmittelbar in das motorische Körperschema eingebaut und der gegenseitige Blickwechsel ist für ein flüssiges Gespräch mit wechselseitiger Einleibung unentbehrlich. »Blicke sind wie Speere, die zwar nicht in den Körper des Angeblickten eindringen, wohl aber in dessen vitalen Antrieb, den sie durch Einleibung mit dem Blickenden in einem Netzwerk leiblicher Dynamik zusammenschließen.«[95]

Die gefühlte leibliche Disposition der *Engung* und *Weitung* ist für Kinder und Erwachsene phänomenologisch nachvollziehbar und kann als Bindeglied zwischen den Prozessen *personaler Regression* und *personaler Emanzipation* betrachtet werden. Es bleibt kein

---

[93] Vergl. Hermann Schmitz, System der Philosophie, Band II, Der Leib, Bonn 1965, S. 73 ff., bzw. 89 ff.
[94] Georg Simmel: Soziologie, Berlin 1968, S. 484 f., in: Peter Brozio, Vom pädagogischen Bezug zur pädagogischen Beziehung. Soziologische Grundlagen einer Erziehungstheorie, Würzburg 1995, S. 204.
[95] Hermann Schmitz, Höhlengänge, Berlin 1997, S. 84.

Ansatzpunkte der Leibphänomenologie im Kindergartenalltag

mystischer Vorgang, der nur rein relational nachempfunden werden kann. *Gemeinsame Situationen* gestalten sich durch leibliche Kommunikation im Wechselspiel von *Engung* und *Weitung,* von *Einleibung* und *Ausleibung.* Während bei der Einleibung die Konzentration immer auf das Gegenüber gerichtet ist, bildet die Ausleibung im Grunde ein beinah komplettes Loslassen im Sinne des »Ausströmens, der Versunkenheit, des Sich-Verlierens«, also einer Art Trance.[96] Der Leib hat dabei eine fundamentale Bedeutung für das In-der-Welt-Sein, und zwar nicht nur für Kinder, die noch mühsam die Erprobung ihrer Sinne und motorischen Koordination üben müssen, sondern auch für Erwachsene.

Wechselseitige Einleibung ist die Basis aller Sozialkontakte. Dabei sagt das leibliche Empfinden mehr über den anderen als der isolierte Blick. Bei der Einleibung geht es weniger um feste Formen und Farben, als um Wahrnehmungen, wie geduckt, straff, lässig, eng, kleinlich, offen, einladend jemand in eine gemeinsame Situation eintritt. In wechselseitiger Einleibung tritt eher die Entschlossenheit, Nachdenklichkeit, Unsicherheit des Gegenübers in den Vordergrund als einzelne Aspekte wie Augenfarbe, der Schnitt der Kleidung oder die Frisur. Schmitz beschreibt dies an einem plausiblen Beispiel:

> »Dabei kann es vorkommen, dass schon die bloße Anwesenheit oder der Eintritt eines Menschen die Atmosphäre in einem Raum wie zu Eis erstarren lässt oder warm, locker und herzlich macht, aber auch in anderer Weise prägt; gewiss liegt das an seinem Blick, an seiner Stimme, seiner Haltung, aber erst einmal spüren es die anderen am eigenen Leib.«[97]

Hier ist von einer synästhetischen Wahrnehmung die Rede, die von einem zum anderen Leib übergreift und nicht an einzelnen Merkmalen einer Person oder eines Raumes festzumachen ist, sondern an der Gesamterscheinung der Person und der Gesamtatmosphäre der Situation. Schmitz rehabilitiert die Welt affektiver Betroffenheit und gibt ihr Raum im sozialen Gefüge, befördert sie von der bloß subjektiven Empfindung zu einer interpersonalen räumlichen At-

---

[96] Vergl. Hermann Schmitz, Der unerschöpfliche Gegenstand, Bonn 2007, S. 152.
[97] Hermann Schmitz, Der unerschöpfliche Gegenstand, Bonn 2007, S. 149.

mosphäre, die konstituierend für *persönliche* und *gemeinsame Situationen* ist. Somit werden Phänomene intuitiven Spürens, wie sie bei intersubjektiven Prozessen im pädagogischen Berufskontext häufig vorkommen, ernst genommen und auf den Begriff gebracht.

»Sein Anspruch ist es, diesem verschütteten Bereich menschlichen Selbst- und Weltbezugs eine Sprache zu verleihen und dem rationalen Diskurs damit eine Dimension zu erschließen, welche bis dato weitgehend ausgeklammert wurde.«[98]

Durch die Konzepte der *persönlichen Situation* und der *leiblichen Kommunikation* können sensible und diffizile zwischenleibliche Prozesse der sozialen Interaktion differenzierter beschrieben und Nuancen von Zuwendung illustriert werden, die für die Sozialisation relevant sind, die aber bisher als banal und beiläufig betrachtet wurden. Sie bieten die Möglichkeit, elementare Prozesse der Subjektwerdung auf den Begriff zu bringen. Nachdem nun die Bedeutung *leiblicher Kommunikation* bei der Interaktion von Erzieherinnen und Kindern expliziert wurde, soll anhand der Begriffe die Veränderung der Sozialisationsbedingungen von Kindern in Kindertageseinrichtungen betrachtet werden, wobei der Fokus auf den interpersonalen Bezügen selbst liegt.

8.4 Einschränkungen wechselseitiger Interaktion im Kindergartenalltag

Wie oben ausgiebig erörtert bildet Einleibung einen wesentlichen Austauschprozess zur Gestaltung sozialer Beziehungen und intersubjektiver Atmosphären innerhalb einer Kindergartengruppe. Daher soll noch einmal gezeigt werden, wie sich die Gruppensituation durch intensive antagonistische und solidarische Einleibung zwischen Erzieherin und Kind konstruktiv entwickeln kann. Bei folgendem Zitat geht es um die aktive Mitwirkung des Kindes im Gruppengeschehen:

---

[98] Fritz Böhle, Dirk Fross, Erfahrungsgeleitete und leibliche Kommunikation und Kooperation in der Arbeitswelt, Bielefeld 2009, S. 8.

»Das können Kinder aber auch nur dann, wenn sie soweit gestärkt sind, dass sie Werte erkennen, dass sie ihre Gefühle erkennen, dass sie ihre eigene Meinung bilden können. Nur dann kann ich von den Kindern verlangen, dass sie sich äußern. Sie müssen eine gewisse Sicherheit in der Einrichtung haben. Sie müssen auf jemanden zugehen können. Angst darf natürlich sein. Sie müssen einfach sagen, so bis hierhin und nicht weiter. Aber nur dann, wenn ein Kind sich sicher und geborgen fühlt, nur dann kann es in seinem Umfeld Schritte machen, wo es lernen kann« (KkB/L – 10.1).

Diese Aussage beschreibt dezidiert, wie eine Atmosphäre von Vertrauen geschaffen wird, die dem Kind bei der Integration in die Gruppe hilft. Kinder dürfen zunächst »Angst« haben und die Erfahrung machen, im Zustand *personaler Regression* aufgefangen zu werden. Daraus lernen sie, ihre »Gefühle« wahrzunehmen und zu artikulieren. Sie können auf andere »zugehen« und sich ihnen anvertrauen. Dies führt dazu, dass sie sich eine »eigene Meinung bilden« und diese in die *gemeinsame Situation* mit einbringen. Doch dies alles erfolgt nur unter der Voraussetzung sicherer Bindungen zu den Erzieherinnen. Die »Sicherheit« und Beständigkeit der Beziehungen, die Orientierung in Raum und Zeit werden als wesentliche Konstanten erkannt, um *gemeinsame Situationen* zu ermöglichen. Das Kind muss zunächst durch Einleibung in Wechselbeziehung mit dem Raum treten, Orte entdecken, die ihm ein Wohlgefühl vermitteln (Esstisch, Kuschelecke, etc.), die Rhythmen des Tagesablaufes erfassen, auf die Gestimmtheiten der Erzieherin und allmählich auch auf die der anderen Kinder reagieren und ein Gefühl für die Gesamtatmosphäre entwickeln, was es eben heißt, »im Kindergarten« zu sein, ein Sachverhalt, der im Sinne Schmitz' für jedes Kind eine ganz andere Situation sein kann, weil es andere Tatsachen, Programme und Probleme mit ihr verbindet und an sie heranträgt. Erzieherinnen ist die Relevanz ihrer sensitiven Ausrichtung der Aufmerksamkeit auf die Kinder bewusst.

Doch wie bereits in Kapitel fünf erläutert, besteht für die Fachkräfte eine Diskrepanz zwischen dem Bewusstsein über die Notwendigkeit sensibler Bindungen zu den Kindern und der Möglichkeit, diese im konkreten Kindergartenalltag tatsächlich feinfühlig zu gestalten. Daher wurden zum Teil auch recht pessimistische Einschätzungen zur Gestaltung *gemeinsamer Situationen* mit Kindern geäußert:

> »Die Kinder verlangen dann vielleicht auch, dass man dann mit ihnen spielt oder sich mit ihnen mal alleine beschäftigt, aber das ist nicht möglich. Und ich denke dadurch für die Kleinen ist es noch mal wichtig, dass sie lernen, wirklich sich alleine zu beschäftigen und alleine zurechtzukommen« (27-KevSi/LE).

In diesem Zitat wird die Chance auf eine intensive *antagonistische Einleibung* zwischen Erzieherin und Kind faktisch negiert. Von einer empathisch begleitenden Hinführung zur *personalen Emanzipation* kann keine Rede sein. Welche Faktoren die Erzieherin bei der wechselseitigen *Einleibung* beeinträchtigen, wird hier noch nicht explizit benannt. Scheinbar stehen organisatorische oder formale Handlungen so stark im Vordergrund, dass wesentliche interpersonale Austauschprozesse zwischen Erzieherin und Kind kaum stattfinden können. Die Aussage der Fachkraft birgt bereits Resignation und sie scheint aus pragmatischen Gründen zu hoffen, dass die Kinder alleine zurechtkommen. Indem die Bezugsperson nicht verfügbar ist, findet zwar über formale Handlungen noch Sozialisation statt, aber im Grunde sind die Kinder sich selbst überlassen und es gibt keine *gemeinsame Situation* in *antagonistischer Einleibung* mit der Erzieherin. Zu ähnlichen Schlussfolgerungen bezüglich der Beziehungen zu den Kindern kommt folgende Fachkraft:

> »Es ist nicht mehr so, ich meine, man hätte früher so mehr Zeit gehabt, sich einfach mal hinzusetzen mal zu plaudern oder einfach mal Quatsch zu machen mal irgendwas, das kann man sich bald nicht mehr erlauben und das finde ich schade« (KkoLau/LE 61).

Diese Äußerung weist darauf hin, dass informelle Situationen, in denen Begegnung in *leiblicher Kommunikation* in gegenseitiger *Engung* und *Weitung*, wie etwa durch Lachen und Scherzen, stattfinden kann, seltener werden.[99] Gerade Lachen ist bei Kindern häufig eine befreiende Reaktion des Sich-fallen-Lassens nach einem be-

---

[99] Vergl. Hermann Schmitz, Der unerschöpfliche Gegenstand, Bonn 2007, S. 135 ff.

Einschränkungen wechselseitiger Interaktion im Kindergartenalltag

drohlichen Moment, nach überraschenden »Verrückungen« von Vertrautem«.[100] Dies geschieht dadurch, dass das Kind sich in Weitung der Situationskomik überlassen kann, wissend, dass es angesichts der entgangenen Gefahr des starken Armes des Erwachsenen sicher ist. Solche ungezwungenen Situationen werden jedoch durch geplante Aktionen zunehmend ersetzt.

Die Erzieherinnen bedauern den Zustand solcher fehlenden *gemeinsamen Situationen* einerseits, weil sie es intuitiv und ohne Wissen um Begriffe der Leibesphänomenologie als ihre ureigenste Aufgabe ansehen, mit Kindern in *leibliche Kommunikation* zu treten, wissen aber andererseits, dass diese beschriebenen zwanglosen Situationen im Curriculum oder in einer Prozessbeschreibung für das QM keine Berücksichtigung finden und daher nichts Vorweisbares liefern im Hinblick auf dokumentierbare Bildungsprozesse und daher offiziell eher als wertlos und redundant gelten. Dies verunsichert die Fachkräfte und führt dazu, dass sie gegen besseres intuitives Wissen andere Tätigkeiten bevorzugen.

Kinder nehmen jedoch den Grad der Zugewandtheit von Erwachsen sehr deutlich wahr und differenzieren früh, welche Personen aufnahmebereit sind gegenüber ihrer Person und ihrem Anliegen und welche nicht. Sie spüren, wie intensiv sich Erwachsene auf ihre Bedürfnisse einstellen, ob sie wirklich offen sind für *gemeinsame Situationen* und ein Sich-leiblich-aufeinander-Einspielen im Sinne Schmitz' oder ob sie eher mit der Erfüllung formaler Aufgaben beschäftigt sind, die sie am Sich-Einlassen auf den anderen hindert.

»Also die merken schon, wenn ich jetzt hier zwölf Erzieher habe, wissen sie schon ganz klar zu unterscheiden: wenn ich den frage, der hört mir zu, der hilft mir oder wenn ich den frage, der sagt nur ja und dreht sich rum« (KevSp/L89).

Die spezifische Zugewandtheit jeder einzelnen Erzieherin wird dieser Aussage zufolge sehr deutlich von den Kindern wahrgenommen.

---

[100] Hermann Schmitz, System der Philosophie, Band IV, Die Person, Bonn 1990, S. 121; Vergl. Hermann Schmitz, Der unerschöpfliche Gegenstand, Bonn 2007, S. 161.

Die mikrosoziologische Perspektive – Leibphänomenologische Reflexion

Es scheint nicht selbstverständlich zu sein, dass *gemeinsame Situationen* im Kindergartenalltag mit jeder Erzieherin zustande kommen und ein wechselseitiger Dialog möglich ist. Vor allem das gegenseitige aufeinander Einstellen von Personen auf gefühlsmäßige Atmosphären braucht Zeit und unbedingte Zuwendung. Nur dann fühlen sich Kinder ernst genommen in ihrer Engung (Angst, Wut, Schmerz, Konzentration) oder ihrer Weitung (Entspannung, Glück) und sie können Momente *personaler Regression* überwinden hin zu *personaler Emanzipation*. Dies ist zwar in einer Kindergartengruppe nicht immer zu leisten und es lässt sich kaum vermeiden, dass Kinder auch einmal abwarten müssen, bis sie mit ihrem Anliegen an der Reihe sind. Doch scheint es für die Kinder deutlich wahrnehmbare Unterschiede zu geben.

Die Erzieherinnen empfinden die Aussicht auf Gestaltung *gemeinsamer Situationen* ebenfalls als schwierig und erleben sich häufig als unzulänglich. *Eine* Ursache stellt die größere Altersmischung in den Gruppen dar, die nicht nur Drei- bis Sechsjährige umfasst, sondern seit den Reformen auf Ein- bis Zweijährige ausgedehnt wird. Die Berücksichtigung der unterschiedlichen Bedürfnisse wird zunehmend schwieriger:

»Wir wurden also manchmal den Kleinen nicht gerecht, die doch mehr Betreuungsaufwand brauchen und den Großen auch nicht mehr« (KkN/L-16).

Dies liegt daran, dass Kleinkinder noch regelmäßig gewickelt und gefüttert werden müssen, sie brauchen eine Begleitung beim mittäglichen Einschlafen und Aufwachen und auch beim Wechsel in andere Räume, weil sie sich sonst in der Einrichtung verirren. Allein der Wickelaufwand bei jedem einzelnen Kind ist enorm:

»Die werden drei, viermal gewickelt morgens, das geht sonst nicht« (KkoLau/LE 34). Aber auch im Umgang mit den Materialien und den größeren Kindern gibt es Konfliktfelder, da Zweijährige entwicklungsgemäß Materialien zunächst lieber auseinandernehmen und dabei noch wenig Rücksicht gegenüber den Werken älterer Kinder kennen:

»Die anderen [Großen] beschweren sich ständig, der macht ja das kaputt und dies und jenes und der schneidet uns da rein – das ist Chaos« (KkoLau/LE 32).

Die Bedürfnisse von kleineren und größeren Kindern sind somit nicht immer und ohne weiteres miteinander zu vereinbaren. Die Spreizung der Anforderungen durch die erweiterte Altersmischung führt daher gelegentlich zu einer als diffus empfundenen Überforderung.

Doch das Problem der Altersmischung ist nur einer von vielen weitern Faktoren, die eine volle Konzentration der Erwachsenen auf die Belange der Kinder behindern. Erzieherinnen artikulieren innerhalb der Interviews immer wieder ein deutliches Unbehagen gegenüber der Tatsache, dass sie zwar viele Aspekte der Reformen als wichtig und notwendig erachten, dennoch durch diese zusätzlichen Tätigkeiten die Aufmerksamkeit vom Kind abziehen müssen. Ein pastoraler Begleiter beschreibt dies so:

»Die sind zwar, die können das zwar noch nicht (…) das dann jetzt quasi begrifflich artikulieren, aber sagen wir mal sie spüren, dass ihre Intention, das was sie selber wollen, im Widerspruch zu dem eigentlich steht, zu dem kategorialen System steht das ihnen von außen aufgezwängt wird« (PakKo/PR 39).

Die Fachkräfte spüren also die fundamentale Bedeutung der Bindung zum Kind, wollen aber auch nicht hinter den Anforderungen der Reforminitiativen zurückbleiben, deren Umsetzung einen großen Teil ihrer Zeit, ihrer fachlichen und persönliche Ressourcen aufbraucht. Sie wissen jedoch nicht, wie sie diese Diskrepanz auf den Begriff bringen sollen, denn leicht geraten sie in den Verdacht, durch mangelhaftes Zeitmanagement, fehlende Setzung von Prioritäten oder ungenügende fachliche Kompetenz ihr Dilemma selbst verschuldet zu haben.[101] Doch wie in obigem Zitat angedeutet, erkennen sie nicht, dass diese Arbeitsbereiche kategorial verschieden sind und daher nicht einfach durch veränderte Ressourcen, wie Zeit, kleinere Gruppen oder mehr Personal besser zu vereinbaren sind. Womöglich generieren analytische, administrative und orga-

---

[101] Vergl. Ulrich Beck, Risikogesellschaft, Frankfurt a. M. 1986, S. 226.

nisatorische Arbeit sowie Netzwerkarbeit in sich einen Widerspruch zu intensiver Beziehungsarbeit mit Kindern in wechselseitiger *Einleibung*. Welche Faktoren nun dafür verantwortlich sind, dass die Bedürfnisse der Kinder weniger wahrgenommen werden können und die *leibliche Kommunikation* zur Begleitung von Prozessen *personaler Regression* hin zu *personaler Emanzipation* behindert wird, was Schmitz zufolge eine grundlegende Bildungsaufgabe ist, soll nun anhand von konkreten Beispielen betrachtet werden.

8.4.1 Situation Sprachförderung

Zur Verbesserung der Sozialisationsbedingungen von Kindern werden durch die unterschiedlichen Bildungsinitiativen gezielte Fördermaßnahmen installiert. Die Bildungs- und Erziehungsempfehlungen differenzieren Bildungsprozesse in einen Kanon von 14 Bildungsbereichen aus, einer davon ist die Sprache.[102] Auch das Programm der rheinland-pfälzischen Landesregierung »Zukunftschance Kinder – Bildung von Anfang an« unterstützt gezielt Sprachförderkurse in Form von Basis- und Intensivkursen. Nachdem sich seit 1980 zunehmend der Situationsorientierte Ansatz mit Lernen in »ganzheitlichen« Projekten durchgesetzt hat, werden seit der PISA Studie wieder verstärkt isolierte Fördermaßnahmen eingesetzt. Am Beispiel der Basis- und Intensivkurse des Sprachförderprogramms in Rheinland-Pfalz soll ihre Wirkung auf Sozialisationsprozesse der Kinder aufgezeigt werden. In den Kindergärten werden wöchentlich von speziell dafür eingestellten Sprachförderkräften Sprachkurse durchgeführt, die, wie unter Kapitel 3.3.2 beschrieben, für 2–4 Stunden mit den Kindern arbeiten und dann das Haus wieder verlassen.

Diese Sprachförderkurse werden in den Einrichtungen sehr un-

---

[102] Vergl. Ministerium für Bildung, Frauen und Jugend Rheinland-Pfalz, Bildungs- und Erziehungsempfehlungen für Kindertagesstätten in Rheinland-Pfalz, Berlin/Düsseldorf/Mannheim 2007, S. 37 ff.

terschiedlich erlebt. Eine Erzieherin meldet folgende Äußerung von Kindern zurück:

»Die Kinder an sich, die sagen auch, wir haben ganz viel gelernt, wir können jetzt gut sprechen« (KevMz/L78).

Damit scheint Sprachförderung durch diese Kinder als positiv wahrgenommen zu werden. Auch Kolleginnen machen mit den Sprachförderkursen gute Erfahrungen:

»… viele Kinder kommen, die können nicht verständlich sprechen, können sich nicht verbal anderen Kinder gegenüber verständlich ausdrücken, das ist schwierig und dann, wenn man aber sieht, vielleicht nach einem halben Jahr oder so, wie sich das schon verbessert hat, das ist ne feine Sache« (KkN/L-55).

Im Laufe der Zeit werden somit gewisse Veränderungen oder sogar Verbesserungen im Sprachverhalten wahrgenommen. Doch besteht auch eine gewisse Skepsis gegenüber den Förderkursen, da die Erzieherinnen einräumen, man wisse nicht, wie sich ein Kind in der gleichen Zeit ohne einen Sprachkurs weiter entwickelt hätte.

»Dass man wirklich sagt, oh durch die Sprachförderung ist das und das entstanden. Es hat mit Sicherheit unterstützt und das Kind hat mit Sicherheit etwas mitgenommen. Wie viel und wie wenig, ich glaube das kann man wirklich nicht beurteilen« (KkoGSMz/L 82).

Verbessertes Sprachverhalten ist also nicht immer eindeutig dem Sprachförderprogramm zuzuordnen, auch wenn häufig eine positive Entwicklung der Kinder konstatiert wird. Man geht davon aus, dass die Adressaten der Sprachförderkurse »etwas« mitgenommen haben, ohne genau benennen zu können, was es ist. Doch das isolierte Förderangebot wird auch kritisch beurteilt:

»Wo ich dann sage, Sprachförderung ist gut und schön, wichtiger und noch besser fände ich es, wenn man uns die Kraft stellte rund um die Uhr ohne, dass man das nennt: Sprachförderung. Weil ich denke, Sprachförderung beginnt von der ersten Minute an, wo die Kinder den Fuß über die Schwelle setzen. Wenn die kommen beginnt Sprache und gerade da, wenn man dann überlegen würde, man hätte in jeder Gruppe mehr Erzieher, könnte man dieses fördern und wir brauchten keine zusätzliche Förderkraft. Das könnte man sich dann sparen, aber gut, man gibt dem Kind einen anderen Namen« (KkB/L – 27.4). Die Fachkraft geht hier auf ein spezifisches Verständnis von Sprachförderung ein. Während durch die Bildungsprogramme vom Kindergartenalltag isolierte Kurse angeboten werden, die spezielle Sprachsituationen schaffen sollen, bevorzugt die Expertin ein Konzept, bei dem Sprechsituationen im Alltag verstärkt und integriert werden. Würde mehr Personal in der Gruppe eingesetzt werden, so ihre These, könnten man häufiger intensive Sprechanreize innerhalb der Gruppe schaffen, ohne den Ort und die Bezugsperson wechseln zu müssen. Damit wird bereits angedeutet, dass Sprachentwicklung als eine elementare Angelegenheit betrachtet wird, die in der Einrichtung »von der ersten Minute an« Relevanz besitzt und nicht nur als isolierte Fähigkeit in Sonderkursen, sondern im gewohnten Umfeld in vertrauten sozialen Bezügen vermittelt werden sollte.

Noch deutlicher hat folgender Experte versucht zu beschreiben, was das Eigenartige am Förderunterricht für Kinder sein kann:

»Also den Fokus auf Sprache insgesamt, den halte ich für wichtig. Aber diese zusätzlichen Kräfte – kommt drauf an, wie sie eingesetzt werden. Wenn man sie als zusätzliche Mitarbeiterin nimmt, die dann ganz allgemein mitarbeitet, dann denke ich ist das eigentlich eine gute Sache und für den Kindergarten ein Gewinn. Wenn diese Zusatzkraft aber hingeht und punktuell jetzt kleine Spracheinheiten anbietet, dann halte ich das eigentlich für Quatsch. Das ist ein aufgesetztes, eine Lehrergeschichte, das ist reiner funktional … Funktionsansatz und eigentlich den Kindern nicht dienlich. Die werden rausgerissen aus ihren normalen Gruppen. Sie sind etwas Besonderes oder etwas Komisches, weil sie herausgerissen werden. Und ich denke Sprachförderung kann eigentlich nur lebensintegriert im Alltag des Kindergartens passieren« (FSBop/L 59/60/61).

In diesem Zitat wird speziell auf die Lage des Kindes eingegangen. Für das einzelne Kind verändert sich die Alltagssituation fundamental, indem es zur Sprachförderung geht. Es hat sich im Lauf des Morgens leiblich auf die Gruppenatmosphäre eingestimmt und vielleicht gerade einen Spielkameraden, eine interessante Beschäftigung und damit ein Wohlgefühl gefunden, um dann, in den Worten des Experten, »rausgerissen« zu werden und plötzlich etwas anderes tun zu müssen, in einem separierten Raum mit anderen Kindern, eine Situation, die nicht immer einfach zu bewältigen ist. In der Sprachfördergruppe sind meist Kinder aus verschiedenen Gruppen zusammengefasst, ein Tatbestand, der zwar auch bereichernd sein kann, doch zunächst als befremdend empfunden wird.

Zu dem Aspekt der räumlichen und zeitlichen Veränderung und der Umstellung auf andere Personen kommt noch die Möglichkeit der Stigmatisierung hinzu. Denn Kinder, die einen Sprachförderkurs besuchen, unterscheiden sich von anderen, weil ihnen eine Schwäche zugeschrieben wird. Das Gefühl anders zu sein und infolgedessen separiert und »gefördert« zu werden, kann von Kindern, die in ihrer Kommunikation durch sprachliche Defizite gehandicapt und womöglich durch Empfinden von Angst, Unsicherheit und Überforderung stärker dem Rückfall in *personale Regression* ausgeliefert sind, da sie größere Schwierigkeiten haben, sprachlich einzelne Sachverhalte, Programme und Probleme sowie ihre affektive Betroffenheit zu artikulieren und den komplexen Kindergartenalltag zu überschauen, als bedrückende *Engung* empfunden werden. Diese Atmosphäre der Unsicherheit kann sich durchaus Ausdruck verschaffen in der *antagonistischen Einleibung* unter Kindern oder zwischen Kindern und Erwachsenen.[103] Nur wenn die Sprachförderkraft es schafft, sich auf die Kinder einzulassen und eine angenehme Atmosphäre wechselseitiger Einleibung zu schaffen, können solche Barrieren überwunden werden. Denn eine zugewandte Mimik und Gestik, und vor allem das Angeschautwerden durch eine vertraute Person, bildet die Grundlage für den Spracherwerb.[104]

Insgesamt ist die Bildung von Sprache beim Kleinkind als komplexer Prozess der *Einleibung* zu betrachten. Der Vorgang der *anta-*

---

[103] Vergl. Hermann Schmitz, Der unerschöpfliche Gegenstand, Bonn 2007, S. 151 ff.
[104] Vergl. Gudrun Gauda, Blickvermeidung in den ersten Lebensmonaten und Elternidentität – Ursachen, Folgen, Prävention, in: Hilarion G. Petzold, Die Kraft liebevoller Blicke, Paderborn 1995, S. 78.

gonistischen Einleibung, »wenn die Einleibung wechselseitig wird, mit oszillierendem Wandern des dominierenden Engepols«[105], spielt bei sprachlichen Interaktionsprozessen zwischen Erzieherin und Kind eine bedeutsame Rolle. Im Gegensatz zu Ludwig Wittgenstein, der Sprachentwicklung lediglich als Dressurakt betrachtet, oder Noam Chomsky, der mit seinem Konzept des angeborenen Sprachschemas rationalistische Erklärungen bereithält, bezeichnet Schmitz den Spracherwerb als ein Hineinwachsen in die Situation der Sprache als »die Fähigkeit, sich naiv und locker mit Hilfe orientierender, Rahmen setzender und Winke gebender Erfahrungen, aber höchstens spärlicher Explikation einzelner Regeln [...]« sich in »natürliche Sprachen einzuleben [...]«.[106] Gerade der Begriff des »Einlebens« deutet darauf hin, wie wesentlich eine alltägliche, selbstverständliche und vertrauensvolle Atmosphäre zwischen den Akteuren für jenen sensiblen Prozess der Sprachbildung ist. Sprache entsteht bei Kindern vor allem beim Zusammenleben in *gemeinsamen Situationen*, weniger durch formalen Sprachunterricht.

Obwohl Schmitz kein Konzept über die Sprachentwicklung in der frühen Kindheit entwickelt hat, kann man bei der Betrachtung psychologischer Theorien über Sprachentwicklung eine Anschlussfähigkeit zur leiblichen Kommunikation entdecken. Colin Trevarthen (1977/79), John Dunn (1982) und auch Jerome Bruner identifizieren vorsprachliche Handlungen in der Interaktion von Mutter und Kind, die durch Rituale, Blicke, Laute und Gesten Ausdruck finden.[107] Die Psychologen Lawrence Alan Sroufe (1979) und Paul Bloom (1990/91) haben festgestellt, dass Kinder im Zustand mittlerer Spannung und bei feinfühliger Betreuung die größten Fortschritte beim Spracherwerb machen.[108] Wenn sie emotional zu stark involviert sind und somit ein Zustand übermäßiger *Engung*

---

[105] Hermann Schmitz, Die Aufhebung der Gegenwart, Bonn 2005, S. 27.
[106] Hermann Schmitz, Die Aufhebung der Gegenwart, Bonn 2005, 70f. und 72.
[107] Vergl. Gisela Szagun, Sprachentwicklung beim Kind, Weinheim 1996, S. 177ff.
[108] Vergl. Gisela Szagun, Sprachentwicklung beim Kind, Weinheim 1996, S. 194ff.

erreicht ist, bedeutet die Integration von Sprachmustern eine Überforderung. Sprache entsteht also über intensiven Austausch zwischen zwei Menschen, der nicht nur durch akustische Signale, sondern durch chaotisch-mannigfaltige, binnendiffuse Eindrücke und Empfindungen gekennzeichnet ist, durch *Einleibung* und *Ausleibung*, der nur unter günstigen atmosphärischen Bedingungen gelingen kann. Nicht nur die Konversion von Worten ist entscheidend, sondern Betonung, Lautstärke, Stimmlage, Rhythmus und Melodie der Worte, die Bewegung der Lippen und der Zunge, Naserümpfen, Augenzwinkern, Stirnrunzeln, Lächeln oder Schmollen, Nicken oder Kopfschütteln, Pausen und Schweigen. Hilarion Petzold schreibt solch intensiven leiblichen Prozessen in Reflexion von Merleau-Pontys Leiblichkeitsbegriff die Genese von Sozialität zu:

»Denn im Begriff des Funktionszusammenhangs von leiblichen Bewegungen wird die Sozialität erst mit Recht das, was mich und dich umgreift. Es ist der Zusammenhang von dem her wir einander und uns selbst verstehen«.[109]

Leibliche Bewegungen, Gefühle und Stimmungen übermitteln Ermutigung oder Mahnung, Anreiz oder Hemmung zum freien Sprechen und Verstehen des Anderen. Für die erfolgreiche Wahrnehmung und Wiedergabe solch komplexer Vorgänge sind für das Kind eine vertraute Umgebung, eine Person, zu der eine feinfühlige Bindung besteht und eine angenehme Atmosphäre elementare Voraussetzungen, um Sprache in mimetischer Wechselwirkung erlernen zu können, besonders dann, wenn es in seinem Sprachverhalten beeinträchtigt ist, denn es handelt sich auch hier um einen Übergang von *personaler Regression* zu *personaler Emanzipation*. Wenn die Erzieherin im obigen Zitat eine kritische Haltung zu Förderkursen einnimmt, spürt sie intuitiv, dass die isolierten Sprachfördersituation nicht unbedingt den Bedürfnissen des Kindes beim »Einleben« von Sprache entsprechen.

---

[109] Hermann Coenen, Leiblichkeit und Sozialität, in: Hilarion Petzold, Leiblichkeit, Paderborn 1985, S. 213.

Vor diesem Hintergrund scheinen Sprachförderkurse im Kindergarten weder an Kriterien der Sprachpsychologie noch an Aspekten der *leiblichen Kommunikation* orientiert zu sein. Daher sollte die Gestaltung der Sprachkurse womöglich überdacht und eine stärkere Orientierung an wesentlichen Voraussetzungen des Spracherwerbs vorgenommen werden. Zumal in den Interviews immer wieder konstatiert wurde, dass die Sprachförderkräfte selten eine spezifische Ausbildung absolviert hätten und ihre fachliche Eignung fraglich sei.

Das Beispiel der Sprachförderung illustriert, welche Vor- und Nachteile spezielle Fördermaßnahmen für kindliches Lernen haben. Die Fachkräfte verweisen mehrheitlich auf Lernsituationen, die in den Kindergartenalltag eingebunden sind, da Kinder hier sensible Lernprozesse in der gewohnten Umgebung erfahren können. Sie erfassen intuitiv, dass Lernen im Antagonismus von Bindung und Exploration stattfindet in *gemeinsamen Situationen* und im Rahmen *leiblicher Kommunikation*. In Rekurs auf Begriffe der *Neuen Phänomenologie* wird hier deutlich, dass Bildung eher als Gestaltung der *persönlichen Situation* des Kindes und weniger als überprüfbarer Output zu betrachten ist.

8.4.2 Grenzsituationen

Im Kindergarten müssen 25 Kinder mit zwei Erzieherinnen in einem Gruppenraum von ca. 45 Quadratmetern auskommen. Regeln des Zusammenlebens sind unverzichtbar, um in einer so dichten Situation eine gewisse Ordnung herzustellen, in der Kinder spielen und lernen können. Der Kindergarten setzt als Institution voraus, dass Kinder in der Familie eine *primäre Sozialisation* durchlaufen haben und an Regeln und Normen des gemeinsamen Umgangs gewöhnt sind. Unter dieser Prämisse ist es nun Aufgabe der Einrichtung, die Selbst-, Sozial- und Sachkompetenz der Kinder auszudifferenzieren und zu fördern. Doch die entsprechenden Basiskompetenzen, die in einer *primären Sozialisation* erworben werden und auf die institutionelle Erziehung aufbauen sollte, scheinen nicht mehr in der Weise selbstverständlich von zuhause mitgebracht zu werden, wie dies bisher erwartet wurde. Eine Fachkraft konstatiert:

»Und daheim passiert insgesamt nicht mehr sehr viel. Da ist wenig Zeit für die Kinder so. Einige – nicht alle, aber immer mehr, sagen wir mal so« (KkoLau/LE 78).

Durch liberale Erziehungsstile, Überforderung oder Unwissenheit der Erziehungsberechtigten bleiben scheinbar selbstverständliche Erfahrungen *primärer Sozialisation* aus. Bei doppelter Berufstätigkeit der Eltern oder bei Alleinerziehenden kommt noch dazu, dass einfach weniger Zeit im Tagesablauf mit dem Kind verbracht wird, in der grundsätzliche Regeln des Zusammenlebens geübt werden können.

»Oft ist es noch die Sauberkeitserziehung, die gar nicht abgeschlossen ist, die also immer später stattfindet, die immer mehr auch von uns dann gemacht wird und einfach ganz lebenspraktische Dinge, die die Kinder gar nicht kennen. Ja also sich einmal eine Nase zu putzen, wenn die Nase läuft oder die Hände sich zu waschen oder eigenständig sich mal Schuhe anzuziehen« (KevSp 59/60).

Solche Basiskompetenzen des täglichen Lebens müssen somit zunächst im Kindergarten erlernt werden, und zwar nicht nur von Zweijährigen, sondern oft auch von älteren Kindern. Da solche Lernprozesse vor allem durch geduldige und kontinuierliche Wiederholung vermittelt werden, bis sich Verhaltensweisen verinnerlicht haben und vom Kind selbständig geleistet werden können, erfordern sie einen großen Umfang an Zeit, Aufmerksamkeit und Engagement der Erzieherinnen. Doch geht es nicht nur um Defizite bei einzelnen Aspekten der Sozialisation, die aus Zeitmangel zuhause nicht abgedeckt werden können, sondern um grundsätzliche erzieherische Kompetenzen der Eltern. Erzieherinnen beschreiben, dass Eltern immer häufiger ihrer Erziehungsaufgabe nicht mehr gewachsen sind.

»Eltern sind unsicher, die Kinder zu erziehen, unsicher, weil es so viele Möglichkeiten gibt. Und weil es so viele Möglichkeiten gibt, trauen sie sich oft weniger, Grenzen zu setzten, Regeln zu setzen und auch Konsequenz zu setzen und das ist das, was unseren Kindern fehlt. Aber sie lernen es auch einfach nicht mehr« (KevSp/L 56).

Anhand dieser Äußerung wird deutlich, dass es sich nicht nur um Defizite bei einzelnen praktischen Fähigkeiten handelt, wie das Eingießen von Flüssigkeit in eine Tasse oder das Händewaschen. Es geht um die Fähigkeit, elementare soziale Regeln und Normen zu erleben, zu kennen, zu achten und einzuhalten. Eltern setzen den Kindern weniger Grenzen, sie schaffen weniger Klarheit darüber, welches Verhalten erlaubt ist und welches nicht und setzen Kinder sehr früh selbst der Entscheidung über ihr Tun und Lassen aus. Dies geschieht teils aus einer Haltung von eigener Gleichgültigkeit und Überforderung, teils aus dem Anspruch einer demokratischen und partizipativen Erziehung. Insgesamt sind die Gründe wohl in den veränderten Lebensbedingungen von Familien zu finden, wie sie bereits in Kapitel 2.3 erläutert wurden. Für Erzieherinnen bedeutet dies, bei der Normgebung teilweise familienersetzende Aufgaben zu erfüllen, klares Vorbild bei der Umsetzung von Verhaltensregeln zu sein und die gesamte Last und Anstrengung des Widerstandes zu tragen, die bei der Grenzsetzung erforderlich sind. Anhand eines Beispiels soll verdeutlicht werden, welche elementaren Sozialisationsprozesse sich hier vollziehen. In der betreffenden Einrichtung wurde ein »Büro« für die Kinder als Aktionsfeld eingerichtet, in dem Rollenspiele stattfinden können.

> »Also wir haben es Büro genannt, so eine kleine Ecke eingerichtet und da stehen Bildschirme und Tastaturen, die gar nicht funktionieren oder auch Telefone und das nehmen sie wunderbar an und spielen damit« (KevSp/L 12).

Im so genannten »freien Spiel« können sich Kinder nun mit den unterschiedlichen Materialien beschäftigen. Aufgabe der Erzieherin ist es dabei, das Verhalten, die besonderen Interessen und Lernerfahrungen der Kinder zu beobachten und gegebenenfalls unterstützend oder restriktiv einzugreifen. Wenn ein Verhalten gegen die Gruppenregeln verstößt, muss daher auch gegenwirkend eingegriffen werden. Wie nun die Grenzsetzung anhand von Begriffen *leiblicher Kommunikation* zu beschreiben ist, soll im Folgenden erläutert werden:

Einschränkungen wechselseitiger Interaktion im Kindergartenalltag

Ein Junge hackt mit einem Holzhämmerchen auf der Tastatur herum. Die Erzieherin befindet sich nur wenige Meter entfernt von dem Spielort und steht in Blickkontakt mit dem Kind, das in *leiblicher Kommunikation* die Hierarchie mit der Betreuungsperson ausmisst. Da der Junge nur eine lose Taste befestigt hat, fällt der Blick der Erzieherin freundlich und gewährend aus, begleitet mit der ausladenden Geste eines Armes und dem Wort »prima«. Das Kind wird diese leiblichen Signale als Zustimmung für sein Handeln deuten. Zwischen Erzieherin und Kind wandert der *Engepol* von dem fordernden Blick des Jungen zum gewährenden Nicken der Frau. Sie kann gewähren lassen und vorübergehend weitende Gelassenheit ausstrahlen.

Es könnte aber auch sein, dass der Junge aggressiv auf die Tastatur einschlägt und sie zu zerstören droht. Die Erwachsene würde eine Braue heben, die Stirn runzeln, einen mahnenden Blick aussenden, die Arme hochreißen und das Wort »Stop« hervorstoßen. Wenn ein anderes Kind gefährdet wäre, würde sie den Jungen festhalten oder wegziehen. Von einer kleinen Geste über einen bestimmten Blick bis hin zu handgreiflichem Zupacken wäre alles möglich. Das Kind merkt, solange es im Blickkontakt mit der erwachsenen Person steht, dass es um sein Verhalten geht, das hier kommentiert und sanktioniert wird. Dabei werden ärgerliche oder verweigernde Gefühle in die gemeinsame Atmosphäre der *Einleibung* übermittelt. Das Kind deutet diese Situation auch so und wird angesichts der Ablehnung und Bedrohung stehen bleiben. Helmuth Plessner schreibt dem Blick eine bedeutsame Stellung in wechselseitigen Spiegelungsprozessen zu:

> »Aufgrund der Exzentrizität vermag der Mensch den Blick als Leitfaden, als Führungslinie zu sehen, die ihm [...] das Verständnis für die Reziprozität des Körperschemas [...] eröffnet und ineins damit auch wirklich sichert.«[110]

Auch ohne Worte kann also eine intensive Auseinandersetzung in *antagonistischer Einleibung* erfolgen. Die massive *Engung*, die durch

---

[110] Helmuth Plessner, Gesammelte Werke, Ausdruck und menschliche Natur, Frankfurt a. M. 1980, S. 396.

die Empörung der Erzieherin entsteht und leiblich zum Ausdruck kommt, wirkt dominant auf den agierenden Jungen ein. Doch durch diesen Wechsel des Engepols in dynamischer *leiblicher Kommunikation* zwischen Erwachsenen und Kindern wird nicht nur eine Grenze gesetzt, sondern er bildet auch die Voraussetzung, um Sinn von sozialen Handlungen zu etablieren. Heftig erlebte affektive Betroffenheit im Sinne von Schmitz kann nach Friedrich Tenbruck in objektive Sinnkomplexe überführt werden,

> »wodurch sich sogar der affektive Zustand selbst ändert, in welchem der Mensch nicht nur sinnlos auf sich selbst zurück geworfen wird, sondern sinnhaft in der natürlichen und sozialen Welt verbunden bleibt«.[111]

Hier beschreibt Tenbruck im Grunde genau das, was Schmitz als *personale Emanzipation* bezeichnet, denn die Person verharrt nicht im Zustand des Auf-sich-zurückgeworfen-Seins, sondern kann durch Explikationen mithilfe Anderer sich über den Zustand affektiven Betroffenseins erheben und in der zunächst bedrohlichen Situation sogar einen Sinn finden. Das Kind erfährt Ärger oder Bedrohung und verbindet das Gefühl mit einem sozialen Sinn. Wesentlich ist aber, dass der Erwachsene den Kontakt für die *antagonistische Einleibung* aufbaut. Der Erwachsene lenkt somit den Prozess der *Einleibung*, in dem er sich dazu entscheidet, den Blickkontakt zu suchen und positive oder negative Signale abzugeben. Die gleiche Situation hätte sich zutragen können und die Erzieherin wäre indifferent vorbeigelaufen. Klaus Prange weist auf diese Relevanz der Gegenseitigkeit beim Lernprozess hin. Der Lernende muss sich auf Sachverhalte richten, die durch den Lehrenden mit zusätzlicher Bedeutung angereichert werden:

> »In dem Maße, wie dieser Intentionalität Bedeutungen entsprechen oder eben von den Erziehungspersonen eingelegt werden, gewinnt das Lernen Anhalt, Richtung und Gestalt. Doch das erste und unverzichtbar Maßgebende ist das Lernen als Üben im aktualen, je gegenwärti-

---

[111] Friedrich Tenbruck, Geschichte und Gesellschaft, § 6 Sinn, Berlin 1986, S. 128.

gen Umgang mit anderen in je gegebenen oder herbeigeführten Situationen«.[112] Es bedarf also der Entscheidung, mit dem Kind in leiblichen Kontakt zu treten und diese »Reziprozitätsspirale« antagonistischer Einleibung durchzuhalten, nur dann kann auch das soziale Lernen eine Richtung erhalten und Austauschprozesse verhandelt werden.[113] Denn die *Engung* und Konzentration, mit der eigenen leiblichen Dynamik auf das Kind einzuwirken, kostet Energie. Bei gewährenden Gesten handelt es sich trotz Konzentration auf die Aktion eher um *Weitung*, weil der Erwachsene den Handlungswillen des Kindes spürt und diesen unterstützend gewähren lässt.[114] Er folgt also lediglich der leiblichen Richtung des Kindes. Bei verbietenden Gesten hingegen unterbricht er den Handlungswillen des Kindes, er muss Widerstand entgegensetzten, der Konzentration und *Engung* des Erwachsenen voraussetzt. Dieser Widerstand ist immer anstrengend, gleich, ob er rein mit Gesten, mit Worten oder mit körperlichem Eingriff verbunden ist. Die gegenseitige *Einleibung* bildet ein eigenes Energiefeld, das ein Ziehen und Zerren in die eine oder andere Richtung ermöglicht und immer den Einsatz von Vitalität abverlangt.[115] Die Alternative wäre ein Ausklinken aus dem Kräftefeld und das Verlassen der gemeinsamen Situation, also Indifferenz oder das reine Gewährenlassen. Es kostet momentan keine Energie, doch spätere Konsequenzen können in Form massiven Fehlverhaltens unangenehm sein. Daher müssen Fachkräfte in der Interaktion mit Kindern kontinuierlich Grenzen setzen und Regeln einfordern:

»Unsere Kinder brauchen in allen Bereichen auch oft eine Begleitung, oft eine Einzelbetreuung und eine starke Aufsicht, weil ihnen gerade auch solche Strukturen und Grenzen fehlen und wenn man dann nette Dinge vorhält, Spielmöglichkeiten setzt, ist es auch wichtig, dass man in gewissem Rahmen damit umzugehen lernt« (KevSp/L 11).

---

[112] Klaus Prange, Die Zeigestruktur der Erziehung, Paderborn 2005, S. 131.
[113] Hermann Schmitz, Die Aufhebung der Gegenwart, Bonn 2005, S. 56.
[114] Vergl. Hermann Schmitz, System der Philosophie, Band 2, Der Leib, Bonn 1965, S. 73 ff.
[115] Vergl. Hermann Schmitz, Höhlengänge, Berlin 1997, S. 84.

Die Kinder können also neue Spielangebote zunächst nicht konstruktiv annehmen, da ihnen sozial angemessene Umgangsweisen damit fehlen. So müssen Verhaltensregeln zunächst aufgestellt und dann konsequent eingefordert werden. Wenn die Basiserfahrung von Respekt und Gehorsam nicht bereits in der Familie angelegt ist, bedeutet das zunächst harte Machtkämpfe für die Fachkraft, die erst mit viel Konsequenz fruchten. Diese Prozesse sind sehr anstrengend, weil der gesamte Leib involviert ist und das Kind diesen Widerstand sucht. Erst in der *antagonistischen Einleibung* und durch das Zurückstoßen des Kindes auf Erfahrungen von Wut, Trotz, Widerstand und Kapitulation in Momenten *primitiver Gegenwart*, erfährt es sich selbst als unentrinnbar der gegenwärtigen Situation ausgeliefert.[116] Wenn der Erwachsene die *Einleibung* durchhält, muss das Kind dieser Entschiedenheit begegnen, es gibt keine Ausflüchte, aber es spürt sich auch ganz im Plötzlichen des Augenblickes. Es erfährt nicht nur den leiblichen Widerstand des Anderen und die Grenze, sondern auch sich selbst. Ein »hör auf damit«, welches das Kind ernsthaft konfrontiert, hört nicht auf zu wirken, bis sich auch das Kind entschieden hat, zu folgen.

Diese anstrengende Basisarbeit leisten Erzieherinnen jeden Tag, wenn sie die Gelegenheit haben, sich wirklich auf die *gemeinsame Situation* mit den Kindern einzulassen. Wenn dies jedoch durch allerlei zusätzliche Verwaltungsarbeit, Dokumentation und pflegerische Arbeit erschwert wird, erfolgt genau das, was bei der Familie zuhause passiert, wenn die Eltern überlastet und überfordert sind: sie werden indifferent, man beginnt, Fehlverhalten zu ignorieren, Konflikten auszuweichen. Doch damit verwehrt man dem Kind die Chance auf echte Begegnung, wohltuende Grenzen, die leiblich erfahren eine tiefe Gebundenheit und Sicherheit vermitteln und die erst die Akzeptanz von Regeln und Normen ermöglichen. Schultheis bringt diese leibliche Erfahrung auf den Punkt:

> »Kinder können leiblich kommunizieren, weil sie z. B. Gesichtsausdrücke und Haltungen in ihrer Bedeutung verstehen, lange bevor sie dies sprachlich kommunizieren können. Ein bedrohlicher Gesichtsausdruck, eine angespannte und aufrechte Haltung, aber auch lockere Ge-

---

[116] Vergl. Hermann Schmitz, Der unerschöpfliche Gegenstand, Bonn 2007, S. 51.

lassenheit sind als Gestaltverläufe für das Kind wahrnehmbar. Sie werden als leibliche Engung oder richtunggebende Weitung spürbar und mit Bedeutungen verknüpft, z. B. mit Angst, Beklemmung oder Wohlbefinden«.[117]

Regeln, Grenzen und Verhaltensnormen werden somit in der frühen Kindheit stets über Bewegungssuggestionen und die dadurch ausgelösten Gefühle vermittelt. Wenn Kinder vor allem über *leibliche Erfahrung* lernen, gilt dies nicht nur für die Konstitution eines Normen- und Wertekonzeptes, sondern auch Bildungsprozesse werden auf diesem Weg vermittelt. Die Auseinandersetzung mit Gegenständen und Personen vollzieht sich in wechselseitiger *leiblicher Kommunikation*. Gerade beim sozialen Lernen sind Grenzerfahrungen mit dem Gegenüber wesentlich für das Ausmessen von Hierarchien und das Befolgen von Regeln. Nur mit der Bewältigung solcher Austauschprozesse wird die Akzeptanz einer gemeinsamen Ordnung möglich. Doch dazu brauchen Kinder erwachsene Personen, die räumlich, zeitlich und vor allem leiblich verfügbar sind und nicht gedanklich bereits mit ganz anderen Dingen beschäftigt sind.

8.4.3 Beobachtung und Dokumentation

Beobachtung sowie Bildungs- und Lerndokumentation sind laut den BEE eine wichtige Voraussetzung zur Gestaltung von Lernprozessen und zur Umsetzung des gesetzlichen Bildungsauftrages.[118] In der Vergangenheit war Beobachtung zwar ebenfalls ein Bestandteil frühkindlicher Pädagogik, doch er wurde weniger systematisch und kontinuierlich verfolgt und in erster Linie zur Vorbereitung auf Entwicklungsgespräche mit den Eltern durchgeführt. Jetzt sollen

---

[117] Klaudia Schultheis, Macht und Erziehung, in: Hans Jürgen Wendel, Steffen Kluck (Hrsg.), Zur Legitimierbarkeit von Macht, Freiburg i. B. /München 2008, S. 102.
[118] Ministerium für Bildung, Frauen und Jugend Rheinland-Pfalz, Bildungs- und Erziehungsempfehlungen für Kindertagesstätten in Rheinland-Pfalz, Berlin/Düsseldorf/Mannheim 2007, S. 91 ff. und S. 95 ff.

Die mikrosoziologische Perspektive – Leibphänomenologische Reflexion

Kinder systematisch beobachtet werden, um ihren Entwicklungsstand, ihre Ressourcen und Defizite zu erfassen und entsprechend pädagogische Angebote zu entwickeln, um sie zu fördern. Daher werden Fachkräfte in der Aus- und Fortbildung entsprechend geschult, mithilfe spezieller Bögen nach ganz bestimmten Kriterien Beobachtungen am einzelnen Kind systematisch durchzuführen. Auch das Qualitätsmanagement sieht hier strukturiert gelenkte Prozesse vor:

»In katholischen Kindertageseinrichtungen ist die Beobachtung von Kindern und die Analyse ihrer Bedürfnisse eine unverzichtbare Grundlage für die pädagogische Planung.«[119]

Dabei wird der Aspekt Achtung vor dem Kind in dem Begriff »Beob-Achtung« besonders hervorgehoben. Dies soll dezidiert den ressourcenorientierten Blick auf das individuelle Kind herausstellen. Die Erzieherinnen setzen die Methoden systematischer Beobachtung und Dokumentation bereits im Kindergartenalltag ein und machen dabei unterschiedliche Erfahrungen:

»Und jedes Kind hat auch eine eigene Mappe, wo dann die Zeit dokumentiert ist, wo es hier ist. Von Geburttagsfeiern auch, wo wir mit den Kindern gewesen sind. Bei Ausflügen, mit Fotos, mit eigenen Zeichnungen, mit Freunden, mit Lieblingsspielzeug. Und das haben wir im Regal stehen. Jedes Kind hat eine DIN A4 Mappe. In Klarsichtfolie sind die Bilder drin. Und wie oft die die in der Hand haben und blättern darin ›Ach ja, da war ich ja, guck mal hier bist du als Freund auch drauf‹. Das ist schon was Positives, wo die Eltern auch Zugang haben« (KkB/L-8).

Diese Einschätzungen vermitteln durchaus vorteilhafte Aspekte von Dokumentation und Beobachtung. Jedes Kind kann seine Tätigkeiten, Lernerfolge und Entwicklungsschritte in der Mappe immer wieder betrachten wie in einem Bilderalbum. Die Kinder wirken aktiv an der Gestaltung der Portfolios mit und dürfen somit an der Dokumentation ihres Bildungsprozesses partizipieren. Gleichzeitig entstehen vorzeigbare Ergebnisse, die nicht nur für die Erzie-

---

[119] Verband katholischer Tageseinrichtungen für Kinder (KTK), KTK-Gütesiegel, Freiburg i. B. 2007, Kinder, S. 3.

herinnen rückverfolgbar sind, sondern als Bildungsprozess auch für die Eltern nachvollziehbar werden. Der Ordner suggeriert jedoch auch, dass Vorgänge, die möglicherweise bildend wirken, immer eindeutig beobachtbar sind und immer ein Kausalzusammenhang zwischen Input = Lernangebot und Output = Bildungserfahrung konstatiert werden kann. Doch besteht die berechtigte Frage, ob Bildungsprozesse immer dokumentierbar und nachweisbar sind und damit nicht eine bedenkliche Erwartungshaltung auch bei den Eltern erzeugt wird. Diese Bedenken bringt folgende Expertin zum Ausdruck:

»Dass die einfach auch mal toben, mal klettern und herumspringen – ja es ist nichts Nachweisbares, es ist nichts Nachweisbares da« (Kko-Lau/LE 63).

Wenn Kinder also in tätiger Auseinandersetzung mit Welt Erfahrungen sammeln, die auch dadurch zum Ausdruck kommen kann, dass sie ihre körperlichen Fähigkeiten und Grenzen beim Klettern und ausgelassenen Umhertollen austesten, können diese Lernerfahrungen nicht eindeutig identifiziert werden, und da sie nicht dokumentierbar und nachweisbar sind, findet Lernen unter einer solchen Prämisse der Rückverfolgbarkeit faktisch in solchen Situationen nicht statt. Da die Fachkräfte aber intuitiv wissen, dass Kinder in hunderten von informellen Momenten quasi automatisch lernen, eben leiblich vermittelt und nicht immer pädagogisch inszeniert, bereitet es ihnen Schwierigkeiten, einzelne Sachverhalte aus der chaotischen Mannigfaltigkeit gemeinsamer Situationen im Kindergartenalltag herauszugreifen und sie als »Bildungserfahrung« im Portfolio zu explizieren.

Häufig wird Beobachtung und Dokumentation auch als etwas empfunden, was zusätzlich zur Betreuung am Kind anfällt und Zeit in Anspruch nimmt, die für *gemeinsame Situationen* mit Kindern fehlt, da es keine ausreichenden Verfügungszeiten gibt.

»Also die Verfügungszeit ist die Gleiche geblieben, wie sie immer war, kann in der Praxis oftmals auch so nicht genommen werden, ist einfach so, dass nicht eine Erzieherin sich einfach mal rausziehen kann, um die geplante Beobachtung jetzt auch wirklich durchzuführen, um da was gut zu verschriftlichen« (KevFr/L 30).

Die mikrosoziologische Perspektive – Leibphänomenologische Reflexion

Diese Aussage zeugt von der Ambivalenz, in der sich Fachkräfte befinden, die nicht die schriftliche Arbeit an sich problematisch finden, die in Teilen auch als notwendig akzeptiert wird, sondern die Tatsache, dass es keine zusätzliche Verfügungszeit gibt, um solche Arbeiten zu erledigen, dass Beobachtung und Dokumentation in der Betreuungszeit am Kind stattfinden muss, die eigentlich für *gemeinsame Situationen* zur Verfügung stehen sollte und es auch kein zusätzliches Personal gibt, um diese Zeiten zu überbrücken. Deshalb werden Aufgaben der Beobachtung und Dokumentation auch als Einschränkung in der Arbeit am Kind empfunden. Obwohl sich die Erzieherin einerseits intensiv mit dem Kind beschäftigt, empfindet sie die Tätigkeit als Zurückweisung:

> »Und es sollte halt auch nicht so sein, dass man die Kinder wegen allem Beobachten und Dokumentieren von sich weist. Das Wichtigste muss immer noch das Kind sein und nicht der ganze Schriftkram« (KkN/L-80).

Die Fachkraft beschreibt hier eine empfundene Diskrepanz zwischen Beobachtung und Dokumentation von kindlichem Verhalten und Interaktion mit dem Kind, die grundlegend zu sein scheint und die Güte der Fürsorge nicht etwa steigert, sondern die Zuwendung sogar reduziert oder gar unterbricht. Das Schreiben und analytische Beobachten scheint vom Gegenüber abzulenken, weil es »von sich weist«. Die Fachkraft kann sich nicht einerseits sensitiv in wechselseitiger *Einleibung* auf das Befinden ihres Schützlings einlassen und andererseits sein Verhalten in analytische Kategorien einteilen. Hier wird deutlich, dass nicht nur zeitliche Faktoren eine Rolle spielen, sondern auch eine kategoriale Verlagerung von Schwerpunkten, weg von der *gemeinsamen Situation* mit dem Kind hin zur Schaffung abstrakter *Konstellationen* in Form von Bearbeitung systematisierender Arbeitsblätter der Dokumentation. Dies weist auf eine qualitative Veränderung der pädagogischen Arbeit und der pädagogischen Bezüge hin.

Diese kategoriale Unterscheidung erklärt Schmitz anhand des Begriffspaares *Situationen* und *Konstellationen*. Der Begriff der Situation wurde unter 7.3.1 bereits ausführlich erklärt. Was Schmitz unter Konstellationen versteht, soll nun kurz verdeutlicht werden.

Während Situationen sich gerade durch ihre binnendiffuse Mannigfaltigkeit auszeichnen, die eine Person als Ganzes in leiblichem Betroffensein umfängt, werden *Konstellationen* aus der Abstraktion einzelner Sachverhalte, Programme und Probleme aus dem Gesamtkontext gebildet. Entscheidend ist dabei die Explikation. Durch Sprache können einzelne Aspekte einer Situation expliziert, jedoch nie die Gesamtheit aller Bedeutungsfacetten erfasst werden; dadurch konstruiert der Mensch Konstellationen.

»Explikation ist die Vereinzelung von Sachverhalten, Programmen und Problemen aus chaotischer Mannigfaltigkeit und entspricht also einer Individuation dieses chaotisch Mannigfaltigen selbst«.[120]

Somit ist Explikation als eine aktive, nachträgliche Deutung der Situation durch Hervorhebung einzelner Aspekte und Vernachlässigung anderer Sachverhalte zu verstehen, die durch das affektive Betroffensein (Subjektivität) geleitet ist. Der Beobachter fokussiert seine Aufmerksamkeit jeweils auf Aspekte, die seinen subjektiven Relevanzsystemen entsprechen, jedoch niemals die Gesamtsituation abbilden können. Der Akt der Beobachtung und Dokumentation ist ein signifikantes Beispiel für Explikation, da hier aus der binnendiffusen Mannigfaltigkeit der *persönlichen Situation* des Kindes einzelne Äußerungen, Aktivitäten, Passivitäten oder Verhaltensweisen heraus destilliert und zusätzlich schriftlich festgehalten werden. Explikation ist eine kognitive Abstraktion, durch die die unüberschaubare und überraschende Plötzlichkeit einer Situation in Konstellationen überführt wird und die zumindest Modelle zur Verfügung stellt, eine Situation berechenbarer und künftiges Handeln planbarer zu machen. Dies ist nach Schmitz eine komplexe kognitive Leistung, die jedoch nie die Gesamtheit der Situation erfassen kann:

»Die Bedeutsamkeit der Situation kann von der Explikation nicht ausgeschöpft werden, aber diese hebt aus der Ganzheit einzelne Faktoren heraus, die durch intelligente Vernetzung zu Konstellationen verknüpft werden können, um die unerschöpfliche Situation näherungsweise zu

---

[120] Hermann Schmitz, Der unerschöpfliche Gegenstand, Bonn 2007, S. 68.

rekonstruieren und von den wesentlichen Zügen her in den Griff zu nehmen«[121].

Den Abstraktionsprozess der *Konstellation* bezeichnet Schmitz als Grundform menschlicher Situationsbewältigung, indem er die Komplexität der Situation reduziert und Entscheidungen für sein Handeln vereinfacht. Er verurteilt keineswegs den Menschen für die anthropologische Gegebenheit der Konstruktion von Konstellationen, deren wichtigstes Werkzeug die satzförmige Sprache ist, denn sie ist konstitutiv für die Selbsterhaltung. Als problematisch thematisiert er lediglich, wenn die Bedeutung der Situation in ihrer Ursprünglichkeit völlig übergangen wird und der Mensch sich einseitig an abstrahierenden Konstellationen orientiert.

»Der Mensch ist berufen und herausgefordert, so zu konstruieren, aber er sollte sich hüten, über den Konstrukten die Situationen zu vergessen, aus denen er beim Konstruieren schöpft«[122].

Obwohl Erzieherinnen über diesen theoretischen Gegensatz wohl kaum informiert sind, spüren sie intuitiv, dass bei der Bildung von Konstellationen die Beziehung zum Kind verändert wird und die *gemeinsame Situation* beeinträchtigt wird. Folgende Situationsbeschreibung erläutert diesen Sachverhalt:

»Natürlich, weil die Verfügungszeit dann einfach zu kurz ist. Ich denke, jede Zeit, wo ich dann auch mit dem Kind ich sag jetzt Mensch-ärger- dich- nicht spiele, Memory spiele und hab das Buch da und schreib das hin. In der Zeit schreib ich. Ich kann zwar da mit halben Ohr hinhören, aber ich verlange eigentlich von den Kindern, das tut eigentlich jeder, sich auf ein Spiel zu konzentrieren und mach ich das in dem Fall: nein! Ich mach es nicht. Aber es muss ...« (KkB/L–9.3).

Die Fachkraft beschreibt explizit, wie sie »mit halbem Ohr« dem Kind zuhört und ihre Aufmerksamkeit bereits vom Grundsatz her geteilt ist. Die in *Engung* entfaltete Gerichtetheit ihrer Konzentration bezieht sich weniger auf das Sosein des Kindes im Hier und Jetzt, als auf einzelne repräsentative Aspekte seines Verhaltens. Das

---

[121] Hermann Schmitz, Situationen und Konstellationen, München 2005, S. 9.
[122] Ebd., S. 9.

Kind spürt unbewusst anhand des unregelmäßigen Blickkontaktes und der inkonsistenten körperlichen Zuwendung, dass das leibliche Aufeinander-Eingestimmt-Sein unterbrochen ist. Bereits Gudrun Gauda hat auf die Bedeutung der Konsistenz des Blickverhaltens von Erwachsenen gegenüber Kindern für die Ausbildung des Selbstkonzeptes hingewiesen.[123] Die Erzieherin kann sich in diesem Fall jedoch nicht voll auf das Kind und die *gemeinsame Situation* einlassen, weil sie gerade expliziert und *Konstellationen* bildet, indem sie einzelne Sachverhalte aufgreift und aufschreibt.[124] Die Gestaltung von Situationen und die Genese von Konstellationen scheinen also zwei widersprüchliche Formen der Alltagsbewältigung zu sein, die kaum zu vereinbaren sind. Die wechselseitige *Einleibung* ist beeinträchtigt durch explizierende Prozesse, die von der *Situation* abstrahieren und das Notizbuch schiebt sich, bildlich gesprochen, zwischen das Kind und die Erzieherin und bildet eine Barriere für die *gemeinsame Situation*. Das Instrument der Beobachtung und Dokumentation schafft Distanz der Erzieherin zur gegenwärtigen *gemeinsamen Situation* mit dem Kind und – statt in *leiblicher Kommunikation* sich voll einzulassen zu können – *Konstellationen* für die Zukunft.[125] Nicht nur die Erwachsene, auch das Kind spürt leiblich, dass da jemand eher ein Geschäft an ihm verrichtet, als sich mit ihm als Person zu befassen.

Den Zustand des Verlustes der Balance zwischen dem Erfassen der Welt in *Situationen* und *Konstellationen* sowie die Hypostasierung der *Konstellation* und der Vernetzung ihrer durch Isolierung gewonnenen einzelnen Faktoren aus der Mannigfaltigkeit der *Situation* bezeichnet Schmitz als *Konstellationismus*. Bei einer Zunahme von *Konstellationen* gegenüber gemeinsam erlebten *Situationen*

---

[123] Gudrun Gauda, Blickvermeidung in den ersten Lebensmonaten und Elternidentität – Ursachen, Folgen, Prävention, in: Hilarion G. Petzold, Die Kraft liebevoller Blicke, Paderborn 1995, S. 78 ff.
[124] Zwar ist diese Form von teilnehmender Beobachtung sicher ohnehin nicht als ideal zu bezeichnen, doch wie weiter oben schon beschrieben, müssen die Fachkräfte zu solchen pragmatischen Lösungen greifen, da sie nicht die Möglichkeit haben, sich für die Beobachtung aus dem Gruppengeschehen zurückzuziehen.
[125] Vergl. Hermann Schmitz, Situationen und Konstellationen, München 2005, S. 27.

in der Kindertagesbetreuung muss davon ausgegangen werden, dass die qualitative Gestaltung pädagogischer Beziehungen, die Intensität der Zuwendung und die Güte der Fürsorge bei der Kindertagesbetreuung beeinträchtigt wird. Bedenken, dass Beobachtung und Dokumentation zu einem wachsenden *Konstellationismus* beitragen können, werden auch von Experten in den Interviews immer wieder angedeutet. Diese Befürchtungen äußern sowohl Erzieherinnen, als auch pastorale Begleiter der Kindergärten, die eine Veränderung der Beziehung zwischen Erzieher und Kind beobachten:

> »Diese Lerngeschichte, ich muss sagen mir hat das schon fast ein bisschen, ich sage es jetzt mal ein bisschen provokant, Stasicharakter. Weil ich denke Erzieherinnen haben die Aufgabe zu gucken, wo sind Lerndefizite, wo muss ich ein Kind unterstützen und von da her halte ich natürlich immer eine Reflexion über ein Kind für wichtig. Aber dieses ganze, so Art Karteikarten anlegen, wie entwickelt sich das Kind in dem und in dem und in dem Bereich und dieses ganz bewusste Beobachten ja, das finde ich manchmal schon so ein bisschen eine Einschränkung von Menschenwürde, weil ich gerade denke ein Kind, das muss noch die Chance haben in allen Bereichen sich so geben zu können, wie es ist und mir ist das manchmal zu viel, was da dokumentiert wird« (PfevSp/Tr 11/12/13).

Die Bedenken der Expertin beziehen sich nicht auf die Beobachtung von Kindern im Allgemeinen, sondern auf die Bildung von Explikationen in kategorialen Teilbereichen im Besonderen, die das Kind in seiner binnendiffus-mannigfaltigen *persönlichen Situation* zerstückeln. Die »Karteikarten« über unterschiedliche »Bereiche« werden explizit dem Kind als Gesamtgebilde gegenübergestellt, das sich noch so geben soll »wie es ist«. Das Zitat deutet an, wie durch die Zerlegung kindlichen Verhaltens in einzelne Kategorien und analytische Einzelteile die chaotisch-mannigfaltige Ganzheit der *gemeinsamen Situation* von Erzieherin und Zögling mit all ihren atmosphärischen Schwingungen der *leiblichen Kommunikation* zertrümmert wird.[126] Doch für die Interviewpartnerin ist nicht nur die Situation beschädigt, sondern auch die Würde des Kindes

---

[126] Vergl. Hermann Schmitz, Der unerschöpfliche Gegenstand, Bonn 2007, S. 65 ff.

als Person, das nicht als Mensch, sondern nur noch als Summe seiner Defizite und Ressourcen betrachtet wird. Die *persönliche Situation* des Kindes wird somit digitalisiert als Summe isolierbarer Einheiten.[127] Diese Praxis der Abschälung einzelner Kompetenzen oder Defizite vom Subjekt betrachtet die Sprecherin als »Stasi-Methoden«, die eine Achtung vor der »Menschenwürde« beeinträchtigt. Sie umschreibt in eigenen Worten, wie die *persönliche Situation* des Kindes in *Konstellationen* überführt wird.

Bei der Einschätzung von Menschen mit Methoden von Beobachtung und Dokumentation besteht eine große Ambivalenz zwischen der Achtung vor der Person des Kindes einerseits und der Machtausübung andererseits. Eine Fachkraft beschreibt die Begeisterung eines Kindes im Umgang mit der Dokumentationsmappe:

»Und die Erfahrung, die wir mit den Kindern machen, dass die Kinder da ganz neugierig sind, ganz stolz sind auf diese Mappen, das ist meins, das habe ich gemacht« (KkSp/L 13).

Hier kommt die Freude des Kindes zum Ausdruck über seine Produkte, die in Form der Mappe gesammelt wurden und jederzeit visuell zugänglich sind. Die Sichtbarkeit einzelner Lernerfolge wird als positiv betrachtet, weil das Kind dadurch indirekt Beachtung erfährt. Hier werden vor allem wertschätzende Aspekte der Dokumentation durch die Fachkraft in den Vordergrund gestellt. Doch es gibt auch skeptische Reflexionen bezüglich der Praxis von systematischer Beobachtung und Dokumentation, die eher die Ambivalenz in den Vordergrund stellen:

»Also ich sehe Dich an, einfach weil du ein Mensch bist. Das sind so Facetten, die da erfahren werden können. Und die Kehrseite davon ist ja, dass letztlich und da wären wir fast schon wieder bei Foucault, dass alles auch unter Kontrolle sein kann und dass die Räume, in denen sich Menschen der Kontrolle der Macht, wenn sie wollen der Pastoralmacht entziehen, geringer werden. Und das ist eben auch Ausdruck dieses Stresses, naja das Kind möglichst gut vorbereitet in die Schule

---

[127] Vergl. Hermann Schmitz, Situationen und Konstellationen, München 2005, Klappentext.

schon zu schicken und das ist genau so die Ambivalenz oder die Dialektik, die da drin steckt und wo sehr viel davon abhängt ob das Unfug wird oder ob das wirklich im Sinne von anerkennendem Ansehen begleitet wird. Es ist eben ein Blitzlicht, ne, mehr ist es nicht. Und dann steht es auch schon in dem Prozess der Selektion« (PakKo/PR 18/19/20/22).

Der Experte warnt vor einer allzu naiven Sichtweise des Beobachtungsprozesses. Einerseits zeigt er die Möglichkeit der unbedingten Annahme des Anderen auf. Andererseits bezeichnet er die Dokumentation jedoch auch als ein Instrument der Kontrolle, wie dies auch explizit in den BEE benannt wird.[128] Konzentration auf einzelne Teilbereiche der Entwicklung impliziert auch »Selektion« von Ressourcen und Defiziten. Lernen geschieht nicht selbstverständlich, wenn anregende Umgebungen bereitgestellt und gemeinsame Situationen geboten werden, sondern die Zielerreichung muss zeitnah kontrolliert werden.

Der Vergleich von Beobachtung im Kindergarten mit Foucaults Panoptikum ist recht heftig, und doch ist der Verweis auf Kontrolle und Selektion nicht von der Hand zu weisen, da eben durch *Konstellationen* ein scheinbar objektiver Maßstab für kindliche Entwicklung errichtet wird, an dem nun das einzelne Individuum gemessen wird und die erfahrene *gemeinsame Situation* in den Hintergrund rückt. Es erscheint paradox, in gegenseitiger *Einleibung* eine Situation zu gestalten und ein Kind wertschätzend anzunehmen und dabei gleichzeitig in Distanz zu treten und das Verhalten zu analysieren, zu kategorisieren und zu bewerten. Dass dies kein wechselseitiger Austausch mit dem Kind sein kann, da die Zwecke nicht transparent sind und das Einverständnis des Kindes stillschweigend vorausgesetzt wird, stellt eine Problematik von Beobachtung heraus, wie sie sich in dieser Forcierung bisher im institutionellen pädagogischen Kontext nicht manifestiert hat. Denn das Kind hat nicht die Möglichkeit, sich dem Prozess zu entziehen:

---

[128] Ministerium für Bildung, Frauen und Jugend Rheinland-Pfalz, Bildungs- und Erziehungsempfehlungen für Kindertagesstätten in Rheinland-Pfalz, Berlin/Düsseldorf/Mannheim 2007, S. 21.

Einschränkungen wechselseitiger Interaktion im Kindergartenalltag

»Ja also ich denke, ein Kind, das aufgeweckt ist, das merkt sicherlich, also jetzt werde ich beobachtet, das glaube ich sehr wohl. Und wie gesagt, das ist ja so ein bisschen ein Ding unserer Zeit, dass man über alles und jedes irgendwo so eine Dokumentation abgeben muss. Und ich denke, selbst wenn ein Kind so etwas nicht bewusst spürt, spürt es das vielleicht unterbewusst und ich weiß nicht, in wie weit so etwas auch eine Entwicklung eines Kindes hemmt. Weil, es kann vielleicht nicht artikulieren als Dreijähriger, du, ich will jetzt von dir nicht beobachtet werden. Aber ich denke ein Kind spürt sehr wohl emotional, oh da geht es jetzt ganz besonders um mich und geht es jetzt um mich, weil mir damit Gutes getan werden soll oder geht es jetzt um mich, weil anschließend vielleicht gesagt werden soll: hör mal zu, du musst beim Vorlesen so und so und so zuhören. Und ich glaube, das kann ein Kind sehr wohl schon spüren und reflektieren. Und deshalb denke ich mit diesen ganzen Methoden muss sehr, sehr behutsam umgegangen werden« (PfevSp/Tr 14–18).

Hier werden differenziert die mögliche Sichtweise des Kindes und seine leibliche Verfassheit beschrieben. Die Worte der Interviewpartnerin: »spürt unterbewusst«, »spürt sehr wohl emotional«, verweisen auf die binnendiffus erlebte chaotisch-mannigfaltige Situation des Kindes, das in leiblicher Wahrnehmung intuitiv erkennt, dass da etwas zwischen ihm und der Erzieherin ist, was es nicht einordnen kann, was von ihm wegführt. Das Kind wird skeptisch und die Hemmung, die angesprochen wird, muss sich zwar nicht auf die ganze Entwicklung des Kindes beziehen, aber doch auf die Offenheit, mit der das Kind der Erzieherin begegnet. Denn es kann durchaus sein, dass es einem Kind punktuell oder insgesamt unangenehm ist, wenn es mit einem Dokumentationsbogen beobachtet wird und damit sein Dasein aus der Selbstverständlichkeit seiner Existenz heraus fällt. Der wechselseitige Dialog, sei es mit Sprache oder anderen atmosphärischen Ausdrucksformen, die zur *Einleibung* gehören, wird unterbrochen. Die Hierarchie ist einseitig, da das Kind wohl selten die Rolle des dokumentierenden Beobachters übernimmt. Das Kind merkt, dass der Vorgang Konsequenzen hat für die weitere Begegnung, die sich nicht aus der *gemeinsamen Situation* selbst schöpfen, sondern es kommt etwas Fremdes hinzu. Zwar besitzen pädagogische Arrangements immer einen gewissen instrumentellen Charakter, da es sich schließlich um intentionale Prozesse handelt, jedoch wird die Intention hier zur explizierten Methode, die die *gemeinsame Situation* zunehmend überlagert.

Für die analytische Beobachtung bei der Kinderbetreuung kann dies folgende Konsequenzen nach sich ziehen: Die Komplexität dessen, was die Person ausmacht, wird bereits in der frühen Kindheit auf bestimmte Kategorien reduziert, die unabhängig von der Person festgelegt wurden und in die nun das Verhalten ohne große Rücksicht auf den subjektiv gemeinten Sinn der kindlichen Handlungsweisen einsortiert wird. Die *persönliche Situation* wird also einerseits durch objektive Beobachtungsfilter des Beobachtungsbogens, andererseits durch subjektive Filter der beobachtenden Person in *Konstellationen* überführt, die niemals ihrer Gesamtheit und Gewordenheit gerecht werden können. Solche instrumentalisierenden Prozesse sind bei der *sekundären Sozialisation* vor allem in der Schule längst etabliert. Doch die Ausrichtung auf Kompetenzerwerb und Leistung in der frühen Kindheit innerhalb von Organisationen der Kindertagesbetreuung wie dem Kindergarten, in der *primäre Sozialisation* zunehmend noch nicht abgeschlossen ist, bildet ein Novum, dessen Folgen künftig eingehender Untersuchungen bedürfen.

Durch die unterschiedlichen Aussagen wird deutlich, welche Ambivalenz in der Durchführung von systematischer Beobachtung und Dokumentation steckt, da dieses Instrument zwar Bildungsprozesse nachvollziehbarer machen und kindliches Handeln wertschätzen kann, aber auch existentielle *gemeinsame Situationen* von Kindern und Erziehern hemmen und sich gleichsam in Form von *Konstellationen* zwischen Prozesse *leiblicher Kommunikation* stellen kann, die als besonders essentiell für die kindliche Personalisation zu betrachten sind.[129]

---

[129] Vergl. Hermann Schmitz, Situationen und Konstellationen, München 2005, S 18 ff.

8.4.4 Mit Kinderbetreuung konkurrierende Anforderungen

Die gemeinsame Situation von Erzieherinnen und Kindern kann durch konstellative Prozesse wie Beobachtung, Dokumentation und Koordination mit einrichtungsübergreifenden Institutionen unterbrochen werden. Aber auch andere aktuelle Situationen können die Konzentration auf leibliche Kommunikation mit den Kindern und auf die Begleitung auf dem Weg von *personaler Regression* in *personale Emanzipation* erschweren. Wie bereits anfangs konstatiert, empfinden Erzieherinnen eine große Erziehungsverantwortung gegenüber den Kindern.

»Und das wird uns jetzt noch deutlicher auch durch diese Ganztagsplätze. Wir haben da eine ganz große Verantwortung. Die Kinder sind also die größte Zeit ihrer Wachzeit bei uns« (KkN/L-94).

Das Bewusstsein, nicht nur begleitende, sondern entscheidende Aufgaben bei der Erziehung der Kinder innezuhaben, schlägt offenbar bei den Fachkräften durch. Sie können sich immer weniger auf die Position zurückziehen, als Institution erziehungsergänzende Aufgaben in Form *sekundärer Sozialisation* zu leisten, denn die Funktion der *primären Sozialisation* verlagert sich zunehmend auf den Kindergarten.

»Ja, also es ist schon so, dass von zu Hause aus noch mehr unterstützt werden müsste von den Eltern. Und das ist auch der Punkt, warum wir denken, dass es in den letzten Jahren schlimmer geworden ist, weil von zu Hause aus einfach diese ... dieses miteinander Sprechen, miteinander Lesen, miteinander Spielen im Alltag ein bisschen fehlt« (30KkoSi/LE).

Die Kinder bringen somit weniger Basiserfahrungen von zuhause mit, aber gleichzeitig fehlt den Eltern eine Orientierung, was in der Erziehung wesentlich ist. In einer solchen Lage erhält die Zusammenarbeit mit den Eltern einen hohen Stellenwert, da die gemeinsame Verantwortung für das Kind spürbar sein soll. Dies erfordert Verständnis für die Situation der Eltern und die Bereitschaft, diese in den unterschiedlichen Problemlagen zu beraten. Zum Wohle des Kindes soll dies auf partnerschaftlicher Ebene geschehen, um eine gemeinsame Vorgehensweise im Erziehungsverhalten zu entwickeln. Für die Situation des Kindes im Kindergarten ist es wichtig, dass Erzieher und Eltern einvernehmlich miteinander umgehen.

»Also ich denke die Kinder merken ganz klar, wie Erwachsene auch miteinander umgehen und erfahren auch ganz klar, wie Mama und Papa mit der Erzieherin spricht und umgekehrt und da haben sie ganz feine Antennen dafür« (KevSp/L 74).

Es reicht nicht aus, wenn Fachkräfte einen sensitiven Umgang mit ihren Schützlingen pflegen, sie sind auch auf eine konstruktive Kommunikation mit den Eltern angewiesen, die in einer stabilen Triade das Kind miteinbezieht. Auch hier spielen Prozesse leiblichen Aufeinander-Eingestimmt-Seins eine Rolle, die Kinder von Anfang an wahrnehmen. Eine Intensivierung der Elternarbeit in Form von Einzelgesprächen, Partizipation am Kindergartenalltag, Informationsveranstaltungen, Freizeitaktivitäten und der entsprechenden Vorbereitung bedeutet jedoch erneut eine Verschiebung des Fokus der Aufmerksamkeit von den Kindern weg und hin zu nachhaltiger Elternarbeit und den entsprechenden Kooperationspartnern wie Logopäde, Ergotherapeut, Jugendamt, Grundschule usw.[130] Diese Verlagerung der Schwerpunkte nehmen die Fachkräfte sehr deutlich wahr und sie empfinden es als Verlust für die Aufmerksamkeit gegenüber dem Kind:

»Also Elternarbeit hin oder her, die ja auch sehr wichtig geworden ist und alles andere drum herum, aber das Kind soll schon im Mittelpunkt stehen. Leider Gottes durch die vielen Auflagen, die man so bekommt oder wie das QM jetzt zum Beispiel, das man hier bekommt und wo ich ja dann auch viel weg bin, da ist es schon mal schwierig, das Kind in den Mittelpunkt zu stellen« (85-KkNF/ L).

Die Erzieherin scheint hin- und hergerissen zu sein hinsichtlich des Anspruches, vor allem den Kindern gerecht zu werden, gleichzeitig aber auch eine intensive Elternarbeit zu etablieren und nebenbei

---

[130] Vergl. Ministerium für Bildung, Frauen und Jugend Rheinland-Pfalz, Bildungs- und Erziehungsempfehlungen für Kindertagesstätten in Rheinland-Pfalz, Berlin/Düsseldorf/Mannheim 2007, S. 109f.

den Anforderungen des Qualitätsmanagements zu entsprechen. Dieses Zitat ist typisch für die gesamte Untersuchung, da einerseits die Notwendigkeit und Relevanz der Reformaspekte hervorgehoben wird, andererseits aber die Nachteile für das Kind benannt werden. Denn so wichtig, wie die Kooperation mit Bildungspartnern ist, es bedeutet immer eine Unterbrechung der *gemeinsamen Situation* mit den Kindern.

Die Erzieherin baut mit viel Gespür für die Situation eine Atmosphäre der Zusammenarbeit auf, in der sich die Kinder wohl fühlen, sich aufeinander einstellen, und wenn auch nicht alle an einer Aktivität beteiligt sein können, wirkt sich ein konstruktives Miteinander in einer Ecke des Raumes auf die Gesamtstimmung im Raum aus, es wird ruhiger, freundlicher, angenehmer. Sie hat im Blick, ob die einzelnen Kinder ihren Bedürfnissen angemessen beschäftigt sind und greift häufig sogar vorbeugend ein, um Eskalationen zu vermeiden. Dies kann der Fall sein, wenn Kinder plötzlich Spielzeug zweckentfremden, weil sie mehr Bewegung benötigen, wenn jemand Hunger hat, Heimweh nach der Mutter entwickelt oder auch einfach nur von Langeweile geplagt wird. Hier kann ein geschickter Hinweis auf andere Beschäftigungsmaterialien oder die Möglichkeit, die Kinder in die Turnhalle zu lassen, ein paar tröstende Worte oder eine helfende Geste die Gesamtatmosphäre aufrechterhalten. Diese *wechselseitige Einleibung* verlangt allerdings hohe Konzentration der Fachkraft, nicht nur auf die Spielsituation, in die sie unmittelbar involviert ist, sondern auch auf die Gesamtgruppe. Ein solch konstanter Zustand der *Engung* kann nur aufrechterhalten werden, wenn die *gemeinsame Situation* nicht ständig durch plötzliche Ereignisse unterbrochen wird.

Wenn sich nun in der Bring- und Abholzeit, die sich im Alltag insgesamt über drei bis vier Stunden erstreckt, ständig Eltern mit dringenden Anliegen an sie wenden, die zwischen Tür und Angel besprochen werden müssen, wenn häufig das Telefon zwecks Vereinbarung von Terminen mit Kooperationspartnern klingelt, kann die Erzieherin diese intensive *Einleibung* mit einzelnen Kindern und der Gruppe nicht mehr leisten. Die Gerichtetheit der Blicke und Gesten wird diffus und die Kinder sind trotz ständiger

Die mikrosoziologische Perspektive – Leibphänomenologische Reflexion

räumlicher Anwesenheit der Fachkraft weitestgehend sich selbst überlassen. Dies macht sich entsprechend an verändertem Spielverhalten bemerkbar:

»Und das merkt man auch an den Kindern. Die Kinder sind einfach lauter. Die sind einfach ... das merken die Kinder, wenn man was am machen ist, dementsprechend ist die Gruppe ... steht Kopf, das ist so!« (KkoLau/LE 46).

Die Kinder werden lauter, weil sie um die Aufmerksamkeit der Bezugsperson ringen und versuchen, konkurrierende Gespräche zu übertönen. Die Konzentration auf bestimmte Tätigkeiten nimmt ab, da der *Engepol* der Erzieherin nicht mehr auf die Aktivitäten der Kinder, sondern auf andere Sachverhalte gerichtet ist. Da die Kinder beim Ausmessen der Hierarchien durch Blickkontakt keine Resonanz mehr erhalten, werden sie orientierungslos. Die Atmosphäre des Aufeinander-Eingestimmt-Seins wird zunehmend konfus. So diffundiert die *gemeinsame Situation* und die Gruppe »steht Kopf«. Die Bewegungen und Sprechweisen werden hektischer und unkontrollierter und die Lautstärke nimmt zu. Über die Auswirkungen von Lautstärke in der Gruppe weiß folgende Expertin zu berichten:

»Ja, und dann muss man natürlich sehen, das sind dann schlechte Bedingungen für das Kind. Wenn es sich für eine gewisse Sache interessiert und dann kann ich das noch so toll beobachten und es ist im Gruppenraum zu laut [...] kann das Kind sich gar nicht konzentrieren auf das was es tun möchte und ich würde gerne diese Bedingungen ändern wollen, aber da haben wir gar keine Möglichkeit, also das wird sich so schnell hier nicht entspannen« (52-KkR/L#).

Die Lautstärke verhindert somit die Konzentration auf einen Gegenstand, Prozesse gegenseitiger *Einleibung* mit einer Sache oder einer Person werden schwieriger und die atmosphärischen Verbindungen reißen. Der Einfluss der Erzieherin auf die Gesamtsituation schwindet, da ihr auf die Kinder gerichteter *Engepol* zu viel Konkurrenz durch andere Eindrücke aus dem Gruppengeschehen erhält und viele unterschiedliche Faktoren in der Gruppe hervortreten, die eine diffuse, unruhige Atmosphäre schaffen. Es sind keine eindeutigen Abhebungen mehr identifizierbar.[131]

Auf diese Weise führen multiple Anforderungen von außen zu einer inneren Unruhe der Erzieherin, die sich nicht mehr auf die *gemeinsame Situation* mit den Kindern einlassen kann. Die Fachkräfte empfinden einen deutlichen Zusammenhang zwischen der eigenen Zerrissenheit und dem Verhalten der Kinder.

»Genau und dadurch hat man auch wahrscheinlich wieder so mehr Lautstärke und mehr Chaos bei den Kindern. Das ist das, die reagieren ja auch da drauf« (KkoLau/LE 113).

Das »Chaos« ist eine leibliche Wahrnehmung diffuser Sinneseindrücke, mangelnder Gerichtetheit, fehlender Orientierung an *antagonistischer Einleibung* und schwindender Konzentration *(Engung)* auf einen Gegenstand. Ein Sichverlieren in der unruhigen, hektischen, aufgeladenen und überreizten Atmosphäre wird von Erwachsenen und Kindern als unangenehme *Weitung* empfunden. Nicht nur die *gemeinsame Situation* gerät aus den Fugen, auch die *persönliche Situation* der verschiedenen Anwesenden wird beeinträchtigt. Die Fachkraft kann durch die unterbrochene Gerichtetheit der Zuwendung die intersubjektiven Prozesse kaum noch beeinflussen. Eine womöglich nur subtil wahrnehmbare geschlossenere oder angespannte Körperhaltung oder ein abwesend wirkender Blick und die zunehmende *Engung* und Konzentration der Erzieherin auf Tatsachen außerhalb des Raumes verursachen, dass Kinder, die soeben noch auf den Schoß wollten, sich zurückgewiesen fühlen, Blickkontakte unterbleiben, eine Frage nicht gestellt wird. Die Erzieherin verpasst entscheidende Momente, in denen Begeisterung, Enttäuschung oder Frustration bei Kindern auftritt, *Engung* und *Weitung* sind nicht mehr im Gleichgewicht und die Atmosphäre in der Gruppe beginnt zu kippen. Wichtige Begleitprozesse zwischen *personaler Regression* und *personaler Emanzipation* werden unterbrochen und erfahren bestenfalls später, manchmal aber auch nie mehr ihren Abschluss, weil die Chance auf lange Zeit vertan ist.

---

[131] Vergl. Hermann Schmitz, Der unerschöpfliche Gegenstand, Bonn 2007, S. 67.

Die mikrosoziologische Perspektive – Leibphänomenologische Reflexion

Wenn die Anforderungen von außen und die Aktivitäten mit den Kooperationspartnern (Eltern, Schule, Jugendamt, Zahnarzt, usw.) überhandnehmen, kann der Erzieherin der intensive Austausch mit den Kindern und die Gestaltung der *gemeinsamen Situation* nicht mehr ausreichend gelingen, da sie innerlich schon ständig mit zukünftige Terminen, Treffen und Aktivitäten konfrontiert ist, die sie vorbereiten, absprechen, koordinieren muss und nicht wirklich präsent ist im Sinne von Schmitz' fünf Momenten der Wirklichkeit.[132] Ihre Wahrnehmung wird überlagert von Programmen und Problemen, die mit der Situation der Kinder allenfalls am Rande zu tun haben und sie kann keine *gemeinsame Situation* mit den Kindern im eigentlichen Sinne herstellen. Sie befindet sich mental an anderen Orten, in anderen Situationen, auf der Stufe von Konstellationen, obwohl sie körperlich anwesend ist.

Kinder nehmen solche atmosphärischen Schwankungen deutlich wahr. Das Wohlbefinden in einer Gruppe, in der es laut ist und die Konzentration auf angemessene Beschäftigungen nicht möglich ist, nimmt deutlich ab. Solche Situationen sind besonders für Kinder schwer auszuhalten, die ohnehin beeinträchtigt sind. Wie oben beschrieben, werden sie dann häufig laut, um Aufmerksamkeit zu erringen. Doch dieses Verhalten ist zumindest offensichtlich und die leibliche Sprache von Unruhe und Lärm ist eindeutig. Manche Kinder reagieren jedoch auf solche Eskalationen mit Rückzug und Schweigen, sie verstecken sich in einer Ecke des Raumes und können nicht auf sich aufmerksam machen. Eine Expertin beschreibt diese Problematik.

»Also ich habe ein bisschen die Sorge, dass die Kinder, die vielleicht in irgendeiner Weise auffällig sind und einen auch zum, besonders den Blick fesseln, die Wahrnehmung leiten eben stärker im Interesse sind und ruhige Kinder, die auch, sagen wir mal, vielleicht auch unproblematischer erscheinen, weil die auch immer etwas zu tun finden und in Gruppen auch sagen wir mal störungsfrei mitlaufen, dass die doch eher noch mal schneller aus dem Fokus heraus fallen« (LJAKo/MA 91/92).

---

[132] Vergl. Hermann Schmitz, System der Philosophie, Band IV, Die Person, Bonn 1990, S. 3.

Einschränkungen wechselseitiger Interaktion im Kindergartenalltag

Es wird erkennbar, dass die Chancen auf Zuwendung ungleichmäßig verteilt sind, weil Kinder, die stärker auf sich aufmerksam machen durch Aggressivität, Schreien, Weinen oder nasse Windeln den Vorzug erhalten vor Kindern, die sich relativ angepasst verhalten. Hermann Schmitz unterscheidet zwischen *epikritischen* und *protopathischen* Wahrnehmungen. Diese »synästhetische Charaktere« sind intermodale Eigenschaften, die über einzelne akustische oder visuelle Wahrnehmungen hinausgehen.[133] *Epikritische* Sinnesqualitäten sind von Eigenschaften wie dünn, scharf, spitz, leicht, hoch, klar, grell oder hell gekennzeichnet. Als Beispiel sei ein hell zischendes »pssst« genannt, das eine größere Wirkung hat, wenn für Ruhe gesorgt werden muss, als jeder Befehl. Mozarts Musik ist ebenfalls von *epikritischen* Charakter geprägt. *Protopathische* Tendenzen werden als dumpf, schwer, träge, dunkel, leise und langsam empfunden, wie dies beispielsweise bei Rembrandts Kunstwerken zum Ausdruck kommt. *Epikritische* Wahrnehmungen werden im diffusen Geräusch- und Bewegungspegel stärker empfunden und schneller beantwortet als *protopathische*.[134] Grelle Rufe, hektische Bewegungen, spitze Schläge werden als störender empfunden als ruhige, träge Betätigungen und Sprechweisen. Daher wird der Blick der Erzieherinnen zuerst gefesselt von dem, was als *epikritische* Sensation aus der wabernden Betriebsamkeit der Kindergartengruppe heraussticht. Ein Kind, das den ganzen Morgen schweigend aus dem Fenster schaut in *protopathischer* Gedämpftheit, fällt kaum auf, obwohl es vielleicht gerade besonderer Zuwendung bedarf. Durch die Vielfalt der Aufgaben nimmt die Möglichkeit ab, möglichst vielen Kindern Aufmerksamkeit und Vorraussetzungen für *gemeinsame Situationen* in leiblicher Kommunikation zu bieten und weniger extrovertierte Kinder geraten ins Hintertreffen. Eine Erzieherin erlebt solche Zustände als kontraproduktiv für jegliche Lernerfahrung:

---

[133] Vergl. Hermann Schmitz, Der unerschöpfliche Gegenstand, Bonn 2007, S. 145.
[134] Vergl. Hermann Schmitz, Der unerschöpfliche Gegenstand, Bonn 2007, S. 143.

Die mikrosoziologische Perspektive – Leibphänomenologische Reflexion

»Man kann eigentlich nur die Kinder hier beaufsichtigen, weil die Kinder auch anders drauf sind« (KkoLau/LE 17).

Hier werden die Grenzen individueller Betreuung institutioneller Bildungseinrichtungen offenbar. Das Empfinden, den Kindern nicht gerecht werden zu können, entmutigt und frustriert viele Fachkräfte, da sie sich in erster Linie als Anwalt der Kinder begreifen. Obwohl eine hohe Einsicht über die Notwendigkeit und Bedeutsamkeit der Reforminitiativen signalisiert wird, bestehen Zweifel daran, ob die Reformen wirklich bei den Kindern ankommen und die Sozialisationsbedingungen und Bildungschancen für sie verbessert werden.

»Aber ich finde und das finde ich so schlimm, dass ich immer das Gefühl habe, für wen hat man eigentlich diese Reformen gemacht? Und das frage ich mich trotzdem auch schon wieder bei den BEE. Die ist zwar sehr pädagogisch und ich sage klar, da sind die Kinder gefragt. Aber für wen sind die denn wirklich gemacht worden (…)? Wirklich für das Kind, dass man gesagt hat, oh das muss einfach viel mehr … das ist die wertvollste Zeit? Oder ist das gemacht worden, damit man die Kindergartenarbeit gut vertreten kann, weil man für PISA tun muss, dass man in der Öffentlichkeit gut da steht. Mir fehlt wirklich bei den ganzen Reformen einfach von denen, die die Reformen planen und durchsetzen, den Blick auf das Kind. Zu sagen, das und das sind die Chancen für das Kind. Aber vielleicht auch mal hinzugucken und zu sagen. Naja, es kostet auch das Kind etwas« (KkoGSMz/L 136).

Die Aussage »es kostet auch das Kind etwas« zeigt, dass die Betreuungskräfte elementare Auswirkungen der Reformen befürchten, die sich direkt auf das Kind beziehen. Da es an Aktivitäten und Bildungsangeboten nicht mangelt, bezieht sich diese Sorge eher auf eine massive Veränderung des Wesens der Betreuung und der Intensität der Beziehungen zwischen Erziehern und Kind. Die Beschaffenheit der Zuwendung ist jedoch schwierig zu beschreiben und wird häufig als beiläufig betrachtet oder als allzu selbstverständlich vorausgesetzt. Mit den Begriffen der *leiblichen Kommunikation* kann man solche schwer artikulierbaren, atmosphärischen und intuitiv erfassten Prozesse in Worte fassen und zeigen, in welchem Ausmaß und auf welche Weise sich Rückschläge, Verluste und Verkümmerung in der Güte von Fürsorge beobachten lassen. Gerade das pädagogische Feld im Elementarbereich ist gekennzeichnet durch Pflegehandlungen und Zeigetätigkeiten, die eine »permanente situative Abstimmung mit den Befindlichkeiten und Reaktionen« der zu Betreuenden erfordern.[135] Laut Klaus Prange ist die Zeigegebärde eine konstitutive Geste der Erziehung, in der

> »eine doppelte Bewegung enthalten ist, die Bewegung in Richtung auf Sachverhalte und die Rückwendung auf das Subjekt des Zeigens, das der Gebärde einen Sinn einlegt, den andere erraten, erkennen und vollziehen können«.[136]

Diese Erkenntnis zeugt von der Bedeutung der intergenerationellen Beziehung für die Genese von Sinn sozialer Handlungen. Die Relevanz dieser Beziehung erstreckt sich nicht speziell auf Ein- und Zweijährige, sondern auch auf das Alter zwischen 3–6 Jahren. Denn Prozesse *personaler Emanzipation* beginnen nach Schmitz im zweiten Lebensjahr, ziehen sich durch die gesamte Kindheit hindurch und sind im Grunde auch im Erwachsenenalter nie ganz abgeschlossen. Die Notwendigkeit, dass Erwachsene Kinder empathisch begleiten und sie auf weitere Stufen der *personalen Emanzipation* vorbereiten, endet also keineswegs mit dem 5. oder 6. Lebensjahr. Ebenso bleibt es nicht aus, dass auch ältere Kinder Momente und Phasen der *personalen Regression* erleben, durch die sie angemessen begleitet sein wollen. Denn *personale Regression* als schöpferische Quelle erfahrener Subjektivität ist ebenso wichtig wie *personale Emanzipation* und die Objektivierung bestimmter Sachverhalte, Programme und Probleme. Gerade das Auskosten der affektiven Extreme (Albernheit, Ekstase, Lust, Wut, Hysterie) und die Erfahrung des Betroffen-Sein-Könnens ist nach Hermann Schmitz eine ebenso wichtige Erfahrung wie verschiedene Abstufungen der *personalen Emanzipation* und ihrer Schaffung von *Konstellationen*.[137]

---

[135] Fritz Böhle, Dirk Fross, Erfahrungsgeleitete und leibliche Kommunikation und Kooperation in der Arbeitswelt, Bielefeld 2009, S. 17.
[136] Klaus Prange, Die Zeigestruktur der Erziehung, Paderborn 2005, S. 68.
[137] Vergl. Hermann Schmitz, Der unerschöpfliche Gegenstand, Bonn 2007, S. 157.

Daher wäre neu zu reflektieren, welche Bedingungen für die Sozialisation von Kindern im Kindergarten tatsächlich bildend wirken. Wenn der Oszillationsprozess zwischen *personaler Emanzipation* und *personaler Regression* eine anthropologisch begründbare grundlegende Bildungserfahrung ist, dann bleibt zu prüfen, inwieweit konstellative Elemente wie zunehmende Kooperation mit anderen Personen, Förderkurse, Beobachtung und Dokumentation diese elementaren Grundlagen überlagern und beeinträchtigen.

8.5 Auswege aus dem Labyrinth

Auch bei der leibphänomenologischen Reflexion können ohne weiteres Bezüge zu Goffmans Konzept des sozialen Rahmens hergestellt werden.[138] Die unterschiedlichen Begriffe der leiblichen Kommunikation Hermann Schmitz', wie etwa die persönliche und gemeinsame Situation, die personale Regression und personale Emanzipation, die Engung und Weitung, die Einleibung und Ausleibung, lassen sich in einen klaren Zusammenhang bringen mit Aspekten der Entfremdung und Interaktionsgestaltung bei Goffman.

Die Begriffe der leiblichen Kommunikation beschreiben differenziert Prozesse, die bei einer Aushandlung von Verhaltensstandards vor sich gehen, wie etwa bei gewährenden und reglementierenden Gesten der Grenzsetzung in antagonistischer Einleibung. Im Wechselspiel von Engung und Weitung werden Verhaltensnormen ausgehandelt, die vitale Energie und Auseinandersetzung erfordern. Die gegenseitige Vergewisserung über Gefühle, gemeinsam generierte Bedeutungen und Sinn kann im Oszillationsprozess von personaler Regression und personaler Emanzipation durch mimetisches Aufeinander-Eingespielt-Sein vollzogen werden. Intensive gemeinsame Situationen bilden die Voraussetzung, um solche wechselseitigen Austauschprozesse zu ermöglichen.

---

[138] Vergl. Peter Brozio, Vom pädagogischen Bezug zur pädagogischen Beziehung, Würzburg 1995, S. 447 ff.; Erving Goffman, Rahmenanalyse, Frankfurt a. M. 1980, S. 37; Erving Goffman, Interaktionsrituale – über Verhalten in direkter Kommunikation, Frankfurt a. M. 1971, S. 124 f.

Durch reglementierende und kontrollierende Elemente der Bildungsinitiativen kommt es jedoch häufig auch zu Interaktionsbefangenheit der Erzieherinnen, da durch die erhöhte Konzentration auf professionelle Umsetzung einzelner Anforderungen, wie etwa Beobachtung und Dokumentation, spezifische Bildungsangebote oder Kooperation mit Dritten, die Fachkraft so zweckgebunden agiert, dass eine ungezwungene Begegnung zwischen Erwachsenen und Kindern eher selten wird. Die wechselseitige Interaktion gerät in Konkurrenz mit Beobachtungsbögen, Elternumfragen, Gesprächsprotokollen und Evaluationen. Weiterhin kommt es zunehmend zu Ablenkungen von außen, durch Sprachförderkurse, Elternarbeit, Anforderungen durch die BEE und das QM. Diese Aspekte vermindern das Engagement der Erzieherin bei der Gestaltung des sozialen Rahmens.

Auch bei der leibphänomenologischen Reflexion zeichnen sich somit Ambivalenzen über die Wirkung der Bildungsinitiativen ab. Nur sind hier leider die für Sozialisationsbedingungen hinderlichen Faktoren deutlich ausgeprägter als die förderlichen Aspekte. Dies liegt wohl in der Natur der Bildungsmaßnahmen, weil es sich hauptsächlich um Konstellationen handelt, also um Theorien, Empfehlungen und Konzepte, die modellhaft die Gestaltung pädagogischen Alltags empfehlen, jedoch den interpersonalen Situationen zwischen den Akteuren nicht gerecht werden. Der chaotisch-mannigfaltigen Ganzheit des Kindergartenalltags und der persönlichen Situation des einzelnen Kindes sowie den antagonistischen Austauschprozessen zwischen Erzieherin und Kind können die konstellativen Empfehlungen mit ihrem explikativen Charakter kaum gerecht werden. Daher kommt es wohl auf die Fähigkeit der Fachkräfte an, die Innovationen fachlich zu interpretieren und wirklichkeitsnah zu deuten und umzusetzen. Dabei kommt dem Urteilsvermögen der Erzieherin mit ihrer Erfahrung und ihrem Expertenwissen eine besondere Bedeutung zu, weil nur sie die Konstellationen übersetzen kann in eine Sprache, die der chaotisch-mannigfaltigen Ganzheit der Situationen gerecht wird, die sich im Kindergartenalltag vollziehen.

Wenn der Oszillationsprozess von personaler Regression zu personaler Emanzipation als grundlegende Bildungsaufgabe im Sinne

Die mikrosoziologische Perspektive – Leibphänomenologische Reflexion

Helmut Plessners und Thorsten Kubitzas leiblicher Fundierung des Bildungsbegriffes ernstgenommen wird, dann könnte daraus geschlossen werden, dass dieser intersubjektive Prozess leiblicher Kommunikation konstitutiv ist für die Gestaltung des Betreuungsalltags mit Kindern, nicht nur in der Familie, sondern auch in der Kindertagesstätte.[139] Die wesentlichen Erfahrungen bei diesem Übergangsprozess können exemplarisch beschrieben werden, wobei dies wiederum nur Konstrukte sind, welche die authentische Erfahrung des Kindes allenfalls andeuten können.

Das Kind spürt beispielsweise bei dem Erleben von Heimweh und dem vorübergehenden Verlust der Mutter in der Kindertagesstätte eine Engung durch das Zurückgeworfensein auf sein Ich im Hier und Jetzt ohne Ausweg. Es lernt mühevoll, dass es in diesem Zustand personaler Regression a) nicht sich selbst überlassen bleibt, dass man ihn b) mithilfe empathischer Begleitung ertragen kann, dass er c) vorübergeht, und d) auch andere davon betroffen sind, dass er e) mit der Erfahrung der möglichen Bewältigung das nächste Mal zunehmend einfacher auszuhalten ist und dass es sich mit wachsender Reflexionskompetenz f) über eine situativ erfahrene Engung erheben kann in personaler Emanzipation. Tiefes subjektives Empfinden kann mithilfe einer empathischen Begleitung Schritt für Schritt objektiviert werden und das führt zur personalen Emanzipation aus dem totalen Ausgeliefertsein an subjektive Gefühle und Stimmungen in primitiver Gegenwart. Erst wenn dieser Prozess zunehmend verinnerlicht ist, wird das Kind bereit sein für formale Lernerfahrungen, offen sein für neue Situationen und die Integration von Sachverhalten, Programmen und Problemen in die persönliche Eigenwelt. Dieser durch intensive leibliche Kommunikation mit Erwachsenen vermittelte Vorgang ist somit eine elementare Bildungserfahrung, die eine Verarbeitung aller weiteren geplanten oder ungeplanten Bildungsanreize bedingt.

Kinder sind zur Überwindung der personalen Regression und zur Orientierung in binnendiffusen chaotisch-mannigfaltigen Si-

---

[139] Vergl. Thorsten Kubitza, Identität Verkörperung Bildung. Pädagogische Perspektiven der philosophischen Anthropologie Helmut Plessners, Bielefeld 2005, S. 18.

tuationen auf die Brückenqualitäten der Erzieherinnen angewiesen und bedürfen deren Zeit, volle Beachtung und gefühlsmäßiger Empathie. Für unter Dreijährige ist all das irrelevant, was die volle Aufmerksamkeit der Erzieherin von ihnen abzieht, vor allem aufwändige Aufgaben der Betreuerinnen, die von der direkten Interaktion ablenken. Doch wäre es verfehlt, die Bedeutung der Brückenqualitäten nur auf Kinder unter drei Jahren zu beschränken. Auch Kinder zwischen drei und sechs Jahren befinden sich gerade am Anfang der Ausbildung ihrer Identität oder in Schmitz' Begriffen der persönlichen Situation und selbst wenn sie die gemeinsame Situation des Kindergartens weitestgehend in ihre persönliche Eigenwelt integriert haben, kommen noch regelmäßig Momente vor, in denen sie in den Zustand der personalen Regression zurückfallen und bei dem Übergang von primitiver Gegenwart in entfaltete Gegenwart Begleitung und Hilfe benötigen, da sie diesen Oszillationsprozess erst langsam erlernen müssen. Gleichaltrige können diese Aufgabe nur in rudimentärer Weise übernehmen, da sie selbst noch mit der Bewältigung solcher Situationen überfordert sind.

Daher sollte überdacht werden, ob dieser elementaren Bildungsaufgabe und den intersubjektiven leiblichen Prozessen zwischen Erzieherinnen und Kind nicht ausdrücklich größere Beachtung in der Kindertagesbetreuung beigemessen werden sollte als bisher und gegenüber konstellativen Innovationen der Elementarbildung. Denn gerade diese scheinbar nebensächlichen Aspekte der Sozialisation, die kaum geplant und evaluiert werden können, sind möglicherweise genauso wichtig wie neue Inhalte, Aufgaben, Methoden und Bildungsangebote. Sie bilden nicht nur eine wesentliche Voraussetzung für die Personalisation von Kindern, sondern auch für die Reproduktion von Kultur. Denn die Ausbildung von Rollen, Normen und Verhaltensstabilität sind konstitutiv für die Erhaltung einer gesellschaftlichen Ordnung und die Tradierung kultureller Güter.

Soziologisch betrachtet bilden Generationenbeziehungen zwischen Erwachsenen und Kindern die Grundlage der Überlieferung von Kultur innerhalb einer Gesellschaft.[140] Durch den komplexen Prozess des kulturellen Gedächtnisses wird erst kulturelles Erbe ge-

---

[140] Vergl. Micha Brumlik, Zeitgenossenschaft: Eine Ethik für die Generationen, in:

schaffen. Doch ist dies keineswegs rein makrosoziologisch zu erklären, denn nur in der direkten Interaktion mit dem Anderen lassen sich die Erinnerungen als gültige Wahrnehmungen identifizieren. Fehlt diese Interaktion, büßen Rituale, Werte und Normen ihre Akzeptanz und ihre Bedeutung ein.[141] Die Forschungsergebnisse deuten an, dass sich bei den Generationenbeziehungen ein qualitativer Umbruch abzeichnet, der sich in Organisationen der Kindertagesbetreuung durch strukturellen Wandel der Sozialisationsbedingungen vollzieht. Dieser Wandel wird durch aktuelle Bildungsinitiativen forciert, die sich auf die leibliche Kommunikation zwischen Kindern und Erwachsenen und auf gemeinsame Situationen im Erziehungsalltag auswirken. Mithilfe der Begriffe der *Neuen Phänomenologie* lassen sich Modifikationen relevanter Aspekte der Kinderbetreuung durch Aussagen der Fachkräfte benennen, verdeutlichen, differenzieren und interpretieren.

8.6 Mögliche Modalitäten von Sozialformen

Wenn nun durch zunehmenden Konstellationismus im Kindergarten gemeinsam erlebte Situationen mit intensiver antagonistischer und solidarischer Einleibung zwischen Kind und Erzieherin und die Intensität und Qualität der Generationenbeziehung abnehmen, hat dies möglicherweise nicht nur Auswirkungen auf einzelne Kinder, eine einzelne Kindergruppe oder den Kindergarten. Wenn diese veränderten Sozialisationsbedingungen in ähnlicher Weise an verschiedenen Standorten beobachtet werden, kann dies auf lange Sicht auch makrosoziologische Folgen haben, die durch veränderte Generationenbeziehungen bedingt sind.[142]

Jutta Ecarius (Hrsg.), Was will die jüngere Generation mit der älteren? Generationenbeziehungen in der Erziehungswissenschaft, Opladen 1998, S. 145 f.
[141] Vergl. Friedrich Tenbruck, Jugend und Gesellschaft, Freiburg i. B. 1962, S. 113 f.
[142] Vergl. Niklas Luhmann, Das Erziehungssystem der Gesellschaft, Frankfurt a. M. 2002; Mathias Grundmann, Sozialisation – Erziehung – Bildung: Eine kritische Begriffsbestimmung, in: Rolf Becker, Lehrbuch der Bildungssoziologie, Wiesbaden 2009.

Mögliche Modalitäten von Sozialformen

Wie der Gegensatz von Situation und Konstellation menschliche Beziehungen beeinflusst, kann anhand von Schmitz' Begriffen der *implantierenden* und der *includierenden* Situation erörtert werden. Die *persönlichen Situation* einer Person oder die gewordene Persönlichkeit entstand aufgrund einer Aneinanderreihung von mannigfaltigen aktuellen Situationen, die sich durch *gemeinsame Situationen* mit anderen Menschen auf die zuständliche persönliche Situation dieser Person hin entwickelt hat.[143] Diese *gemeinsamen Situationen* kommen nun nach Schmitz als implantierende und includierende Situationen vor.[144] Eine implantierende Situation erlebt die Person so, dass sie sich als tief eingewachsen oder eingepflanzt in den Bezugsrahmen der sozialen Gruppe empfindet und eine Ablösung entweder nur unvollständig möglich ist oder tiefe Wunden hinterlässt. Bei der includierenden Situation hingegen besteht ein lockeres Verhältnis der Zugehörigkeit von Einfassung und Einpassung, das relativ leicht zu lösen ist, ähnlich wie bei der Unterscheidung von primären und sekundären Gruppen oder bei den im zwanzigsten Jahrhundert viel diskutierten Sozialformen der Gemeinschaft und Gesellschaft, auf die im Schlussteil noch näher eingegangen werden soll.[145]

Mithilfe der Begriffe der implantierenden und includierenden Situation kann man nun die unterschiedliche Involviertheit der Person in einer sozialen Gruppe aus der Perspektive des Gruppenmitgliedes, nicht durch die neutrale Zuordnung von äußeren Merkmalen der Gruppe beschreiben:

»Eine soziale Gruppe ist für eine ihr angehörige Person eine Gemeinschaft, wenn sie für den Betreffenden von einer gemeinsamen Situation

---

[143] Vergl. Hermann Schmitz, System der Philosophie, Band IV, Die Person, Bonn 1990, S. 287 ff.
[144] Vergl. Hermann Schmitz, Situationen und Konstellationen, München 2005, S. 25 f.
[145] Vergl. Ferdinand Tönnies, Gemeinschaft und Gesellschaft, Grundbegriffe der Soziologie, Nachdruck der 8. Auflage von 1935, Darmstadt 1979, S. 34; Winfried Gebhardt, »Warme Gemeinschaft« und »kalte Gesellschaft«, in: Günter Meuter, Henrique Ricardo Otten (Hrsg.), Der Aufstand gegen den Bürger, Würzburg 1999, S. 169 ff.; Helmuth Plessner, Grenzen der Gemeinschaft, Frankfurt a. M. 2002 (Bonn 1924) S. 47 ff.

erfüllt ist, die seine persönliche Situation implantiert, und eine Gesellschaft, wenn unter den die Gruppe erfüllenden gemeinsamen Situationen keine solche implantierende, wohl aber eine seine persönliche Situation includierende vorkommt«.[146]

Es kommt somit nicht auf die Definition der Sozialform an mit ihren objektiv beschreibbaren Merkmalen, wie dies Tönnies, Plessner, Gebhardt und viele andere vorgenommen haben, sondern auf die subjektiv empfundene Einbindung in die soziale Gruppe. Eine Schulklasse, eine Familie oder eine Kindergartengruppe kann gleichermaßen als implantierend oder als includierend erlebt werden. Für eine alleinstehende Person ohne private Vernetzung kann der Arbeitsplatz eine implantierende Situation sein. Genauso besitzt für einen Jugendlichen in einer zerrütteten Familie diese womöglich nur noch einen includierenden Charakter. Je früher und länger Kleinkinder in einer Kindertageseinrichtung betreut werden und je intensiver die Zuwendung, desto implantierender kann für sie diese Situation sein. Grundsätzlich sind beide Situationsarten gleichwertig und konstitutiv für soziales Handeln des Menschen, solange sie in einem ausgewogenen Verhältnis stehen. Als bedenklich ist jedoch eine Entwicklung zu betrachten, in der soziale Beziehungen vor allem durch formale Regelungen und analytische Verhaltenseinheiten bestimmt werden, die zu einem Abarbeiten bestimmter Abfolgen führen und eine Begegnung in wechselseitiger Interaktion verhindern. In der Entfaltung eines solchen Konstellationismus können keine gemeinsamen Situationen mehr erlebt werden, weder in implantierender, noch in includierender Form.

»Die Tendenz zur Isolierung und Nivellierung der Individuen durch Auflösung implantierender Situationen zugunsten vermeintlicher Selbstbestimmung des Einzelnen – als ob diese nicht besser durch Einpflanzung der persönlichen Situation in eine implantierende, die gleich der Muttersprache dem eigenen Wollen ein breites Spektrum von Möglichkeiten zur Auseinandersetzung und Gestaltung anbietet, gefördert würde«.[147]

---

[146] Hermann Schmitz, Situationen und Konstellationen, München 2005, S. 27.
[147] Vergl. Hermann Schmitz, Situationen und Konstellationen, München 2005, S. 29.

Die Frage, in welcher Sozialform Kinder aufwachsen, verliert an Gewicht, wenn sowohl in Familie als auch Kindergarten implantierende und includierende Situationen zurückgehen. Nach den vorangegangenen Ausführungen ist zu erkennen, dass durch Beobachtungsbögen, Dokumentation, Prozessbeschreibungen, vielfältige Organisations- und Kooperationsaufgaben eine starke Zunahme von Konstruktionen, Abstraktionen und Konstellationen die Arbeit im Elementarbereich beeinträchtigen, die das Einlassen auf Situationen in ihrer binnendiffusen chaotisch-mannigfaltigen Ganzheit immer weniger zulassen. Auch in der Familie wachsen laut der Experteninterviews organisatorische Aufgaben gegenüber zwanglos erlebten gemeinsamen Situationen an und die Zeit für intensive Begegnungen zwischen Eltern und Kindern nimmt ab. Prozesse der intensiven antagonistischen Einleibung in Gestalt von Engung und Weitung, im Ausdruck von Empathie und Grenzsetzung werden seltener. Die Aufmerksamkeit für gemeinsame Situationen von Erwachsenen und Kindern wird überlagert durch Termine, Telefonate, Listen, Bögen, Dokumente, Prozessbeschreibungen, Planungs- und Reflexionsgespräche, Konferenzen und Sitzungen. Daher ist es womöglich künftig nicht mehr entscheidend, in welcher Sozialform Kinder aufwachsen, sondern ob sie überhaupt Situationen erleben dürfen, in denen sie implantierende oder includierende Erfahrungen machen können. Es liegt dann einerseits in der Verantwortung der Erwachsenen in Familie und Organisation der Kindertageseinrichtung, ob Kinder solche Situationen erfahren können und in der Erlebnisqualität der Kinder, wo sie diese Erfahrungen machen können.

8.7 Die Rehabilitation der gemeinsamen Situation

Die *Neue Phänomenologie* rehabilitiert mit ihrem Konzept der leiblichen Kommunikation die Situation gegenüber der Konstellation. Daraus lässt sich für die Betreuung von Kindern in Organisationen schließen, dass weder Bildungsprozesse noch Individuationsprozesse auf einzelne Sachverhalte, Lernziele oder Ursache-Wirkungsprinzipien zurückgeführt werden können und die Bedeutung der Vielschichtigkeit von gemeinsamen Lebenssituationen aufgewertet wird.[148] Damit wird der Stellenwert von Beobachtung, Dokumentation, Qualitätssicherung, Prozessbeschreibung usw. nicht aufgehoben, aber relativiert, und die Relevanz und Aussagekraft von empirischer Bildungsforschung eingeschränkt. Denn wenn sich die persönliche Situation des Kindes nicht einfach analytisch auf ihre Bestandteile reduzieren und dann synthetisch wieder zusammensetzen lässt, wird die Bedeutung eines verbindlichen Bildungsplanes oder bestimmter Methoden zur Erfassung von Lernergebnissen sekundär. Dann ist es wichtig, den Fokus auf die komplexen Oszillationsprozesse personaler Emanzipation und personaler Regression zu richten, der durch erwachsene Personen in empathischer Sensibilität und intensiver wechselseitiger Einleibung begleitet wird, als auf eine Vervielfältigung von Lerninhalten, eine Perfektionierung von Methoden, auf die Konstruktion pädagogischer Konstellationen oder die Kontrolle und Überwachung von Bildungserfolgen.

Wenn Kinder kollektiv nicht nur eine sekundäre, sondern auch in weiten Teilen die primäre Sozialisation in Kindertageseinrichtungen erfahren, hat die Art und Weise, wie dies geschieht, auch eine Relevanz für die Verfasstheit der Gesamtgesellschaft. Daher sollten angesichts der bisherigen Ausführungen die Bedingungen für eine angemessene Beschaffenheit der Betreuung, Güte der Fürsorge und Intensität der Zuwendung überdacht werden. Die Innovationen des Elementarbereiches durch politisch initiierte Bildungsinitiativen verändern die Sozialisationsbedingungen von Kindern. Sie beeinträchtigen jedoch nicht nur durch die Unwiderruflichkeit, ihre Permanenz und ihre Diffusität, sondern auch durch den Charakter des Konstellationismus die Sozialisations-, Erziehungs- und Bildungsprozesse der jüngsten Generation, da sie wesentliche Aspekte der Personalisation, nämlich intersubjektive Momente sozialen Handelns in ihrer leiblichen Fundierung, unterschätzen und vernachlässigen.

---

[148] Vergl. Hermann Schmitz, Situationen und Konstellationen, München 2005, S. 9 f.; Hermann Schmitz, Der unerschöpfliche Gegenstand, Bonn 2007, S. 65 f.

9. Ergebnisse und Hypothesen

In diesem Abschnitt sollen zusammenfassende Hypothesen und Schlussfolgerungen vorgestellt werden, die sich aus den Aussagen der Experten und der theoretisch fundierten Interpretation ergeben. Diese Schlüsse beziehen sich auf mögliche Folgen für die Sozialisationsbedingungen von Kindern in institutionellen Betreuungseinrichtungen, die aus der Umsetzung der drei beschriebenen Bildungsinitiativen resultieren, und auf Konsequenzen, die sich gesamtgesellschaftlich ergeben können, wenn man den qualitativ gewonnenen Ergebnissen eine gewisse Aussagekraft für die Ausgestaltung von Generativität zuschreibt. Damit soll der hypothesengenerierenden Funktion qualitativer Sozialforschung Rechnung getragen werden.

Für weiterführende Hypothesen interessiert an dieser Stelle vor allem, um mit Max Weber zu sprechen, »was für Menschen« durch solche gesellschaftlichen Entwicklungen geprägt werden und welches »Schicksal« sie aufgrund der beschriebenen Veränderungen ereilt.[1] Dabei ist zu beachten, dass die Bildungsinitiativen nicht nur Teil eines umfassenden soziokulturellen Wandels sind, sondern auch selbst Veränderungen von Bedingungen kindlicher Sozialisation generieren. Es entsteht die Frage, welche Folgen sich aus veränderten Sozialisationsbedingungen in der frühen Kindheit ergeben können, wenn man die Aussagen der Experten als Aspekte sozialer Wirklichkeit begreift und »den Zusammenhang und die Kulturbedeutung ihrer einzelnen Erscheinungen« in ihrem »geschichtlichen So-und-nicht-anders-Gewordensein« ernst nimmt.[2]

---

[1] Wilhelm Hennis, Max Webers Fragestellung, Tübingen 1987, S. 49.
[2] Max Weber, Die ›Objektivität‹ sozialwissenschaftlicher und sozialpolitischer Erkenntnis, in: Gesammelte Aufsätze zur Wissenschaftslehre, Tübingen 1988, S. 171 f.

Ergebnisse und Hypothesen

Individuelle soziale Phänomene erhalten ihre Bedeutung jeweils aus dem sozialen Kontext, aus dem sie entstanden sind, doch sie wirken nach dem dialektischen Prinzip der Formierung von Gesellschaft auch wieder auf diese zurück. Solche Wirkungen werden nun im Folgenden angedeutet.

9.1 Wie vollzieht sich künftig Generativität?

Wie bereits in Kapitel zwei dargelegt, unterliegen Formen der Kinderbetreuung einem kulturellen und historischen Wandel. So kann von einer dreifachen Transformation der Betreuungsarrangements in den letzten 200 Jahren gesprochen werden: von der erweiterten Sozialgruppe des ganzen Hauses bzw. der bürgerlichen Familie des 19. Jh. über die moderne Kleinfamilie Mitte des 20. Jahrhunderts bis hin zur Betreuung in Organisationen des pädagogischen Elementarbereichs. Das soziologische Interesse richtet sich innerhalb dieses Transformationsprozesses weniger auf ideologische Debatten, als vielmehr auf die Funktionalität der Sozialformen bezüglich ihrer Transmissionsleistung kultureller Überlieferung. Die Art und Weise, wie die konkrete intergenerationelle Interaktion verwirklicht und gestaltet wird und wie sie qualitativ beschaffen ist, sichert erst die Reproduktion von Gesellschaft und verweist auf den Zusammenhang von mikrosoziologischen Betreuungssituationen und makrosoziologischen Entwicklungen hin, insbesondere hinsichtlich der Gestaltung und Akzeptanz von Normen und Werten, der Erhaltung von sozialer Ordnung und letztlich dem Fortbestand einer Kultur.

Die pädagogische Perspektive bezieht vor allem die Ausgestaltung der Beziehung zwischen Erzieher und Zögling ein, die trotz der Vorstellung von konstruktivistischen Selbstbildungsprozessen seitens des Kindes vor dem Hintergrund anthropologischer und bindungstheoretischer Überlegungen nicht vernachlässigt werden kann.[3] Die zugrunde liegenden sozialen, ökonomischen und politi-

---

[3] Vergl. Martin Dornes, Der kompetente Säugling, Frankfurt a. M. 1993 oder Gerd E. Schäfer, Bildung beginnt mit der Geburt. Förderung von Bildungsprozessen in

schen Strukturen dieser Beziehung wirken sich auf die Ausgestaltung ihrer Intensität und Beschaffenheit aus, die sich phänomenologisch beschreiben lassen. Ziel der Arbeit war es, das Augenmerk auf die zunehmend dominierende Betreuungsform der institutionellen Kinderbetreuung in Organisationen der öffentlichen Erziehung zu richten. Dabei ging es nicht darum, Unterschiede zwischen alten und neuen Betreuungsformen zu explizieren oder Vor- und Nachteile herauszuarbeiten, sondern aktuelle Sozialisationsbedingungen konkreter Kindertageseinrichtungen aus der Sicht von Experten zu betrachten und Veränderungen, die durch neueste bildungspolitische Reformbemühungen verursacht wurden, offenzulegen.

Die Ausgangslage bezog sich somit auf den Sachverhalt, dass Kinder bald über einen großen Teil ihrer Wachzeit flächendeckend ab dem ersten oder zweiten Lebensjahr in Organisationen institutioneller Tagesbeetreuung versorgt werden, und die Frage lautete, wie sich diese Betreuung gestaltet und wie sich Sozialisation und Personalisation in der frühen Kindheit demzufolge vollzieht. Dabei wurde reflektiert, dass Kindergarten bis in die neunziger Jahre des 20. Jahrhunderts vornehmlich die Funktion der sekundären Sozialisation mit dem Fokus auf Sozialerziehung erfüllte. Erst seit dem neuen Jahrtausend fällt dem Elementarbereich vermehrt die Funktion primärer Sozialisation zu, da diese beim Eintritt des Kindes in die Institution mit ein oder zwei Jahren noch nicht abgeschlossen ist und durch die lange tägliche Verweildauer in der Einrichtung zunehmend von professionellem Fachpersonal begleitet wird.

Die sozialwissenschaftlich interessante Frage, die durch diesen Wandlungsprozess ausgelöst wird, ist nun, ob die Sozialform Gemeinschaft oder Gesellschaft das Primat bei der Bildung, Erziehung und Betreuung des Nachwuchses erhält. Obwohl vordergründig auf

---

den ersten sechs Lebensjahren, Berlin 2003; Franz Hargasser, Mensch und Kultur, Die pädagogische Dimension der Anthropologie Arnold Gehlens, Bad Heilbrunn 1976, S. 29; Helmuth Plessner, Die Frage nach der Conditio Humana, in: Aufsätze zur philosophischen Anthropologie, Frankfurt a. M. 1976, S. 34; Max Scheler, Die Stellung des Menschen im Kosmos, Bern 1983, S. 38; Adolf Portmann, Vom Lebendigen, Frankfurt a. M. 1979, S. 81; Vergl. John Bowlby, Frühe Bindung und kindliche Entwicklung, München 2001, S. 11 f.

Ergebnisse und Hypothesen

der Hand zu liegen scheint, dass bei zunehmender Betreuung in Kindertagesstätten die Gesellschaft zu dem bevorzugten Ort wechselseitiger Sozialisationsprozesse aufsteigt, kann in Rekurs auf Schmitz Gegenüberstellung unterschiedlicher Situationsausprägungen eine andere Schlussfolgerung vorgeschlagen werden.[4] Die Beschreibung der implantierenden und includierenden Situationen ermöglicht nämlich eine Betrachtung der sozialen Beziehung aus der Perspektive des Subjektes, die lediglich durch individuell wahrgenommene Strukturmerkmale gekennzeichnet ist und nicht durch von außen zugeschriebene Eigenschaften der Gruppe. Somit wird es künftig womöglich entscheidend sein, ob Kinder intensive personale Austauschprozesse und bindungsgeleitete Beziehungen überhaupt erfahren können, unabhängig von dem Ort und der Sozialform, in der sie sich momentan befinden. Wie die Bewältigung der bedeutsamen Aufgabe primärer und sekundärer Sozialisation angesichts unterschiedlicher, gemeinsam erfahrener Lebenssituationen, veränderter Betreuungsformen und programmatischer Veränderungen im Elementarbereich unterstützt oder aber gehemmt wird, wurde in dieser Studie durch Experteninterviews erfasst, typologisch präsentiert, exemplarisch expliziert, theoretisch gedeutet und soll nun in ihren gesamtgesellschaftlichen Konsequenzen betrachtet werden.

9.2 Über das Verhältnis von Bildung, Erziehung und Sozialisation

Institutionen der Erziehung benötigen als Organisation eine formale Verfassung, eine Leitungsinstanz, eine spezifische Zweckbestimmung und eine arbeitsteilige Gliederung.[5] Die formale Verfassung oder Konzeption unterliegt jedoch nicht nur den pädagogischen Vorstellungen der Mitarbeiter oder den Anforderungen des Trägers, sondern auch der staatlichen Aufsicht. Daher wurden in den einzelnen Bundesländern Curricula für die Kindertagesbetreuung ent-

---

[4] Hermann Schmitz, Situationen und Konstellationen, München 2005, S. 25.
[5] Vergl. Martin Abraham, Günter Büschges, Einführung in die Organisationssoziologie, Wiesbaden 2009, S. 21 ff.

wickelt. Diese definieren die Zielsetzung, Zweckbestimmung und Umsetzung des gesellschaftlichen Auftrages der öffentlichen Kindererziehung. Daher besitzen sie eine besondere Relevanz hinsichtlich der Normensysteme, die einen ideologischen Sinnüberschuss gegenüber der reinen Betreuungsaufgabe von Kindern beinhalten. Mit welcher Haltung und Einstellung Kinder in Kindertageseinrichtungen betreut werden, hängt stark mit dem Bild vom Kind zusammen. Dieses reicht von einem defizitären, bedürftigen Wesen, welches des Schutzes, der Sorge und der Belehrung Erwachsener bedarf, bis hin zu einem kompetenten Subjekt, welches sich in aktiver Auseinandersetzung mit der Umgebung seine Welt konstruiert und aneignet. In den BEE von Rheinland-Pfalz wird ein subjekt- und ressourcenorientiertes Bild vom Kind vertreten, das in konstruktivistischer Weise individuelle Lernprozesse bewältigt. Lernen wird als eher solipsistischer Prozess verstanden, der durch die Begleitung Erwachsener unterstützt wird. Diese Haltung wird in Fort- und Weiterbildung an die Fachkräfte vermittelt.

Eine solche Haltung impliziert, dass sich die Fachkräfte weniger als Hütende und Pflegende bedürftiger Kleinkinder verstehen, sondern als Entwicklungsbegleiter, die den lernenden Kindern nötige Freiheiten lassen. Dies birgt vielfältige Chancen, Kindern Lernmöglichkeiten zu bieten, indem sie sich forschend »ihre Welt aneignen«.[6] Man gesteht ihnen früh die Kompetenz zu, eigene Ideen für ihr Spiel zu entwickeln und eigene »Theorien« über die Welt zu entwerfen. Doch besteht auch das Risiko, den Bedürfnissen von Kindern nach Nähe, Geborgenheit und Grenzsetzung nicht gerecht zu werden, wenn man einseitig ihre Fähigkeiten hervorhebt, ihre Kompetenz zum Programm macht und sie aufgrund ideologischer Prämissen womöglich überfordert.

Die Hypostasierung dieses Bildungsbegriffes scheint gerade angesichts der Äußerungen der Experten im Hinblick auf die abnehmende Intensität der Zuwendung und der leibesphänomenologi-

---

[6] Ministerium für Bildung, Frauen und Jugend, Rheinland-Pfalz, Bildungs- und Erziehungsempfehlungen für Kindertagesstätten in Rheinland-Pfalz, Berlin/Düsseldorf/Mannheim 2007, S. 24.

schen Bedeutung solcher Bezüge der tatsächlichen Lebenssituation von Kindern nicht angemessen. Gerade in der frühen Kindheit bleibt sozial vermittelte Bildung relevant und hier sollte bedacht werden, ob nicht besonders in dieser Altersstufe die pädagogische Beziehung im klassischen Sinne doch mehr Gewicht hat, als gemeinhin vertreten. Jakob Muth beschreibt in seinem Werk »Pädagogischer Takt« das *Feingefühl*, das zwischen Erzieher und Zögling fluktuiert:

> »Jenes *Feingefühl*, das den Taktvollen auszeichnet, ist ein Gefühl für das Du, für den Mitmenschen, für die Eigenart und das Eigenrecht des anderen Menschen, ist ein Respekt vor der letzten Unnahbarkeit des anderen. Es lässt sich, wie jedes Gefühl, nicht vorausberechnen, nicht im vorhinein beabsichtigen; immer realisiert es sich in der konkreten, unvorhersehbaren Situation, in die sich ein Mensch unvermittelt gestellt findet, indem es den anderen Menschen schont, ihm Hilfe bringt, sofern er der Hilfe bedürftig ist, indem es auf ihn eingeht, sich ihm nicht aufdrängt, Rücksicht auf ihn nimmt und ihn nicht verletzt.«[7]

Dieses Zitat beinhaltet eine Fülle von Eigenschaften, die auch eine Erzieherin benötigt, um sensitiv auf Kinder eingehen zu können. Doch interessant ist, dass es gerade nicht die planbaren Aspekte sind, die das Feingefühl ausmachen, sondern situative Momente, die sich in der konkreten Situation vollziehen. Dazu benötigen die Interaktionspartner jedoch Zeit, Ruhe und Konzentration. Keiner dieser Aspekte ist messbar, organisierbar und dokumentierbar, und doch könnte man dieses Feingefühl als wesentliches Bildungsgut bezeichnen, das weniger durch Erziehung, sondern eher durch Vorbild, also sozusagen durch Sozialisation vermittelt wird.

Ausgerechnet der Begriff der Sozialisation taucht in den Programmen der Bildungsinitiativen kaum auf. Er entzieht sich der Machbarkeit, er lässt sich nicht durch Fortbildung forcieren und nicht durch Management kontrollieren. Doch wenn man die Stellungnahmen der Experten ernst nimmt, dann kommt es gerade auf die ungezwungenen, alltäglichen, scheinbar banalen und intersubjektiven Prozesse an, die durch leiblich vermittelte antagonistische

---

[7] Jakob Muth, Pädagogischer Takt, Essen 1982, S. 20.

Prozesse vermittelt werden, die eben nicht geplant sind und daher auch nicht im eigentlichen Sinne der Erziehung zuzuordnen sind.[8] Manfred Prisching betont, dass Bildungsprozesse nicht allein über den messbaren Output zu bestimmen sind, sondern lästige Eigenarten haben, die nicht zeitlich forcierbar sind. Sie haben zu tun mit: »Kontinuität, Folge, Abfolge, Entwicklung; mit Wachsen und Werden; mit Versuch und Irrtum; mit Ausflug und Rückkehr; mit Kreisen und Zyklen«.[9] Auch bei diesen Begriffen fällt auf, dass sie nicht eindeutig dem Terminus Bildung zuzuordnen sind, denn auch hier sind Aspekte von Erziehung und Sozialisation durchaus wiederzufinden. Vielleicht sollte man sich eingestehen, dass der Mensch auch im dritten Jahrtausend ein Wesen bleibt, das zwischen Autonomie und Interdependenz oszilliert und daher nicht nur einer solipsistisch erworbenen Bildung, sondern auch der Erziehung und Sozialisation bedarf. Die Balance von Selbständigkeit und Abhängigkeit, Kompetenz und Bedürftigkeit sollte daher auch in Organisationen der Kindertagesbetreuung nicht aus dem Auge verloren werden.

9.3 Über das Verhältnis von Politik, Ökonomie und Pädagogik

Um Transparenz und Verbindlichkeit von Bildungsprozessen zu verbessern und Bildungserfolge kalkulierbarer und kontrollierbarer zu machen, wurden dem pädagogischen Elementarbereich in Rheinland-Pfalz eine Vielzahl von Instrumenten zur Verfügung gestellt. Dies sind die Bildungs- und Erziehungsempfehlungen, trägerspezifische Leitbilder, die durch Qualitätsmanagement verwirklicht werden, und das Programm »Zukunftschance Kinder – Bildung von Anfang an«.

Die Anforderungen aller drei bildungspolitischen Maßnahmen begründen eine Veränderung des pädagogischen Alltags, des Berufsverständnisses der Erzieherinnen, des Bildes vom Kind und

---

[8] Vergl. Michael Grossheim, Phänomenologie der Sensibilität, Rostock 2008, S. 29.
[9] Manfred Prisching, Bildungsideologien, Wiesbaden 2008, S. 112.

der Sozialisationsbedingungen von Kindern. Allein rechtliche Folgen, wie der Anspruch auf einen Kindergartenplatz ab dem zweiten oder ersten Lebensjahr, besitzen eine erhebliche Verbindlichkeit aber auch solche Aspekte, die nur als Empfehlungen gelten, wie ein Curriculum über die Bildungsbereiche, Sprachförderung und das Fortbildungszertifikat, implizieren aus der Sicht der Fachkräfte einen hohen Verpflichtungscharakter. Diese Verbindlichkeit besteht, obwohl, oder gerade weil die Bildungsinitiativen nicht etwa aus dem Erziehungssystem der Gesellschaft, oder in diesem Falle, von Experten und Repräsentanten der Elementarpädagogik in Rheinland-Pfalz entwickelt wurden. Sie sind vielmehr als politische Konsequenz zu verstehen aus den Ergebnissen der PISA-Studie, wie dies in den BEE auch explizit formuliert wurde.[10] Es sind bildungspolitische Maßnahmen, die von einer politischen Fachkommission geplant, in mehr oder weniger intensivem Diskurs mit Experten aus der Praxis der Frühpädagogik diskutiert und verbindlich für den gesamten Elementarbereich von Rheinland-Pfalz formuliert wurden. Die Expertise der Fachkräfte aus der Elementarpädagogik spielt dabei eine eher untergeordnete Rolle.

Auffällig ist dabei, dass es dem Erziehungssystem bisher selten gelungen ist, eigene Konzepte im gesellschaftlichen Diskurs durchzusetzen und – um mit Niklas Luhmann zu sprechen – Perspektiven hinsichtlich seines symbolisch generalisierten Kommunikationsmediums Kind zu entwickeln.[11] Leider reagiert es meist nur auf die Umweltsysteme und versagt sich zu weiten Teilen autonome Lösungsmöglichkeiten für vorhandene Problemstellungen. So wirken Bildungsinitiativen eher wie Reaktionen auf fremdreferentielle Irritationen, die eine Effizienz des Bildungssystems steigern sollen, denn als selbstreferentielle Überlegungen, zu welchen Menschen Kinder in unserer Kultur gebildet, erzogen und sozialisiert werden sollen.

---

[10] Vergl. Ministerium für Bildung, Frauen und Jugend, Rheinland-Pfalz, Bildungs- und Erziehungsempfehlungen für Kindertagesstätten in Rheinland-Pfalz, Berlin/Düsseldorf/Mannheim 2007, S. 7.
[11] Vergl. Niklas Luhmann, Das Erziehungssystem der Gesellschaft, Frankfurt a. M. 2002, S. 90 ff.

Über das Verhältnis von Politik, Ökonomie und Pädagogik

Damit verbunden ist auch die Einführung eines spezifischen Kommunikationscodes im pädagogischen Elementarbereich. Unter »Ökonomisierung des Sozialen« versteht Clemens Albrecht die Anwendung des ökonomischen Kommunikationscodes auf die Reflexion der sozialen Arbeit. Diese spezifische Sprache ist spezialisiert auf die Beschreibung zweckrationaler Optimierung von wirtschaftlichen Organisationen und nicht etwa auf die Annahme des Kindes als Subjekt oder ähnliche selbstreferenzielle Ziele der Pädagogik. Daher bezweifelt Albrecht die Neutralität dieser Sprache: »Dominiert diese Kommunikation die karitative Arbeit, verfehlt (oder vergisst) diese ihre Leitidee: die Zuwendung zum Menschen ...«[12] Die Ökonomisierung der Sprache birgt somit umfangreichere Veränderungen, als lediglich die Übersetzung von Begriffen der DIN EN ISO in pädagogische Sprache oder gar ihre parallele Nutzung, wie dies im Qualitätshandbuch des Bistums Trier vorgeschlagen wird.[13] Die Übernahme von Teilen des Sprachcodes aus dem ökonomischen System kann das Erziehungssystem soweit irritieren, bis wesentliche Unterschiede verwischt werden und das symbolisch generalisierte Kommunikationsmedium Kind aus dem Blick gerät.

In diesem Zusammenhang sei noch einmal auf einen Bildungsbegriff rekurriert, denn auf Bildung richten sich schließlich sämtliche Bemühungen politischer Reformen. Dieter Lenzen umschreibt Bildung folgendermaßen:

»In der jeweiligen historischen Ausdeutung von Bildung werden die pädagogischen Einsichten *in das Wesen der Menschwerdung* und die Bestimmung des Menschen zusammengefasst. Alle pädagogischen Maßnahmen erhalten erst ihre Begründung von einer Auffassung der Bildung, die als letzter Bezugspunkt pädagogischen Tuns diese Maßnahmen als sinnvoll für das Leben des Menschen auszuweisen hat. Es gibt daher keine Definition, mit der festgelegt werden könnte, was Bildung ein für allemal inhaltlich bedeutet, so daß jedermann einer solchen Bestimmung beipflichten müsste. Lediglich eine formale

---

[12] Clemens Albrecht, Caritas als Verteilungseffizienz? Zur Ökonomisierung des Sozialen, Benediktbeuren 2009, S. 6.
[13] Colibri Management Service, Tri QM elementar, Allgemeine Darlegung des Qualitätsmanagement-Systems, 1.3 Begriffserläuterungen, Abkürzungen, Zeichenerklärung, Koblenz 2008 (Denzlingen 2005), S. 4.

381

Ergebnisse und Hypothesen

Kennzeichnung ist möglich, der zufolge sich Bildung als ein komplexer Prozeß begreifen läßt, in dem eine als wünschenswert ausgegebene Persönlichkeitsstruktur hervorgebracht werden soll. Der Prozeß selbst unterliegt gesellschaftlichen, ökonomischen, auch institutionellen Bedingungen, die auf die Bereiche verweisen, von denen her sich das Werden des jungen Menschen bestimmt (...).«[14]

Diese Auffassung von Bildung als *Prozess* der Bestimmung des Menschseins im Individuum wird jedoch zunehmend abgelöst durch Bildung als Sinn und *Ziel* jeglicher Erziehung. Dadurch verliert Bildung nach Luhmann seinen »prozessualen Charakter und bezeichnet jetzt einen anzustrebenden Zustand«.[15] So wird Bildung zum *Resultat* der Arbeit an sich selbst und scheint damit auch überprüfbar zu sein. Denn der soziale Aspekt von Bildung und die schwer erfassbaren intersubjektiven Anteile von Bildung können so ausgeblendet werden und lediglich abprüfbare Ergebnisse evaluiert werden. Die Sozialdimension von Bildung, die sich nicht nur darauf bezieht, dass andere diese schließlich auch anerkennen müssen, sondern auch darauf, dass Sinnkomplexe gemeinsam nachempfunden werden müssen und ein Weltverhältnis immer erst mit anderen ausgebildet werden kann, verkümmert.

Mit einem Bildungsbegriff, der durch die »institutionalisierte Individualisierung« gekennzeichnet ist, reagiert das Erziehungssystem nach Luhmann auf den »Verlust externer (gesellschaftlicher, rollenförmiger) Anhaltspunkte für das, was der Mensch sein bzw. werden soll«.[16] Aber wenn Bildung mehr sein soll als eine utilitaristische Anpassung an bestehende gesellschaftliche Gegebenheiten, dann wäre innerhalb des Erziehungssystems ein Moment des Innehaltens erforderlich, um sich Selbstgewissheit über die Ziele von Erziehung, Bildung und Sozialisation zu verschaffen, anstatt immerzu den bildungspolitischen Innovationen und Anforderungen

---

[14] Dieter Lenzen (Hrsg.), Enzyklopädie Erziehungswissenschaft, Bd. 1, Theorien und Grundbegriffe der Erziehung und Bildung, Stuttgart/Dresden 1995, S. 350/351.

[15] Niklas Luhmann, Das Erziehungssystem der Gesellschaft, Frankfurt a. M. 2002, S. 187.

[16] Niklas Luhmann, Das Erziehungssystem der Gesellschaft, Frankfurt a. M. 2002, S. 186.

konsekutiv nachzueilen. Luhmann schlägt auf theoretischer Ebene eine »direkte kommunikative Beziehung« zwischen soziologischer Gesellschaftstheorie und der Pädagogik vor, um jeweils die Selbstbeschreibung des anderen Systems anerkennen und ernst nehmen zu können.[17] In eine solche Beziehung auf Augenhöhe kann man jedoch nur treten, wenn man sich über seinen eigenen Standpunkt bewusst ist. Wenn es dem Soziologen Max Weber darum geht, »was für Menschen« durch gesellschaftlichen Wandel geprägt werden, dann sollte es Pädagogen, vor allem im Elementarbereich interessieren, zu »was für Menschen« sie die Kinder erziehen wollen.[18] Diese bildungstheoretische Fragestellung resultiert nach Dietrich Benner vor allem aus dem anthropologischen Problem der unbestimmten Bildsamkeit des Menschen, das nicht allein durch das Wechselspiel von Anlage oder Umwelt gelöst werden kann, sondern über die freie Wechselwirkung von Mensch und Welt vermittelt ist.[19] Damit fällt der Pädagogik die besondere Aufgabe zu, Klarheit darüber gewinnen, was der Mensch sein oder vielmehr werden soll. Die Erziehungswissenschaft hat zwar den Charakter einer normativen Wissenschaft abgestreift, um in neutraler Unvoreingenommenheit die Bedingungen pädagogischen Handelns zu reflektieren. Bereits Alfred Petzelt konstatierte: »Das Normproblem in der Erziehung ist weder empirisch noch geisteswissenschaftlich noch transzendentalkritisch auflösbar.«[20] Doch die Einführung in die »Normproblematik menschlichen Handelns« und die kritische Auseinandersetzung mit ihr gehört nach Dietrich Benner zu den grundlegenden Aufgaben von Erziehung und Bildung.[21] Ohne eigene Standpunkte über bildungstheoretische Ziele und den alleinigen Rückgriff auf Nachbardisziplinen und Hilfswissenschaften oder den Hinweis auf weltanschauliche Gemeinschaften wie Kirchen und Verbände ent-

---

[17] Ebd., S. 202.
[18] Wilhelm Hennis, Max Webers Fragestellung, Tübingen 1987, S. 49.
[19] Dietrich Benner, Herwart Kemper, Theorie und Geschichte der Reformpädagogik, Teil 2, Weinheim/Basel 2003, S. 337.
[20] Alfred Petzelt, Grundzüge systematischer Pädagogik, Freiburg i. B. 1964, S. 359.
[21] Dietrich Benner/ Herwart Kemper, Theorie und Geschichte der Reformpädagogik, Teil 2, Weinheim/Basel 2003, S. 346.

steht ein Vakuum, das durch Irritationen anderer Teilsysteme der Gesellschaft ausgefüllt wird. So entwickelt sich ein machttheoretisch bedenklicher Diskurs, der mangels eigener Positionen über normative Ziele pädagogischen Handelns vor dem Hintergrund gesellschaftlichen Wandels sich einseitig auf ökonomische oder politische Urteile und Forderungen stützt. Ein interdisziplinärer Diskurs ist zwar, wie bereits von Luhmann oder Benner gefordert, sinnvoll, aber vorher muss eine selbstreflexive Zielbestimmung und Urteilsbildung stattfinden, da man ansonsten zum Erfüllungsgehilfen kontemporärer Moden und gesellschaftlicher Trends verkümmert.

Daher geraten Fachkräfte in die Defensive, sobald neue Bildungsinitiativen in immer kürzerer Abfolge auf sie einwirken. Die traditionale und intuitive Wahrnehmung ihrer Aufgabe, für Kinder da zu sein im Sinne einer leiblichen Reziprozität, einer konzentrierten Präsenz und einer sensitiven Zuwendung, verblasst vor scheinbar fachlich fundierten Konzepten, wissenschaftlich begründeten Zielen und politisch erwünschten Forderungen. Solche Wahrnehmungen zu reflektieren und sich bewusst zu machen sowie die empfundene Ambivalenz zu artikulieren wäre ein erster Schritt, um eigene Standpunkte für Reformen im Elementarbereich zu entwickeln in dem Sinne, wie Dietrich Benner Reform definiert hat, nämlich als Diskurs über Grundbegriffe und Grundlagen der Pädagogik.[22]

Ein solcher Grundbegriff wäre beispielsweise die Leiblichkeit. Wie bereits in Kapitel acht erläutert, wurde der Begriff der Leiblichkeit der menschlichen Existenz bereits von vielen Vertretern der modernen Philosophie und Soziologie diskutiert. Auch die Pädagogik reflektiert die Idee der Leibgebundenheit von Bildungsprozessen bereits seit dem Spätmittelalter mit Meister Eckhart, später mit Johann Gottfried Herder und schließlich mit Klaus Mollenhauers »ästhetischer Bildung«.[23] Ebenso lassen sich Helmuth Pless-

---

[22] Dietrich Benner, Herwart Kemper, Theorie und Geschichte der Reformpädagogik, Teil 1, Weinheim/Basel 2003, S. 17f.
[23] Vergl. Thorsten Kubitza, Identität Verkörperung Bildung. Pädagogische Perspektiven der Philosophischen Anthropologie Helmuth Plessners, Bielefeld 2005,

Über das Verhältnis von Politik, Ökonomie und Pädagogik

ner mit seinem Rekurs auf »die körperlich-leibliche Verfasstheit« und Arnold Gehlens Reflexionen über die Bedeutung des Leibes für erzieherische Prozesse in diese Tradition einreihen.[24] Gerade weil in den Aussagen der Erzieherinnen solche leibfundierten Phänomene dessen, was Kinderbetreuung ausmacht, betont und mangels adäquater Begriffe mühsam als intuitive Wahrnehmung umschrieben wurden, wäre es notwendig, unter anderem diese Aspekte intersubjektiven Handelns fachlich zu reflektieren, um ihre Notwendigkeit und Bedeutung ins rechte Licht zu rücken. Dies wäre einer von vielen Schritten, um eine eigene Position innerhalb des Reformdiskurses zu erlangen, die nicht nur auf PISA reagiert, sondern fachliche Gesichtspunkte und tatsächlich veränderte Lebenssituationen von Kindern reflektiert. Als methodischer Aspekt wäre weiterhin zu hinterfragen, warum zwar das Konzept des Situationsorientierten Ansatzes postuliert wird, gleichzeitig jedoch ein Rückfall in funktionales und wissenschaftsorientiertes Arbeiten, dessen Wirkung bereits in den 70er Jahren als zweifelhaft identifiziert wurde, erfolgt.[25] Sicher könnten hier noch weitere Punkte aufgezählt werden, die jedoch an dieser Stelle das Anliegen der Arbeit sprengen würden.

Vor dem Hintergrund einer solch selbstreferentiellen Reflexion der Elementarbildung sollten die Bildungsinitiativen nicht einfach schnellstmöglich und effektiv umgesetzt werden. Fachkräfte der Kindertagesstätten, Kindergartenleiterinnen, Bürgermeister und Pfarrer, KITA gGmbHs und Fachberatung, Jugendämter, Fachschullehrer und akademisch Lehrende der Pädagogik der frühen Kindheit stehen in der Verantwortung, die eigene Rolle im gesamtgesellschaftlichen System neu zu überdenken, um aufgrund einer

---

S. 290, S. 293 ff.; Hans Rüdiger Müller, Ästhesiologie der Bildung, Würzburg 1998, S. 151; Klaus Mollenhauer, Korrekturen am Bildungsbegriff?, in: Zeitschrift für Pädagogik 33 (1997), S. 9.
[24] Franz Hargasser, Mensch und Kultur. Die pädagogische Dimension der Anthropologie Arnold Gehlens, Bad Heilbrunn 1976, S. 27; Thorsten Kubitza, Identität Verkörperung Bildung. Pädagogische Perspektiven der Philosophischen Anthropologie Helmuth Plessners, Bielefeld 2005, S. 14.
[25] Vergl. Manfred Vogelsberger, Kindertagesbetreuung. Konzepte und Perspektiven, Paderborn 2002, S. 54 ff.

Ergebnisse und Hypothesen

solch grundsätzlichen Reflexion ein verbessertes Urteilsvermögen darüber zu entwickeln, was dringend nötig und was verzichtbar ist bei der Fülle von Anforderungen, die auf den Elementarbereich zukommen, und selbst zu entscheiden, was im Mittelpunkt der eigenen beruflichen Tätigkeit liegen sollte.

9.4 Zur Komplexität empirischer Erfassung sozialen Wandels

Der Studie wurde eine komplexe Fragestellung zugrunde gelegt, der mit den Methoden des Experteninterviews und der qualitativen Inhaltsanalyse auf den Grund gegangen wurde und die über die Abfrage sehr unterschiedlicher Details zu einem mosaikartigen Gesamtergebnis führte.[26] Die Fragestellung lautete:

Wie wirken sich öffentliche Bildungsinitiativen (Bildungs- und Erziehungsempfehlungen für Kindertagesstätten in Rheinland Pfalz, »Zukunftschance Kinder – Bildung von Anfang an« und Implementierung von Qualitätssicherungssystemen) auf Sozialisationsbedingungen von Kindern in pädagogischen Tageseinrichtungen im Elementarbereich im nördlichen Rheinland Pfalz aus?

Durch die qualitativen Interviews mit erwachsenen Experten aus dem elementarpädagogischen Feld konnten grundlegende Wirkungsmuster der Reformmaßnahmen identifiziert werden. Die Aussagen der Fachkräfte verweisen auf Ist-Zustände, die dezidiert qualitative Veränderungen der Arbeitsbedingungen und der Beziehungsqualität in der direkten Interaktion mit Kindern seit der Umsetzung der Maßnahmen beschreiben. Bei der Interpretation der Forschungsergebnisse zeigt sich vor allem, wie sehr die jeweiligen Äußerungen der Experten von Ambivalenz geprägt sind. In keinem Interview wurden ausschließlich negative Aspekte und Folgen der Reformen benannt, aber es gab auch kein Gespräch, bei

---

[26] Vergl. Philipp Mayring, Einführung in die qualitative Sozialforschung, München 1990, S. 88; Jochen Gläser, Grit Laudel, Experteninterviews und qualitative Inhaltsanalyse, Wiesbaden 2009, S. 12 ff., S. 46 ff.; Alexander Bogner, Wolfgang Menz, Das theoriegenerierende Experteninterview, in: Alexander Bogner, Beate Littig, Wolfgang Menz (Hrsg.), Das Experteninterview, Wiesbaden 2005, S. 44 ff.

dem die Konsequenzen der Innovationen eindeutig positiv bewertet wurden. Sinnvoll und nützlich werden die Neuerungen vor allem für die *Reflexionsprozesse der Erzieherinnen* angesehen. Hier scheinen die Fachkräfte einen Aha-Effekt angesichts der gesellschaftlichen Bedeutung ihres Berufes, der Relevanz individueller Wahrnehmung des einzelnen Kindes und ihrer herausragenden Rolle als Bindungsperson und Interaktionspartnerin erlebt zu haben. Obwohl diese Aspekte sicher schon vorher latent im Bewusstsein der Fachkräfte verankert waren, haben sie aufgrund der öffentlichen Aufmerksamkeit, die der Elementarbildung durch die Reformen geschuldet wurde, an Gewicht zugenommen.

Dagegen empfinden sie aber spürbare Verluste bei der *Beschaffenheit der Zuwendung zum Kind, der Güte der Fürsorge und der Intensität der Betreuung.* Die Wahrnehmung eigener Verantwortung, gesteigerter Anforderungen, Vielfalt der Aufgaben und Stellenwert ihrer Tätigkeit steigt antiproportional zu der Möglichkeit, Kindern in ungeteilter Aufmerksamkeit zu begegnen, sensitive leibliche Interaktionsprozesse zuzulassen und innerhalb gesteigerter Heterogenität der Gesamtsituation differenziert auf die tatsächlichen Bedürfnisse der Kinder einzugehen.

Diese Widersprüche sind nun nicht einfach durch einen Gegensatz zwischen Theorie und Praxis, Anspruch und Wirklichkeit oder Professionalisierungstendenzen und Alltagspragmatismus zu erklären. Sie deuten auf eine unterschiedliche Wahrnehmung und Gewichtung von Phänomenen sozialer Wirklichkeit hin, die durch spezifische Diskursformen forciert werden. Es geht um grundsätzliche gesellschaftliche Veränderungen, die in der Struktur der Wandlungsprozesse verankert sind und nicht einfach durch geeignete Zusatzreformen oder Gegenreformen wieder korrigiert werden können. Die Ökonomisierung des Sozialen, die Technisierung intersubjektiver Austauschprozesse und die Rationalisierung menschlicher Beziehung bilden insgesamt eine mächtige Matrix, die einen übergeordneten Rahmen für die pädagogische Beziehung in Kindertageseinrichtungen oder auch sozialen Beziehungen in anderen Bereichen gesellschaftlichen Lebens darstellt. Dadurch entstehen im Sinne Goffmans Fehlrahmungen, die zustande kommen, wenn

Ergebnisse und Hypothesen

»Institutionen auf bestimmte Art und Weise Macht über den einzelnen ausüben und dabei Urteile fällen bzw. Charakterisierungen treffen, die einen bestimmten Rahmen konstruieren, so dass der Mensch von nun an nur noch (...) in der entsprechenden Modulation angesprochen wird.«[27]

Die angesprochene Modulation unterliegt dann Kategorien wie ständige Verbesserung, Effizienz, Rückverfolgbarkeit oder Evaluation, die dem Kommunikationscode der Ökonomie entstammen und die das Denken in pädagogischen Begriffen überlagern.

An dieser Stelle wird deutlich sichtbar, dass eine rein handlungstheoretische Interpretation der Forschungsergebnisse, die ein paar Ratschläge für die pädagogische Interaktion liefert, um der misslichen Situation gegenzusteuern, nicht ausreicht, um den umfangreichen Zusammenhängen der Reformwirkungen gerecht zu werden. Daher hat sich der methodische Aufbau dieser Arbeit sehr komplex gestaltet. Allein der Zugang zu relevanten Informationen über die Sozialisationsbedingungen von Kindern in Kindertagesstätten war zunächst nicht einfach herzustellen. Doch der Weg über die Fachkräfte des Elementarbereiches erwies sich als günstig, um Sachverhalte zu übergreifenden gesellschaftlichen Zusammenhängen der Bildungsinitiativen zu erfahren und die Situation der Erzieherin als wesentlicher Teil des sozialen Rahmens zu erhellen. Für die Perspektive der Kinder stellte dieses Vorgehen einen indirekten Zugang dar, der die Verfremdung durch den Filter der Erwachsenenwahrnehmung in Kauf nehmen musste, aber dennoch wertvolle Grundbedingungen kindlicher Sozialisation erheben konnte.

Weiterhin wurde es notwendig, im Laufe der Forschungsarbeit die erzielten Ergebnisse auf eine höhere Abstraktionsebene zu transformieren und zusätzliche Theorien zur Deutung der Relevanzsysteme der Experten und ihrer beschriebenen sozialen Wirklichkeit einzubeziehen. Die Verwendung unterschiedlicher Theorieebenen hat sich als fruchtbar erwiesen, um die Fragestellung von der Ebene konkreter Sachverhalte alltäglicher Kindertagesbetreuung auf die Stufe gesamtgesellschaftlicher Entwicklungen und ihrer Kon-

---

[27] Vergl. Peter Brozio, Vom pädagogischen Bezug zur pädagogischen Beziehung, Würzburg 1995, S. 514.

sequenzen zu heben. Bei genauerer Betrachtung können hier sogar Aspekte identifiziert werden, die nicht allein im pädagogischen Elementarbereich, sondern auch in anderen Teilbereichen der Gesellschaft Gültigkeit besitzen. Dabei konnte Erving Goffmans heuristische Theorie des sozialen Rahmens grundlegende Bedingungen und Risiken der pädagogischen Beziehung plausibel machen. Aufgrund dieser Vorannahmen wurden das Analyseraster und entsprechende Typisierungen und Klassifizierungen vorgenommen, um die aggregierten Ergebnisse übersichtlich darzustellen. Empirisch gehaltvolle Theorien wurden dann in einem weitern Schritt eingeführt, um die mögliche Tragweite der gewonnenen Informationen zu verdeutlichen.[28] Zur vertiefenden gesellschaftstheoretischen und leibphänomenologischen Reflexion bildeten Richard Sennetts *Flexibilitätskonzept* und Hermann Schmitz' Konzept der *Situation* und der *leiblichen Kommunikation* die theoretische Grundlage. Anhand dieser Theorien wurden einzelne, aussagekräftige Textstellen der Interviews expliziert und interpretiert. So ließen sich die Ergebnisse noch in einen gesamtgesellschaftlichen und einen sozialisationstheoretischen Zusammenhang bringen.

Die Ergebnisse der Studie bilden eine erste Informationsplattform, von der aus weitere Studien ausgehen können, die eine Erforschung der Sozialisationsbedingungen von Kindern in Organisationen des pädagogischen Elementarbereichs noch vertiefen können. Auch könnten unterschiedliche Nuancen der Veränderung von Kinderbetreuung in unterschiedlichen Bundesländern miteinander verglichen werden. Insgesamt könnten solche Untersuchungen ein geschärftes Bewusstsein über Chancen und Risiken dieses gesamtgesellschaftlichen Wandels wecken, das innerhalb des Erziehungssystems selbstreferentielle Reflexionen anregen und den eigenen Standpunkt gegenüber Ökonomie und Politik schärfen könnte. In letzter Konsequenz wäre es dann sogar möglich, geeignete Handlungsformen zu entwickeln, da die Pädagogik stets vor der Notwendigkeit steht, ihre Erkenntnisse auch in sozialem Handeln umzuset-

---

[28] Vergl. Udo Kelle, Susann Kluge, Vom Einzelfall zum Typus, Opladen 1999, S. 60 ff.

Ergebnisse und Hypothesen

zen. Im Folgenden sollen nun weitere Schlussfolgerungen zu veränderten Sozialisationsbedingungen angeschlossen werden.

9.5 Folgen der Ökonomisierung sozialer Lebensbereiche

In dem Kapitel über den normativen und ideologischen Überbau des Erziehungssystems im Elementarbereich wird deutlich, wie die Ökonomisierung mit ihren spezifischen Begriffen und Werten Einzug hält in Organisationen institutioneller Kinderbetreuung.[29] Anhand der Interviews kann mit Rekurs auf Richard Sennetts gesellschaftskritische Analysen eine zunehmende Flexibilisierung von Arbeitsprozessen, vom Berufsbild, Berufsethos und Habitus beschrieben werden, die eine eindeutige Berufsidentität gerade auch für Erzieherinnen erschwert. Die intensive Auseinandersetzung mit Kindern und eine Vervollkommnung der beruflichen Tätigkeit verlieren an Wert angesichts ständiger Veränderung.[30]

Durch prekäre Beschäftigungsverhältnisse, ein inkonsistentes Berufsbild, Flexibilisierung der Arbeitsbedingungen, unwiderrufliche Veränderungen, schwindende Routinen am Arbeitsplatz, Permanenz von Innovationen, Dezentralisierung von Verantwortung und ein zunehmendes Risiko zu scheitern, geraten Fachkräfte aus dem Gleichgewicht und beschreiben häufig den Zustand einer inneren Zerrissenheit, der durch Fokuskonfusion, Diffusität der Rollenerwartungen und widersprüchliche eigene Ansprüche an den Beruf bestimmt wird. Es kommt zu Überforderung, Frustration und einer veränderten Wahrnehmung der Klienten, da durch unterschiedlichen Arten der Entfremdung, die Goffman innerhalb seiner Theorie der direkten Kommunikation beschreibt, das Engagement für den Interaktionspartner Kind abnimmt.[31] Dies ist womöglich darauf zurückzuführen, dass Konzepte der Ökonomie in

---

[29] Vergl. Urie Bronfenbrenner, Ökologische Sozialisationsforschung, Stuttgart 1976, S. 204.
[30] Vergl. Richard Sennett, Die Kultur des neuen Kapitalismus, Berlin 2005, S. 100 ff.
[31] Vergl. Erving Goffman, Interaktionsrituale – über Verhalten in direkter Kommunikation, Frankfurt a. M. 1971, S. 128 ff.

den pädagogischen Bereich übertragen werden, ohne ihre Anwendbarkeit aufgrund unterschiedlicher Voraussetzungen zu reflektieren.

Peter Gross beschreibt die Notwendigkeit ständiger Innovationen der Gesellschaft, die aus dem wirtschaftlichen Sachzwang entsteht, immer neue Bedürfnisse zu wecken, um eine neue Nachfrage und damit zusätzliche Angebote und eine Steigerung der Produktion und der Gewinne zu erreichen. Unter dem Paradigma des Fortschritts erfolgt eine ständige Erneuerung des Bestehenden:

»Modernisierung bedeutet andauernde Umarbeitung, Korrektur, Verbesserung des Bestehenden. [...] Nichts auf Erden ist von Dauer. Verschleiß und Verfall sind unerbittlich eingebaut in das Kulturgut. Sie können nicht verhindert, nur aufgehalten oder beschleunigt werden.«[32]

Dadurch büßen Gewissheiten des Alltags ihre Normativität ein, Selbstverständlichkeiten werden obsolet und Erfahrung verliert an Gültigkeit. Die neuen Anforderungen und Ziele der Bildungsinitiativen erscheinen oft als weit entfernt und aufgrund ihrer Permanenz und ihres ständigen Wandels verlieren Erzieherinnen verbindliche Ziele aus den Augen.

Doch der Mensch braucht klare Orientierung für sein Handeln, da der Verlust an Sinn zum Zustand der Anomie führen kann, der sowohl subjektiv empfunden werden als auch sich gesamtgesellschaftlich auswirken kann. Kein geringerer als Emile Durkheim hat sich in seinem Werk »Der Selbstmord« mit diesem Phänomen auseinandergesetzt. Sehr zutreffend für moderne Arbeitsbedingungen beschreibt er das Befinden des Menschen in Zuständen mangelnder Verbindlichkeit von sozialer Ordnung.

»Der Mensch braucht trotz aller Freude am Handeln, an der Bewegung, an der Anstrengung auch das Gefühl, dass seine Bemühungen nicht vergeblich sind und dass er dabei weiter kommt. Man kommt aber nicht weiter, wenn man ohne jedes Ziel marschiert oder, was auf dasselbe hinausläuft, wenn das Ziel, das man zu erreichen sucht, im Unendlichen liegt.«[33]

---

[32] Peter Gross, Die Multioptionsgesellschaft, Frankfurt a. M. 1994, S. 73.
[33] Emile Durkheim, Der Selbstmord, Berlin/Neuwied 1973, S. 281.

Ergebnisse und Hypothesen

Damit wird deutlich, in welcher Situation sich Erzieherinnen befinden können, wenn kein Ende der Reformen abzusehen ist und wenn sie sich immer wieder fragen, wohin das alles führt und ob sie sich am Ende mit ihrem Berufsbild und seinen divergierenden Anforderungen noch identifizieren können. Ihnen wird die Dauerreform zunehmend zu einem anomischen Zustand, da ihre Erfahrungen wertlos sind und vorhandene Werte und Normen zur Orientierung nicht mehr ausreichen. Daraus folgen möglicherweise Tendenzen des Ritualismus, etwa Dienst nach Vorschrift, oder Rückzug in Form von Krankheit und Resignation.[34] Durkheim spricht in diesem Zusammenhang von einer unendlichen »Müdigkeit«, die dadurch entsteht, dass alles Erstrebenswerte in die Zukunft verlagert wird, aber »wer sein Leben lang die Augen nur auf die Zukunft gerichtet hat« findet keine Lösungsmöglichkeiten, geschweige denn Sinngehalte für die Gegenwart, sondern aus Erschöpfung nimmt das Streben irgendwann ein Ende, da es »weder im Vergangenen noch im Kommenden« einen festen Punkt gibt, »an den er sich halten könnte«.[35] Damit hat der Soziologe zumindest einige Facetten jenes Phänomens beschrieben, das heute als »burnout« bezeichnet wird. Die Erschöpfung tritt jedoch weniger ein wegen einzelner Innovationen, denn diese werden, wie in Kapitel sieben eindrücklich durch Äußerungen der Experten belegt, sogar als konstruktiv empfunden, sondern durch das Prinzip der ständigen Verbesserung selbst, wie es auch im Qualitätsmanagement vertreten wird. Denn wer dieses nicht anerkennt und nicht stets offen ist für das Neue, bleibt als ewig Gestriger zurück. Kulturkritisch reflektiert Peter Gross dieses Phänomen: Die Option, immerzu zwischen verschiedenen Alternativen wählen zu müssen, führt zu »Zerstörung von Gewissheiten, Zivilisierung geht einher mit Entzivilisierung, Konstruktion mit Dekonstruktion«.[36]

Da institutionalisierte, etablierte Regelungen der Entlastung dienen, führt die permanente Innovation zur Überforderung: Har-

---

[34] Vergl. Robert K. Merton, Soziologische Theorie und soziale Struktur, Berlin 1995, S. 145 ff.
[35] Emile Durkheim, Der Selbstmord, Berlin/Neuwied 1973, S. 293.
[36] Peter Gross, Die Multioptionsgesellschaft, Frankfurt a. M. 1994, S. 74.

gasser beschreibt diesen Vorgang im Sinne Gehlens Anthropologie wie folgt:

»So wird für viele die ganze Kulturwelt intellektuell gesehen zur Belastung, da sie nicht fähig sind, aus der Fülle des Angebots auszuwählen und der kulturellen Manipulation preisgegeben sind.«[37]

Für die Erzieherinnen erweist sich daher gerade im Alltagsvollzug, dass die neuen Regelungen nicht unbedingt tauglich sind, um aktuelle Probleme zu lösen. Da sie sich auf die Zukunft richten, wird der Ist-Zustand vernachlässigt: nach Trost, Zuwendung und Beachtung dürstende Kinder, verunsicherte Eltern, chaotische Gruppensituationen, überforderte Fachkräfte. Die Hoffnung, durch Evaluation und Dokumentation den Bildungsprozess in den Griff zu bekommen, erschöpft sich in den Unwägbarkeiten des Alltags. Gross bezeichnet das »Irreguläre und Unberechenbare« als das »wirklich Angst [M]achende in der modernen Gesellschaft«.[38] Je weniger sich Erzieherinnen auf ihre Erfahrung und ihre intuitive Wahrnehmung von Situationen verlassen dürfen, weil es dafür bereits formalisierte Prozesse gibt, desto größer können Unsicherheit und Überforderung bei unerwarteten Ereignissen werden. Die Entfesselung althergebrachter Handlungsmuster generiert neue Fesselung durch formale Handlungsanweisungen. Wenn diese jedoch nicht greifen, führt das zu wachsender Orientierungslosigkeit.

Die Ökonomisierung sozialer Organisationen zieht Veränderungen nach sich, die auch in anderen gesellschaftlichen Bereichen beschrieben werden. Richard Sennett spricht von einem Schwund der Loyalität gegenüber Institutionen, der zu abnehmender Einsatzbereitschaft führt, insbesondere in Krisensituationen, da die Identifikation mit der Einrichtung sich verringert. Weiterhin führt er die Schwächung informellen Vertrauens bei Beschäftigten an. »Informelles Vertrauen hängt davon ab, ob man den anderen kennt und weiß, dass man sich auf ihn verlassen kann, vor allem wenn die

---

[37] Franz Hargasser, Mensch und Kultur. Die pädagogische Dimension der Anthropologie Arnold Gehlens, Bad Heilbrunn 1976, S. 22.
[38] Peter Gross, Die Multioptionsgesellschaft, Frankfurt a. M. 1994, S. 100.

Gruppe unter Druck gerät«.[39] Die Gefahr, dass der einzelne der Verantwortung entflieht, wird bei wachsender Belastung größer.

Ein schwerwiegendes soziales Defizit tritt jedoch dadurch auf, dass institutionsspezifisches Wissen verloren geht. Denn durch die Stigmatisierung dessen, was man »schon immer so gemacht hat«, trauen sich Fachkräfte nicht mehr, auf diese Ressourcen zurückzugreifen, verdrängen sie und sind ebenso wie die jüngeren Kolleginnen vor allem bemüht, die Innovationen zu begreifen, anzunehmen und umzusetzen. Notwendiges Erfahrungswissen, das nicht in formalen Prozessen erlernt, sondern in Interaktion tradiert wurde und oft intuitiv angewendet wird, geht zunehmend verloren. Neue Informationssysteme, Formalisierungen und Prozessbeschreibungen führen zwar möglicherweise zu erhöhter Effizienz von einzelnen Tätigkeiten, aber der Fundus angesammelten institutionellen Wissens mit seiner elementaren Bedeutung unterliegt dem Risiko des Vergessens.

Für Sozialisationsprozesse von Kindern ist eine zuverlässige, zugewandte, ausgeglichene, sensible erwachsene Person zur Gestaltung des sozialen Rahmens für intersubjektive Interaktionen unentbehrlich. Da sie eine Schlüsselposition bei den Sozialisationsbedingungen in Kindertageseinrichtungen einnimmt, sollten Innovationen so abgestimmt sein, dass die Integrität der Fachkraft bewahrt, ihre Kompetenz gefordert und ihre Partizipation an entsprechenden Schritten ermöglicht wird. Vor allem wäre ein Augenmaß wünschenswert, das zumindest die Möglichkeit der individuellen, aber auch kollektiven Bewältigung neuer Aufgaben überhaupt zulässt. Unter solchen Voraussetzungen kann zumindest eher erwartet werden, dass Erzieherinnen das bieten können, was für erfolgreiche Sozialisationsprozesse erforderlich ist: eine verlässliche intergenerationelle Beziehung, die eine angemessene Beachtung der kindlichen Bedürfnisse ermöglicht, Bildungsimpulse setzt, Überlieferung bestehender Werte und Normen ermöglicht und gleichermaßen die Wertschätzung der Ressourcen des Kindes zulässt als auch Geborgenheit vermittelt. Aufgrund der Expertenaussagen ist jedoch anzunehmen, dass sich Fachkräfte zu häufig mit

---

[39] Richard Sennett, Die Kultur des neuen Kapitalismus, Berlin 2005, S. 55.

Widersprüchen, Ambivalenzen und erschwerten Arbeitsbedingungen auseinanderzusetzen haben, die das Wesen der Betreuung, die Güte der Fürsorge und die Intensität der Zuwendung beeinträchtigen. Dies sollte nicht mit dem Hinweis auf vorübergehende Übergangsprobleme abgetan werden, sondern als reale Grundlage für die Sozialisation der folgenden Generation ernst genommen werden. Eine Leitkultur ermächtigt stets bestimmte Begriffe, Konzepte und Vorgehensweisen als normativ verbindlich und handlungsleitend, weil sie der Selbsterhaltung des Systems dienlicher erscheinen als andere Denk- und Vorgehensweisen. Doch wenn im Sinne Max Horkheimers Begriff der autonomen Vernunft umfassendere Zwecke als die reine Selbsterhaltung verfolgt werden sollen, die wesentliche Aspekte des Menschseins bewahren wollen, sollten solche massiven Wandlungsprozesse künftig nicht allein mit Anpassung bewältigt werden.[40]

Daher wäre eine kritische Haltung gegenüber aktuellen Bildungsinitiativen angezeigt, wenn man verhindern möchte, dass aus pädagogischer Sicht unverzichtbare Prämissen der Erziehung aufgegeben werden und in Vergessenheit geraten. Denn die Summe einzelner Momente primärer Sozialisation kann sich auch auf die Sozialisation der nachfolgenden Generation insgesamt auswirken. Noch ist nicht zu entscheiden, ob die neuen Entwicklungen zu einer Tendenz von Diskontinuität zwischen den Generationen, von Destrukturierung der Person und einem Verlust an historischer und menschlicher Substanz führen.[41] Doch auch in unserer Kultur hat die folgende Generation das Recht auf die Vorbereitung zu einem gelingenden Leben unter Bedingungen, die einem Kind würdig sind, gleich in welcher Betreuungsform dies geschieht.

---

[40] Rolf Wiggershaus, Die Frankfurter Schule, München/Wien 1986, S. 385.
[41] Vergl. Friedrich Tenbruck, Jugend und Gesellschaft, Freiburg i. B. 1962, S. 113.

Ergebnisse und Hypothesen

9.6 Individuelle und gesellschaftliche Relevanz leibvermittelter Interaktion

Durch die leibphänomenologische Perspektive auf Interaktionsprozesse von Erzieherinnen und Kindern im pädagogischen Elementarbereich konnte in Kapitel acht eine wahrgenommene Veränderung der Beziehungsqualität auf den Begriff gebracht werden. Die Fachkräfte beschreiben zwar prägnant, wie gemeinsame Situationen mit Kindern gestört, direkte körperliche Zuwendung gehemmt und wesentliche intersubjektive Austauschprozesse reduziert werden, doch ihnen steht ein dürftiges Vokabular zur Verfügung, um diese Prozesse zu beschreiben. Als Begründung für diese Sprachlosigkeit kann vor allem die Tatsache ins Feld geführt werden, dass es sich bei solchen Vorgängen leiblicher Kommunikation um Phänomene handelt, die im Grunde genommen als selbstverständlich, automatisch oder intuitiv abgetan werden. Man geht davon aus, dass Erzieherinnen »aus dem Bauch heraus« das »richtige Gespür« für Kinder haben und dieser Sachverhalt keine weitere Beachtung verdient. Verhalten oder Handeln, dass sich nicht eindeutig analysieren, identifizieren und reflektieren lässt, erscheint auch in der frühkindlichen Pädagogik als irrelevant. Doch gerade Wendungen wie »das ist doch nur« weibliche Intuition oder das »ist doch nichts als« Kindergarten werden von der *Neuen Phänomenologie* als Gegenstand ernst genommen.[42] Es geht darum, Phänomene des Alltags aus ihrer theoretischen Funktionalisierung zu befreien, sie zu beschreiben und ihnen Aufmerksamkeit zu schenken.

> »Diese Intensivierung durch Nuancierung der Lebenserfahrung würde bedeuten, den Sinn für das ›Unscheinbare‹ zu schärfen, für all das Gegenwärtige, worüber wir allzu leicht hinweg leben, weil wir den eigentlichen Inhalt unseres Lebens immer erst noch erwarten.«[43]

Das Unscheinbare sind beispielsweise sensible Blicke, Wahrnehmung winziger Nuancen in der Mimik, Gestik und leiblichen

---

[42] Vergl. Michael Grossheim, Phänomenologie der Sensibilität, Rostock 2008, S. 31.
[43] Michael Grossheim, Phänomenologie der Sensibilität, Rostock 2008, S. 29.

Individuelle und gesellschaftliche Relevanz leibvermittelter Interaktion

Spannung von Kindern, die mit Gesten und mimischen Signalen wie z. B. Nicken, Lächeln, Streicheln, Wiegen durch die Erzieherin beantwortet werden. Über all diese Aspekte ist in pädagogischen Konzeptionen, Leitbildern, Prozessbeschreibungen und Qualitätsmerkmalen kaum etwas zu finden, weil sie einerseits als nebensächlich aufgefasst werden und sie andererseits nicht eindeutig analysierbar sind, da solche Prozesse eben in der Situation einzigartig und individuell von den jeweiligen Akteuren ausgetauscht werden und in ihrer chaotisch-mannigfaltigen Ganzheit nicht explizierbar sind. Dennoch werden sie von den Erzieherinnen als unverzichtbare Momente ihrer Tätigkeit wahrgenommen und zwar gerade angesichts ihres Rückgangs oder Verlustes im pädagogischen Alltag.

Solange leibliche Kommunikation und gemeinsame Situationen selbstverständlich im Alltag integriert waren, sind sie womöglich in ihrer Bedeutung nicht registriert worden, ein Tatbestand, der durch Schmitz' Konzept der nicht vollständig explizierbaren Situation deutlich unterstützt wird. Wenn gerade das Ausbleiben dieser intersubjektiven Prozesse auffällt, weil Kinder ihr Verhalten verändern und die gemeinsame Situation als zunehmend unüberschaubar und chaotisch erlebt wird, scheint dies darauf hinzuweisen, dass nicht alles, was für Sozialisation und Personalisation von Kindern bedeutsam ist, sich in Konstellationen fassen lässt. Alle Versuche, Explikationen über optimale Bedingungen frühkindlicher Bildung, Erziehung und Sozialisation zu gewinnen, reichen nicht aus, diesen komplexen Prozess zu erfassen, da er eben mehr umfasst als die Summe definierbarer, vereinzelter Aspekte.

Damit werden Grenzen des Vorhabens aufgezeigt, Bildungsprozesse kontrollierbar, nachvollziehbar und explizierbar zu machen. Deshalb kommt der Wahrnehmung der Fachkräfte bzgl. veränderter Sozialisationsbedingungen in den Kindertagesstätten seit der Einführung der unterschiedlichen Bildungsprogramme ein besonderer Stellenwert zu. Die aus der Erfahrung gewonnenen Beobachtungen verdienen volle Aufmerksamkeit, zumindest dann, wenn die Reformen nicht nur der Vereinbarung von Familie und Beruf dienen sollen, sondern auch die Sozialisationsbedingungen von Kindern mit ihren spezifischen Bedürfnissen verbessern sollen.

Die Relevanz wechselseitiger Einleibung in gemeinsamen Situationen manifestiert sich jedoch nicht nur in mikrosoziologischen Aspekten der Erzieherinnen-Kind-Beziehung, sondern sie kann auch makrosoziologische Auswirkungen begründen. Bei Prozessen leiblicher Kommunikation geht es vor allem um eigenleibliches Spüren, intersubjektive Austauschprozesse der Einleibung und Ausleibung und um die Wahrnehmung gefühlsgeladener Atmosphären in gemeinsamen Situationen. Gerade solche chaotisch-mannigfaltigen Ganzheiten der Situation können aber durch Konstellationen nicht erfasst werden. Die Aufzeichnung einer Erzieherin über den Bildungsprozess eines Kindes kann nur wenige Aspekte des Lernerfolges erfassen und explizieren. Doch wie sich die persönliche Situation des Kindes tatsächlich entwickelt hat, kann im Grunde nur angedeutet werden. Wie bedeutsam bei der Bildung der persönlichen Situation die Wahrnehmung von Gefühlen ist, wurde bei dem oszillierenden Kreisprozess von personaler Regression zu personaler Emanzipation bereits beschrieben. Wenn dieser Prozess als grundlegende Bildungserfahrung zu begreifen ist, dann kommt der gefühlten Engung in personaler Regression und der angemessenen mimetischen Begleitung des Kindes und seiner Überführung in personale Emanzipation eine prominente Rolle zu.

Bei der Einleibung treten Personen in eine antagonistische Beziehung zueinander, wobei besonders in asymmetrischen Beziehungen zwischen Erwachsenen und Kindern die Setzung von Grenzen und die Übermittlung von Verhaltensnormen ein konstitutives Element ist. Nach soziologischer Definition ist Sozialisation durch das Erlernen der Normen-, Status-, Rollen- und Kultursysteme einer Gesellschaft gekennzeichnet. Normen werden meist als Bündel von Verhaltenserwartungen beschrieben, die an eine Rolle, zum Beispiel des Sohnes, geknüpft sind. Das Erlernen von Normen ist für das Kind deshalb bedeutsam, weil sie die Voraussetzung für die Übernahme von Rollen und Statuspositionen des Kultursystems bilden. Dies kann anthropologisch begründet werden, weil der Mensch kein instinktgeleitetes Wesen ist und der Institutionen bedarf, um sich im sozialen Kontext zu orientieren. Durch die anthropologisch gegebene Weltoffenheit und Instinktarmut wäre menschliches Handeln ohne Normen von Beliebigkeit, Instabilität und Unvorhersehbarkeit gekennzeichnet. Alfred Bellebaum bezeichnet

Normen als eine »anthropologische Voraussetzung für Handeln«.[44] Personen werden nicht nur von der Vieldeutigkeit der Situation entlastet, sondern Normen schaffen zusätzlich Erwartbarkeiten des Handelns. Diese Normengebundenheit bezeichnet Heinrich Popitz als das »Sich-selbst-Feststellen des Menschen als soziales Wesen« in einem Prinzip der Reziprozität.[45] Für die Geltung der Normen spielt dabei die Sanktion als demonstrative Missbilligung durch die Gruppe eine bedeutsame Rolle.

Diese mechanistische Auffassung einer Internalisierung von Normen und Regeln bei Kindern durch positive oder negative Sanktionen teilt Friedrich Tenbruck jedoch nicht. »Gänzlich verloren geht dabei, dass Lernen und Handeln an Sinn gebunden bleiben und insofern nichts Beliebiges gelernt werden kann, wenn es bloß mit Lohn und Strafe verbunden wird«.[46] Sachverhalte erhalten für ihn erst Sinn in sozialen Bezügen, wie beispielsweise in Form von gemeinsam erlebten Gefühlen, Vorstellungen und Zwecken. Er bezieht sich mit dieser Auffassung auf Max Weber, der den subjektiv gemeinten Sinn eines Individuums als »Atom« der Gesellschaft bezeichnet, der Einfluss auf die objektive Geltung von Ordnungen hat.[47] Zur Übermittlung dieses Atoms Sinn sind jedoch soziale Beziehungen unverzichtbar.

> »Denn das Kind erlernt erstmalig Sinn- und Bedeutungszusammenhänge und erwirbt diese nur dadurch, dass es sein Handeln mit der sozialen Umwelt ineinander greifen lässt«.[48]

Der Begriff des Ineinandergreifens ermöglicht einen Anschluss an das Konzept der *leiblichen Kommunikation* bei Schmitz. Dieser bezeichnet den Erwerb der kommunikativen Kompetenz im Sinne der Einpassung in gemeinsame Situationen als »Sozialisierung« und beschreibt damit Prozesse des Kindes, sich zu behaupten, sich anzupassen und eine sich einspielende Abgestimmtheit wechselsei-

---

[44] Alfred Bellebaum, Soziologische Grundbegriffe, Stuttgart 2001, S. 36.
[45] Heinrich Popitz, Soziale Normen, Frankfurt a. M. 2006, S. 64.
[46] Friedrich Tenbruck, Geschichte und Gesellschaft, § 6 Sinn, Berlin 1986, S. 113.
[47] Vergl. Max Weber, Über einige Kriterien der verstehenden Soziologie, in: Gesammelte Aufsätze zur Wissenschaftslehre, Tübingen 1988, S. 439.
[48] Friedrich Tenbruck, Geschichte und Gesellschaft, § 6 Sinn, Berlin 1986, S. 114.

tiger Einleibung zu erreichen.⁴⁹ Der Sinn wird über soziale Interaktion vermittelt, die sich in gemeinsamen Situationen antagonistischer Einleibung vollzieht. Über feine Nuancen der Mimik, Gestik, Körperhaltung und Modulation der Stimme, die ein präsentes Gerichtetsein des Erwachsenen auf die Handlungen des Kindes voraussetzen, nimmt das Kind durch Bewegungssuggestionen Gefühle und Stimmungen des Gegenübers auf, die sein Verhalten normativ beeinflussen. Normen nehmen dabei innerhalb der gemeinsamen Situation die Funktion von Programmen ein, die der Interaktion eine bestimmte Richtung geben.

Schmitz definiert Normen als »Programm für möglichen Gehorsam«.⁵⁰ Auch er macht die Geltung von Normen nicht von einer positiven Verstärkung oder der Androhung von Strafe abhängig. Ihre Verbindlichkeit kann durch drei unterschiedliche Phänomene zum Ausdruck gebracht werden:⁵¹

a) durch eine personale Autorität
b) oder durch den unbedingten Ernst der Autorität der Gefühle
c) oder durch die Evidenz der Autorität der Wirklichkeit

Der Vater gilt als personale Autorität, der seine leibliche Dominanz zur Durchsetzung von Normen einsetzt.⁵² Die Autorität der Gefühle zeigt sich beispielsweise in der Scham. Wenn eine Person einen Normenbruch begangen hat, stellt sich bei Empfinden von Schuld das Gefühl der Scham ein. Die »Blicke und Finger, die als von allen Seiten bloß zeigend den Beschämten zugleich einkreisen ...«, beugen den Stigmatisierten »in die Enge seines Leibes«, wobei die Selbstanklage belastender empfunden werden kann als die Missbilligung der anderen.⁵³ Die Autorität der Wirklichkeit wird dann als wirksam empfunden, wenn man nicht ernsthaft bestreiten kann, dass etwas der Fall ist.

Wenn eine Norm eine Zumutung ist, »sich durch ein willentlich steuerbares Verhalten, das ein Tun oder Unterlassen ist, zu fügen«,

---

⁴⁹ Hermann Schmitz, Die Aufhebung der Gegenwart, Bonn 2005, S. 67 ff.
⁵⁰ Vergl. Hermann Schmitz, Der unerschöpfliche Gegenstand, Bonn 2007, S. 323.
⁵¹ Vergl. ebd. S. 330 ff.
⁵² Vergl. Talcott Parsons, Sozialstruktur und Persönlichkeit, Frankfurt a. M. 1977, S. 53 ff.
⁵³ Hermann Schmitz, Der unerschöpfliche Gegenstand, Bonn 2007, S. 339.

Individuelle und gesellschaftliche Relevanz leibvermittelter Interaktion

setzt diese Definition die Tatsache voraus, dass Gehorsam willentlich steuerbar sei.[54] In der frühen Kindheit lernt der Mensch zunächst, sich aus Zuständen der personalen Regression zu lösen und mithilfe empathischer Begleitung von Bezugspersonen sich hin zu personaler Emanzipation zu entwickeln. Durch die partielle Überwindung affektiven Betroffenseins in personaler Emanzipation kann er sich allmählich über Gefühle erheben und entsprechend Normen, die auf der Autorität von Gefühlen beruhen, kritisch reflektieren. Wenn der Mensch aber den Umgang mit diesem Oszillationsprozess nicht sicher gelernt hat, sei es, weil keine ausreichenden gemeinsamen Situationen zur Verfügung standen, sei es, weil leibliche Kommunikation nur oberflächlich stattgefunden hat, können Gefühle zu einem unkalkulierbaren Risiko werden, weil sie Einfluss auf das Befolgen von Normen haben. Menschen, deren Handeln durch Gefühle wie Angst, Minderwertigkeit oder Kontrollwahn geleitet ist, befolgen Normen vorwiegend aus der Haltung personaler Regression. Denn die Reflexion über eine zwingende Evidenz von Normen im Zustand personaler Emanzipation und damit über die Notwendigkeit ihrer Geltung bleibt weitgehend aus. Wenn Kinder den kompetenten Umgang mit Zuständen der Engung in Momenten primitiver Gegenwart erlernen und das Wechselspiel zwischen personaler Regression und personaler Emanzipation als sinnvoll und notwendig erleben lernen, kann ein angemessener Umgang mit Gefühlen und der kritische Umgang mit Normen eher erwartet werden.

Können Kinder die dialogische Grundstruktur antagonistischer oder solidarischer Einleibung nicht erfahren, reagieren sie entweder mit einem eigenleiblichen Dialog als Kompensation fehlender Zuwendung (schaukeln, Daumen lutschen) oder sie versuchen Aufmerksamkeit zu erregen, um die Beachtung des Anderen zu provozieren.[55] Obwohl auffälligem Verhalten vielfältige Ursachen zugrunde liegen können, liegt die Erklärung nahe, dass ein unangepasstes Rollenverhalten mit der Unfähigkeit zu begründen ist, ein gewisses Bündel von Verhaltenserwartungen erfüllen zu

---

[54] Ebd., S. 323.
[55] Hermann Schmitz, Die Aufhebung der Gegenwart, Bonn 2005, S. 29 ff.

können. Erzieherinnen berichten in den Interviews, wie Kinder unangemessen mit Spielmaterialien umgehen, über keine angemessenen Tischmanieren verfügen und andere Kinder bedrohen oder unterdrücken. Dies kann dadurch begründet sein, dass diese Kinder so häufig in Gemütszuständen personaler Regression befangen sind, dass sie nicht fähig sind, soziale Normen zu erfüllen. Somit sind Prozesse der leiblichen Kommunikation in gemeinsamen Situationen nicht nur als wesentlich für die Ausbildung der persönlichen Situation des Kindes oder als Voraussetzung für die Bewältigung intentionaler Bildungsangebote zu betrachten, sondern sie können auch als konstitutiv für die Generierung subjektiven Sinnes, die Akzeptanz von Normen und damit der Soziabilität des Subjektes angesehen werden. Die Ausbildung von Sinnstrukturen und die Akzeptanz von Normen entstehen erst über diffizile leiblich vermittelte Austauschprozesse zwischen Erwachsenen und Kindern, die in ihrer Gebundenheit an gelebte gemeinsame Situationen nicht übergangen werden können. Das heißt, die direkte Interaktion ist nicht ersetzbar durch kognitive Konzepte, intellektuelle Reflexion und analytische Evaluation.

Wenn eine der wesentlichen Aufgaben einer Kultur die eigene Reproduktion ist, dann sind gerade diese letztgenannten leibgebundenen Wechselprozesse als elementare Bedingungen zu betrachten für die Konstitution sozialer Ordnung. Unter dieser Perspektive scheinen diese zwischenmenschlichen Vorgänge, die häufig als marginal, unbedeutend oder selbstverständlich betrachtet werden und für welche die Experten nur mit Mühe Worte finden konnten, eine grundlegende Funktion zu haben für die Generativität von Gesellschaften. Die Wahrnehmung von sozialer Wirklichkeit und die Zuschreibung von Relevanzen kann daher von Personen, die an einer verantwortlichen Gestaltung von Sozialisationsprozessen interessiert sind, nicht dem Zufall oder kontingent sich entwickelnder Diskurse über Begriffe wie »Bildung«, »Wissensgesellschaft« oder »anthropologische Technologie« überlassen bleiben.[56] Trotz scheinbar übermächtiger Tendenzen gesellschaftlicher Entwicklung bleibt

---

[56] Norbert Ricken, Die Ordnung der Bildung, Wiesbaden 2006, S. 13 ff.

Individuelle und gesellschaftliche Relevanz leibvermittelter Interaktion

es die Aufgabe der Pädagogik, die Normativität des Faktischen zu transzendieren und entsprechend eigene Leitideen zu entwickeln, die sich dem Normdiskurs nicht entziehen, da Generativität nicht wertfrei sein kann.

10. Schluss – Auf dem Weg zum neuen Kind

Die Ausführungen der vorliegenden Arbeit entwerfen ein facettenreiches Bild über gegenwärtige Ausgestaltung von Generativität im Bereich institutioneller Kinderbetreuung am Beispiel von Expertenaussagen im nördlichen Rheinland-Pfalz. Dabei liegt das Augenmerk insbesondere auf intendierten und nicht intendierten Folgen der politischen Bildungsinitiativen im Elementarbereich seit 2001. Zu den Ergebnissen der Arbeit gehören sowohl induktiv gewonnene Fakten als auch deduktiv entwickelte Hypothesen über die Folgen der Bildungsmaßnahmen, die als Teil eines umfassenden gesellschaftlichen Umwälzungsprozesses zu betrachten sind, der selbst sozialen Wandel generiert. Abschließend soll eine Übersicht über wesentliche Erkenntnisse der Forschungsarbeit ermöglicht werden, die unter anderem die in der Einleitung zitierte Frage Max Webers danach, »was für Menschen« durch solche gesellschaftlichen Bedingungen geprägt werden, beantworten soll.[1]

Das Erkenntnisinteresse der Studie basiert auf dem Umstand, dass durch gesellschaftliche Differenzierungsprozesse frühe Kindheit zu einem erheblichen Anteil in Organisationen der öffentlichen Kinderbetreuung stattfindet. Primäre Sozialisation wird aus Gründen der Vereinbarkeit von Familie und Beruf und zur altersgerechten Förderung der Kinder zunehmend von Familien an Kindertageseinrichtungen delegiert. Für die Betreuung in öffentlichen Einrichtungen werden durch den gesellschaftlichen Diskurs bestimmte Normvorstellungen, Konzepte und Ideologien entwickelt, die den ideellen Überbau der Sozialisationsbedingungen von Kindern dar-

---

[1] Wilhelm Hennis, Max Webers Fragestellung, Tübingen 1987, S. 49.

Schluss – Auf dem Weg zum neuen Kind

stellen.[2] Diesem Überbau liegt auch ein Bildungsbegriff zugrunde, der in den Bildungsempfehlungen von Rheinland-Pfalz festgehalten wurde. Dieser konstruktivistische, ressourcenorientierte Bildungsbegriff ist gekennzeichnet durch eine starke Subjektorientierung, die Erwachsene tendenziell von ihrer Verantwortung im pädagogischen Bezug entlastet und Kinder als kompetente Lerner darstellt. Die Forschungsergebnisse zeigen, dass dies eine einseitige Perspektive ist, die eine Balance zwischen Selbständigkeit und Abhängigkeit, Kompetenz und Bedürftigkeit erschwert und der konkreten Lebenssituation von Kindern nicht gerecht werden kann. Bildung war und ist ein Vorgang, der zwar durch das Subjekt vollzogen, jedoch nicht allein kognitiv konstruiert werden kann, sondern auch leiblich vermittelt und auf Auseinandersetzung mit anderen Menschen und der Umwelt angewiesen ist. Die Personalisation des Menschen geht nicht in solipsistischen Bildungsprozessen auf, sondern bedarf auch der Erziehung in intersubjektiven Bezügen und der Sozialisation in nicht absichtsvoll inszenierten Austauschprozessen.

Es ist zu erwarten, dass die Ausbildung der Persönlichkeit weder bildungstheoretisch noch erziehungstheoretisch in den Griff zu bekommen ist und daher weiterhin ein beträchtlicher Teil der Individuation durch Sozialisation stattfindet, die nicht allein in sozialstrukturellen Faktoren aufgeht und daher nicht gänzlich kontrollierbar und dokumentierbar ist. Bildung ist ein komplexer Prozess, dessen einzelne Facetten nicht eindeutig isolierbar und analysierbar sind. Eine Optimierung von Bildungsprozessen im ökonomischen Sinne scheint daher fraglich zu sein. Die Hervorhebung von Bildung gegenüber Erziehung und Sozialisation hilft dem Kinde bei der Bewältigung des Alltags und bei der Ausbildung seiner persönlichen Situation nicht weiter, weil eine einseitige Hypostasierung kognitiver und subjektiver Aspekte wesentlichen Grundlagen seiner Entwicklung nicht gerecht wird. Gerade leiblich vermittelte Interaktionsprozesse, die dem Bereich Pflege oder allenfalls Sozialisation zugerechnet werden, verdienen eine stärkere Beachtung, da sie die

---

[2] Vergl. Urie Bronfenbrenner, Ökologische Sozialisationsforschung, Stuttgart 1976, S. 203 ff.

Schluss – Auf dem Weg zum neuen Kind

Basis für intendierte Bildungsangebote bilden und womöglich im weitesten Sinne selbst als persönlichkeitsbildend betrachtet werden müssen. Darüber hinaus vernachlässigt eine allzu individualistische Perspektive auf den Zögling Aspekte von Solidarität und Soziabilität des Kindes. Elemente der Sozialisation, Erziehung und Bildung verdienen somit eine gleichberechtigte Wertschätzung in der handlungstheoretischen Reflexion sowie in der pädagogischen Praxis im Elementarbereich.

Mit dem Ziel, frühzeitig eine Teilhabegerechtigkeit für spätere Bildungschancen zu ermöglichen, wurden infolge der PISA Studie eine Vielzahl von Bildungsinitiativen gestartet, die gerade auch im Elementarbereich in rascher Abfolge auf die Einrichtungen zukamen. Von Bildungsreformen ist nach Dietrich Benner und Herwart Kemper jedoch nur dann zu sprechen, wenn sie aus dem pädagogischen System selbst entwickelt werden.[3] Solange Bildungsinitiativen durch die Politik bestimmt werden, kann lediglich von bildungspolitischen Maßnahmen die Rede sein. Solche Maßnahmen verzichten weitestgehend auf die Expertise der Fachkräfte über die aktuelle Betreuungssituation von Kindern in Kindertagesstätten. Eine mangelhafte Partizipation auf normativer, strategischer und operativer Ebene erschwert den gleichberechtigten Diskurs der unterschiedlichen Teilsysteme Politik, Pädagogik und Ökonomie. Daher verursachen neue Anforderungen aufgrund rechtlicher Vorgaben und politischer Hoheitsansprüche einen starken Handlungsdruck beim Fachpersonal, der zum Teil zu widerständiger Aneignung von Neuerungen führt, die in ihrer Summe nicht immer als angemessen oder sinnvoll wahrgenommen werden. Die Fachkräfte erkennen, dass zwar strukturelle, methodische und formal-inhaltliche Aspekte pädagogischer Arbeit in den Vordergrund gerückt werden, aber gleichzeitig qualitative Interaktionsprozesse, die sich in der Güte der Fürsorge, der Intensität der Zuwendung und der Beschaffenheit der Betreuung ausdrücken, marginalisiert werden. Die empfundene Ambivalenz der Fachkräfte zwischen Akzeptanz

---

[3] Vergl. Dietrich Benner, Herwart Kemper, Theorie und Geschichte der Reformpädagogik, Band 1, Weinheim/Basel 2003, S. 17 f.

Schluss – Auf dem Weg zum neuen Kind

und Negation einzelner Aspekte der Innovationen wirkt sich atmosphärisch, zeitlich und räumlich auf Interaktionsprozesse mit Kindern aus. Anstatt die neuen Anforderungen im Sinne viabilistischer Anpassung schnellstmöglich umzusetzen, erscheint mehr Besonnenheit und eine pädagogisch evidente Begründung der eigenen Handlungsweisen als sinnvoll. Dies setzt einen systemimmanenten Diskurs über ideelle Ziele der Elementarpädagogik voraus. Aus einer solchen Position wird ein Diskurs auf Augenhöhe mit den Systemen der Politik und der Ökonomie erst möglich.

Die empfundenen Ambivalenzen der interviewten Experten konnten bei der Auswertung der extrahierten Sachinformationen durch die qualitative Inhaltsanalyse als konsistentes Muster der Ergebnisse expliziert werden.[4] Dieses ist dadurch entstanden, dass alle Befragten einerseits für kindliche Sozialisationsprozesse förderliche Aspekte der Reformen nannten, andererseits jedoch stets auch hemmende Faktoren aufzählten. Die Wirklichkeitswahrnehmung bei der Formulierung der Reformen steht der Perspektive aus dem Betreuungsalltag antagonistisch gegenüber.

1) Das Kind steht im Mittelpunkt – Die Zuwendung zum Kind wird eingeschränkt
2) Reflektierte Haltung zum Kind – Abwendung vom Kind durch Kooperationsaufgaben
3) Kindorientierte Erziehungskonzepte – Zunahme extern vorgegebener Bildungsbereiche
4) Konzentration auf Ressourcen der Kinder – Beobachtete Defizite nehmen zu
5) Beobachtung als Voraussetzung individueller Bildungsangebote – Beobachtung als Barriere unmittelbarer Interaktion
6) Differenzierte Anforderungen vertiefen Bildungsprozesse – Zerrissenheit der Erzieherinnen verflacht Bildungsprozesse
7) KITA baut Betreuungsleistungen aus – Eltern bauen Erziehungsleistungen ab

---

[4] Jochen Gläser, Grit Laudel, Experteninterviews und qualitative Inhaltsanalyse, Wiesbaden 2009, S. 46 ff.

Schluss – Auf dem Weg zum neuen Kind

Diese auf allen Verantwortungsebenen vorhandene Widersprüchlichkeit zeigt die auffallende Ambivalenz aller Befragten angesichts der Wirksamkeit der Bildungsinitiativen. Für die *Reflexionsprozesse der Erzieherinnen* konnten durchaus förderliche Auswirkungen festgestellt werden. Bei der *Intensität der Betreuung, der Güte der Fürsorge und der Zuwendung zum Kind* wurden dagegen eher hemmende Wirkungen der Maßnahmen konstatiert. Weil im Bereich der Interaktion mit dem Kind vor allem Verluste wahrgenommen wurden, entstand bei den Experten der Eindruck, die Umsetzung der Reformbemühungen kommen beim Kind nicht an. Von besonderem Interesse gilt dabei die Tatsache, dass die Fachkräfte wider besseres Wissen und ihr intuitives Gespür nicht etwa die Bedürfnisse der Kinder als Bezugsgröße für ihr soziales Handeln beibehalten, sondern die konstellativen Anforderungen der Bildungsinitiativen in den Vordergrund stellen und die Wahrnehmung ihrer Berufsrolle im Sinne dieser wirkmächtigen Programme vorantreiben. Es erfolgt somit gemäß der Diskurshoheit eine modifizierte Gewichtung von Phänomenen sozialer Wirklichkeit, die offenbar Erfahrungsbestände gegenüber Wissensbeständen herabstuft.

Für die Sozialisationsprozesse der Kinder bilden Erzieherinnen ein wichtiges Gegenüber im sozialen Rahmen der gemeinsamen Interaktion mit dem Kind. Daher haben ihre persönliche Befindlichkeit, ihr Habitus und ihr Berufsverständnis wesentlichen Einfluss auf Sozialisationsprozesse in Kindertageseinrichtungen. Die politischen Bildungsinitiativen sind aus kultursoziologischer Perspektive als Teil einer gesamtgesellschaftlichen Tendenz der Flexibilisierung der Arbeitswelt zu betrachten.[5] Aufgrund der Ökonomisierung der Fachsprache ist auch in der Elementarpädagogik plötzlich von Kunden die Rede, deren Bedürfnisse befriedigt werden müssen. Dies ist im Zeitalter der flexiblen Arbeitszeiten nur möglich durch eine ebenfalls flexible Gestaltung von Öffnungszeiten, Betreuungsangeboten und Altersheterogenität. Durch die rasche Abfolge der Bildungsmaßnahmen müssen sich Erzieherinnen ständig auf neue Anforderungen und Aufgaben einstellen. Der Verlust von Arbeits-

---

[5] Vergl. Richard Sennett, Der flexible Mensch, Berlin 2006, S. 58.

Schluss – Auf dem Weg zum neuen Kind

routinen und die Marginalisierung von Erfahrungswissen sowie die Notwendigkeit, nach dem Prinzip der ständigen Verbesserung für sämtliche Innovationen zugänglich und offen zu sein, führt bei den Fachkräften häufiger zu einem Zustand der Erschöpfung und Zerrissenheit.[6] Die Bildungsinitiativen werden als permanenter und irreversibler Wandel wahrgenommen, der wenig Zeit lässt, um sich auf gemeinsame Situationen mit dem Kind einzulassen. Die neuen Programme scheinen eher auf Erfolge künftiger internationaler Bildungsvergleiche gerichtet zu sein und weniger auf die aktuellen Bedürfnisse der Kinder und die Probleme des Alltags. Durch die Fokuskonfusion der Arbeit werden Phänomene der Entfremdung zwischen Erzieherin und Kind im Sinne Goffmans identifizierbar, die das Engagement bei der Gestaltung des sozialen Rahmens reduzieren.[7] Da Erzieherinnen einen wesentlichen Teil des sozialen Rahmens bilden, in dem sich die pädagogische Beziehung vollzieht, sind Faktoren wie empfundene Ambivalenz, Überforderung und Erschöpfung ungünstige Voraussetzungen für die Begleitung von Prozessen der kindlichen Individuation. Diese Risiken sollten nicht als vorübergehende Startschwierigkeiten bei der Implementierung der Bildungsmaßnahmen bagatellisiert werden, sondern als aktuell wirkmächtige Bedingungen für die Sozialisation der folgenden Generation ernst genommen werden. Die Ökonomisierung des Sozialen kann letztlich zu Verlusten bei der intergenerationellen Transmission von kulturellen Werten und Errungenschaften führen, die nicht nur den Kindern, sondern auch den Erwachsenen verloren gehen, da erstere konsistente Vorbilder vermissen und letztere die Fähigkeit verlieren, sich gemäß ihrer verinnerlichten Verhaltensnormen auf die kommende Generation einzulassen.

Kinder verbringen einen immer größeren Teil des Tages in zunehmend jüngerem Lebensalter in Kindertageseinrichtungen. Da zu-

---

[6] Emile Durkheim, Der Selbstmord, Berlin/Neuwied 1973, S. 293; Vergl. Robert K. Merton, Soziologische Theorie und soziale Struktur, Berlin 1995, S. 145 ff.
[7] Erving Goffman, Interaktionsrituale – über Verhalten in direkter Kommunikation, Frankfurt a. M. 1971, S. 128 ff.

Schluss – Auf dem Weg zum neuen Kind

hause weniger Zeit und Aufmerksamkeit bleibt für wesentliche Sozialisationserfahrungen, werden diese vermehrt in der Kindertagesstätte vermittelt. Daher benötigen gerade die Kleinkinder unter drei Jahren eine intensive Fürsorge und sensible Zuwendung. All diese Vorgänge müssen durch ein tiefes leibliches Aufeinander-Eingestimmt-Sein in wechselseitigen Austauschprozessen vermittelt werden. Durch Phänomene der Engung und Weitung spielen sich die Interaktionspartner leiblich aufeinander ein. Durch leibliche Signale wirkt die Erzieherin gewährend und verbietend auf die Handlungsweisen des Kindes ein. Dies bedarf einer intensiven gerichteten Aufmerksamkeit, da im Prozess antagonistischer Einleibung voller Einsatz der Vitalität im Kräftefeld der Blicke und Gesten erforderlich ist.[8] Diese leiblichen Wechselprozesse sind notwendig, um dem Kind Grenzen zu setzen und sozialen Sinn von Handlungsweisen zu vermitteln. Da Kinder vor allem über Bewegungssuggestionen des Leibes lernen, sind sie auf das Vorbild, den Widerstand und die Unterstützung des Erwachsenen angewiesen. Wenn Kinder diese personale Auseinandersetzung nicht ausreichend erfahren, werden sie »ungehalten« in dem Sinne, dass sie durch fehlende leibliche Fundierung nicht genug Halt in der intergenerationalen Beziehung finden. Die Auswirkungen können sich in auffälligen Verhaltensweisen, Rückzug oder, wie es die Fachkräfte ausdrücken: »Chaos« in der Gruppe manifestieren.

Weiterhin sind leiblich vermittelte Interaktionsprozesse wesentlich für den Oszillationsprozess von personaler Regression, einem Ausgeliefertsein an die subjektive Gefühlswelt, hin zu personaler Emanzipation, der rationalen Konstruktion von sinnstiftenden Abstraktionen, die über das Hier und Jetzt der gegenwärtigen Situation erheben. Durch empathische Begleitung kindlicher Regression wird eine Situationsbewältigung des Kindes durch personale Emanzipation erst möglich. Erst infolge der flexiblen Handhabung dieses innerpersonalen Prozesses, der in beide Richtungen möglich und nötig ist, werden ein Befolgen von Normen und eine Erfüllung von Rollenerwartungen überhaupt praktikabel und es entsteht die

---

[8] Vergl. Hermann Schmitz, Höhlengänge, Berlin 1997, S. 84.

Schluss – Auf dem Weg zum neuen Kind

Möglichkeit, sich auf Bildungsangebote im klassischen Sinne der Elementarpädagogik konzentriert einzulassen. Kinder bedürfen somit der leiblichen Kommunikation, um ihre persönliche Situation auszubilden und Rollen- und Normenerwartungen zu erfüllen. Sie bildet daher die Grundlage für die Personalisation des Menschen und die Akzeptanz und Ausgestaltung sozialer Ordnung. Daher können solche interaktiven Prozesse nicht als marginal und intuitiv abgetan werden, sondern verdienen erhöhte Beachtung in ihrer Bedeutung für die Generativität einer Gesellschaft.

Bereits in der Einleitung wurde die Bedeutung der Sozialformen von Gemeinschaft und Gesellschaft für primäre und sekundäre Sozialisation von Kindern diskutiert.[9] Wie in Kapitel zwei rekapituliert, veränderten sich die Formen der Kinderbetreuung von der erweiterten Sozialgruppe über die moderne Kleinfamilie hin zur Kinderbetreuung in Organisationen der öffentlichen Erziehung. Die Frage nach den günstigsten Voraussetzungen für kindliche Entwicklung erschöpft sich jedoch künftig nicht mehr in der gegebenen Sozialform. Mit Rekurs auf Schmitz' Begriffe der implantierenden und der includierenden Situation ist nicht etwa die objektive Perspektive der soziologischen Beschreibung einer Gruppe und ihrer Merkmale relevant für ihre sozialisierende Wirkung, sondern die Perspektive des Subjektes, das sich im Rahmen dieser Sozialform bewegt.[10] Nur es selbst kann empfinden, ob es in einer sozialen Gruppe tief verwurzelt ist und eine Ablösung nur unter schmerzhaften Trennungsprozessen möglich ist oder ob es ein lockeres soziales Gefüge ist, das rasch gegen eine andere Gruppe ausgetauscht werden kann. Für die Individuation und den Erwerb sozialer Kompetenz sind beide Situationsarten, die implantierende und die includierende, gleichwertig und notwendig. Doch problematisch wäre eine Entwicklung, die soziale Gruppen lediglich

---

[9] Vergl. Peter Berger, Thomas Luckmann, Die gesellschaftliche Konstruktion der Wirklichkeit, Frankfurt a. M. 1980, S. 139 ff.
[10] Vergl. Hermann Schmitz, Situationen und Konstellationen, München 2005, S. 25 ff.

Schluss – Auf dem Weg zum neuen Kind

durch formale Regelungen konstituiert. Dann würden gemeinsame Situationen zunehmend ersetzt durch Konstellationen und unter diesen Bedingungen wäre der Prozess der Personalisation des Menschen eingeschränkt, weil die leibliche Fundierung seiner Existenz vernachlässigt würde. Daher ist für die Generativität einer Gesellschaft nicht unbedingt entscheidend, in welcher Sozialform, beispielsweise in der Gemeinschaft der Familie oder in der Gesellschaft des Kindergartens, die Kinder aufwachsen, sondern ihre Potenz, gemeinsame Situationen zur Verfügung zu stellen, in denen implantierende und includierende Situationen erlebt werden können.

Gerade unterschiedliche Aspekte der Bildungsinitiativen, wie Prozessbeschreibungen im Rahmen von Qualitätssicherung, Implementierung ökonomischer Begriffe, Wiedereinführung von funktionalen Lerneinheiten, Schaffung multipler Kommunikationsstrukturen und systematische Beobachtung und Dokumentation, führen jedoch tendenziell zu einer Verlagerung pädagogischer Arbeit weg von Situationen hin zu Konstellationen, sodass das Erleben von includierenden und implantierenden Situationen erschwert wird. Obwohl es an wissenschaftlichen Konzepten über die Bedeutung der Beziehung zwischen Erzieher und Zögling nicht mangelt, scheinen aktuell andere Faktoren den Sozialisationsprozess in ihrer Relevanz zu dominieren.

Daher soll abschließend die Frage gestellt werden, worin das Bedürfnis nach Kontrolle der kindlichen Lernprozesse, nach der Evaluation der Bildungsprozesse und der Dokumentation von vermeintlichen Erfolgen und Ergebnissen begründet liegt. Ein solch massives und durchgreifendes Interesse an Evaluation und Kontrolle ist schließlich nicht nur in der Elementarbildung, sondern auch im gesamten Bildungssektor und in nahezu allen Teilsystemen der Gesellschaft zu beobachten. Max Weber hat sich intensiv mit den Interessen als unmittelbarem Antrieb menschlichen Handelns befasst. Er stellt fest:

»Interessen (materielle und ideelle) nicht: Ideen beherrschen unmittelbar das Handeln der Menschen. Aber: die ›Weltbilder‹ welche durch ›Ideen‹ geschaffen werden, haben sehr oft als Weichensteller die Bah-

Schluss – Auf dem Weg zum neuen Kind

nen bestimmt, in denen die Dynamik der Interessen das Handeln fortbewegte.«[11]

Welche Leitbilder und Interessen stehen somit hinter einer gesamtgesellschaftlichen Tendenz der Evaluation und Kontrolle, der Optimierung von Arbeitsprozessen und der ständigen Effizienzsteigerung bis hinein in den Sektor der frühkindlichen Bildung? Entspringt dies nur politischen oder ökonomischen Interessen oder steckt dahinter womöglich eine andere Ursache? Gottfried Küenzlen beschreibt das Lebensgefühl der gegenwärtigen Kultur als eine Erfahrung, »dass wir aus der selbstverständlichen Gewissheit der Moderne« und ebenso »der sie tragenden Überlieferungen, womöglich endgültig, herausgetreten sind.«[12] In ihrer säkularen Ungewissheit spricht er der westlichen Moderne eine zunehmende Akzeptanz von Konzepten zu, die »den inneren Unsicherheitslagen Erleichterung und Ausweg versprechen«.[13] Eine Möglichkeit, das Unberechenbare berechenbar zu machen, bietet die Evaluation und Dokumentation, da sie wenigstens im Nachhinein Input-Output Zusammenhänge von kontingenten dynamischen Prozessen zu erklären versucht.

Der Verlust letztbegründender Sicherheiten führt somit zu einem Bedürfnis, den menschlichen Entwicklungsprozess zu »vollendeter Perfektibilität und Vollkommenheit« zu führen.[14] Dabei ist Perfektibilität nicht mehr im Sinne Rousseaus als konstitutive Fähigkeit des Menschen zu verstehen, immer neue Fähigkeiten zu entwickeln, also als identitätsstiftender Prozess, sondern als anzustrebender und feststellbarer Endzustand. So sind in der jüngeren Geschichte immer wieder Konzepte vom »Neuen Menschen« entstanden, etwa in der Jugendbewegung, der Studentenbewegung, der russischen Intelligenzija oder in der kulturhistorischen Theorie

---

[11] Max Weber, Wirtschaftsethik der Weltreligionen, Tübingen 1963, S. 252.
[12] Gottfried Küenzlen, Der Neue Mensch. Zur säkularen Religionsgeschichte der Moderne, München 1994, S. 263.
[13] Ebd., S. 266.
[14] Ebd., S. 271.

des Psychischen, um dadurch die Krise der Moderne womöglich zu überwinden.[15]

Auch hinter dem Bedürfnis, kindliche Lernprozesse zu evaluieren und zu kontrollieren, könnte die implizite Ausprägung eines solchen kulturellen Leitbildes vermutet werden, die dazu führt, dass bereits in der frühen Kindheit dem Erfassen des Lernens in Konstellationen mehr Relevanz zugesprochen wird, als dem Erleben von Situationen mit ihren vielfältigen leiblichen Erfahrungsmöglichkeiten. Die Angst vor Kontrollverlust führt letztlich zu einem überdimensionalen Bedürfnis nach Kontrolle, das sämtliche anderen Merkmale sozialer Bezüge, sei es im Bildungssektor oder in anderen gesellschaftlichen Teilbereichen, überlagert und alle Lebensbereiche dominiert.

Aus Max Webers Frage, welcher Menschentypus aus bestimmten gesellschaftlichen Entwicklungen entstehe, könnte man daher für die aktuelle Situation der Kinderbetreuung folgende Schlussfolgerungen ziehen: Wie sich die Sozialisationsprozesse für Kinder aufgrund der beschriebenen Bedingungen verändern, konnte hier zunächst aus der Sicht der Experten beschrieben und anhand von theoretischen Konzepten plausibilisiert werden. Es erfordert jedoch weitere Untersuchungen im pädagogischen Feld, die vor allem auch das Kind selbst miteinbeziehen, um hier langfristige Auswirkungen feststellen zu können. Es ist aber zu erkennen, dass innerhalb des pädagogischen Fachdiskurses, der durch die Bildungsinitiativen stark beeinflusst wird, der Entwurf eines bestimmten Bildes vom Kind entstanden ist, an dem sich pädagogisches Handeln orientiert. Die Frage ist nun, ob dieses *neue Kind*, das vor allem durch Ressourcen und Kompetenzen gekennzeichnet ist, dem tatsächlich vorfindbaren Kind in sozialen Einrichtungen entspricht.[16] Das neue Kind soll durch Konzepte der lernmethodischen Kompetenz dazu befähigt werden, den eigenen Bildungsprozess auf einer Meta-Ebene zu reflektieren und zu perfektionieren.[17] Es ist jederzeit bereit

---

[15] Aleksandr Romanovic Lurija, Die historische Bedingtheit individueller Erkenntnisprozesse, Weinheim 1986, S. 184.
[16] Heinz von Foerster, Wissen und Gewissen, Frankfurt a. M. 1993, S. 244 ff.
[17] Ministerium für Bildung, Frauen und Jugend Rheinland-Pfalz, Bildungs- und

Schluss – Auf dem Weg zum neuen Kind

und willens zu lernen und befindet sich vorwiegend im Zustand personaler Emanzipation. Diese emanzipative Sichtweise birgt jedoch unterschiedliche Ambivalenzen. Erstens vernachlässigt sie kindliche Bedürftigkeit, die trotz großer Entwicklungspotenziale nicht übersehen werden darf. Herbert Schweizer konstatiert:

»Das Kind als ›kompetenter Akteur‹ wird nur konsequent ernst genommen, wenn es auch in seinem Leid und seiner Ohnmacht akzeptiert wird.«[18]

Dies schließt einen sensiblen Umgang mit Kindern im Zustand personaler Regression mit ein. Zweitens besteht die Gefahr, dass das Vertrauen in die grundsätzlich vorhandene Perfektibilität des Kindes verloren geht und durch eine permanente Evaluation und Kontrolle ersetzt wird, bis hin zu der Annahme, Lernen fände nicht statt, wenn es nicht durch die Erzieherin dokumentiert und durch das Kind reflektiert wird. Die Entwicklung seiner Persönlichkeit erfolgt dann eher anhand von konstellativen Konstrukten, die vom ideellen Überbau der Kultur über die Fachkräfte an Kinder weitergegeben werden, und weniger innerhalb von gemeinsamen Situationen, die in implantierender oder includierender Weise dem Kind Wurzeln und Halt geben. Die Unmittelbarkeit der gelebten Situation geht im Dschungel struktureller, methodischer, inhaltlicher und administrativer Anforderungen verloren. Eine solche Entwicklung sollte fachlich reflektiert werden und pädagogische Haltungen bei der Interaktion mit dem Kind überdacht, sowie wesentliche intersubjektive leibliche Prozesse einbezogen werden. Innerhalb eines elementarpädagogischen Fachdiskurses sollte daher das Bild eines *neuen Kindes* sorgsam geprüft werden, um festzustellen, ob Kinder künftig im Versuch, sie einer Idealvorstellung anzupassen, missverstanden werden und ob ihre tatsächlichen Lebenssituationen realistisch betrachtet werden, also auch ihre Bedürftigkeiten und Abhängigkeiten, die bei aller Kompetenz nicht zu ignorieren sind. Eine solche Sensibilität von Erwachsenen gegenüber Kindern bildet wo-

---

Erziehungsempfehlungen für Kindertagesstätten in Rheinland-Pfalz, Berlin/Düsseldorf/Mannheim 2007, S. 32 ff.
[18] Herbert Schweizer, Soziologie der Kindheit. Verletzlicher Eigensinn, Wiesbaden 2007, S. 143.

Schluss – Auf dem Weg zum neuen Kind

möglich die Voraussetzung für eine gelingende Generativität einer Kultur.

Durch eine anekdotische Zukunftsvision soll abschließend die Metapher des »Neuen Kindes« noch alltagstauglich illustriert werden: Felix wird am zweiten April 2005 geboren und ist heute ein Beamter im gehobenen technischen Dienst. Er ist ein Wunschkind, das bereits vor der Geburt durch regelmäßiges Bonding in seiner Persönlichkeitsentwicklung gefördert wurde. Das erste Lebensjahr verbringt er zuhause und wird nach Bedarf gestillt. Weiterhin besuchen seine Eltern mit ihm eine PEKiP Gruppe, um von Anfang an die Kompetenzen des Säuglings zu stärken, und die Bindung zu den Eltern zu unterstützen.

Nach einem Jahr steigt die Mutter wieder halbtags in den Beruf ein und Felix wird per Berliner Modell sanft in die Nestgruppe der örtlichen Kindertagesstätte eingewöhnt, um früh prosoziales Verhalten zu erlernen. Die Mutter engagiert sich im Elternausschuss der KITA und setzt sich dafür ein, dass außer sensomotorischer Förderung auch Früherziehung in Musik und Englisch möglich wird. Felix gewöhnt sich schnell in der Gruppe ein, macht jedoch im ersten Jahr nacheinander Windpocken, Bronchitis und einige grippale Infekte durch. In diesen Zeiten darf er zuhause bleiben, kann jedoch mit der ständigen Nähe zur Mutter nur noch wenig anfangen. Er konzentriert sich auf die neue Holzeisenbahn, die er zum zweiten Geburtstag erhalten hat.

Felix kann jetzt schon »Häschen in der Grube«, »Laterne, Laterne« und »Lasst uns froh und munter sein« singen, sogar auf Englisch. Seit er »meine Windel ist voll« sagen kann, wird er sauber, denn er möchte groß sein. Sterne basteln und raffinierte Holzeisenbahnstrecken bauen sind seine Lieblingsbeschäftigungen. Er gerät nur regelmäßig aus der Fassung, wenn er etwas nicht gleich so gut kann, wie die anderen Kinder. Er hat mittlerweile einen »besten Freund«, Lukas, mit dem er gerne Lokomotivführer auf der großen Dampflok im Außengelände spielt. Da er in der Turnhalle und beim Wandern häufig stolpert, besteht der Verdacht auf eine schwach entwickelte Körperwahrnehmung. Daher geht Felix jeden Mittwoch in die Ergotherapie, um seine Körpergrenzen zu erfah-

Schluss – Auf dem Weg zum neuen Kind

ren. Zuhause achten die Eltern auf eine gesunde Ernährung, geringen Fernsehkonsum und ausreichend Schlaf.

Mit vier Jahren hat er häufiger Zank mit ein paar Mädchen, die ihn gerne hänseln, weil er das »sch« noch immer nicht sauber aussprechen kann. Da er verbal etwas unbeholfen ist, wehrt er sich mit Knuffen. Den kleinen Sprachfehler gleicht die Logopädin mit entsprechenden Übungen aus, dennoch bleibt Felix den wortgewandten Mädchen unterlegen. Felix' Vater arbeitet jetzt in einer anderen Stadt und ist nur am Wochenende zuhause. Felix vermisst ihn sehr.

Im letzten Kindergartenjahr lernen die Kinder Zahlen und Buchstaben kennen und führen ein selbst geplantes Piratenprojekt durch. Felix darf immer in sein Portfolio einheften, wenn er etwas gelernt hat. Mithilfe der Erzieherin analysiert er, wie er das Klettern auf das Piratenschiff gelernt hat und wie er erstmals einen proportional korrekten Seeräuberhauptmann gemalt hat. Er weiß, wenn Frau Müller die gelbe Kette umhat, beobachtet sie die Kinder und schaut, was sie alles können. Es ist zwar ein komisches Gefühl, wenn man beim Spielen dauernd angeschaut wird, weil manchmal klappt dann gerade nicht, was man vorhatte, aber man ist ja nicht jeden Tag an der Reihe. Wenn Felix seinen Papa vermisst, wird das nicht dokumentiert und auch nicht, wenn er noch sehr müde ist, weil er von sieben bis sechzehn Uhr in der Kita ist. Frau Müller muss jetzt fast den ganzen Morgen die kleineren Kinder wickeln und für die Großen hat sie wenig Zeit, sie erhalten ein »Aufgabenpaket«. Sie müssen dann zum Beispiel zusammen Bilder ausschneiden und zu einer Collage kleben und mittags schaut sie nach, ob alles richtig ist.

Manchmal wünscht sich Felix einen Bruder, damit er nicht so allein ist, denn Mama macht jetzt zuhause noch ein Fernstudium. Sie macht sich ein wenig Sorgen, weil die Erzieherin im Elterngespräch berichtet, dass Felix in der Kinderkonferenz sehr zurückhaltend ist und selten eigene Beiträge einbringt. Daher meldet sie Felix vor der Einschulung noch bei einem Kinder-Kommunikationstraining an, um seine Kompetenzen zu stärken.

Auf die Grundschule freut sich Felix nicht so sehr, weil er nicht mit seinem besten Freund Lukas in eine Klasse kommt, sondern mit zwei Mädchen aus der Kindergartengruppe. Die Ganztagsschu-

Schluss – Auf dem Weg zum neuen Kind

le in der Vorstadt hat einfach einen besseren Ruf als die Stadtteilschule. Aber dank Schultüte mit zuckerfreien Gummibärchen hat er dann doch Spaß an der Aufnahmefeier. In der Klasse ist es ihm manchmal ein bisschen zu still, denn da muss er immer an Papa denken, aber die Lehrerin ist sehr nett und zeigt den Kindern, wie sie ihren Wochenplan erfüllen. Im individualisierten Unterricht darf man damit anfangen, was man am liebsten mag. Felix macht am liebsten Sachunterricht, weil man da immer so kleine Experimente im Nebenraum machen darf. Mit einem anderen Jungen baut er einen Flaschenzug und darf sogar bald andere Kinder anleiten. Im Rechnen ist er auch ganz gut und bekommt seine Karteikarten immer voll. Nur das Schreiben klappt nicht so. Er vergisst immer wieder einzelne Buchstaben. Von wegen Rechtschreibregeln, da ist doch bei jedem Wort was anderes richtig. Am Schlimmsten ist das Vorlesen, weil Felix immer merkt, dass sich die anderen alle langweilen, wenn er mit der Geschichte nicht vorankommt.

Zuhause übt Felix jeden Tag mit seiner Mutter Lesen, Schreiben und Rechnen. Er darf jetzt auch Blockflöte lernen, weil das gut für die Intelligenzentwicklung ist. Außerdem bekommt er einen Experimentierkoffer, damit er seine Kompetenzen in Physik erweitern kann. Den Sportverein darf sich Felix selbst aussuchen, er macht Karate, wegen der großen Jungs, die ihn in der Pause immer ärgern. In der Nachbarschaft zuhause hat Felix wenige Freunde, denn da wohnen nicht viele Kinder und die Schmidts sind etwas seltsam, sagt Mama. Daher fährt sie ihn manchmal zu Schulfreuden, wenn nach dem Lernen und Üben noch Zeit ist. Insgesamt geht es Felix ganz gut in der Schule, aber manchmal schafft er es nicht auf die Toilette und das ist furchtbar peinlich. Seine Noten sind ganz anständig, nur in der Mitarbeit läuft es nicht so. Die Mädchen sind immer schneller dran und dann will er nicht noch mal dasselbe sagen.

Auf Wunsch seiner Eltern bekommt Felix dann doch eine Gymnasialempfehlung. Er kommt dort ganz gut zurecht, aber die Lehrerin vermutet ADHS, da er sich in der Pause häufiger prügelt, in Deutsch immer Quatsch macht und beim Diktat nicht unter 17 Fehler kommt. Nur in Physik und Kunst ist er ganz bei der

Schluss – Auf dem Weg zum neuen Kind

Sache. Felix glaubt immer, die anderen seien besser als er und hat furchtbare Angst vor Klassenarbeiten. Die G 8 Vergleichsarbeiten sind einfach zu heftig. Daher verschreibt ihm der Arzt Ritalin, damit er sich konzentrieren kann und die schwache Mitarbeit mit guten schriftlichen Noten ausgleichen kann. Freunde hat Felix nicht so viele, weil es gibt ja immer so viel zu tun und mit den Mädchen ist das auch so eine Sache. Lieber chattet er am Computer und baut sich starke Charaktere in World of Warcraft. Von Beruf würde Felix gern Karatekämpfer im Film werden, wie Bruce Lee. Aber da das nicht realistisch ist, wie Papa sagt, beginnt er eine mittlere Laufbahn im öffentlichen Dienst, sicher ist sicher. Eines Tages wird er eine Familie gründen, bekommt auch ein *neues Kind,* das ebenfalls durchkommt, genau wie er.

Felix ist ein *neues Kind,* er bekommt alle Möglichkeiten, er wird gefördert und gefordert, er wird unterstützt und gebildet, seine Kompetenzen werden evaluiert und er wird ins System integriert; nur wenn er gerade keinen Termin hat, fühlt er sich ein bisschen leer und einsam ...

11. Literaturverzeichnis

Martin Abraham/ Günter Büschges, Einführung in die Organisationssoziologie, 4. Auflage, Wiesbaden 2009
Theodor W. Adorno, Erziehung zur Mündigkeit. Vorträge und Gespräche mit Hellmut Becker 1959–1969, Frankfurt a. M. 1970
Theodor W. Adorno, Studien zum autoritären Charakter, Frankfurt a. M. 1999
Lieselotte Ahnert, Bindungsbeziehungen außerhalb der Familie: Tagesbetreuung und Erzieherinnen-Kind-Bindung (S. 256–276), in: Lieselotte Ahnert (Hrsg.), Frühe Bindung, Entstehung und Entwicklung, München 2004
Lieselotte Ahnert, Die Betreuungssituation von Kleinkindern im Osten Deutschlands vor und nach der Wende (S. 29–41), in: Lieselotte Ahnert (Hrsg.), Tagesbetreuung für Kinder unter drei Jahren, Bern 1998
Lieselotte Ahnert, Theorien und Tatsachen bei der Erforschung außerfamiliärer Kleinkindbetreuung (S. 193–208), in: Lieselotte Ahnert (Hrsg.), Tagesbetreuung für Kinder unter drei Jahren, Bern 1998
Mary D. Ainsworth, Mary C. Blehar, Everett Waters, Sally Wall, Patterns of Attachment. A psychological study of strange situation, New York 1978
Clemens Albrecht, Caritas als Verteilungseffizienz? Zur Ökonomisierung des Sozialen, Benediktbeuren 2009
Clemens Albrecht (Hrsg.), Die intellektuelle Gründung der Bundesrepublik Deutschland, Frankfurt a. M. 1999
Clemens Albrecht, Vermarktlichung der Familie? Formen der Auslagerung von Erziehung (S. 239–256), in: Ökonomie und Gesellschaft, Jahrbuch 18: Alles käuflich, Marburg 2002
Amtsblatt des preußischen Ministeriums für Volkswohlfahrt, 11. Jahrgang, Nr. 24, Preußischer Erlaß über Kindergärten, Berlin 1930
Hannah Arendt, Die Krise in der Erziehung, Bremen 1958
Philipp Ariès, Geschichte der Kindheit, München/Wien 1975
Vera Bamler, Jillian Werner, Cornelia Wustmann, Lehrbuch Kindheitsforschung, München 2010
Albert Bandura, Lernen am Modell, Stuttgart 1976
Jutta Becher, Kindermädchen, Frankfurt a. M. 1993
Ulrich Beck, Risikogesellschaft. Auf dem Weg in eine andere Moderne, Frankfurt a. M. 1986
Alfred Bellebaum, Soziologische Grundbegriffe, Stuttgart 2001

Literaturverzeichnis

Daryl J. Bem, Self-perception theory, in: L. Berkowitz (Hrsg.), Advances in experimental social psychology (Vol. 6, pp. 1–62), New York 1972
Dietrich Benner, Herwart Kemper, Theorie und Geschichte der Reformpädagogik, Teil 1, Weinheim/Basel 2003
Dietrich Benner, Herwart Kemper, Theorie und Geschichte der Reformpädagogik, Teil 2, Weinheim/Basel 2003
Brigitte Berger, Peter L. Berger, Verteidigung der bürgerlichen Familie, Frankfurt a. M. 1984
Peter L. Berger, Thomas Luckmann, Die gesellschaftliche Konstruktion der Wirklichkeit, Frankfurt a. M. 1980
Hiltrud Beyer, Walter Bien, Renate Bauereiß, Clemens Dannenbeck, Familiale Lebensformen im Wandel (S. 23–104), in: Walter Bien, (Hrsg.), Familie an der Schwelle zum neuen Jahrtausend, Opladen 1996
Bistum Trier (Hrsg.), Rahmenleitbild für katholische Kindertageseinrichtungen im Bistum Trier, Trier 2007
Fritz Böhle, Dirk Fross, Erfahrungsgeleitete und leibliche Kommunikation und Kooperation in der Arbeitswelt, Bielefeld 2009
Fritz Böhle, Verdrängung und (Wieder-) Entdeckung des Informellen und Impliziten in der Arbeitswelt – Grenzen der Objektivierung und Formalisierung, Wiesbaden 2009
Alexander Bogner, Wolfgang Menz, Das theoriegenerierende Experteninterview (S. 33–70), in: Alexander Bogner, Beate Littig, Wolfgang Menz (Hrsg.), Das Experteninterview, Wiesbaden 2005
John Bowlby, Bindung, München 1975
John Bowlby, Elternbindung und Persönlichkeitsentwicklung. Therapeutische Aspekte der Bindungstheorie, Heidelberg 1988
John Bowlby, Frühe Bindung und kindliche Entwicklung, München 2001
John Bowlby, Mutterliebe und kindliche Entwicklung, München 1972
Katarina Braun, Carina Helmeke, Neurobiologie des Entwicklungsverhaltens (S. 281–296), in: Lieselotte Ahnert (Hrsg.), Frühe Bindung, Entstehung und Entwicklung, München 2004
Wolfgang Brezinka, Erziehungsziele, Erziehungsmittel, Erziehungserfolg, Konstanz 1995
Wolfgang Brezinka, Über Erziehungsbegriffe, in: Zeitschrift für Pädagogik, Band 17, Berlin 1971
Urie Bronfenbrenner, Ökologische Sozialisationsforschung, Stuttgart 1976
Peter Brozio, Vom pädagogischen Bezug zur pädagogischen Beziehung, Würzburg 1995
John T. Bruer, Der Mythos der frühen Jahre. Warum wir lebenslang lernen, Weinheim/Basel 2000
Thomas Brüsemeister, Das überflüssige Selbst – Zur Dequalifizierung des Charakters im neuen Kapitalismus nach Richard Sennett (307–321), in: Uwe Schimank, Ute Volkmann (Hrsg.), Soziologische Gegenwartsdiagnosen I, Opladen 2000

Literaturverzeichnis

Micha Brumlik, Zeitgenossenschaft: Eine Ethik für die Generationen (S. 139–158), in: Jutta Ecarius (Hrsg.), Was will die jüngere Generation mit der älteren? Generationenbeziehungen in der Erziehungswissenschaft, Opladen 1998
Peter Büchner (Hrsg.), Kindliche Lebenswelten. Bildung und innerfamiliale Beziehungen, München 1994
Gunilla-Friederike Budde, Auf dem Weg ins Bürgerleben. Kindheit und Erziehung in deutschen und englischen Bürgerfamilien 1840–1914, Göttingen 1994
Karl Bühler, Die geistige Entwicklung des Kindes, Jena 1930
Bundesjugendkuratorium, Zukunftsfähigkeit von Kindertageseinrichtungen, München 2008
Bundesjugendkuratorium, Zukunftsfähigkeit von Kindertageseinrichtungen, München 2010
Bundesministerium für Familie und Jugend, Kinder- und Jugendhilfegesetz (Achtes Buch Sozialgesetzbuch), Bonn 1994
Bundesministerium für Familie, Senioren, Frauen und Jugend, 12. Kinder- und Jugendbericht, München 2005
Bundesministerium für Familie, Senioren, Frauen und Jugend, 13. Kinder- und Jugendbericht, Berlin 2009
Johann Heinrich Campe, Väterlicher Rath für meine Tochter, Braunschweig 1787
Herman Coenen, Leiblichkeit und Sozialität. Ein Grundproblem der Phänomenologischen Soziologie (197–228), in: Hilarion Petzold, Leiblichkeit, Paderborn 1985
Hedi Colberg-Schrader, Dietrich von Derschau, Sozialisationsfeld Kindergarten (S. 335–353), in: Klaus Hurrelmann, Dieter Ulich (Hrsg.) Neues Handbuch der Sozialisationsforschung, Weinheim/Basel 1991
Colibri Management Service, QM elementar, Allgemeine Darlegung des Qualitätsmanagement-Systems, Koblenz 2008 (Denzlingen 2005)
Charles H. Cooley, Human Nature and the social order, New York 1912
Ralf Dahrendorf, Die Chancen der Krise. Über die Zukunft des Liberalismus, Stuttgart 1983
William E. Deming, Out of the Crisis. Massachusetts Institute of Technology, Cambridge 1982
Hermann Denz, Einführung in die empirische Sozialforschung, Wien 1989
Deutsches Institut für Industrienormen e. V. (Hrsg.), DIN EN ISO 9000:2000, Qualitätsmanagementsysteme. Grundlagen und Begriffe, Berlin 2000
Deutsches Jugendinstitut (Hrsg.), Was tun Kinder nach der Schule?, München 1992
Hedwig Dohm, Die Mütter. Beitrag zur Erziehungsfrage, Berlin 1903, in: Jutta Becher, Kindermädchen, Frankfurt a. M. 1993
Martin Dornes, Der kompetente Säugling, Frankfurt a. M. 1993
Martin Dornes, Die frühe Kindheit. Entwicklungspsychologie der ersten Lebensjahre, Frankfurt a. M. 1997
Johann Gustav Droysen, Historik, München 1977
Emile Durkheim, Der Selbstmord, Neuwied/Berlin 1973 (1897)

Literaturverzeichnis

Emile Durkheim, Der Selbstmord, Frankfurt a. M.1995
Emile Durkheim, Erziehung und Soziologie, Düsseldorf 1972
Emile Durkheim, Über die Teilung der sozialen Arbeit, Frankfurt a. M. 1977
Jutta Ecarius, Generationenbeziehungen und Generationenverhältnisse. Analyse zur Entwicklung des Generationenbegriffs (S. 41–66), in: Jutta Ecarius (Hrsg.), Was will die jüngere Generation mit der älteren? Generationenbeziehungen in der Erziehungswissenschaft, Opladen 1998
Jutta Ecarius, Kinder ernst nehmen. Methodologische Überlegungen zur Aussagekraft biographischer Reflexionen 12-jähriger (S. 133–151), in: Michael-Sebastian Honig, Andreas Lange, Hans R. Leu (Hrsg.), Aus der Perspektive von Kindern? Zur Methodologie von Kindheitsforschung, München 1999
Norbert Elias, Die Gesellschaft der Individuen, Frankfurt a. M. 2001
Angelika Engelbert, Kinderalltag und Familienumwelt. Eine Studie über die Lebenssituation von Vorschulkindern, Frankfurt a. M. 1986
Angelika Engelbert, Alois Herlth, Sozialökologie der Kindheit. Wohnung, Spielplatz und Straße (S. 403–415), in: Manfred Markefka, Bernhard Nauck (Hrsg.), Handbuch der Kindheitsforschung, Neuwied 1993
Erik H. Erikson, Identität und Lebenszyklus, Frankfurt a. M. 1971
Erik H. Erikson, Jugend und Krise, Stuttgart 1970
Erik H. Erikson, Kinderspiel und politische Phantasie, Frankfurt a. M.1978
Günter Erning, Karl Neumann, Jürgen Reyer, Geschichte des Kindergartens, Band II, Freiburg i. B. 1987
Brigitte B. Fischer: Sie schrieben mir oder was aus meinem Poesiealbum wurde (S. 167–169), in: Jutta Becher, Kindermädchen, Frankfurt a. M. 1993
Uwe Flick, Qualitative Sozialforschung, Hamburg 1995
Andreas Flitner, Klaus Giel, (Hrsg.),Wilhelm von Humboldt, Bericht der Sektion des Kultus und Unterrichts an den König, Werke in fünf Bänden, Darmstadt 1964
Heinz von Foerster, Wissen und Gewissen, Frankfurt a. M. 1993
Alan Fogel, Temporal Organisation, in: Mother-Infant Face-to-Face Interaction, London 1977
Sigmund Freud, Drei Abhandlungen zur Sexualtheorie, Frankfurt a. M. 1905
Sigmund Freud, Triebe und Triebschicksale (1915), in: Psychologie des Unbewußten, Frankfurt a. M. 2000
Dieter Frey, Kognitive Theorien in der Sozialpsychologie (S. 50–67), in: Dieter Frey, Siegfried Greif, (Hrsg.), Sozialpsychologie. Ein Handbuch in Schlüsselbegriffen, München 1983
Lilian Fried, Barbara Dippelhofer-Stiem, Michael Sebastian Honig, Ludwig Liegle, Pädagogik der frühen Kindheit, Weinheim/Basel/Berlin 2003
Werner Friedrich, Erkrankungsgefährdung und Infektabwehr im frühen Kindesalter unter Krippenbetreuung (S. 146–160), in: Lieselotte Ahnert (Hrsg.), Tagesbetreuung für Kinder unter drei Jahren, Bern 1998
J. Friedrichs, K. Kamp, Methodologische Probleme des Konzepts »Lebenszyklus« (S. 173–190), in: Martin Kohli (Hrsg.), Soziologie des Lebenslaufs, Darmstadt/ Neuwied 1978

Literaturverzeichnis

Wassilios Emmanuel Fthenakis, Pädagogische Qualität in Tageseinrichtungen für Kinder (S. 208–237), in: Wassilios Emmanuel Fthenakis, Elementarpädagogik nach PISA, Freiburg i. B. 2003

Susanne Gaschke, Neues Deutschland. Sind wir nur eine Wirtschaftsgesellschaft? (S. 22–27) in: Aus Politik und Zeitgeschichte, Das Parlament 1/2 2000

Gudrun Gauda, Blickvermeidung in den ersten Lebensmonaten und Elternidentität. Ursachen, Folgen, Prävention (S. 75–91), in: Hilarion G. Petzold, Die Kraft liebevoller Blicke, Paderborn 1995

Winfried Gebhardt, »Warme Gemeinschaft« und »kalte Gesellschaft«, in: Günter Meuter, Henrique Ricardo Otten (Hrsg.), Der Aufstand gegen den Bürger, Würzburg 1999

Arnold Gehlen, Der Mensch, Bonn/Frankfurt a. M. 1968

Arnold Gehlen, Die gesellschaftliche Situation in unserer Zeit (S. 127–143), in: Anthropologische und sozialpsychologische Untersuchungen, Reinbek 1986

Arnold Gehlen, Die Situation der Familie in der industriellen Gesellschaft (467–482), in: Gesamtausgabe Bd. 6 (1964), Frankfurt a. M. 2004

Dieter Geulen, Die historische Entwicklung sozialisationstheoretischer Paradigmen (S. 15–49), in: Klaus Hurrelmann/Dieter Ulich (Hrsg.) Handbuch der Sozialisationsforschung, Weinheim 1980

Andreas Gestrich, Geschichte der Familie im 19. und 20. Jahrhundert, München 1999

Gewerkschaft Erziehung und Wissenschaft, Diskussionsentwurf der GEW für einen Rahmenplan frühkindlicher Bildung, Frankfurt a. M. 2002

Anthony Giddens, Die Konstitution der Gesellschaft. Grundzüge einer Theorie der Strukturierung, Frankfurt a. M. /New York 1988

Hermann Giesecke, Die professionelle »pädagogische Beziehung«, in: Herrmann Giesecke, Pädagogik als Beruf, Weinheim/München 2000

Hermann Giesecke, Einführung in die Pädagogik, Weinheim 1990

Hermann Giesecke, Pädagogik als Beruf, Weinheim/München 1987

Jochen Gläser, Grit Laudel, Experteninterviews und qualitative Inhaltsanalyse, Wiesbaden 2009

Erving Goffman, Interaktionsrituale – über Verhalten in direkter Kommunikation, Frankfurt a. M.1971

Erving Goffman, Rahmenanalyse, Frankfurt a. M. 1980

Erving Goffman, Wir alle spielen Theater. Die Selbstdarstellung im Alltag, München 2003

Daniel Goleman, Emotionale Intelligenz, München 1997

Peter Gross, Die Multioptionsgesellschaft, Frankfurt a. M. 1994

Michael Grossheim, Phänomenologie der Sensibilität, Rostock 2008

Karin Grossmann, Klaus E. Grossmann, Bindungen – das Gefüge psychischer Sicherheit, Weinheim 2005

Karin Grossmann, Klaus Grossmann, Bindungstheoretische Überlegungen zur Krippenbetreuung (S. 69–79), in: Lieselotte Ahnert (Hrsg.), Tagesbetreuung für Kinder unter drei Jahren, Bern 1998

Literaturverzeichnis

BRD, Grundgesetz für die Bundesrepublik Deutschland, 48. Auflage, Mainz 2006
Matthias Grundmann: Sozialisation – Erziehung – Bildung. Eine kritische Begriffsbestimmung (S. 61–83), in: Rolf Becker, Lehrbuch der Bildungssoziologie, Wiesbaden 2009
Björn Haneberg, Leib und Identität, Die Bedeutung der Leiblichkeit für die Bildung der sozialen Identität, Würzburg 1995, S. 39
Wilhelm Hansen, Die Entwicklung des kindlichen Weltbildes, München 1949
Franz Hargasser, Mensch und Kultur. Die pädagogische Dimension der Anthropologie Arnold Gehlens, Bad Heilbrunn 1976
Harry Harlow, The development of affectional patterns in infant monkeys. Determinants of infant behaviour, London 1961
Sigurd Hebenstreit, Maria Montessori, Freiburg i. B. 1999
Ulrich Heimlich, Kinderspiel und Spielbeobachtung (S. 171–184), in: Friederike Heinzel, Methoden der Kindheitsforschung, Weinheim/München 2000
Wilhelm Hennis, Max Webers Fragestellung, Tübingen 1987
Gudrun Henze, Constanze Klar, Sabine Sardei-Biermann, Kerstin Schreier, Die Lebensbedingungen von Familien. Chancen und Risiken von Phasen der Familienentwicklung (S. 113–184), in: Walter Bien, (Hrsg.), Familie an der Schwelle zum neuen Jahrtausend. Wandel und Entwicklung familialer Lebensformen, Opladen 1996
Robert Hettlage, Erving Goffman (S. 188–205), in: Dirk Kaesler (Hrsg.), Klassiker der Soziologie 2, München 1999
Reinhilde Hockauf-Schneider, Kinder als Armutsursache von Lohnempfängern? (S. 23–48), in: Zeitschrift für Bevölkerungswissenschaft, Heft 1/1988
Dieter Hölterschinken, Hilmar Hoffmann, Gudrun Prüfer, Kindergarten und Kindergärtnerin in der DDR, Berlin 1997
Max Horkheimer, Theodor W. Adorno, Dialektik der Aufklärung, Frankfurt a. M. 2003
Klaus Hurrelmann, Heidrun Bündel, Einführung in die Kindheitsforschung, Weinheim/Basel/Berlin 2003
Klaus Hurrelmann, Dieter Ulich (Hrsg.), Neues Handbuch der Sozialisationsforschung, Weinheim/Basel 1991
Jean Itard, Gutachten und Bericht über Victor von Aveyron, in: Lucien Malson, Die wilden Kinder, Frankfurt a. M. 2001
Peter Jogschies, Hanna Permien, Gabriele Zink, Straßenkinder. Zur Vielschichtigkeit eines sozialen Phänomens (S. 7–11), in: DJI-Bulletin, Heft 35/1995
Susanne John (Hrsg. Deutsches Jugendinstitut), Aufwachsen in Deutschland: Alltagswelten, München 2010
H. Kasten, Die Bedeutung der ersten Lebensjahre (S. 57–66), in: Wassilios Emmanuel Fthenakis, Elementarpädagogik nach PISA, Freiburg i. B. 2003
Kenneth Kaye, The Mental and Social Life of Babies, Chicago 1982
Udo Kelle, Susann Kluge, Vom Einzelfall zum Typus, Opladen 1999
Rainer Keller, Diskursforschung, Wiesbaden 2007
Eckard König/ Peter Zedler, Theorien der Erziehungswissenschaft, Weinheim 1998

Literaturverzeichnis

Lothar Krappmann, Misslingende Aushandlungen – Gewalt und andere Rücksichtslosigkeiten unter Kindern im Grundschulalter (S. 102–117), in: Zeitschrift für Sozialforschung und Erziehungssoziologie, Heft 2/1994

Armin Krenz, Der Situationsorientierte Ansatz im Kindergarten, Freiburg i. B. 1994

Kurt Kreppner, Sozialisation in der Familie (S. 321–334), In: Klaus Hurrelmann/ Dieter Ulich, Neues Handbuch der Sozialisationsforschung, Weinheim/Basel 1991

Ernst Krieg, Philosophie der Erziehung, Jena 1930

Thorsten Kubitza, Identität Verkörperung Bildung. Pädagogische Perspektiven der Philosophischen Anthropologie Helmuth Plessners, Bielefeld 2005

Verband Katholischer Tageseinrichtungen für Kinder (KTK), KTK-Gütesiegel, Bundesrahmenhandbuch für Qualitätsentwicklung des Verbandes katholischer Tageseinrichtungen, Freiburg i. B. 2007

Gottfried Küenzlen, Der Neue Mensch. Zur säkularen Religionsgeschichte der Moderne, München 1994

Hans-Joachim Laewen, Beate Andres, Eva Hedervari, Die ersten Tage. Ein Modell zur Eingewöhnung in Krippe und Tagespflege, Neuwied/Berlin, 2003

Ronald Lally, Die Auswirkungen von Regelungen und Praktiken in der Kleinkindbetreuung auf die frühkindliche Identitätsentwicklung (S. 138–156), in: Wolfgang Tietze (Hrsg.), Früherziehung. Trends, internationale Forschungsergebnisse, Praxisorientierungen; Neuwied/Kriftel/Berlin 1996

Michael Lamb, Cathleen J. Sternberg, Tagesbetreuung von Kleinkindern im kulturellen Kontext (S. 15–26), in: Lieselotte Ahnert (Hrsg.), Tagesbetreuung für Kinder unter drei Jahren, Bern 1998

Michael E. Lamb, Holger Wessels, Tagesbetreuung (S. 695–717), in: Heidi Keller, Handbuch der Kleinkindforschung, Bern/Göttingen/Toronto/Seattle 1997

Siegfried Lamnek, Qualitative Sozialforschung, Band 2, München 1988

Siegfried Lamnek, Qualitative Sozialforschung, München/ Weinheim 2005

Helene Lange, Handbuch der Frauenbewegung, IV. Teil, Berlin 1906

Dieter Lenzen (Hrsg.), Enzyklopädie Erziehungswissenschaft, Band 1. Theorien und Grundbegriffe der Erziehung und Bildung, Stuttgart/Dresden 1995

Dieter Lenzen, Pädagogische Grundbegriffe, Hamburg 2007

Helmut Lethen, Verhaltenslehren der Kälte. Lebensversuche zwischen den Kriegen, Frankfurt a. M. 1994

Hans Rudolf Leu, Katja Flämig, Yvonne Frankenstein, Sandra Koch, Irene Pack, Kornelia Schneider, Martina Schweiger, Bildungs- und Lerngeschichten: Bildungsprozesse in früher Kindheit beobachten, dokumentieren und unterstützen, Weimar/Berlin 2007

Michael Lewis, Entwicklung, Geschichte und andere Probleme des Wandels (S. 58–78), in: Wolfgang Tietze (Hrsg.), Früherziehung. Trends, internationale Forschungsergebnisse, Praxisorientierungen, Neuwied 1996

Holger Lindemann, Konstruktivismus und Pädagogik, München 2006

Niklas Luhmann, Das Erziehungssystem der Gesellschaft, Frankfurt a. M. 2002

Literaturverzeichnis

Niklas Luhmann, Funktion und Kausalität (S. 23–50), in: Jürgen Friedrichs, Karl Ulrich Mayer, Wolfgang Schluchter (Hrsg.), Soziologische Theorie und Empirie, Opladen 1997
Niklas Luhmann, Differentiation of Society, in: Canadian Sociological Review 2, 1977
Aleksandr Romanovic Lurija, Die historische Bedingtheit individueller Erkenntnisprozesse, Weinheim 1986
Kurt Lüscher, Ludwig Liegle, Generationenbeziehungen in Familie und Gesellschaft, Konstanz 2003
Robert MacArthur, Edward Osborne Wilson: The Theory of Island Biogeography, Princeton/ New York 1967 (2001 Reprint)
Karl Mannheim, Wissenssoziologie, Neuwied/ Berlin, 1970
Anneliese Mannzmann, Familiengeschichten sind pädagogische gesehen die Geschichte der Familie (S. 13–41) in: Anneliese Mannzmann, Geschichte der Familie oder Familiengeschichten, Königstein/Ts. 1981
Jan H. Marbach, Franz Neyer, Wechsel zwischen Lebensformen, Persönlichkeit und Beziehungsnetze im Westen (S. 37–59), in: Walter Bien (Hrsg.), Familie an der Schwelle zum neuen Jahrtausend, Opladen 1996
Karl Marx, Das kommunistische Manifest, Hamburg 1999
Philipp Mayring, Einführung in die qualitative Sozialforschung, München 1990
George Herbert Mead, Gesammelte Aufsätze, Band 1, Frankfurt a. M. 1987
George Herbert Mead, Sozialpsychologie, Neuwied 1969
Maurice Merleau-Ponty, Le Philosophe et son Ombre, in: Èloge de la Philosophie et autre Essais, Paris 1960
Maurice Merleau-Ponty, Phänomenologie der Wahrnehmung, Berlin 1966
Robert K. Merton, Soziologische Theorie und soziale Struktur, Berlin 1995
Käte Meyer-Drawe, Bildung und Identität (S. 139–150), in: Wolfgang Eßbach (Hrsg.), wir/ihr/sie. Identität und Alterität in Theorie und Methode, Würzburg 2000
Andreas Mielck (Hrsg.), Krankheit und soziale Ungleichheit. Ergebnisse der sozialepidemiologischen Forschung in Deutschland, Opladen 1993
Alice Miller, Am Anfang war Erziehung, Frankfurt a. M. 1983
Alice Miller, Das Drama des begabten Kindes, Frankfurt a. M. 1997
Ministerium für Bildung, Frauen und Jugend Rheinland-Pfalz, Bildungs- und Erziehungsempfehlungen für Kindertagesstätten in Rheinland-Pfalz, Berlin/Düsseldorf/Mannheim 2007
Ministerium für Bildung, Frauen und Jugend Rheinland-Pfalz, Zukunftschance Kinder – Bildung von Anfang an. Eine Offensive der Landesregierung Rheinland-Pfalz, Mainz 2005
Ministerium für Bildung, Frauen und Jugend Rheinland-Pfalz, Kindertagesstättengesetz für Rheinland-Pfalz, Mainz 1991
Ministerium für Bildung, Frauen und Jugend: Zukunftschance Kinder – Bildung von Anfang an, Arbeitshilfe zur Umsetzung, II Anforderungen und Abläufe bei Zweijährigenaufnahme, Mainz 2005

Literaturverzeichnis

Ministerium für Bildung, Wissenschaft, Weiterbildung und Kultur, 1. Kinder- und Jugend-Bericht Rheinland-Pfalz, Mainz 2010

Ministerium für Kultus, Jugend und Sport Baden-Württemberg, Orientierungsplan für Bildung und Erziehung in baden-württembergischen Kindergärten und weiteren Kindertageseinrichtungen, Stuttgart 2009

Michael Mitterauer, Zur Kritik von Familienideologien aus historischer Sicht (S. 42–56), in: Anneliese Mannzmann, Geschichte der Familie oder Familiengeschichten, Königstein/Ts. 1981

Alexander Mitscherlich, Gesammelte Schriften, Frankfurt a. M. 1983

Klaus Mollenhauer, Korrekturen am Bildungsbegriff? (S. 1–20), in: Zeitschrift für Pädagogik 33 (1997)

Heidi Müller, Dienstbare Geister. Leben und Arbeitswelt städtischer Dienstboten, Berlin 1985

Hans Rüdiger Müller, Ästhesiologie der Bildung, Würzburg 1998

Tullia Musatti, Frühkindliche Betreuung und Erziehung in der Familie (S. 159–169), in: Wolfgang Tietze (Hrsg.), Früherziehung – Trends, internationale Forschungsergebnisse, Praxisorientierungen, Neuwied/Kriftel/Berlin 1996

Jakob Muth, Pädagogischer Takt, Essen 1982

Rosemarie Nave-Herz, Familie heute, Darmstadt 2007

Herman Nohl, Pädagogik aus dreißig Jahren, Frankfurt a. M. 1949, in: Peter Brozio, Vom pädagogischen Bezug zur pädagogischen Beziehung. Soziologische Grundlagen einer Erziehungstheorie, Würzburg 1995

Oscar Pache, Handbuch des deutschen Fortbildungswesens, 4. Teil, Wittenberg 1899

Eugen Pappenheim, Grundriss der Kleinkinder- und Kindergartenpädagogik Friedrich Fröbels, Berlin 1928

Talcott Parsons, Sozialstruktur und Persönlichkeit, Frankfurt a. M. 1977

Talcott Parsons, Theoretical Orientations on Modern Societies, in: Talcott Parsons, Politics and Social Structure, New York 1969

Freya Pausewang, Ziele suchen – Wege finden, Berlin 1994

Johann Heinrich Pestalozzi, Buch der Mütter oder Anleitung für Mütter, Leipzig 1913

Rüdiger Peuckert, Familienformen im sozialen Wandel, Wiesbaden 2008

Michaela Pfadenhauer, Auf gleicher Augenhöhe reden. Das Experteninterview – ein Gespräch zwischen Experte und Quasi-Experte (S. 113–130), in: Alexander Bogner, Beate Littig, Wolfgang Menz (Hrsg.), Das Experteninterview, Wiesbaden 2005

Michaela Pfadenhauer, Professionalität, Opladen 2003

Blaise Pierrehumbert, Entwicklungskonsequenzen aus der Erweiterung der Mutter-Kind-Dyade (S. 99–111), in: Lieselotte Ahnert (Hrsg.), Tagesbetreuung für Kinder unter drei Jahren, Bern 1998

Helmuth Plessner, Die Frage nach der Conditio Humana. Aufsätze zur philosophischen Anthropologie, Frankfurt a. M. 1976

Literaturverzeichnis

Helmuth Plessner, Gesammelte Werke, Ausdruck und menschliche Natur, Frankfurt a. M. 1980
Helmuth Plessner, Grenzen der Gemeinschaft, Frankfurt a. m. 2002
Helmuth Plessner, Lachen und Weinen, Bern/München 1961
Heinrich Popitz, Soziale Normen, Frankfurt a. M. 2006
Adolf Portmann, Vom Lebendigen, Frankfurt a. M. 1979
Neil Postman, Das Verschwinden der Kindheit, New York 1982
Klaus Prange, Die Zeigestruktur der Erziehung, Paderborn 2005
Manfred Prisching, Bildungsideologien, Wiesbaden 2008
Ivo Raschke, Christine Weber, Frühe Sozialbeziehungen in altershomogenen Kleinkindergruppen (S. 113–122), in: Lieselotte Ahnert (Hrsg.), Tagesbetreuung für Kinder unter drei Jahren, Bern 1998
Heinz Reif, Die Familie in der Geschichte, Göttingen 1982
Jürgen Reyer, Einführung in die Geschichte des Kindergartens und der Grundschule, Bad Heilbrunn 2006
Norbert Ricken, Die Ordnung der Bildung, Wiesbaden 2006
Hans-Günter Rolff, Peter Zimmermann, Kindheit im Wandel: Eine Einführung in die Sozialisation im Kindesalter, Weinheim 1990
Heidi Rosenbaum, Formen der Familie. Untersuchungen zum Zusammenhang von Familienverhältnissen, Sozialstruktur und sozialem Wandel in der deutschen Gesellschaft des 19. Jahrhunderts, Frankfurt a. M. 1982
Jean Jacques Rousseau, Über die Erziehung, Paris 1762
Regina Rugor, Gundula von Studzinski, Qualitätsmanagement in sozialen Einrichtungen, Berlin 2000
Ruth Rustemeyer, Aktuelle Genese des Selbst, Münster 1993
Gerd E. Schäfer, Bildung beginnt mit der Geburt. Förderung von Bildungsprozessen in den ersten sechs Lebensjahren, Berlin 2003
Gerd E. Schäfer, Fallstudien in der frühpädagogischen Bildungsforschung (S. 113–131), in: Michael Sebastian Honig, Andreas Lange, Hans Rudolf Leu (Hrsg.), Aus der Perspektive von Kindern? Zur Methodologie von Kindheitsforschung, München 1999
Max Scheler, Die Stellung des Menschen im Kosmos, Bern 1983
Friedrich E. D. Schleiermacher, Ausgewählte pädagogische Schriften, Paderborn 1959
Hermann Schmitz, Der unerschöpfliche Gegenstand, Bonn 2007
Hermann Schmitz, Die Aufhebung der Gegenwart, Bonn 2005
Hermann Schmitz, Höhlengänge, Berlin 1997
Hermann Schmitz, Jenseits des Naturalismus, Freiburg i. B. 2010
Hermann Schmitz, Leib und Gefühl, Paderborn 1992
Hermann Schmitz, Situationen und Konstellationen, Freiburg i. B./München 2005
Hermann Schmitz, System der Philosophie, 10 Bände, Bonn 1964–1980
Hermann Schmitz, System der Philosophie, Band II, Der Leib, Bonn 1965
Hermann Schmitz, System der Philosophie IV, Die Person, Bonn 1990
Kerstin Schreier, Die Lebensbedingungen von Familien – Chancen und Risiken

von Phasen der Familienentwicklung (S. 113–184), in: Walter Bien (Hrsg.), Familie an der Schwelle zum neuen Jahrtausend, Opladen 1996
Markus Schroer, Richard Sennett (S. 251–266), in: Dirk Kaesler (Hrsg.), Aktuelle Theorien der Soziologie, München 2005
Johann A. Schülein, Die Geburt der Eltern. Über die Entstehung der modernen Elternposition und dem Prozess ihrer Aneignung und Vermittlung, Opladen 1990
Klaudia Schultheis, Macht und Erziehung. Überlegungen zur pathisch-leiblichen Dimension pädagogischen Handelns (S. 99–115), in: Hans Jürgen Wendel, Steffen Kluck (Hrsg.), Zur Legitimierbarkeit von Macht, Freiburg i. B. /München 2008
Friedemann Schulz von Thun, Miteinander Reden I, Reinbek 1981
Alfred Schütz, Der sinnhafte Aufbau der sozialen Welt, Den Haag 1932
Herbert Schweizer, Soziologie der Kindheit. Verletzlicher Eigensinn, Wiesbaden 2007
Wolfgang Seifert, Wie Migranten leben. Lebensbedingungen und soziale Lage der ausländischen Bevölkerung in der Bundesrepublik, Wissenschaftszentrum Berlin, Discussion Papers, Nr. P 95–401, Berlin 1995
Richard Sennett, Der flexible Mensch, Berlin 2006
Richard Sennett, Die Kultur des neuen Kapitalismus, Berlin 2005
Richard Sennett, Verfall und Ende des öffentlichen Lebens. Die Tyrannei der Intimität, Frankfurt a. M. 1983
Horst Siebert, Lernen als Konstruktion von Lebenswelten, Frankfurt a. M. 1994
Reinhard Sieder, Sozialgeschichte der Familie, Frankfurt a. M. 1987
Georg Simmel, Beiträge zur Philosophie der Geschichte, in: Georg Simmel, Das individuelle Gesetz. Philosophische Diskurse, Frankfurt a. M. 1987, S. 33 ff.
Georg Simmel, Die Philosophie des Geldes, Frankfurt a. M. 1989
Georg Simmel, Soziologie des Raumes, in: Georg Simmel. Schriften zur Soziologie, Eine Auswahl, Frankfurt a. M. 1983, S. 194 ff.
Georg Simmel, Soziologie, Berlin 1968, S. 484 f., in: Peter Brozio, Vom pädagogischen Bezug zur pädagogischen Beziehung. Soziologische Grundlagen einer Erziehungstheorie, Würzburg 1995
Wolf Singer, Was kann ein Mensch wann lernen? (S. 67–75), in: Wassilios Emmanuel Fthenakis, Elementarpädagogik nach PISA, Freiburg i. B. 2003
Adam Smith, Der Wohlstand der Nationen, München 1946
Adam Smith, Theorie der ethischen Gefühle, Hamburg 1977
Gottfried Spangler, Peter Zimmermann, Die Bindungstheorie. Grundlagen, Forschung und Anwendung, Stuttgart 1995
René A. Spitz, Hospitalismus I & II (S. 77–103), in: Günther Bittner, Edda Harms (Hrsg.), Erziehung in früher Kindheit. Pädagogische, psychologische und psychoanalytische Texte, München 1985
René A. Spitz, Vom Säugling zum Kleinkind. Naturgeschichte der Mutter-Kind-Beziehung im ersten Lebensjahr, Stuttgart 2005

Willy Strzelewicz, Erziehung und Sozialisation (S. 68–92), in: Klaus Kippert (Hrsg.), Einführung in die Soziologie der Erziehung, Freiburg i. B. 1970
Dieter Sturzbecher, Situation und Perspektiven der vorschulischen Erziehung in Ostdeutschland (S. 127–136), in: Peter Büchner, Heinz-Hermann Krüger, Aufwachsen Hüben und Drüben, Opladen 1991
Gisela Szagun, Sprachentwicklung beim Kind, Weinheim 1996
Friedrich Tenbruck, Geschichte und Gesellschaft, Berlin 1986
Friedrich Tenbruck, Jugend und Gesellschaft, Freiburg i. B. 1962
Deutsches Jugendinstitut, Stark und stabil – Familie als Solidargemeinschaft. Der DJI-Survey, München 2009
Wolfgang Tietze, Early Childhood Environment Rating Scale ⟨dt.⟩ Kindergarten-Skala, (KES-R): Feststellung und Unterstützung pädagogischer Qualität in Kindergärten, Berlin 2007
Wolfgang Tietze (Hrsg.), Früherziehung. Trends, internationale Forschungsergebnisse, Praxisorientierungen, Neuwied/ Kriftel/Berlin 1996
Wolfgang Tietze, Family Day Care Rating Scale ⟨dt.⟩ Tagespflege-Skala (TAS): Feststellung und Unterstützung pädagogischer Qualität in der Kindertagespflege, Weinheim 2005
Wolfgang Tietze, Infant/Toddler Environment Rating Scale ⟨dt.⟩ Krippen-Skala (KRIPS-R): Revidierte Fassung; Feststellung und Unterstützung pädagogischer Qualität in Krippen, Weinheim 2005
Wolfgang Tietze, Krippenerfahrung und Bindungsentwicklung (S. 97–113), in: Wolfgang Tietze (Hrsg.), Früherziehung. Trends, internationale Forschungsergebnisse, Praxisorientierungen, Neuwied/ Kriftel/Berlin 1996
Wolfgang Tietze, School-age care environment rating scale ⟨dt.⟩ Hort- und Ganztagsangebote-Skala (HUGS): Feststellung und Unterstützung pädagogischer Qualität in Horten und außerunterrichtlichen Angeboten, Weinheim 2005
Ferdinand Tönnies, Gemeinschaft und Gesellschaft. Grundbegriffe der Soziologie, Nachdruck der 8. Auflage von 1935, Darmstadt 1979
Anette Treibel, Einführung in soziologische Theorien der Gegenwart, Wiesbaden 2004
Gisela Trommsdorff, Kindheit im Kulturvergleich (S. 45–63), in: Manfred Markefka, Bernhard Nauck, Handbuch der Kindheitsforschung, Berlin 1993
Helga Unger-Heitsch, Das Fremde verstehen, Münster/Hamburg/London 2003
Verband katholischer Tageseinrichtungen für Kinder (KTK), KTK – Gütesiegel, Bundesrahmenhandbuch, Freiburg i. B. 2007 (2003)
Manfred Vogelsberger, Kindertagesbetreuung. Konzepte und Perspektiven, Paderborn 2002
Hartmut Vogt, Bildung und Erziehung in der DDR, Stuttgart 1969
Karin Walser, Dienstmädchen. Frauenarbeit und Weiblichkeitsbilder um 1900, Frankfurt a. M. 1986
Hanne Warming-Nielsen, Das kompetente Kind. Neue Formen der Organisation inklusiver Prozesse in der frühen Kindheit (S. 100–114), in: Ulrich Heimlich, Isabel Behr (Hrsg.), Inklusion in der frühen Kindheit, Berlin 2009

Literaturverzeichnis

Max Weber, Die Objektivität sozialwissenschaftlicher und sozialpolitischer Erkenntnis (S. 146–214), in: Max Weber, Gesammelte Aufsätze zur Wissenschaftslehre, Tübingen 1988
Max Weber, Soziologische Grundbegriffe (S. 531–581), in: Max Weber, Gesammelte Aufsätze zur Wissenschaftslehre, Tübingen 1988
Max Weber, Über einige Kriterien der verstehenden Soziologie (S. 427–474), in: Max Weber, Gesammelte Aufsätze zur Wissenschaftslehre, Tübingen 1988
Max Weber, Wirtschaftsethik der Weltreligionen, Tübingen 1963
Sabine Weishaupt, Subjektivierendes Arbeitshandeln in der Altenpflege- die Interaktion mit dem Körper, in: Fritz Böhle, J. Glaser (Hrsg.), Arbeit in der Interaktion – Interaktion als Arbeit, Wiesbaden 2006
Sabine Weishaupt, Subjektivierendes Arbeitshandeln in der Altenpflege – die Interaktion mit dem Körper, in: Fritz Böhle, Dirk Fross, Erfahrungsgeleitete und leibliche Kommunikation und Kooperation in der Arbeitswelt, Bielefeld 2009
Holger Wessels, Verhaltensaspekte von Betreuerinnen und Kindern in Tageseinrichtungen für Kinder unter drei Jahren (S. 114–129), in: Wolfgang Tietze (Hrsg.), Früherziehung. Trends, internationale Forschungsergebnisse, Praxisorientierungen, Neuwied/Kriftel/Berlin 1996
Rolf Wiggershaus, Die Frankfurter Schule, München/Wien 1986
Ulrike Zach, Familie und Kindheit. Perspektiven der psychologischen Familienforschung und Evolutionsbiologie (S. 287–312), in: Heidi Keller, Handbuch der Kleinkindforschung, Bern/ Göttingen/Toronto/Seattle 1997
Renate Zimmer, Handbuch der Bewegungserziehung, Freiburg i. B. 2004
Jürgen Zinnecker, Forschen für Kinder – Forschen mit Kindern – Kinderforschung (S. 69–80), in: Michael-Sebastian Honig, Andreas Lange, Hans R. Leu (Hrsg.), Aus der Perspektive von Kindern? Zur Methodologie von Kindheitsforschung, München 1999
Karl Zwiener, Geschichte und Zukunft der Krippenerziehung in Ostdeutschland (S. 107–116), in: Peter Büchner, Heinz-Hermann Krüger, Aufwachsen Hüben und Drüben, Opladen 1991
Karl Zwiener, Kinderkrippen in der DDR, München 1994

Ergänzende Quellen:
Ausbau der Krippenplätze in Rheinland-Pfalz:
http://kita.bildung-rp.de/Ausbau-U3.325.0.html, 22. 06. 2010, 9.21h
Beitragsfreiheit der Kindergärten in Rheinland-Pfalz, http://www.mbwjk.rlp.de/einzelansicht/archive/2010/july/article/kindergarten-beitragsfrei-ab-18-schon-ab-zwei-2, 05. 08. 2011, 9.05h
Caritas-Verband für die Diözese Trier e. V., Colibri-Management-Service, Abteilung Kindertageseinrichtungen, Power-Point-Vortrag, Trier 2008
Max-Planck-Institut für Bildungsforschung, PISA 2000, Zusammenfassung zentraler Befunde, Berlin 2001, http://www.mpib-berlin.mpg.de/Pisa/ergebnisse.pdf, 02. 05. 2011, 11.35h
Organisation für Wirtschaftliche Zusammenarbeit und Entwicklung [OECD]

Literaturverzeichnis

(Hrsg.), Die Politik der frühkindlichen Betreuung, Bildung und Erziehung in der Bundesrepublik Deutschland. Ein Länderbericht der Organisation für wirtschaftliche Zusammenarbeit und Entwicklung, Berlin 2004, http://www.bmfsfj. de/RedaktionBMFSFJ/Pressestelle/Pdf-Anlagen/oecd-studie-kinderbetreuung,property=pdf.pdf, 02.05.2011, 9.45h

Manfred Spieker, Betreuungsbedarf. Ein Krippenplatz für jedes dritte Kind? Frankfurter Allgemeine Zeitung, Frankfurt 16.04.2007

Statistisches Bundesamt, Wiesbaden 2009, 25.08.2010, Aktuelle Geburtenrate in Deutschland:
http://www.destatis.de/jetspeed/portal/cms/Sites/destatis/Internet/DE/Grafiken/Bevoelkerung/Diagramme/Geb

Zeit online, Der deutsche Muttermythos, 30.07.2009, 11.48h

12. Anhang

Universität Koblenz – Landau, Campus Koblenz
Institut für Bildungswissenschaften
0103068 Experteninterviews
Dipl.-Päd. Barbara Wolf
WS 08/09

Interviewleitfaden

a) Begrüßung, Auflockerung der Situation: Kontaktaufnahme, persönlicher Anfang, small talk
b) Forschungsfrage erläutern:
   Wie wirken sich öffentliche Bildungsinitiativen (BEE, Zukunftschance Kinder, QM) auf die Erziehungsprozesse von Kindern in pädagogischen Tageseinrichtungen im Elementarbereich in Rheinland-Pfalz aus?
   Wir kommen nicht vom Träger oder einer Behörde, sondern wollen gerade unabhängig betrachten, wie das im Kindergarten aussieht, wenn es Neuerungen in der Kindergartenarbeit gibt. Wir interessieren uns besonders für die Sicht derer, die das umsetzen.
c) Hinweis auf vertrauliche, anonyme Verwendung der Daten
d) Hinweis auf die Notwendigkeit der Tonaufnahme, die das Interview erleichtert. Wenn nicht, Mitschreiben.

→ Einschalten des Aufnahmegerätes

e) Interviewfragen (Reihenfolge je nach Erzählfluss variabel)
- 2004 wurden die Bildungs- und Erziehungsempfehlungen für Rheinland Pfalz veröffentlicht. **Wie hat sich denn Ihr Angebot in den Erziehungs- und Bildungsbereichen** (Musik, Bewegung, Religion, etc.) verändert? Wie wirkt sich das auf die Kinder aus?
- Die Initiative »Zukunftschance Kinder – Bildung von Anfang an« fördert die Aufnahme von **unter 3-jährigen Kindern**. Wie läuft denn Ihre Arbeit mit diesen Kindern? Wirkt sich das auf die Bildung und Erziehung der älteren Kinder aus?
- Zu den Neuerungen gehört die systematische **Beobachtung der Kinder**. Verwenden Sie bestimmte Beobachtungsverfahren und Beobachtungsbögen? Wie führen Sie die Beobachtung und Dokumentation ein? Welche Auswirkungen hat dies auf Ihre Arbeit mit den Kindern?
- Wenden Sie andere **Methoden** und Arbeitstechniken an, um neue Erziehungsziele (z. B. Resilienz, Lernmethodische Kompetenz, Geschlechtssensible Pädagogik) umzusetzen? Wie verändert dies die Interaktion mit den Kindern?
- Welche Art von **Sprachförderung** findet bei Ihnen statt? Wie wirken sich diese Maßnahmen auf das Sprechverhalten der Kinder aus?
- Nach dem Leitbild (QM) des Bistums Trier steht das **Kind im Mittelpunkt** der pädagogischen Arbeit? Wie können Sie das verwirklichen?
- Was steht in Ihrer pädagogischen Arbeit im Vordergrund: **Gruppenerziehung oder Individualerziehung**? Hat sich das Verhältnis seit Beginn der Reformen gewandelt?
- Wie gestaltet sich die **Elternarbeit** seit den Bildungsinitiativen? Welche Aktionen und Treffen finden statt? Werden Eltern auch in Bildungsangebote eingebunden? Wie wirkt sich Elternarbeit auf die Situation Kinder aus?
- Was verändert sich im Alltag der Kinder, wenn Sie die **Zusammenarbeit** mit weiteren Institutionen, wie z. B. **Träger und Grundschule**, intensivieren?
- Hat sich der Bedarf an Vorbereitungszeit, **fachlichem Austausch mit Kolleginnen** und Organisationsgesprächen gewandelt? Welchen Einfluss hat dies auf die Arbeit mit den Kindern?

- Hat der Erwerb des **Fortbildungszertifikates** Auswirkungen auf die Betreuung, Erziehung und Bildung der Kinder?
- Wurden Sie an der **Konzeptentwicklung der Bildungsinitiativen beteiligt?** Wie wirkt sich das auf Ihr berufliches Selbstverständnis aus?
- Haben sich nach Ihrer Einschätzung die **Anforderungen an Erzieherinnen, hat sich das Berufsbild** durch die BEE verändert? Hat diese Veränderung nach Ihrer Beobachtung Einfluss auf den Umgang mit den Kindern?
- Gibt es aus Ihrer Sicht noch **andere Aspekte der Veränderung**, die wir noch nicht angesprochen haben?

→ Abschalten des Aufnahmegerätes

f) Über die vorläufigen Ergebnisse der Studie werden Sie ab … per Email informiert. Sie können dann gern Rückfragen stellen.
g) Ausklang und Abschied

Personenregister

Ahnert 12, 48, 59–61, 63–65, 67
Albrecht 17, 43, 381

Beck 42, 44, 96, 219, 222–223, 246, 329
Benner 15, 76–78, 125–126, 383–384, 406
Berger 21, 46, 73–74, 125, 129, 204, 272, 276, 293, 411
Böhle 194, 276, 282–283, 311–312, 315, 319, 324, 363
Bowlby 27, 47–48, 93, 124, 173, 203, 276, 299, 375
Bronfenbrenner 19, 21, 49, 122, 125, 128, 137, 141, 155, 161, 210, 214, 271, 277, 390, 405
Brozio 128, 131, 202, 214, 275, 322, 364, 388
Bruer 64

Durkheim 16, 28, 44, 211, 269, 391–392, 409

Fross 194, 276, 282–283, 315, 319, 324, 363
Fthenakis 64–66

Gehlen 29, 93, 233, 269
Giddens 232–233
Giesecke 15, 71–72, 94, 127, 275
Gläser 20, 22–23, 123–124, 144, 149, 151, 153–154, 159, 164, 166, 168, 171, 212–213, 386, 407
Goffman 22, 128, 131, 133–136, 191, 209–211, 214, 252, 264, 271, 274–275, 293, 364, 390, 409
Gross 257, 268–269, 391–393
Grossheim 379, 396
Grossman 27, 47, 65, 93, 124, 173, 276, 299

Hurrelmann 21, 48, 51–52, 54, 62–63, 71, 78, 80, 85, 125

Kelle 137–138, 160, 207, 389
Kemper 15, 76–78, 125–126, 383–384, 406
Kluge 137–138, 160, 207, 389
Kubitza 94, 275, 287, 296, 306, 310–311, 366, 384–385

Laudel 20, 23, 123–124, 144, 149, 151, 153–154, 159, 164, 166, 168, 171, 212–213, 386, 407
Luckmann 21, 73–74, 125, 129, 204, 272, 276, 293, 411
Luhmann 76, 94, 127, 153, 368, 380, 382–384

Mayring 20, 151, 167, 386
Mead 28, 125, 272, 274–276, 286
Merleau-Ponty 272–273, 313–314

Nave-Herz 45, 51

Parsons 28, 46, 286, 400
Pfadenhauer 144–145, 251
Plessner 11, 13, 28, 93–94, 124, 276, 311, 318, 339, 369–370, 375, 385

Personenregister

Portmann 28, 93, 125, 276, 375
Prisching 16, 379

Ricken 15, 208, 402

Scheler 12, 28, 93, 125, 375
Schleiermacher 125–126
Schmitz 13, 24, 201, 208–211, 213, 272–277, 285–291, 293–298, 302–307, 309–312, 314–319, 322–323, 325–327, 330, 333–334, 340–342, 346–351, 354, 359–361, 363–364, 367, 369–370, 372, 376, 389, 397, 399–401, 410–411
Schultheis 284, 312–313, 320, 342–343
Schweizer 49, 94, 415

Sennett 13, 24, 205–206, 211, 213, 215–217, 220, 223, 225, 233–234, 236, 245, 250, 253, 255–256, 258–259, 264, 266–268, 270–271, 390, 393–394, 408
Simmel 28, 44, 128–129, 276, 322
Singer 64

Tenbruck 85, 125–126, 128, 301, 307, 340, 368, 395, 399
Tietze 48, 63, 66–68
Tönnies 12–13, 269, 369–370

Weber 67, 123, 128, 211, 287, 289, 373, 383, 399, 412–413
Weishaupt 283, 311, 315

Sachregister

Ambivalenz 32, 192, 195–196, 208, 212, 236, 269, 346, 351–352, 354, 384, 386, 406, 408–409
Anforderungen 14, 18–19, 24–25, 72, 79, 81, 90, 93, 95–97, 100, 105, 109, 114, 116–119, 121, 132, 135–140, 145, 156–158, 161, 165, 178–180, 183, 185, 193, 201, 210, 217, 222, 229, 231, 235, 237, 241–242, 244, 246–248, 250, 252, 256, 258–259, 261, 263, 265–267, 280, 285, 329, 355, 357, 359–360, 365, 376, 379, 382, 386–387, 391–392, 406–408, 415, 437
Ausleibung 277, 323, 335, 364, 398

Beobachtung 60, 89–90, 93, 100, 109, 114, 119, 135, 147, 150, 163, 169, 171, 175, 187–188, 199–201, 219, 228–229, 237, 241, 249, 254, 297, 343–347, 349–352, 354–355, 364–365, 372, 407, 412, 436–437
Bewegungssuggestion 319
Bildung 14–17, 20, 41, 43, 49–50, 57–58, 62, 66, 69–71, 73, 75, 77, 79, 82–85, 87–88, 90–102, 109–110, 118–119, 125, 127, 142–143, 164, 184–186, 197–198, 204, 208–209, 219, 221, 243, 248, 251, 275, 278, 286–287, 296, 303–304, 306, 310–311, 330, 333, 336, 343, 348, 350, 352, 356, 366, 368, 374–386, 397–398, 402, 405–406, 413–414, 436–437

Bildungs- und Erziehungsempfehlungen für Kindertagesstätten in Rheinland-Pfalz 20, 71, 73, 75, 82–85, 87–88, 90–92, 94–96, 101, 118, 186, 197–198, 330, 343, 352, 356, 377, 380, 415
Bildungsinitiativen 14–15, 19–20, 22, 24, 68, 75, 77–78, 81–82, 125, 132, 138–140, 150, 153, 155–158, 162–163, 166–167, 171–172, 176–180, 183–188, 190–193, 195–196, 204–205, 209, 216–217, 221, 223, 228, 230, 236, 242, 244–247, 264, 266–267, 269, 277, 285, 330, 365, 368, 372–373, 378, 380, 384–386, 388, 391, 395, 404, 406, 408–409, 412, 414, 435–437
Brückenqualitäten 305, 367

Das neue Kind 414
Dokumentation 17, 84, 89–90, 93, 100, 107–109, 115–116, 118–119, 135, 147, 150, 154, 156, 163, 169–171, 175–176, 179, 181–183, 187–188, 193, 199–201, 228–229, 241–242, 249, 252, 254, 267, 342–347, 349–355, 364–365, 371–372, 393, 412–413, 436
drift 223–224

Einleibung 274, 277, 297–298, 315, 319–326, 330, 333–335, 339–342, 346, 349, 352–353, 357–359, 364,

441

Sachregister

368, 371–372, 397–398, 400–401, 410
Engung 277, 315–323, 326, 328, 333–334, 339, 341, 343, 348, 357, 359, 364, 366, 371, 398, 401, 410
Entfremdung 133, 158, 161, 216, 234–235, 264, 364, 390, 409
Erziehung 12, 14–15, 17, 25, 27–32, 35, 37–44, 46–47, 53–59, 62, 66, 69–70, 72–75, 83–84, 94, 101–102, 109–110, 119, 126–127, 130, 143, 170, 186, 194, 203–204, 219, 221, 225, 238–239, 247, 278–279, 284, 292, 305, 313, 320, 336, 338, 341, 343, 355, 363, 368, 375–376, 378–379, 382–383, 395, 397, 405–406, 411, 436–437
Experteninterviews 20, 23, 123–124, 144, 146, 149, 151, 153–154, 159, 164, 166, 168, 171, 212–213, 225, 371, 376, 386, 407, 435

Flexibilität 80, 144, 206, 214–217, 225–229, 232, 235–236, 252–253, 257, 263–264, 274
Fokuskonfusion 154, 156, 197, 202, 247, 256, 390, 409

gemeinsame Situation 136, 163, 210, 277, 296, 298, 306, 320, 323, 325–326, 342, 348–349, 352, 354–355, 357–360, 364, 367, 397
gemeinsame situationen 202, 207, 291–296, 310, 323, 327, 334, 336, 369–371, 398, 400–402, 415
Gemeinschaft 12–13, 25, 28–32, 35, 53, 87, 94, 124, 196, 292, 369, 375, 411–412
Generationenverhältnis 27, 126
Generativität 11, 17, 24–25, 27, 52, 373–374, 402–404, 411–412, 416
Gesellschaft 11–13, 16–17, 21, 25, 28–29, 32, 36, 42, 44, 46, 76–77, 85, 94, 104, 109, 125–128, 132, 183, 193, 212, 215–217, 222, 233, 239, 247–248, 272, 301, 307, 340, 367–370, 374–376, 380, 382, 384, 389, 391, 393, 395, 398–399, 411–412
grundlegende Bildungsaufgabe 330, 365
Güte der Fürsorge 25, 68, 139–140, 158, 207, 220, 226, 262, 301, 306, 346, 350, 372, 387, 395, 406, 408

implanteirende Situation 370
implantierende Situation 369
includierende Situation 369, 411
Innovationen 18, 22, 72, 76–78, 99, 150, 158, 177, 184, 191–193, 210, 215, 221–223, 229, 232, 243, 246, 248–249, 257, 264, 267–268, 365, 367, 372, 382, 387, 390–392, 394, 407, 409
Institutionelle Betreuung 53
Intensität der Zuwendung 25, 68, 140, 156, 158, 183, 193, 207, 265, 350, 372, 377, 395, 406
Interaktion mit dem Kind 24–25, 132, 140, 147, 157, 161, 173, 177–178, 180, 184, 202, 205, 214, 237, 247, 250, 265, 270, 346, 408, 415

Kinderbetreuung 12–14, 17–18, 20, 22, 25–29, 32, 35, 39, 41–42, 52–55, 58, 60–64, 67, 69, 71–72, 92, 97, 126–127, 147, 156, 158, 161, 194, 206, 240, 270, 285, 354–355, 368, 374–375, 385, 389–390, 404, 411, 414
Konstellationen 13, 201, 208–209, 288, 302, 317, 346–349, 351–352, 354, 360, 363, 365, 369–372, 376, 397–398, 411–412, 414

Leib 272–274, 303, 306, 311, 313–315, 317, 319, 322–323, 341–342
leibliche Kommunikation 194, 209,

275–276, 280, 282–285, 315, 319–320, 323–324, 327, 330, 355, 363, 366, 368, 397, 401
Leiblichkeit 271–274, 303, 335, 384

Neue Phänomenologie 24, 213, 272, 276–277, 285, 302, 317, 336, 368, 396
Normen 11, 41, 52, 63, 77, 85, 103, 113, 126–129, 134, 141, 161, 203–204, 209, 224, 247, 268, 272, 289, 294, 307, 336, 338, 342–343, 367–368, 374, 392, 394, 398–402, 410

Ökonomisierung 193, 213–214, 217, 381, 387, 390, 393, 408–409
Oszillationsprozess 309, 364–365, 367, 401, 410

Perfektibilität 15, 125, 413, 415
personale Emanzipation 277, 304–305, 307, 309, 318, 340, 355, 363–364, 398, 410
personale Regression 277, 308–309, 317, 333, 363–364
persönliche Eigenwelt 290–291, 305, 307–308, 318, 366–367
persönliche Fremdwelt 290–291
Persönliche Situation 277, 285–287, 289–291, 293–294, 300–301, 316, 351, 354, 359, 369–370, 372, 398, 411

Qualitative Inhaltsanalyse 20, 23, 151, 153, 164–165, 172, 386
Qualitätsmanagement 68, 101–102, 106–108, 112, 118, 120, 150, 187, 217, 222, 253, 255, 257, 264, 344, 379, 381, 392

Reflexionsprozesse 192–193, 205, 387, 408
Reform 76–77, 257, 384
Routinen 206, 217, 223, 229–235, 250, 256–257, 263–264, 269, 390

Situationen 13, 17, 19, 25, 62, 104, 135–136, 156, 200–202, 206, 208–209, 212, 228, 241–242, 245, 249, 262, 276–277, 284, 287–289, 291–294, 299, 301–302, 305, 308, 312, 315, 317, 324–328, 341, 345–349, 351–352, 354–355, 360–361, 364–372, 376, 393, 396–397, 399, 402, 409, 411–412, 414
Sozialisation 12–15, 17–21, 25–26, 30, 32–33, 35, 38, 41, 48–49, 52, 60, 72–75, 94, 122, 125, 127, 129–130, 140, 144, 181, 186, 196, 203–204, 210, 240, 247, 253, 279–280, 285, 294, 324, 326, 336–337, 354–355, 364, 367–368, 372–373, 375–376, 378–379, 382, 388, 395, 397–398, 404–406, 409, 411

Weitung 277, 315–323, 326–328, 341, 343, 359, 364, 371, 410
Wesen der Betreuung 139, 157, 161, 163, 395

Zerrissenheit 134, 136, 170, 181, 201, 208, 221, 228, 242, 245, 257, 359, 390, 407, 409
Zukunftschance Kinder – Bildung von Anfang an 16, 20, 62, 75, 77, 82, 96–100, 118–119, 184, 243, 330, 379, 386, 436